# Handbuch der Pressearchive

Herausgegeben von
Hans Bohrmann und Marianne Englert

Mit einem Anhang
Presse-, Rundfunk-, Fernseh-, Filmarchive

Internationale Auswahlbibliographie 1971–1982

Zusammengestellt von Wilbert Ubbens

K·G·Saur München·New York·London·Paris 1984

CIP-Kurztitelaufnahme der Deutschen Bibliothek

**Bohrmann, Hans:**
Handbuch der Pressearchive / hrsg. von Hans
Bohrmann u. Marianne Englert. — 1. Ausg. —
München ; New York ; London ; Paris : Saur,
1984.
   ISBN 3-598-10361-1

NE: Englert, Marianne: ; HST

Copyright 1984 by K·G·Saur Verlag KG, München

Printed in the Federal Republic of Germany
Alle Rechte vorbehalten

Dieses Werk — oder Teile daraus —
darf nicht vervielfältigt, in Datenbanken gespeichert oder in
irgendeiner Form — elektronisch, photomechanisch,
auf Tonträger oder sonstwie — übertragen
werden ohne die schriftliche Genehmigung des Verlags.

Fotosatz: Ähren-Verlag, München
Druck: Weihert-Druck, Darmstadt
Binden: Verlagsbuchbinderei Kränkl, Heppenheim/Bergstr.

ISBN 3-598-10361-1

# Inhalt

Geschichte und Aufgabenstellung der Pressearchive
*von Marianne Englert* .................................................................... 7

Zur Entstehung des Handbuchs
*von Hans Bohrmann* ...................................................................... 21

Hinweis zur Benutzung ........................................................................ 25

Muster des Fragebogens ...................................................................... 27

*Topographisches Verzeichnis der Archive*

| | | | |
|---|---|---|---|
| 1 | Presseverlage (Redaktionsarchive) | (Nr. 1— 44). | 33 |
| 2 | Nachrichtenagenturen, Bildagenturen | (Nr. 45— 48). | 62 |
| 3 | Rundfunkanstalten | (Nr. 49— 60). | 64 |
| 4 | Staats- und Kommunalarchive | (Nr. 61—175). | 71 |
| 5 | Bibliotheken | (Nr. 176—199). | 134 |
| 6 | Parlamente und Verwaltungen von Bund und Ländern | (Nr. 200—219). | 147 |
| 7 | Hochschulen und Fachinstitute unterschiedlicher Trägerschaft | (Nr. 220—253). | 156 |
| 8 | Parteien, Gewerkschaften, Kirchen | (Nr. 254—266). | 176 |

Register .................................................................................... 185

Anhang:
*Wilbert Ubbens:* Presse-, Rundfunk-, Fernseh-, Filmarchive.
Internationale Auswahlbibliographie 1971—1982. ........................................ 199

# Geschichte und Aufgabenstellung der Pressearchive
## von Marianne Englert

*Einleitung*

Zeitungen gibt es schon seit Jahrhunderten. Überliefert sind die ersten Wochenzeitungen aus dem Jahr 1609, doch kann man davon ausgehen, daß es auch davor schon gedruckte Zeitungen gab. Der Übergang zur Tageszeitung war fließend, erst allmählich gingen die Verleger, nachdem sie ihre Zeitungen zwei- oder dreimal wöchentlich herausgebracht hatten, auch zu einer täglichen Erscheinungsweise über. In den folgenden Jahrhunderten, bis zur Einführung des Hörfunks, später auch des Fernsehens, informierte dann fast ausschließlich die Zeitung breite Volksschichten über alles, was sich in Politik, Wirtschaft und Kultur ereignete, bis hin zu den Vorgängen „weit hinten in der Türkei".

Ein herausragendes Merkmal der Tagespresse ist nach allgemeiner Auffassung der Zeitungsforschung ihre Universalität. Obwohl die Tageszeitung der aktuellen Berichterstattung und der Kommentierung der Tagesneuigkeiten ihre besondere Aufmerksamkeit schenkt, sind ihre Inhalte doch nicht ausschließlich dem Tage verhaftet. Mit Hintergrundinformationen und Analysen, in Kulturkritiken und Essays werden vielmehr auch tiefere Zusammenhänge des Zeitgeschehens deutlich, Vorgänge kritisch bewertet, erst sich gerade anbahnende Entwicklungen für den Leser transparent. Die einzelne Meldung ist vielleicht schon nach kurzer Zeit ohne Belang. Eine Folge von Zeitungsmeldungen und -informationen jedoch, zu thematisch geordneten Sammlungen zusammengefügt, spiegelt die Zeithistorie in einer Frische und Unmittelbarkeit wider, wie sie durch keine andere Darstellungsweise zu erreichen ist. Auch bereits lange zurückliegende Ereignisse erwachen bei der Lektüre einer Sammlung von Zeitungsausschnitten über das Geschehene wieder zu vollem Leben.

Aufgabe der Pressearchive ist es, solche Sammlungen aufzubauen. Gemeinsam mit Bild-, Film-, Fernsehfilm- und Tonarchiven bilden die Pressetextarchive die große Gruppe der publizistischen Archive oder auch kurz der „Medienarchive", wie sie seit jüngerer Zeit zusammenfassend genannt werden. Für das „Handbuch der Pressearchive" wurden in erster Linie die Pressearchive im eingrenzenden Sinne von Pressetextarchiven erfaßt.

Selbständige Bild-, Film- und Tonarchive sind hingegen nicht Gegenstand der Darstellung. Den Herausgebern galten diejenigen Archive als Pressearchive, die sich mit der Presse als zu archivierendem Material befassen. Nach diesem Verständnis zählen dazu neben den Presseausschnittarchiven — der heute noch immer gebräuchlichsten Form des Pressearchivs — auch die Archive, die Presseorgane im Original beziehungsweise in geschlossenen Reihen sammeln, sowie die Nachweisarchive, in denen über Karteien, nach neueren Verfahrensweisen auch elektronisch, Inhalte von Zeitungsartikeln nachgewiesen werden, während der Text im Wortlaut auf Papier oder auf dem Mikrofilm aufbewahrt wird. Elektronische Presse-Volltextspeicher gibt es in der Bundesrepublik Deutschland zur Zeit noch nicht.

Bei den im „Handbuch der Pressearchive" erfaßten Einrichtungen handelt es sich nicht nur um Dokumentationsstellen, die von Institutionen der Presse unterhalten werden. Pressearchive bestehen vielmehr auch bei Verbänden, Parteien, Unternehmen, politischen und wissenschaftlichen Körperschaften, bei Behörden, in Bibliotheken und in „klassischen" Archiven. Neben thematisch breit angelegten Pressearchiven trifft man auch auf Spezialsammlungen mit enger umgrenzter Thematik, die für ihr Thema oft eine Fülle von Detailinformationen bereithalten.

## Geschichte. Formen der Pressearchive

Presseausschnitte wurden schon sehr früh angefertigt. So heißt es zum Beispiel im „Handbuch der Zeitungswissenschaft"*): „Das Ausschneiden aus Zeitungen haben die ersten Zeitungsdrucker begründet, insofern schon die ersten gedruckten Zeitungen ihre Spalten mit dem Abdruck von Ausschnitten aus anderen Blättern füllten oder ergänzten". Die Geschichte der Pressearchive hingegen setzt erst im vorigen Jahrhundert ein. In der zweiten Hälfte dieses Jahrhunderts begannen einige bedeutende Zeitungen, sich Nachweissysteme für die bei ihnen erschienenen Beiträge zu schaffen. Die „Neue Zürcher Zeitung" zum Beispiel legte eine Kladde an, in der sie, zuerst nur chronologisch geordnet, später auch nach Themen sortiert, Titel und Autoren wichtigerer Beiträge festhielt. Zeitungen wie die „Frankfurter Zeitung", die „Kölnische Zeitung", das „Hamburger Fremdenblatt" oder der Ullstein-Verlag in Berlin legten lange vor dem ersten Weltkrieg den Grundstock zu ihren später berühmten Zeitungsausschnittarchiven. Das bereits zitierte „Handbuch der Zeitungswissenschaft" erwähnt eine 1914 ins Leben gerufene, 1918 zum „Pressearchiv der Reichsregierung" ausgebaute Zeitungsausschnittsammlung, in der 18 Lektoren aus 720 Zeitungen, davon 420 ausländischen, geeignete Zeitungsausschnitte auswählten. Zu bedeutenden Zeitungsarchiven wuchsen auch das 1908 gegründete „Hamburgische Welt-Wirtschaftsarchiv (HWWA)", damals noch unter dem Namen „Zentralstelle des Kolonialinstitutes", und das 1914 ins Leben gerufene Pressearchiv des Kieler „Instituts für Weltwirtschaft" heran, die beide heute noch bestehen. Mit dem Aufbau der Zeitungsarchive des Hamburger und des Kieler Instituts wurde nicht zufällig kurz nach der Jahrhundertwende begonnen. Diese Gründungen gehören in den Zusammenhang der wachsenden Interessen der deutschen Wirtschaft an der Entwicklung der Weltwirtschaft, des Aufbaus einer deutschen Kolonialmacht und dem Bemühen um deren wissenschaftliche Fundierung durch eine entsprechende Länderkunde. Daß solche international ausgelegten und aktuell bezogenen Institutionen sich dazu auch um den Aufbau umfangreicher Presseausschnittsammlungen bemühten, ist ein guter Hinweis darauf, daß insbesondere die Zeitung als inhaltlich universell angelegtes Medium in der Lage ist, die jeweils neuesten Informationen auch über entfernt liegende Regionen zu vermitteln.

Die Verknüpfung von Daten-, Fakten- und Ereignisdokumentation, wie sie Presseausschnittarchive praktizieren, nimmt Formen des Dokumentierens, die das „klassische" Dokumentationswesen erst jetzt allmählich für sich entwickelt, bereits früh vorweg. Die Fremdheit, die lange Zeit zwischen der naturwissenschaftlich-technischen Dokumentation auf der einen, dem Pressearchivwesen auf der anderen Seite herrschte und die erst jetzt allmählich überwunden wird, beruhte nicht zuletzt auf der eigenständigen Entwicklung beider. Die frühen Formen des Registrierens und Archivierens von Presseausschnitten, so sehr sie sich auch von den heutigen Methoden des Erfassens und Speicherns unterscheiden, legten dennoch den Grundstock für die eigenständige Entfaltung der Redaktionsarchive. Von „Dokumentation" im heutigen Sinne war in dieser Zeit noch nicht die Rede. Man belegte, vermutlich ohne lange darüber nachzudenken, die neuen Einrichtungen mit dem Namen „Archiv". Strenggenommen kommt diesen zeithistorischen Sammlungen die Bezeichnung „Archiv" jedoch nicht zu, da sie nicht die im Zuge der Geschäftstätigkeit ihres Hauses entstehenden Akten und Urkunden betreuen. Die Werksarchive der Verlage, in denen die Belege der Verlagstätigkeit aufbewahrt werden, sind die eigentlichen „Archive". Doch ist der Name „Archiv" auch für das Pressearchiv nicht falsch: Durch die kontinuierliche Dokumentation der Zeitereignisse wächst, auch im engeren Sinne, in Pressetextarchiven zeithistorisches Archivgut heran, da damit zugleich die redaktionelle Produktion des eigenen Verlags erfaßt und nachgewiesen wird. Ebenso berechtigt ist es, bei den Dokumentationsstellen in den Rundfunkanstalten von Ton- oder Filmarchiven zu sprechen, da sie die Wort-, Musik- und Filmproduktion des Senders dokumentieren. Charakteristische Elemente des Archiv- und des Dokumentationswesens, aber auch des Bibliothekswesens verbinden sich in publizistischen Archiven zu einer eigenständigen, nur diesen Institutionen eigentümlichen Form. Die Benennungen „Archiv" und „Dokumentationsstelle" treffen beide nur bestimmte Teilbereiche der insgesamt in der Pressedokumentation vorkommenden Aufgaben und vermögen die Summe der Arbeitsabläufe nicht exakt zu beschreiben. Da aber eine passendere Bezeichnung bisher nicht gefunden wurde, muß man sich mit den altvertrauten Bezeichnungen wohl noch eine Weile zufriedengeben. Dies wirkt sich auch auf die Berufsbezeichnungen aus: Man spricht von Medienarchivaren oder Mediendokumentaren sowie von Pressearchivaren und von Pressedokumentaren. Keine der Bezeichnungen erfaßt den Tätigkeitsbereich in seiner Gesamtheit, denn neben den Aspekten des Archivarischen, Bibliothekarischen und Dokumentarischen wohnt der Tätigkeit des Medienarchivars/-dokumentars auch ein ausgeprägtes journalistisches Element inne, das durch die gängigen Berufsbezeichnungen eher verdeckt wird. Neuere Bezeichnungen wie „Informationsermittler" und „Informationsvermittler" bezeichnen gleichfalls nur einen von mehreren Aufgabenzweigen. Gelegentlich findet man heute auch die Bezeichnung „Dokumentationsredakteur" — ein weiterer Versuch, den Mischcharakter dieses Berufsstandes zu beschreiben. Vermutlich ließen sich über eine zutreffende Berufsbezeichnung für die in der Mediendokumentation Tätigen die Anforderungen, die an die Vor- und Ausbildung gestellt werden müssen, besser als heute formulieren. Jedoch läßt sich hier nichts erzwingen. Die Veränderungen, die die neuen Technologien herbeiführen, berühren und verändern viele Berufe, auch den des Dokumentars und den des Journalisten. Auf der einen Seite entwickeln sich Mischformen, auf der anderen Seite weitere Spezialisierungen, die sich eines Tages vermutlich dann auch in neuen Bezeichnungen niederschlagen werden.

Eine gezielte, auf den Beruf des Medienarchivars/-dokumentars hinführende Ausbildung gibt es bis heute noch nicht. Dessen ungeachtet haben sich inzwischen in sich gefestigte Tätigkeitsfelder mit abgestuften Verantwortlichkeiten herausgebildet. Der Ist-Zustand konnte daher in einem „Anforderungskatalog" festgehalten werden. Einer solchen Beschreibung der einzelnen Aufgabengebiete unterzog sich vor wenigen Jahren eine ad hoc gegründete Arbeitsgemeinschaft von erfahrenen Archivleitern, die sich aus Mitgliedern der Fachgruppe 7 „Presse-, Rundfunk- und Filmarchivare" im Verein deutscher Archivare sowie des Vereins Deutscher Dokumentare zusammensetzte. Der von dieser Arbeitsgemeinschaft sorgfältig ausgearbeitete Kriterienkatalog der Tätigkeiten unterscheidet fünf verschiedene Ebenen, die allerdings in der Praxis nicht immer mit der gleichen Trennschärfe ausgebildet sind. Das 1980 fertiggestellte Papier wurde der Bundesanstalt für Arbeit zugeleitet und von dieser in den „Informationen für Berufsberater — ibv", Nr. 40/1980, abgedruckt. In die „Blätter für Berufskunde" hingegen konnte die Beschreibung der Tätigkeitsfelder nicht aufgenommen werden, da ein geschlossenes Berufsbild eines geregelten Ausbildungsgangs bedarf.

Die Zahl der Redaktionsarchive nahm nach der Jahrhundertwende von Jahr zu Jahr zu. Der Journalist und Zeitungswissenschaftler Otto Groth beschrieb in „Die Zeitung", Band 1, Mannheim 1928, die Aufgabe des Redaktionsarchivs wie folgt: „Eine zweite wichtige Hilfseinrichtung (der Redaktion) ist das Archiv mit seinen Spezialabteilungen für die großen Ressorts: Politik, Feuilleton, Handel, Lokales", und er fuhr fort: „Heute ist das Archiv das unentbehrliche Hilfsmittel jeder einigermaßen selbständig arbeitenden Redaktion, das bei der Fülle der auf die Redaktion eindringenden Nachrichten zur Auffrischung des Gedächtnisses und Beratung des Urteils sowie zur Unterrichtung des Lesers beständig herangezogen werden muß."

Viele Zeitungsredaktionen verzichteten allerdings bis zum Ende des Zweiten Weltkrieges auf die Gründung eines eigenen Presseausschnittarchivs und begnügten sich damit, Zeitungsbände aufzubewahren, wobei es sich sowohl um die eigenen Zeitungsbände als auch um die Bände konkurrierender Verlage, sei es am Ort, sei es überregional, handeln konnte.

Die Pressearchive, mit denen wir es heute zu tun haben, entstanden überwiegend in der Nachkriegszeit. Daß es nach dem Zweiten Weltkrieg in schneller Folge zu diesen Gründungen kam, hing damit zusammen, daß eine komplizierter und unüberschaubarer werdende Welt, die viel weiter ausgreifenden Einzugsbereiche der politischen Berichterstattung, intensivere internationale Wirtschaftsverflechtungen, auch ein breiter werdendes Spektrum der Kulturberichterstattung höhere Anforderungen an das Faktenwissen der Redakteure stellten, denen nur mit einem verstärkten Auf- und Ausbau des „Hilfsinstruments Archiv" begegnet werden konnte. Selbst dem versiertesten Journalisten ist es kaum noch möglich, alle Details über politische Vorkommnisse, über Entwicklungen in der Wirtschaft, über Vorgänge in Kultur, Wissenschaft und Sport oder auch alle notwendigen Informationen über Unternehmen und Personen, über Verbände, Institutionen und Körperschaften ohne Nachschlagemöglichkeiten im Kopf zu behalten. Auch das beste Gedächtnis vermag solchen Anforderungen nicht mit der erforderlichen Exaktheit zu genügen. Eine zuverlässige Berichterstattung kann daher nur durch Rückgriffsmöglichkeiten auf gespeicherte Informationen gewährleistet werden, wie sie das Pressearchiv zur Verfügung stellt.

Nach einer Ermittlung der Deutschen Presse-Agentur (dpa) hatte 1970 — zum Zeitpunkt der Erhebung — nur noch eine einzige deutsche Tageszeitung mit einer täglichen Auflage von mehr als 100.000 Exemplaren kein eigenes Redaktionsarchiv. Zeitungen mit einer Auflage zwischen 30.000 und 100.000 Exemplaren täglicher Auflage verfügten immerhin noch zu 75 Prozent über dieses „Gedächtnis der Redaktion". Erst in der Gruppe der Zeitungen mit geringerer Auflage sank die Zahl der Redaktionsarchive erheblich ab. In den letzten Jahren dürften sich diese Zahlenverhältnisse zu Gunsten der Pressearchive noch weiter verbessert haben, allerdings nicht allein dadurch, daß sich durch Neugründungen ihre absolute Zahl erhöht hätte, sondern auch dadurch, daß im Zuge der Pressekonzentration besonders die kleinen Zeitungen eingingen.

Auch Wochenzeitungen und Fachzeitschriften richteten sich nach dem Zweiten Weltkrieg verstärkt eigene Pressedokumentationsstellen ein, ebenso der Rundfunk, wo sich die meisten Anstalten neben den für sie oft noch wichtigeren Ton-, Bild- und Filmarchiven eigene Pressearchive zulegten. Schließlich nahm in diesen Jahren auch die Zahl der Pressearchive beträchtlich zu, die von anderen Trägern unterhalten werden. Neben vielen kleineren Einrichtungen wuchsen in den letzten fünfunddreißig Jahren eine Reihe von bedeutenden Pressearchiven heran, die die Nachkriegsgeschichte in ihrer politischen, wirtschaftlichen und kulturellen Vielschichtigkeit dokumentieren und eine Fundgrube des zeitgenössischen Wissens darstellen.

## *Informationsermittlung*

Woran orientieren sich Zeitungsausschnittarchive bei ihrer Sammeltätigkeit? Vor der Anlage und dem Arbeitsbeginn eines Presseausschnittarchivs müssen vor allem die Wünsche der zukünftigen Benutzer erforscht werden, damit der organisatorische Zuschnitt des Archivs auf die Anforderungen ausgerichtet werden kann. Kein Zeitungsarchiv, und sei es auch noch so gut mit Mitteln ausgestattet, vermag trotz seiner thematisch universellen Anlage zu allen Themen umfassend Material zu sammeln. Dies würde nicht nur jedes finanzielle Maß sprengen, sondern auch unerfüllbare Anforderungen an die Kenntnisse der hier Tätigen stellen. Die inhaltlich universelle Zeitung zwingt in jedem Fall dazu, für die Auswahl relevanter Texte Gesichtspunkte zu formulieren, von denen sich die Lektoren bei der Auswertung leiten lassen können, da schlechterdings niemals alles erfaßbar ist.

Bewertungsfaktoren fließen auf mehreren Ebenen in die Arbeitsvorgänge ein. Durch die Zusammenstellung einer Leseliste wird bestimmt, welche Publikationsorgane zur Auswertung herangezogen werden. In größeren Pressearchiven ist diese Liste meist umfangreich. Tageszeitungen werden dort ebenso ausgewertet wie Wochenzeitungen, deutschsprachige ebenso wie fremdsprachige Publikationen. Fachzeitschriften, Korrespondenzen und Informationsdienste, Reports und andere Arten von grauer Literatur können ergänzend hinzutreten. Bei der Festlegung der Liste ist zu beachten: Wo liegen die Schwerpunkte der Interessen der das Archiv Nutzenden, welche Probleme in Politik und Wirtschaft sind besonders zu berücksichtigen, spielen weltweite oder regionale Gesichtspunkte für die eigene Redaktion die größere Rolle? Hat sich das Archiv beim Sammeln auch auf die Vorgänge in Bildung, Kultur und Wissenschaft zu konzentrieren? Gibt es andere fachliche Spezialisierungen in der Redaktion, auf die das Pressearchiv achten muß? Kaum eine Leseliste dürfte einer zweiten völlig gleichen. Je genauer ein Pressearchiv die Bedürfnisse seiner Auftraggeber ermittelt, desto besser vermag es sich auf diese einzustellen, desto exakter kann es den Anforderungen entsprechen, die an es herangetragen werden. Eine Dokumentationsstelle, die mehreren Auftraggebern zugleich dienen muß, hat es darin schwerer. Wenn sich beim Einspeichern das Material nicht straffen läßt, da viele verschiedene Gesichtspunkte zu berücksichtigen sind, muß sich dies auf die Recherche auswirken: Längere Recherchezeiten müssen in Kauf genommen werden, da die notwendige Materialsichtung in diesem Falle nicht während der Eingabe, sondern während der Recherche stattfindet. Können die Pressetexte schon bei der Auswertung den fachlichen Interessen einer bestimmten Nutzergruppe entsprechend zusammengestellt werden, läßt sich umgekehrt der für die Recherche erforderliche Zeitaufwand erheblich verkürzen.

Nicht nur beim Aufstellen der Leseliste spielen die Rahmenbedingungen der einzelnen Dokumentationsstellen eine Rolle. Auch für die Auswertung selbst müssen Auswahlkriterien festgelegt werden, nach denen sich die Lektoren richten können. Verlagseigene Publikationen werden fast überall besonders berücksichtigt, sogar meist lückenlos erschlossen. Pressearchive kleinerer Zeitungen begnügen sich gelegentlich mit dem Ausschneiden der eigenen Zeitung oder auch nur mit dem bibliographischen Nachweis der im eigenen Blatt erschienenen Artikel. Bezirksausgaben werden allerdings dabei fast immer stiefmütterlich behandelt und selten oder nie lückenlos ausgewertet.

In welchem Umfang Zeitungen und Zeitschriften zur Auswertung herangezogen werden, hängt vor allem von den personellen, finanziellen und räumlichen Bedingungen ab, unter denen die Dokumentationsstelle arbeitet. Pressearchive können es sich kaum erlauben, um Tage oder gar Wochen hinter den Ereignissen herzuhinken, vielmehr müssen sie stets ihre ganze Energie darauf verwenden, à jour zu sein. Für die Redaktion ist das, was gerade passiert, am wichtigsten, auf die Tagesereignisse muß unmittelbar nach dem Geschehen zurückgegriffen werden können. Ein Pressearchiv, das aus falsch verstandenem Ehrgeiz mehr Ausschnitte entnimmt, als es täglich verkraften kann, gerät auf Dauer immer stärker ins Hintertreffen, da bei jeder Suche wachsende Berge von noch nicht bearbeitetem Material durchgesehen werden müssen. Die personelle Ausstattung des Archivs wirkt sich auf Breite und Tiefe der Erschließung aus. Andererseits bestimmt die Zahl der beim Lektorat entnommenen Ausschnitte allein noch nicht den Wert des Zeitungsarchivs. Weniger die schnelle Auswahl mit einer Vielzahl von relevanten Texten als vielmehr die sorgfältig prüfende führt zu den besten Ergebnissen, kostet jedoch die meiste Zeit.

Der Pressearchivar beurteilt seine Quellen — abgesehen von der Nachweispflicht für die Artikel der eigenen Publikationsorgane — hauptsächlich unter drei Gesichtspunkten: Zum ersten soll durch das Zusammentragen geeigneter Pressetexte der Informationsgehalt der Sammlungen gesteigert werden. Die „Basisinformation", die aus der eigenen Zeitung oder aus dazu bestimmten Publikationsorganen stammt, muß beim Lektorieren durch Daten oder Fakten aus anderen Quellen ergänzt werden. Nicht nur Namensartikel, sondern auch Meldungen der Nachrichtenagenturen finden dabei Interesse. Der Lektor wird beim Auswerten nicht nur darauf achten, Mehrfachablagen der gleichen Information zu vermeiden, sondern sich auch darum bemühen, keine fehlerhaften Texte in seine Sammlungen geraten zu lassen. Falsche und ungenaue Archivinformationen werden bei der Nutzung des Materials weitergegeben und führen zu Potenzierungen, da sie in neue Texte übernommen werden und von dort wieder Eingang in neue Archivsammlungen finden. Um es zu solchen Fehlerkreisläufen nicht kommen zu lassen, muß der Lektor herausfinden, welche Zeitungskorrespondenten in den zur Auswertung herangezogenen Publikationsorganen besonders sorgfältig recherchieren und zuverlässig und korrekt berichten. Umgekehrt ist auch darauf zu achten, welche Korrespondenten „mit heißer Nadel nähen".

Der Lektor entnimmt den Zeitungen, die er auswertet, nicht nur Daten und Fakten, sondern auch Berichte und Reportagen, Stimmungsbilder und illustrierende Beiträge, die die „dürre" Information anreichern. Sie versetzen den Leser beim Benutzen der Sammlungen zurück in den Augenblick des Geschehens, wecken Assoziationen und machen ihm die vielleicht längst vergessenen Vorgänge dabei in unverwelkter Frische präsent.

Im Kommentarbereich bemüht sich der Auswertende darum, ein möglichst breites Spektrum von Meinungen einzufangen. Er muß dabei jedoch zu vermeiden suchen, durch eine einseitige Auswahl auf den Prozeß der Meinungsbildung unmittelbar einzuwirken, denn es kann nicht Aufgabe des Lektors sein, die eigene Meinung zur Geltung zu bringen. Vielmehr muß er durch die Art der Zusammenstellung seiner Texte dem das Material Nutzenden ermöglichen, sich über die bereitgestellten Unterlagen sein eigenes Urteil bilden zu können. Wer Zeitungstexte sammelt, hat sich beim Lesen und Auswerten der Zeitungen und Zeitschriften bewußt zu disziplinieren. Weder darf er — darin vielleicht eigenen Neigungen folgend — einzelne Sachverhalte besonders intensiv betreuen, damit sich in der Gesamtanlage der Sammlungen keine ungleichen Gewichtungen ergeben, noch darf er gar bewußt manipulieren. Verantwortungsbewußtsein und berufliches Ethos des Pressearchivars sind beim Auswerten ebenso angesprochen wie sein fachliches Können. Mit der bewertenden Auswahl relevanter Texte ist der Pressedokumentar auch im engeren Sinne publizistisch tätig. Er erfüllt Funktionen, die, wenn auch unter anderen Vorzeichen, denen des Nachrichtenredakteurs gleichen.

## *Informationserschließung*

Welche Faktoren sind für den Rang eines Pressearchivs ausschlaggebend? Nicht nur die Zahl und die Qualität der entnommenen Ausschnitte spielen dabei eine Rolle, ausschlaggebend für das Funktionieren der Dokumentationsstelle ist vielmehr vor allem ihre innere Ordnung. Der Festlegung des Ordnungssystems, nach dem das Pressearchiv seine Texte speichert und für den späteren Gebrauch verfügbar macht, eine Festlegung, die es in einer relativ frühen Anlaufphase treffen muß, kommt vor allem deshalb eine so hohe Bedeutung zu, weil bei der schwerfälligen Materie, mit der man es zu tun hat, grundlegende Fehler, die bei dieser Festlegung begangen werden, später kaum noch zu korrigieren sind. Genügt das System den Anforderungen nicht und können später notwendig werdende Erweiterungen nicht harmonisch in die bestehende Ordnung eingefügt werden, vermag nur ein vollständiger Neuanfang den Systemfehler zu korrigieren, mit dem aber zugleich manches bereits Gesammelte preisgegeben wird.

In den letzten Jahrzehnten wurden für die Fachgebiete Information und Dokumentation zahlreiche DIN-Normen festgelegt, manche von ihnen danach noch einmal vereinfacht und neuen Erkenntnissen angepaßt. Seit 1981 die beiden DIN-Taschenbücher*) herauskamen, die die mehreren Hundert Normen enthalten, die für archivarische, bibliothekarische und dokumentarische Vorgänge inzwischen vorliegen, kann sich jeder Pressearchivar diese Normen für den schnellen Gebrauch auf den Schreibtisch legen und sich von Fall zu Fall an ihnen orientieren. Erarbeitet wurden inzwischen Regeln für die alphabetische Ordnung, die alphabetische Titelaufnahme und für das Erfassen formaler Merkmale, Kategorienkataloge für Dokumente, Regeln für die Indexierung mit Schlagwörtern und Deskriptoren und DIN-Normen für den Aufbau eines Thesaurus.

*) Publikation und Dokumentation. Normen für Verlage. Bibliotheken. Dokumentationsstellen. Archive. 1. Auflage, Bd. 1 und 2, Berlin, Köln: Beuth-Verlag 1980 (DIN-Taschenbuch. 153 und 154).

Die Bedeutung der Normen darf nicht unterschätzt werden, wirken sie doch vor allem in Richtung auf die so wünschenswerte Kompatibilität verschiedener Einrichtungen des Dokumentationswesens. Beim Aufbau neuer Speicher sollte man die DIN-Normen auf jeden Fall beachten. Auch dem Praktiker, der sich mit den Problemen des Alltags herumschlägt, vermögen sie nützliche Hinweise zu geben.

Die mit Papier arbeitenden konventionellen Pressearchive der Bundesrepublik Deutschland konnten sich in ihrer Aufbauphase jedoch schon deshalb meist nicht nach den DIN-Normen richten, da es diese zum größten Teil noch nicht gab. Sie sahen sich daher gezwungen, ihre Ordnungssysteme aus dem Nichts heraus selbst zu entwickeln. Vorbilder aus dem engeren publizistischen Umfeld gab es nur wenige. Von den großen Pressearchiven der Vorkriegszeit waren die meisten dem Kriege zum Opfer gefallen. Bei denen, die noch bestanden, reichten die Ordnungsschemata für die komplizierter werdenden politischen Entwicklungen der Nachkriegszeit und vor allem für den wachsenden Nachrichtenstrom oft nicht aus.

Die Internationale Dezimalklassifikation (DK) als universelles System eignete sich für Pressearchive mit ihren speziellen Bedürfnissen nicht. So blieb es dem Geschick der einzelnen Pressearchive überlassen, wie sie die Aufgabe lösten, für ihre Dokumentationsstelle ein geeignetes Ordnungssystem zu entwerfen. Fast alle Pressearchive in der Bundesrepublik Deutschland ordnen heute die Texte selbst. Die in früherer Zeit recht beliebten Stellvertreter-Systeme (Nachweissysteme) sind heute bei manuell arbeitenden Pressearchiven nur noch selten anzutreffen. Das Karteisystem machte es bei Bedarf notwendig, die relevanten Artikel anschließend in Ordnern oder Zeitungsbänden nachzuschlagen — ein recht schwerfälliges Verfahren. Unter anderem Vorzeichen, dem der Elektronik, erleben Verweis- und Hinweissysteme jetzt allerdings eine Renaissance. Träger der Volltext-Information ist dann meist der auf Mikrofilm oder Mikrofiche verfilmte Text. Über eine anwählbare Zieladresse können Filmbilder mit einem elektronischen Zugriffssystem kombiniert werden. Bei der Recherche werden dann zuerst die Suchmerkmale auf dem Terminal, anschließend die Volltexte auf einem mit dem Filmspeicher auf der einen, dem Terminal auf der anderen Seite verbundenen Rückvergrößerungsgerät aufgerufen. Die relevanten Texte können über den Reader-Printer auch auf Papier kopiert werden. Allerdings bedarf es für das Rückkopieren einer gewissen Zeit, die zumindest in einer Tageszeitung nicht immer zur Verfügung steht.

In den Zeitungsausschnittarchiven ist der die innere Ordnung gewährleistende, die Sortiervorgänge steuernde Systematische Katalog in der Regel zugleich der Standortkatalog, er legt also auch die Stellordnung der Materialien fest. Seltener basiert die systematische Ordnung ausschließlich auf alphabetisch geordneten Schlag- und Stichwörtern, da damit die inneren Zusammenhänge zerrissen werden. Auf solche Ordnungssysteme trifft man allenfalls in sehr kleinen Dokumentationsstellen oder in solchen mit enger fachgebundener Terminologie. Weitaus häufiger bedient man sich hierarchischer Ordnungen, bei denen einem Oberbegriff jeweils eine Reihe von Unterbegriffen zugeordnet sind. Die „Dokumentationssprache" kann dabei auf der natürlichen Sprache basieren, also Schlag- und Stichwörter hierarchisch ordnen, oder sich eines Systems von Zeichensymbolen (Notationen) bedienen, wobei die Notationen die Hierarchie des Klassifikationssystems widerspiegeln. Diese künstlich-sprachlichen Dokumentationssprachen bestehen wahlweise aus einem Ziffernsystem, aus einem Buchstabensystem oder auch aus einer Kombination von beidem und geben den einzelnen Ordnungsklassen Struktur und Halt. Die Bedeutung der Klassifikation liegt vor allem darin, daß sie auch bei wechselnden Bezeichnungen feste Bezugspunkte für die innere Ordnung des Systems liefert. Ferner kommt ihr eine kontrollierende Funktion zu, da sie die uferlose Ausweitung der Stichworte verhindert, zu denen gesammelt wird. Ohne eine solche Kontrolle nähmen diese sonst leicht unübersehbare Ausmaße an.

Der Thesaurus als eine weitere Dokumentationssprache wird vor allem in elektronischen Da tenbanksystemen benutzt. Er basiert zwar wie Schlagwortsysteme auf der natürlichen Sprache, enthält aber meist auch klassifikatorische Elemente. Mit seinem kontrollierten Vokabular und der Vielfalt der Beziehungen (Begriffsrelationen), die der Thesaurus herstellt, ist er unter den verschiedenen Indexierungsmethoden sicher eine der komfortabelsten, entfaltet seine vollen Möglichkeiten jedoch nur in rechnergesteuerten Systemen.

Zum Aufbau eines ausgefeilten Klassifikationssystems oder eines Thesaurus für ein Pressearchiv mit seiner reichen Themenpalette bedarf es eines erheblichen zeitlichen Vorlaufs, der sich nicht nach Tagen und Monaten, sondern meist nur nach Jahren bemessen läßt.

Über Inhaltsangaben oder -darstellungen, über Referate und Kurzfassungen (Abstracts) wird in der Pressedokumentation selten indexiert. Dieser Methode bedient man sich vor allem aus urheberrechtlichen Gründen, wobei man davon ausgeht, daß sich durch Kurzfassungen das Lesen des vollen Textes in der Regel erübrigt. Volltexte können hingegen nur dann übermittelt werden, wenn sich der Datenbankbetreiber des Copyrights versichert hat. Besitzt er diese Rechte nicht, dürfen die Texte bei kommerzieller Nutzung der Datenbank nach dem deutschen Urheberrecht streng genommen nicht einmal gespeichert werden.

Was muß das Ordnungssystem eines Pressearchivs — gleichgültig, ob die Bestände elektronisch oder manuell verwaltet werden — leisten können? In der Pressedokumentation hat man es fast immer mit thematisch breit aufgefächerten Sachverhalten zu tun. So müssen auch die Ordnungsschemata vielschichtig sein. Da der Ausarbeitung des Ordnungssystems die besondere Aufmerksamkeit zu gelten hat, kann sie auch nicht „in einem Wurf" am grünen Tisch vorgenommen werden, sondern bedarf einer längeren Entwicklungszeit. Die Kenntnis aller zu berücksichtigenden Faktoren erlangt man erst nach und nach. Kein Pressearchiv kann es sich leisten, zu Themen zu sammeln, die niemand abruft. Das Sammeln als „l'art pour l'art" widerspricht einer gesunden Kosten-Nutzen-Relation und verbietet sich eigentlich immer. Das Ordnungssystem hat zu definieren, wozu gesammelt wird.

In der Praxis bedeutet das, daß ein solches Ordnungssystem bewußt durch Unausgewogenheit charakterisiert sein muß. Dort, wo ausgeprägte Sachinteressen der Nutzer vorliegen, wird stärker differenziert als bei Themen von geringerem Interesse. Wieder andere Themen fallen unter Umständen gänzlich aus der Gliederung heraus. Trotzdem weisen die Thesauri von Pressedatenbanken meist Zehntausende von Deskriptoren (gebundene Schlagwörter) aus, zu denen noch freie Schlagwörter hinzutreten.

In Klassifikationssystemen erleichtert eine Ordnung, die auf einer einfachen Grundstruktur aufbaut, die schnelle Orientierung. Das System sollte ausbau- und erweiterungsfähig sein, neu aufkommende Begriffe und Sachverhalte harmonisch integrieren können, feinere Differenzierungen dort zulassen, wo zu Sachverhalten differenziert gefragt wird, und gröbere Raster bei Sachverhalten von geringerem Interesse verwenden. Detaillierte Untergliederungen machen eine Mehrfacherschließung notwendig und führen zu erhöhtem Aufwand. Stets aufs neue ist zu prüfen, ob dieser Aufwand vertretbar ist. Besonders leistungsfähig sind Klassifikationssysteme, die sich durch zusätzliche Ordnungselemente „facettieren" lassen. Die gewählten Notationen sollten sich leicht einprägen und weder zu umständlich noch zu kompliziert in ihrer Handhabung sein. Nicht zuletzt bedarf auch die auf Notationen aufbauende Klassifikation des kontrollierten Wortgutes, der durchdachten und auf ihren Wortsinn kontrollierten Bezeichnung. Der häufig geäußerte Wunsch kleinerer Redaktionsarchive nach einer „Musterklassifikation" oder einer Basisordnung, derer sich alle bedienen könnten, ist verständlich. Er ließe sich aber ohne beträchtlichen Aufwand nicht realisieren und müßte vor allem auch durch die daran Interessierten finanziert werden. Vermutlich dürfte es schon deshalb kaum noch dazu kommen, da in vorausschaubarer Zeit elektronische Systeme stärker als bisher auch in der Bundesrepublik Deutschland die Archive ergänzen, bestehende Informationslücken schließen und zu einer Erweiterung des Angebots führen werden. Dem Pressearchiv der lokalen oder regionalen Zeitung dürfte dann im wesentlichen die Aufgabe zufallen, die lokalen und regionalen Belange der eigenen Redaktion abzudecken.

Das Zuordnen der Suchmerkmale, das Klassieren der Artikel erfordern viel Sachverstand. Der Pressearchivar muß seine Themen gleich dem abrufenden Redakteur fachlich beherrschen. Nur dann vermag er die täglich anfallenden Informationen so zu ordnen, daß auch anspruchsvolle Benutzer zufriedengestellt werden können. Bei wachsenden Mengen von Beständen muß sich der Pressedokumentar fachlich stärker spezialisieren, während der „Allroundman" vor allem in kleineren Dokumentationsstellen seinen Platz findet. Von ihm wird erwartet, daß er sich zu helfen weiß, seine Nachschlagewerke kennt und benötigte Informationen „ad hoc" beschafft.

Wem die Pflege und Weiterführung der Ordnungspläne aufgetragen ist, muß sein Metier besonders gut beherrschen, hängt es doch von seinem Urteilsvermögen ab, wie „lebendig" das Pressearchiv bleibt. Änderungen bedürfen stets gründlicher Vorarbeiten und großer Erfahrung, lösen sie doch eine Kette weiterer Arbeitsvorgänge aus, da sich der Änderungsdienst nicht nur auf die aktuelle Sammlung beziehen darf, sondern auch die Altablage und ergänzende Karteien oder Dateien erfassen muß. Solche klassifikatorischen Änderungen lassen sich schon deshalb nicht umgehen, weil immer wieder neue Begriffe und neue politische Schlagworte in das Ordnungssystem integriert werden müssen. Auch die Bezeichnungen selbst können nicht nur einem Bedeutungswandel unterworfen sein, sondern auch wieder aus dem öffentlichen Sprachgebrauch verschwinden. Das Wort „Umweltverschmutzung", heute eines der am häufigsten in der öffentlichen Diskussion verwandten, wurde noch vor zehn Jahren nicht benutzt. Der Pressearchivar braucht viel Gespür dafür, zu entscheiden, wann er neue Bezeichnungen in sein Ordnungssystem aufnehmen muß und wann er dies besser unterläßt. Umfangreichere Nacharbeiten bei der Einführung neuer Begriffe sind vor allem dann nicht zu umgehen, wenn es sich um „Leitbegriffe" der klassifikatorischen Ordnung handelt. Arbeitsintensive Vorgänge dieser Art unterbleiben im Dokumentationsalltag auch schon einmal, sind aber auf Dauer nicht zu umgehen. Unterläßt der Pressearchivar die Fortschreibung seiner Ordnungspläne, veraltet allmählich die ganze Ordnungsstruktur, die Sachverhalte können nicht mehr sicher zugeordnet und bei der Recherche nicht mehr gefunden werden.

## Speicherformen

Die deutschen Pressearchive ließen sich bisher viel Zeit damit, von konventionellen zu elektronischen Speichermethoden überzugehen. Dies geschah nicht nur aus Kostengründen. In Tageszeitungsarchiven oder dort, wo das Pressearchiv für die Nachrichtenredaktion einer Rundfunkanstalt tätig ist, wird das Material oft binnen Minuten benötigt. Gefragt wird oft nicht nach einzelnen Daten und Fakten, sonder nach Ereignissen. Häufig muß ein bestimmter Vorgang durch mehrere Hundert Ausschnitte in seiner oft über Jahre reichenden Entwicklung dokumentiert werden. Wird nach Ereignisabläufen gefragt, ist das Papierarchiv in bezug auf die schnelle Auslieferung dem elektronischen noch immer überlegen, vor allem, wenn sich die abrufende Redaktion im gleichen Hause befindet und man das bereits sortierte „Dossier" auf Anforderung sofort weitergeben kann. Bei einer Online-Recherche müssen hingegen die Texte einzeln abgearbeitet und ausgedruckt oder kopiert werden. Sind jedoch mehrere Redaktionen zu beliefern oder räumliche Distanzen zu überwinden, ist die Situation anders: Dort, wo viele Nutzer zeitgleich auf die gleiche Information zugreifen wollen, sind rechnergesteuerte Systeme dem konventionellen Speicher überlegen. Auch Einzelinformationen lassen sich online dann schneller abfragen, wenn zur Beantwortung der Suchfrage größere Informationsmengen durchgeprüft werden müssen. Eine Frage wie „In welchen Fällen hat die Opposition im Bundestag mit „Ja" und im Bundesrat mit „Nein" gestimmt?" kann ein konventionell geführtes Pressearchiv dann nicht beantworten, wenn es diese Frage nicht vorausgeahnt und beim Sammeln und Ordnen bereits berücksichtig hat. Wer Presseausschnitte in Papierform aufbewahrt, muß denkbare Fragestellungen so weit wie möglich vorwegnehmen, er muß „präkoordinieren". Anders das elektronische Archiv: dieses erlaubt die „Postkoordination", es kann auf Suchfragen antworten, die beim Einspeichern in dieser Form noch nicht bedacht wurden. Allerdings lassen sich in elektronischen Speichern nur solche Informationen abfragen, die die Maschine erfaßt und deren Suchmerkmal sie gespeichert hat. Im Gegensatz dazu selektiert beim Suchen in konventionellen Speichern das Auge in den Texten mit und kann sich Antworten logisch erschließen, die in elektronischen Speichern dann unauffindbar bleiben, wenn sie nicht eigens eingegeben wurden.

In diesem Zusammenhang stellt sich stets von neuem die Frage nach der Relation zwischen Aufwand und Ertrag. Lohnt es überhaupt, den einzelnen Zeitungsartikel so akribisch zu erschließen, wie die elektronische Speicherung es erforderlich macht, obwohl dieser, anders als der in einem Filmarchiv aufbewahrte Fernsehfilm, in sich keinen Wert darstellt? Wäre es nicht besser, in rechnergesteuerten Systemen nur ganzen Sachverhaltsklassen oder -gruppen eine eigene Adresse zu geben, statt jeden einzelnen Artikel anwählbar zu machen? Dem hohen Erschließungsaufwand sucht die in den letzten Jahren entwickelte Technik des *automatischen Indexierens* zu begegnen, einer Technik, bei der die Maschine über eine entsprechende Software die Texte selbst erfaßt, analysiert und abrufbereit speichert. Dieses jeglichen intellektuellen Aufwand vermeidende billige Indexierungsverfahren verlegt jedoch die Schwierigkeiten auf den Schluß, auf die Recherche. Weder die statistischen Verfahren der automatischen Indexierung noch die auf linguistischen Methoden einer semantischen Textanalyse beruhenden Informations-Retrieval-Systeme erreichen bereits den Grad an Benutzerfreundlichkeit, der notwendig wäre, um Pressetexte mit ihrer vielschichtigen Sprachsubstanz für den sicheren Zugriff bereitzustellen. Dies gilt jedoch nicht für reine Nachrichtentexte. Immer mehr Nachrichtenagenturen gehen dazu über, ihre Meldungen für das Speichern über kürzere, demnächst wohl auch längere Zeit, automatisch zu indexieren. Bis zu einer bestimmten Abfragetiefe lassen sich auf diesem Wege Daten und Fakten abfragen. Bei komplizierten Vorgängen, bei Texten mit subtiler Sprachsubstanz dürfte es jedoch noch eine Weile dauern, bis die technische Basis für vollautomatisierte Verfahren so ausgereift ist, daß allen Notwendigkeiten entsprochen werden kann. Das Papierarchiv wird daher vermutlich, trotz der schnellen Fortentwicklung der Speichertechnik, der zunehmenden Vernetzung und der Möglichkeit der Datenfernübertragung nicht von einem Tage zum anderen aus den Redaktionen verschwinden. Wahrscheinlicher ist, daß sich Mischformen der Pressedokumentation herausbilden werden, bei denen man sich aller technischen Möglichkeiten nebeneinander bedient.

Die Arbeitsbedingungen in den Pressearchiven einer Wochen- oder Monatspublikation weichen von denen der Tageszeitung in mancher Hinsicht ab. Erst recht gilt dies für die Dokumentationsstellen in wissenschaftlichen oder behördlichen Institutionen. Die Notwendigkeit der schnellen Auslieferung spielt dort gegenüber der gründlichen Auswahl der relevanten Texte meist die geringere Rolle. Daher entschließen sich diese Pressearchive in der Regel leichter dazu, sich die größere Speicherdichte des Mikrofilms zunutze zu machen. Tageszeitungen verfilmen am liebsten nur ihr älteres, nicht mehr so häufig benötigtes Archivmaterial oder — aus Sicherheitsgründen — die Zeitung als Ganzes. Aktuelle Texte spart man hingegen beim Verfilmen in der Regel aus. Vor ein Lesegerät setzen sich die meist unter Zeitdruck stehenden Redakteure nicht, während in wissenschaftlichen Institutionen die Lesegeräte inzwischen wie selbstverständlich benützt werden. In den Redaktionsarchiven entschließt man sich dort am leichtesten zum Verfilmen auch aktuellerer Texte, wo das Originalmaterial stets präsent bleiben und daher ohnedies kopiert werden muß. Am wenigsten setzte sich bisher die Methode des „chaotischen" Verfilmens durch, das heißt des Verfilmens in der Reihenfolge des Erscheinens. Die Rückrufvorgänge werden dadurch zu sehr kompliziert. Die Bildplatte mit ihrer viel höheren Speicherdichte wird möglicherweise den Mikrofilm als Speicher großer Textmengen in absehbarer Zeit ablösen. Auch ihre Verwendung führt jedoch dazu, daß Texte bei Bedarf ausgedruckt werden müssen, wenn die Redakteure nicht selbst online recherchieren.

## *Informationsvermittlung*

Von den drei großen Arbeitsvorgängen in der Pressedokumentation — der Informationsermittlung, der Informationserschließung und der Informationsvermittlung — ist noch der dritte zu behandeln: die Informationsvermittlung. Wie und was wird abgefragt? Die Fragen, die ein Pressearchiv erreichen, sind vielgestaltig und vermitteln in ihrer Gesamtheit ein Spektrum der vielschichtigen Informationsbedürfnisse unserer Zeit. Auch die das Pressearchiv am intensivsten nutzenden Journalisten sind sich dieser Vielschichtigkeit nicht immer bewußt: Jeder braucht „sein" Material anders und möchte stets so beliefert werden, wie dies seinen Bedürfnissen am besten entspricht. Nur schwer vermag eine Redaktion einzuschätzen, wie weitgespannt die Themen sind, denen das Redaktionsarchiv nachzugehen hat, da jedes Ressort unwillkürlich seine eigenen Anforderungen zum Maßstab des Notwendigen macht. Daß bei den recht beschränkten Mitteln, die in vielen Verlagshäusern für die Aufgaben der Pressedokumentation zur Verfügung gestellt werden, nicht alle Wünsche erfüllbar sind und nicht alles an sich Notwendige dokumentiert werden kann, leuchtet dem einzelnen Redakteur, der einer bestimmten Fragestellung nachgeht, vielleicht nicht immer ein. Zum steten Spannungsverhältnis zwischen der Redaktion und dem ihr zugeordneten Pressearchiv gehört es, daß zwischen Bedarf und Anforderung auf der einen, den organisatorischen Möglichkeiten des Archivs auf der anderen Seite immer von neuem ein Ausgleich, sozusagen das optimale Mittel, gesucht werden muß.

Vielgestaltig wie die Fragen, die das Pressearchiv aus der Redaktion erreichen, sind auch die Formen, mit denen diesen entsprochen wird: die Querschnittdokumentation, die Ereignisdokumentation, die Sachantwort, das Verifizieren einzelner Daten, Fakten und Schreibweisen von Namen gehören dazu. Um den Anforderungen Genüge leisten zu können, recherchiert der Pressearchivar nicht nur in seinen eigenen Beständen, sondern häufig auch an anderen Stellen: in staatlichen, kommunalen oder anderen Archiven, in den örtlichen Bibliotheken, in wissenschaftlichen Institutionen und vielen anderen Anlaufstellen. Auch die Literaturzusammenstellung unter Einbeziehung der Fernleihe gehören zu seiner Aufgabe. Manche Pressearchive unterhalten eigene Bibliotheken und eine eigene Zeitschriftenabteilung oder betreuen die Redaktionsbibliotheken. Vor allem in größeren Pressearchiven ist es selbstverständlich, daß auch fachwissenschaftliche Literatur aus den der Redaktion verfügbaren Publikationen nachgewiesen wird. Redaktionsbibliotheken können einen recht unterschiedlichen Zuschnitt haben: vom fachlich hochspezialisierten Bestand bis zum kleinen Handapparat findet man alles nebeneinander. Besonders umfangreich, wenn auch organisatorisch in der Regel vom Pressearchiv getrennt, sind die Bibliotheken und Zeitschriftenabteilungen der Rundfunkanstalten.

Auch der Möglichkeit, eigene Informationslücken durch das Recherchieren in elektronischen Datenbanken zu schließen, bedient man sich heute schon bei der Informationsvermittlung in einigen Pressearchiven. Entfernungen spielen bei den in den rund tausend Datenbanken der Welt bereitgehaltenen Informationen kaum noch eine Rolle.

Gelegentlich hört man heute, daß in wenigen Jahren die Redakteure, an ihren Arbeitsplätzen ohnedies mit einem Terminal verbunden, selbst recherchieren und den Pressearchivar damit überflüssig machen könnten. Wer dieses vermutet, dürfte das Rollenspiel zwischen Publizistik und Dokumentation zumindest zum Teil verkennen. Selbstverständlich werden sich auch Journalisten mit den Methoden des Online-Recherchierens zunehmend vertraut machen. Aber werden sie sich dieser Technik dann auch stets bedienen, können sie auf diesem Wege überhaupt alle ihre Informationsbedürfnisse abdecken? Das ist sicher so bald noch nicht der Fall. Wer in Datenbanken recherchiert, bemerkt schnell, daß er sich stets nur ein Teilangebot aus dem insgesamt Verfügbaren erschließen kann. In jeder Datenbank oder zumindest in jedem Datenbanksystem muß sich der Abfragende mit den speziellen, nur dort gebräuchlichen Abfragemodalitäten, der sogenannten Suchsprache, vertraut machen, und mehr als nur eine sehr begrenzte Zahl von Suchsprachen vermag niemand zu beherrschen. Journalisten aber mit ihren vielfältigen Interessen können sich mit dem — zudem oft nicht flächendeckenden — Angebot nur einiger weniger Datenbanken nicht zufriedengeben, bedürfen also allein aus diesem Grunde schon bei der Kommunikation mit weiteren elektronischen Systemen des auf diese spezialisierten Vermittlers. Oft genug auch muß die bei der Recherche nur angezeigte Literatur über Bibliotheken anschließend beschafft werden, denn viele der Datenbanken sind Referenz- und keine Volltext- oder Faktendatenbanken. Schließlich müssen auch unmittelbar extrahierte Daten und Fakten häufig durch andere Materialzusammenstellungen abgerundet werden. Dies macht Mühe und kostet Zeit, Zeit, die den Redakteuren, deren Hauptaugenmerk anderen Dingen zu gelten hat, meist nicht zur Verfügung steht. Der darauf spezialisierte Informationsbeschaffer hingegen weiß sich aller verfügbaren Quellen nebeneinander zu bedienen. In den modernen Formen des Recherchierens wachsen journalistische und dokumentarische Aufgaben in eins zusammen — ähnlich wie in anderen Teilen der Pressedokumentation auch — gleichgültig, wie sich derjenige, der diese Aufgaben ausführt, dann einmal nennt.

Das Pressearchiv erreichen nicht nur Fragen aus der eigenen Redaktion, dem verlagseigenen Management oder aus anderen Verlagsabteilungen. Auskünfte aller Art werden auch den Lesern oder besser einer breiten Öffentlichkeit gegeben, die sich mit den unterschiedlichsten Informationsbedürfnissen an die Zeitung wendet. Damit kommt dem Redaktionsarchiv ein eigener Stellenwert in der traditionellen Leser-Blatt-Bindung zu. Für den einfachen Bürger, der vor dem Besuch einer Buchhandlung oder einer Bibliothek zögert oder gar zurückschreckt, ist die Hemmschwelle, die er beim Besuch „seiner" Zeitung zu überwinden hat, weit niedriger, und wie selbstverständlich holt er sich in vielen Lebenslagen dort brieflich, telefonisch oder persönlich Rat. Insbesondere Schüler und Studenten nutzen die Informationsmöglichkeiten, die sich ihnen in der Zeitung bieten, gern. Unzählige Schüleraufsätze und Seminararbeiten von Studenten entstehen mit Hilfe der Zeitungsarchive. Allerdings schränken die Urheberrechtsgesetzgebung, das Rechtsberatungsgesetz und die Datenschutzgesetzgebung manche Aktivitäten der Pressearchive spürbar ein, und vor allem in bezug auf den Schutz der persönlichen Daten wächst die Sensibilität. Aber auch bei Berücksichtigung aller einschränkenden Faktoren bleibt für die Auskunftstätigkeit des Pressearchivs noch ein weites Feld.

In der Informationsvermittlungstätigkeit der Pressearchive schälen sich daneben allmählich, bereits heute deutlich erkennbar, neue Konturen heraus: Die Pressearchive werden zu einer immer wichtigeren Quelle für das Wissen der Welt und schlüpfen damit zugleich in die Rolle eines Informationsanbieters modernen Zuschnitts. Hand in Hand mit den umfassenden Veränderungen der gegenwärtigen Kommunikationsformen durch neue elektronische Techniken — als Stichworte seien die Bildplatte, das elektronische Publizieren, die Kabel- und die Satellitenkommunikation, Bildschirmtext und Videotext genannt — wachsen den Pressearchiven neue Aufgaben zu, verändern sie ihre Gestalt, gewinnen sie eine neue Dimension und übernehmen neue Aufgaben, unter denen die wichtigste die sein könnte, mit ihrer Tätigkeit den Aktionsradius der verlegerischen Dienstleistungen zu erweitern. In einem vor kurzem erschienenen Aufsatz der „Times" hieß es dazu, dem Recycling von Informationen über Pressedatenbanken könne in absehbarer Zeit die Rolle eines zweiten Standbeins der Zeitungswirtschaft zukommen. Im „publishing on demand", bei dem die Primärinformation nicht mehr auf Papier ausgedruckt, sondern ausschließlich elektronisch verfügbar gehalten wird, wächst dem elektronischen Pressespeicher eine Rolle zu, in der sich das althergebrachte Rollenspiel zwischen Dokumentation und Publizistik fast völlig verwischt. Allerdings werden die neuen „Informationsprodukte", die so entstehen, nicht mehr unter den Konditionen des bisherigen Leserservice abgegeben werden können. Es entsteht ein Informationsmarkt, in dem Informationen ihren Preis haben. Dies mag dem heute Auskunftsuchenden noch ungewohnt sein; Textübermittlungssysteme wie Bildschirmtext drängen jedoch unabweislich in diese Richtung. Dem damit eingeleiteten Trend zum Informationsgeschäft kann sich auch die Pressedatenbank einer Zeitung nicht mehr entziehen. Tut sie dies, übernehmen andere Informationsanbieter — dies zeichnet sich mit dem neuen Berufszweig des „Informationsbrokers" bereits deutlich ab — an ihrer Stelle diese Aufgabe. Technische, organisatorische und methodische Veränderungen in Struktur und Zuschnitt der Pressearchive gehen mit der neuen Aufgabenstellung Hand in Hand, ohne daß heute bereits exakt vorausgesagt werden könnte, welche Formen der Pressedokumentation sich in wenigen Jahren herausgebildet haben werden.

Trotz des relativ raschen Aufbaus einer großen Zahl von Pressearchiven in der Nachkriegszeit und trotz der mehr als hundert Jahre, in denen Redaktionsarchive bereits ihren Redaktionen zur Verfügung stehen, gibt es über deren Aufgaben bis heute noch kaum zusammenfassende Darstellungen. Die Kenntnis von ihrer Arbeitsweise ist nur wenig verbreitet, oft sind nicht einmal die die Einrichtungen tragenden Verlagshäuser und Redaktionen über die dieses Metier bestimmenden Faktoren eingehend informiert, wie aus manchen ungeschickt formulierten Stellenanzeigen deutlich zu erkennen ist. Auch von der Publizistik- und Kommunikationswissenschaft wurden Pressearchive (wie übrigens auch Ton-, Bild- und Filmarchive) bisher kaum stärker beachtet. Einer publizistikwissenschaftlichen Reflexion der Phänomene der Pressedokumentation ermangelt es einstweilen noch fast ganz, obwohl kein Zweifel daran besteht, daß es zwischen der redaktionellen Tätigkeit eines Hauses und seiner Dokumentation Wechselwirkungen gibt, die einer genaueren Erforschung und Analyse durchaus wert wären. Daß eine solche Untersuchung bisher nicht angestellt wurde, liegt sicher an der im allgemeinen recht bescheidenen Position des Pressearchivs in der Hierarchie des Verlagshauses. Als Dienstleistungsunternehmen der Redaktionen oder der sonstigen Auftraggeber stehen diese Archive nicht im Rampenlicht, sondern wirken im Hintergrund. Noch immer relativ selten werden verantwortliche Pressedokumentare im Impressum der Zeitung erwähnt. Die vielschichtigen Arbeitsprozesse, die Bedingungen, unter denen ein Pressearchiv zu guten Arbeitsergebnissen kommen kann, die organisatorischen und technischen Voraussetzungen, unter denen die Tätigkeit ausgeübt wird, über dies alles weiß außer dem engeren Kreis der dort Tätigen kaum jemand Bescheid. Wie anders wäre es möglich, daß man in vielen Verlagen noch immer glaubt, auch ein mit nur einem einzigen Mitarbeiter besetztes Pressearchiv könne alles Erforderliche bereitstellen? Auch die Publizistikwissenschaft könnte auf dem Felde der Pressedokumentation noch Neuland entdecken.

In der Zeit des Übergangs von bestehenden zu neuen Formen der Pressedokumentation und angesichts der großen Zahl bestehender Pressearchive sowie der beträchtlichen Spannweite des Sammelgutes erschien den Herausgebern der Zeitpunkt zu einer Bestandsaufnahme gekommen. Sie ließen sich dabei von der Absicht leiten, damit Wissenschaftlern, Publizisten und allen anderen Interessierten den Weg zu den Quellen der Pressedokumentation zu erleichtern und insgesamt die Kenntnis von den vorhandenen Einrichtungen zu verbessern.

Frankfurt/Main,
15. Dezember 1983

Marianne Englert

## Zur Entstehung und Benutzung des Handbuchs
## von Hans Bohrmann

Aktuelle Information ist eine Berufsvoraussetzung und zugleich Berufsleistung der Journalisten. Aber sie sind nicht die einzigen, die beruflich aktuell informiert sein müssen. Lehrer aller Schulgattungen, Professoren aller Hochschulformen, Schüler, Studenten gehören zu ihnen, denn die Lehrpläne sind gegenwartsbezogen geworden und die Wissenschaft ist aus dem Elfenbeinturm mehr gedrängt als ausgezogen. Aber das Ergebnis zählt. Selbst die Geschichtswissenschaft, deren beste Leistungen weiland dem Mittelalter galten, hat die Vorstellung aufgegeben, ein Ereignis müsse mindestens 50 Jahre, d.h. heute mehr als zwei Generationen zurückliegen, um wissenschaftsfähig zu sein. Die Zeitgeschichte hat sich bereits der Nachkriegszeit angenommen. Besatzungszonen und die Ära Adenauer ist legitimer Gegenstand der Historie geworden und beim Ost-West-Konflikt wird sogar die Gegenwart gestreift.

Dieser Wandel hat erhebliche Quellenprobleme aufgeworfen, denn wissenschaftliche Information muß nicht nur aktuell zugänglich, sondern auch zuverlässig sein. Die herkömmlichen Wissensspeicher; Bibliotheken und Archive waren auf solche Benutzerwünsche nicht eingerichtet. Was zwischen zwei Buchdeckeln steht, ist meist schon fester Bestandteil von Berufspraxis oder Wissenschaft und was im Archiv abgelegt ist gewesene Gegenwart. Allerdings gab es Ausnahmen. Schon seit Jahrzehnten war beobachtet worden, daß den berufsbezogenen Fachzeitschriften und den wissenschaftlichen Zeitschriften erhöhter Wert zugemessen wurde. Der Fortschritt einer Wissenschaft zeichnete sich immer früher und auch konkreter in den Zeitschriftenaufsätzen als in den Habilitationsschriften und anderen umfangreichen Einzelveröffentlichungen ab. Wochenzeitungen und Tageszeitungen waren aktueller, wenn auch gelegentlich so gegenwartsverhaftet, daß die Vollständigkeit und Richtigkeit der Information nicht gewährleistet werden konnte. Deshalb aber ist vergleichende Lektüre notwendig. Die Wissenschaft forderte also in breiter Front den Ausbau der aktuellen Dokumentation, um ihren Wissensdurst zu befriedigen.

Fachinformationssysteme mit Fachinformationszentren für Einzelwissenschaften oder Fächergruppen wurden geplant und zum Teil auch inzwischen eingerichtet.

In dieser Zeit lag es nahe, einmal zu sehen, wie denn in der Praxis von Berufskommunikatoren für aktuelle Information gesorgt wird. Woran prüfen Journalisten die aktuelle Information der Nachrichtendienste, wie ergänzen sie diese Mitteilungen, wie fundieren sie darüber hinaus ihre Kommentare? Oder anders ausgedrückt: wie arbeiten Pressearchive?

Solche Archive hatten die großen Zeitungen, Nachrichtenagenturen und Rundfunkanstalten schon lange aufgebaut. Sie waren für deren berufliche Aufgabe unverzichtbar. Und bei der Nachforschung ergab sich auch, daß Parlamente und Verwaltungen, große Betriebe und Forschungseinrichtungen, Kirchen, Gewerkschaften, Parteien und Verbände längst Ausschnittarchive betrieben, um ihre jeweiligen Arbeitsaufträge erfüllen zu können. Bibliotheken und Archive hatten auch solche zeitgeschichtliche Sammlungen aufgebaut.

Was fehlte, war die Information über Aufbau, Umfang und Themen der Bestände, war der für die Beteiligten und das darüber hinaus interessierte Fachpublikum sichtbare „Verbund" der Pressearchive.

So forderte Kurt Koszyk auf dem Hamburger Archivtag (1978) in einer Sitzung der Fachgruppe der Presse-, Rundfunk- und Filmarchive die Erarbeitung eines Handbuchs der Pressearchive *). Mit den Vorbereitungen wurde im folgenden Jahr begonnen. Die Bearbeiter ließen sich bei der Planung und Durchführung der Erhebung auch vom Vorbild des Verzeichnisses deutscher Wirtschaftsarchive (hrgs. v. Frau Dr. Klara v. Eyll) und dem zum Bonner Archivtag vorgelegten Verzeichnis „Archive und Dokumentationsstellen im Bereich der Bundeshauptstadt Bonn" (bearb. v. Dr. Walter J. Schütz) leiten und danken den Herausgebern für ihre Hinweise. Marianne Englert und Hans Bohrmann erarbeiteten einen Fragebogen für eine Erhebung und stimmten ihn mit einem Ausschuß von Fachkollegen ab: Dipl.-Volkswirt Wilfried Müller, HWWA – Institut für Weltwirtschaft, Hamburg, Dipl.-Volkswirt Gerhard Mantwill, HWWA, Herr Karl Heinz Schaper, Spiegel-Archiv, Hamburg, Dr. Schmitz-Esser, Zentralarchiv des Verlags Gruner & Jahr, Hamburg, Enno Jochums(†), Heinrich Bauer Verlag, Hamburg, Arnold Landwehr, Axel Springer Verlag, Hamburg, Ministerialrat Dr. h.c. Walter J. Schütz, Presse- und Informationsamt der Bundesregierung, Bonn, Erwin Wolloch, Zweites Deutsches Fernsehen (ZDF), Mainz.

Den Mitwirkenden wurden Erfassungsbogen in einem Probelauf zugeleitet. Daraus ergaben sich Anregungen zur besseren Gliederung und präziseren Fassung der Fragen.

Allen Fachkollegen, die mit ihren Anregungen an der Ausgestaltung der Erfassungsbogen beteiligt waren, sei dafür herzlich gedankt. Zu danken ist auch Frau Dr. Helga Lengenfelder, die im Verlag Saur an der endgültigen Formulierung und drucktechnischen Gestaltung der Bogen mitwirkte. Den stillen Helfern bei der Fertigstellung des Manuskripts, Frau Heike Backer und Frau Jutta Kubisch (Dortmund) sowie Frau Brigitte Lang, Frau Anneliese Schäfer und Frau Lilly Dethloff (Frankfurt/Main), ohne deren Hilfe die Arbeit nicht hätte vorgelegt werden können, gilt – last not least – gleichfalls unser herzlicher Dank.

Die Probeauswertung ergab Hinweise auf die grundsätzliche Schwierigkeit, mit *einem* Fragebogen die ganze Vielfalt der Pressearchive von den Medien über Verwaltungen bis zu Bibliotheken und Archiven zu erfassen. Die Idee, einen Langfragebogen für die Medienarchive und einen verknappten Kurzfragebogen für die anderen Einrichtungen zu verschicken, wurde angesichts der insgesamt nicht so umfangreichen Zielgruppen und zu erwartender zusätzlicher Auswertungsprobleme wieder verworfen. Daß dieses Problem nicht ganz befriedigend gelöst werden konnte, ist am hier vorliegenden Ergebnis ablesbar. So haben einzelne Einrichtungen nur unter Auslassung mancher, vielleicht auch wichtiger Fragen geantwortet. Viele der genannten Zahlen, darauf sei ausdrücklich hingewiesen, sind Schätzungen der antwortenden Institutionen.

Parallel dazu erfolgte eine Vorab-Erhebung unter den großen Bibliotheken und den größeren Archiven der Bundesrepublik. Ziel dieser Umfrage war es, ergänzend Anschriften der nicht zum engeren Kreis der Redaktionsarchive gehörenden, in anderen Institutionen angesiedelten Presseausschnittsammlungen zu erhalten. Im August 1981 gingen die Erfassungsbogen hinaus. Es ergab sich, daß eine ganze Reihe von bei Kirchen, Verwaltungen, Verbänden vorhandenen Archiven bislang kaum bekannt waren. Kollegen schickten uns als Hinweis entsprechende Anschriften. Wir erhielten auch unmittelbar von einer Reihe anderer Kollegen die Bitte um Zusendung eines Fragebogens. Rasch stellte es sich heraus, daß die Beantwortungsfrist bis zum 31. Oktober 1981 viel zu knapp bemessen war. Es bedurfte zweier Mahnaktionen, wobei die zweite sich überwiegend telefonisch oder persönlich adressiert an Kollegen wandte, deren Antwort erbeten wurde. Die letzten Fragebogen bzw. Mitteilungen von Fehlanzeigen (insgesamt 45) trafen im Juli 1983 in Dortmund ein.

---

*) Beständeerschließung durch Informationsaustausch zwischen Pressearchiven (3.10.1978), Protokoll der 34. Fachgruppensitzung in Hamburg (Manuskript).

Die Rücklaufquote war erfreulich hoch. Auf bis dahin nicht eingegangene Antworten konnte nicht länger gewartet werden, weil dann die über einen so langen Zeitraum hinweg erhobenen Daten einen erheblich geminderten Informationswert besessen hätten. Bei einem Erhebungszeitraum von knapp zwei Jahren ist bereits die Grenze des Möglichen erreicht.

Inzwischen hatte die Auswertung der Fragebogen begonnen. Marianne Englert wertete im wesentlichen die Staats- und Kommunalarchive und Unternehmungen, Verwaltungen, Kirchen, Gewerkschaften aus, die übrigen Hans Bohrmann.

Grundsätzlich ist festzuhalten, daß alle Angaben aus den Erfassungsbogen berücksichtigt wurden. Lediglich bei der Bearbeitung in den Gliederungspunkten 05 (Kurzdarstellung der Aufgaben des Presse-Archivs) und 30 (Geben Sie eigene Publikationen ... heraus), sowie 31 (Darstellungen über das Archiv) wurde redaktionell gekürzt.

Auch bei Ziffer 40 (Sachregister) sind einerseits nicht alle Vorschläge übernommen, andererseits aber auch ergänzende Eintragungen gemacht worden, um die Registerangaben zu vereinheitlichen.

Bei der Ziffer 02 (Bezeichnung und Anschrift des Trägers) ist nur dann eine Angabe erfolgt, wenn sie die Aussagen der Ziffer 01 (Bezeichnung und Anschrift des Presse-Archivs) nicht komplett duplizierten. Bei Ziff. 12 (Schwerpunkte der ausgewerteten Thematik) hat sich durch die Antwortvorgabe (Inland — Ausland — Regional) offenbar nicht immer ein konkretes Vorstellungsbild erzielen lassen. Diese Angaben konnten daher nur zum Teil berücksichtigt werden.

Das gilt aus anderen Gründen auch für Ziffer 33 (Wird die Benutzung durch urheberrechtliche Vorschriften oder durch Datenschutzvorkehrungen beschränkt). Datenschutz und Urheberrecht gelten selbstverständlich für alle Pressearchive, so daß hier eigentlich nichts zu erfragen war. Deshalb wurde diese Gliederungsziffer bei der Auswertung nicht berücksichtigt. Schwierigkeiten haben sich auch bei der Ziffer 19 (Erwerbung für die Redaktionsbibliothek) ergeben, wo wir bei der Antwortvorgabe nach Pflichtexemplaren und Zuweisungen gefragt haben. Pflichtexemplare im strengen Sinne können nur bei einer kleinen Anzahl vom Gesetzgeber bzw. den Regierungen bestimmten Pflichtexemplarbibliotheken gefordert werden. Zuweisungen kommen sicher — beispielsweise von Polizeibehörden — nur noch bei wenigen Archiven vor, so daß die positive Beantwortung dieser Alternative teilweise auf ein Mißverständnis zurückgeführt werden muß. Die Zahlen in runden Klammern bei den Bestandsangaben sind Schätzungen, weil das genaue Zählen, beispielsweise von Ausschnitten, wegen das dazu erforderlichen Personalaufwands und der geringen Aussagekraft solcher Erhebungen eine Schätzung nahelegen.

Die Angaben über die Leitung (L) und die stellvertretende Leitung (St) einer Archiveinrichtung beziehen sich immer auf das Pressearchiv, daß in einzelnen Fällen auch Teil einer größeren Organisationseinheit mit entsprechender Gesamtleitung ist.

Bei Ziffer 23, die den Zeitraum angibt, der durch die Archivmaterialien gedeckt wird, ist die Anwortvorgabe „älter" als 50 Jahre stets mit der Formulierung „bis zu 50 Jahre und älter" wiedergegeben worden.

Bei Ziffer 08, die u.a. die Mikroverfilmung des Archivmaterials erfragte, ist auf die Wiedergabe des Verkleinerungsfaktors bei Roll- oder Planverfilmung grundsätzlich verzichtet worden, da diese Frage nur von wenigen Institutionen beantwortet wurde.

Herr Oberbibliotheksrat Wilbert Ubbens, M.A. (Staats- und Universitätsbibliothek Bremen) hat auf Anregung der Herausgeber die umfangreiche Bibliographie erarbeitet, die vor allem für den Fachmann die Entwicklung und Fortentwicklung der Pressearchive ablesbar macht.

Die Benutzung des Handbuchs wird nun zeigen, ob wir insgesamt die richtigen Fragen gestellt haben und wo noch Lücken sind. Die Herausgeber bitten die Leser um Hinweise, wobei jedoch für eine zweite Befragungswelle die Erfassungsbogen insgesamt nicht länger werden dürften.

Da nur wenige Zeitungen im deutschsprachigen Raum ein Register publizieren (Neue Zürcher Zeitung, Der Spiegel) und die wichtigen fremdsprachigen Register (Times, London und New York Times) wegen des hohen Anschaffungspreises selbst in den meisten wissenschaftlichen Bibliotheken nicht vorhanden sind, scheint es um so wichtiger, jetzt die in der Bundesrepublik tatsächlich vorhandenen Informationsmöglichkeiten zu nutzen. Mit der Herausgabe des Handbuches verbindet sich daher auch die Absicht, zu testen, ob Bedarf an einer solchen Information besteht. Die Frage, ob und wie rasch eine neue Ausgabe herausgebracht werden sollte, wird sich danach richten müssen. Bei Erscheinen einer zweiten Auflage könnten dann auch diejenigen Pressearchive, die aus mancherlei Gründen bisher abseits standen und im Handbuch nicht vertreten sind, aufgenommen werden.

Ein Hinweis für die Informationssuchenden scheint noch angebracht: Viele der befragten Institutionen legen Wert darauf, daß die Benutzungsmodalitäten in jedem Fall beachtet werden.

Eine allgemeine öffentliche Zugänglichkeit ist nur in wenigen Fällen grundsätzlich zu vermuten (Presseausschnittarchive von öffentlichen Bibliotheken). In allen anderen Fällen hat der Organisationszweck des Trägers Vorrang. Ansprüche der Öffentlichkeit werden erst danach befriedigt.

Wie jede wissenschaftliche Bibliothek müssen auch die Pressearchive voraussetzen, daß der Fragesteller schon eine deutliche Vorstellung von den erfragten Themenbereichen besitzt, die er sich im Selbststudium an allgemein zugänglichen Nachschlagewerken und der Sekundärliteratur erworben hat. Pressearchive können die aktuelle Entwicklung dann zusätzlich ermitteln und vermitteln, wobei sie selbstverständlich nicht in der Lage sind, durch ihre Tätigkeit nebenbei auch noch Referate für Schüler oder Studenten zu verfassen oder gar Examensarbeiten vorzurecherchieren.

Dortmund, Januar 1984                                          Hans Bohrmann

# Hinweise zur Benutzung

Die Gliederung folgt grundsätzlich einer Systematik der Träger des Archivs und hat folgende Gestalt gefunden:
1. Presseverlage (Redaktionsarchive)
2. Nachrichtenagenturen/Bildagenturen
3. Rundfunkanstalten
4. Staats- und Kommunalarchive
5. Bibliotheken
6. Parlamente und Verwaltungen von Bund und Ländern
7. Hochschulen und Fachinstitute unterschiedlicher Trägerschaft
8. Parteien, Gewerkschaften, Kirchen

Innerhalb der Gruppen sind die Pressearchive ortsalphabetisch sortiert. Wenn an einem Ort mehrere Archive genannt werden, erfolgt die Nennung alphabetisch nach den Trägern.

Im Gliederungspunkt 1 sind Tageszeitungen, Wochenzeitungen und Zeitschriftenverlage zusammengefaßt worden. Zeitschriftenverlage, deren inhaltliches Profil stark fachlich geprägt ist (z.B. „Media Perspektiven") wurden hingegen der Gruppe 7 zugeordnet.

In der Gruppe 2 wurden auch Bildagenturen aufgenommen, ohne daß sich damit ein Anspruch auf Repräsentativität oder gar Vollständigkeit ergeben würde.

**Institut für Zeitungsforschung der Stadt Dortmund**
Wißstr. 4, 4600 Dortmund 1, Tel. 0231/542 23 216
Direktor Dr. Hans Bohrmann

**E r h e b u n g s b o g e n**
**für das Handbuch der Presse-Archive**
Bearbeitet im Auftrage der Fachgruppe 7:
Presse-, Rundfunk- und Filmarchivare im Verein deutscher Archivare

*Bitte, beantworten Sie die auf Sie zutreffenden Fragen. Falls Sie kein Presseausschnitt-Archiv führen, senden Sie den Bogen bitte auch unter Ausfüllung der laufenden Nummern 01 und 02 zurück.*

*Rückfragen schriftlich oder telefonisch beim Institut für Zeitungsforschung der Stadt Dortmund oder bei der Vorsitzenden der Fachgruppe 7, Presse-, Rundfunk- und Filmarchivare im Verein deutscher Archivare, Marianne Englert, Leiterin des Zentralarchivs der Frankfurter Allgemeinen Zeitung, Hellerhofstraße 2–4, 6000 Frankfurt/Main, Tel. 0611/759 12 32. Als Stichtag der Erhebung wird der 1. September 1981 festgelegt. Die Rücksendung des Fragebogens erbitten wir bis spätestens 31. Oktober 1981 an das Institut für Zeitungsforschung der Stadt Dortmund unter oben angegebener Anschrift.*

*Hinweis: Der Fragebogen ist so aufgebaut, daß neben Auswahlfragen, bei denen nur eine Möglichkeit angestrichen werden sollte, auch mehrfach Ankreuzungen möglich sind, wo es Bestand und Arbeitsweise eines Presse-Archivs erfordern.*

*Bitte maschinenschriftlich ausfüllen!*

**Trägerinstitutionen**

01  Bezeichnung und Anschrift des Presse-Archivs

_____

Straße                                              Postfach
_____

Postleitzahl, Ort
_____

Telefon                                             Telex
_____

02  Bezeichnung und Anschrift des Trägers/Unternehmens:

_____

Straße                                              Postfach
_____

Postleitzahl, Ort
_____

Telefon                                             Telex
_____

*Muster des Fragebogens*

03  Leiter:                                           Stellvertr. Leiter:

04  Anzahl der Mitarbeiter insgesamt:                 davon Teilzeitkräfte:

05  Kurzdarstellung der Aufgaben des Presse-Archivs:

**Presseausschnitt-Archiv**

06  Bestandsaufbau
    Eigener Bestand seit:
    Ergänzung durch Ankauf von:
    Übernahme durch Fusion etc. von:

07  Umfang (geschätzte Angaben in Klammern)
    Zeitungsausschnitte (einschl. verfilmter Zeitungsausschnitte):
    Anzahl der Einzelstücke:                          Anzahl der Dossiers:
    Regalmeter/Schrankmeter:
    davon Sacharchiv:                                 Personenarchiv:
    Waren-/Produkten-Archiv:                          Firmen-/Institutionen-Archiv:

08  Art der Speicherung (bitte ankreuzen)
    Die Ausschnitte
        werden nicht aufgeklebt und in Mappen/Kastenablage u.a. aufbewahrt   ☐
        werden auf DIN A 4-Blätter geklebt   ☐
        werden in anderer Größe formatiert   ☐
        werden auf Mikrorollfilm 35 mm/16 mm mit Verkleinerungsfaktor aufgenommen   ☐
        werden auf Mikroplanfilm Größe DIN A 6 mit Verkleinerungsfaktor aufgenommen   ☐
    Die Mikroroll-/Planverfilmung ist vorgesehen   ☐
    Die elektronische Speicherung und/oder das elektronische Retrieval ist vorgesehen   ☐

09  Auswertungsumfang (bitte ankreuzen)
    Eigene Verlagsproduktion, umfassend oder ausschnittweise   ☐
    Sonstige deutschsprachige und/oder fremdsprachige Zeitungen, Zeitschriften, andere Quellen   ☐

10  Erschließung (bitte ankreuzen)
    Eigene Systematik   ☐                             Dezimalklassifikation   ☐
    Index/Thesaurus    ☐                             Schlagwort- und/oder Stichwortkatalog   ☐
    sonstige Erschließungsmittel (Listen, Verzeichnisse, Findbücher usw.):

*Muster des Fragebogens*

11 Thematik (bitte ankreuzen)

| | | | |
|---|---|---|---|
| Politik | ☐ | Lokales | ☐ |
| Wirtschaft | ☐ | Prozesse | ☐ |
| Kultur | ☐ | Buchrezensionen | ☐ |
| Sport | ☐ | Theaterrezensionen | ☐ |
| Vermischtes | ☐ | Filmrezensionen | ☐ |
| Inland | ☐ | Bildende Kunst | ☐ |
| Ausland | ☐ | Sonstige Themen | ☐ |
| Regional | ☐ | | |

Falls Ihre Sammlung ausschließlich oder fast ausschließlich einem Themenbereich gilt, nennen Sie diesen bitte auch hier:

12 Schwerpunkte

Inland ☐    Ausland ☐    Regional ☐

**Zeitungsbestand**
Wenn eine Sammlung von Zeitungsbänden im Papieroriginal oder auf Mikrofilm in die Arbeitseinheit Pressearchiv integriert ist, beantworten Sie bitte auch die folgenden Fragen:

13 Erwerbung (bitte ankreuzen)

Eigene Verlagsproduktion ☐    Kauf ☐
Tausch ☐    Pflichtexemplar oder Zuweisung ☐
Übernahme durch Fusion von:
Sonstige Erwerbung:

14 Anzahl der Titel:    Darunter laufende:
Anzahl der Bände, davon Jahreszugang:
Anzahl der Mikrofilme:

15 Altersstruktur
Der Zeitungsbestand reicht zurück (bitte ankreuzen)

bis in die Zeit vor 1900 ☐    vor 1933 ☐
vor 1945 ☐    seit 1949 ☐

**Zeitschriftenbestand**
Wenn die Sammlung der Zeitschriftenbände im Papieroriginal oder auf Mikrofilm resp. Microfiche in die Arbeitseinheit Pressearchiv integriert ist, beantworten Sie bitte die folgenden Fragen:

16 Erwerbung (bitte ankreuzen)

Eigene Verlagsproduktion ☐    Kauf ☐
Tausch ☐    Geschenk ☐
Pflichtexemplar oder Zuweisung ☐
Übernahme durch Fusion von:

17 Bestand
Anzahl der Titel, davon laufend:
Anzahl der Bände, davon jährlicher Zugang:
Anzahl der Mikrofilme:

*Muster des Fragebogens*

18  Altersstruktur des Bestandes
    Die Zeitschriften-Jahrgänge reichen zurück bis in die Zeit
    vor 1900  ☐        vor 1933  ☐        vor 1945  ☐        seit 1949  ☐


**Redaktionsbibliothek**
Wenn die Redaktionsbibliothek in die Arbeitseinheit Pressearchiv integriert ist, beantworten Sie bitte folgende Fragen:

19  Erwerbung  (bitte ankreuzen)
    Eigene Verlagsproduktion  ☐            Tausch  ☐
    Kauf  ☐                                 Geschenk  ☐
    Rezensionsexemplare  ☐                  Pflichtexemplare und Zuweisung  ☐
    Übernahme durch Fusion von:

20  Bestand
    Anzahl der Bände (ohne Zeitungen und Zeitschriften):
    davon jährlicher Zugang:

21  Erschließung  (bitte ankreuzen)
    Alphabetische Titelaufnahme  ☐          Standortkatalog  ☐
    Systematischer Katalog  ☐               Schlagwort- und/oder Stichwortkatalog  ☐
    Dezimalklassifikation  ☐                Ordnung analog zum Zeitungsausschnitt-Archiv  ☐


**Bildarchiv**
Wenn das Bildarchiv in die Arbeitseinheit Pressearchiv integriert ist, bitte beantworten Sie die nachfolgenden Fragen oder geben Sie sie bitte ans Bildarchiv weiter:

22  Erwerbung  (bitte ankreuzen)
    Die Bilder stammen von eigenen Photographen  ☐      fremden Photographen  ☐
    Agenturen  ☐                                         und anderen Quellen  ☐

23  Altersstruktur der Bildsammlung  (bitte ankreuzen)
    bis zu 5 Jahren  ☐        bis zu 10 Jahren  ☐        bis zu 25 Jahren  ☐
    bis zu 50 Jahren  ☐       älter  ☐

24  Umfang
    Zahl der Negative insgesamt:              davon schwarzweiß:
    Anzahl der Dias:                          davon farbig:
    Anzahl der Papierkopien:

25  Elektronische Verarbeitung von Bilddaten  (bitte ankreuzen)
    vorhanden  ☐        vorgesehen  ☐        nicht beabsichtigt  ☐

*Muster des Fragebogens*

26 Erschließung (bitte ankreuzen)
　　Erfassen formaler Merkmale ☐　　　　　Schlagwortkatalog nach inhaltlichen Gesichtspunkten ☐
　　Index / Thesaurus ☐　　　　　　　　　　Systematische Aufstellung ☐
　　sonstige Erschließungsmethoden:

27 Schwerpunkte
　　Welcher thematische Bereich wird besonders gepflegt:

　　Falls Ihre Sammlung ausschließlich oder fast ausschließlich einem Themenbereich gilt, benennen Sie diesen:

**Werksarchiv / Unternehmensarchiv**
Wenn das Werksarchiv dem Pressearchiv organisatorisch verbunden ist, beantworten Sie bitte die nachfolgenden Fragen:

28 Arten der Unterlagen (bitte ankreuzen)
　　Urkunden ☐　　　　Akten ☐　　　　Protokolle ☐　　　　Geschäftsbücher ☐
　　Druckschriften ☐　　Zeichnungen ☐　　Photos ☐　　　　　Filme ☐
　　Berichterstattung über die eigene Institution/Unternehmen ☐
　　Sonstiges ☐

**Aktive Information**

29 Besondere Aufgabenbereiche (bitte ankreuzen)
　　Erstellen von Profildiensten ☐　　　　　　Bearbeitung von Hintergrundmaterial ☐
　　Erstellen von Chroniken/Wochenschauen ☐　　Sonstiges ☐

30 Geben Sie eigene Publikationen für die allgemeine Öffentlichkeit oder nur für den Hausbedarf heraus (gegebenenfalls bitte Titel auf gesondertem Blatt beifügen)?

31 Darstellungen über das Archiv
　　Titel:

*Muster des Fragebogens*

**Zugänglichkeit des Archivs**

32  Benutzungsmodalitäten  (bitte ankreuzen)
   Nur hauseigene Benutzung ☐
   In Ausnahmefällen Benutzung für Fachinteressenten ☐
   Benutzung für Fachinteressenten allgemein möglich ☐
   Benutzung für die allgemeine Öffentlichkeit ☐

33  Wird die Benutzung durch urheberrechtliche Vorschriften oder durch Datenschutzvorkehrungen beschränkt
   (bitte ankreuzen) ja ☐  nein ☐

34  Werden Benutzungsgebühren erhoben   ja ☐  nein ☐

35  Öffnungszeiten für fremde Benutzer:

36  Benutzerservice (bitte ankreuzen)
   Lesesaal/Benutzerraum vorhanden ☐     Kopieren möglich ☐
   Mikroform-Lesegeräte vorhanden ☐      Rückvergrößerung von Mikroformen möglich ☐

**Sachregister**

40  Für das Sachregister des Handbuchs führen Sie bitte diejenigen differenzierten Stichwörter auf, unter denen Ihre Institution dort genannt werden soll:

*Wir danken Ihnen herzlich für die Mühe bei der Ausfüllung des Fragebogens und wir hoffen, daß aufgrund dieser Erhebung das geplante Handbuch der Presse-Archive durch übersichtliche Information auch für Sie hilfreich sein wird.*

*Das Handbuch der Presse-Archive wird voraussichtlich Mitte 1982 im **K. G. Saur Verlag München** erscheinen. Sie erhalten vor Erscheinen ein Vorzugsangebot zum Subskriptionspreis für die Teilnehmer der Fragebogenaktion und Sie können dann die gewünschte Anzahl von Exemplaren bestellen.*

# 1 Presseverlage (Redaktionsarchive)

## Aachen

001

01 *Zeitungsverlag Aachen,* Zentralarchiv, Dresdner Straße 3, Postfach 110, 5100 *Aachen*, Tel.: 0241/5101300
03 Ingeborg Suchanek
04 3

**Presseausschnittarchiv**

07 Sacharchiv: 6 Kompaktregale und 9,50 Regalmeter. Personenarchiv: 15 Regalmeter
08 auf DIN A 4-Blätter geklebt und in anderer Größe formatiert
09 eigene Verlagsproduktion, sonstige deutschsprachige und fremdsprachige Zeitungen, Zeitschriften, andere Quellen
10 Dezimalklassifikation
11 Politik, Wirtschaft, Kultur, Sport, Vermischtes, Inland, Ausland, Prozesse, Buchrezensionen, Theaterrezensionen, Filmrezensionen, Bildende Kunst, sonstige Themen.

**Zeitungsbestand**

13 eigene Verlagsproduktion
14 Bände: 3 290
15 seit 1949

**Bildarchiv**

22 eigene und fremde Fotografen, Agenturen, andere Quellen
23 bis zu 10 Jahren
25 elektronische Verarbeitung von Bilddaten nicht beabsichtigt

**Benutzung**

32 der Öffentlichkeit zugänglich
34 keine Benutzungsgebühren
35 Öffnungszeiten:
Mo—Fr von 8.00—16.30 Uhr
36 Lesesaal/Benutzerraum vorhanden

## Ansbach

002

01 *Fränkische Landeszeitung Ansbach,* Nürnberger Straße, 8800 *Ansbach*, Tel.: 0981/5711
03 Hans Dietrich Meyer

**Pressearchiv**

05 Sammlung aller für die Pressearbeit wichtigen Fotos und Artikel und Aufbereitung zur Benützung für die Zukunft.

**Presseausschnittarchiv**

06 seit ca. 1977
07 Zeitungsausschnitte: 2 000
08 auf DIN A 4-Blätter geklebt und in Mappen aufbewahrt
10 eigene Systematik

**Zeitungsbestand**

13 eigene Verlagsproduktion
15 bis vor 1900

**Bibliothek**

19 Kauf

**Bildarchiv**

22 eigene Fotografen
23 bis zu 5 Jahren
24 Papierkopien: 5 000 schwarz-weiß
27 Schwerpunkte: regional/lokal

**Benutzung**

32 hauseigene Benutzung, in Ausnahmefällen auch für Fachinteressenten
34 keine Benutzungsgebühren

# Aschaffenburg

003

01 **Main-Echo Redaktionsarchiv,**
Goldbacher Str. 25-27, Postfach 548,
8750 *Aschaffenburg*, Tel.: 06021/396-1
od. 396233, Telex 04188837

03 Christa Hecht

04 1

### Pressearchiv

05 Sammlung von Zeitungsausschnitten der eigenen Zeitung, Bildarchiv

### Presseausschnittarchiv

06 seit 1973

07 Zeitungsausschnitte: ca. 210 000
Regalmeter/Schrankmeter: 10
Dossiers: ca. 1050
Firmen/Institutionen-Archiv: 26

08 auf DIN A 4-Blätter geklebt

09 eigene Verlagsproduktion Der SPIEGEL

10 eigene Systematik, Schlag- und Stichwortkatalog, Kartei

11 Prozesse, Theaterrezensionen, Filmrezensionen, Bildende Kunst, sonstige Themen.

### Zeitungsbestand

13 eigene Verlagsproduktion, Kauf

14 Titel: 5 (5)
Bände: ca. 1 150, pro Jahr 24

15 vor 1945

### Zeitschriftenbestand

16 Kauf

17 Titel: 1
Bände: 24 (4)

18 seit 1975

### Bibliothek

19 Rezensionsexemplare

20 Bände: ca. 600 (25)

21 alphabetische Titelaufnahme

### Bildarchiv

22 eigene und fremde Fotografen, Agenturen und andere Quellen

23 bis zu 50 Jahren

24 Papierkopien: 10 000 schwarz-weiß

26 Erfassen formaler Merkmale

27 Schwerpunkte: regional/lokal

### Benutzung

32 hauseigene Benutzung, auch für Fachinteressenten

34 keine Benutzungsgebühren

35 Öffnungszeiten:
Mo—Fr von 8.00—12.00 Uhr

36 Lesesaal/Benutzerraum vorhanden, Kopieren möglich

# Augsburg

004

01 **Augsburger Allgemeine,**
Textarchiv, Curt-Frenzel-Straße 2,
Postfach 100054, 8900 *Augsburg*,,
Tel.: 0821/7007-399, Telex 053837

02 Augsburger Allgemeine/Presse-Druck- und Verlags GmbH, s. 01

03 N.N.

04 2

### Pressearchiv

05 In erster Linie eingerichtet zur Unterstützung bei der täglichen redaktionellen Arbeit. Es steht aber ebenso den Lesern zur Information zur Verfügung.

### Presseausschnittarchiv

06 seit 1950

07 Zeitungsausschnitte: 500 000
Einzelstücke: 2 500 Ordner
Regalmeter/Schrankmeter: 250/48 Meter
Personenarchiv: 6 Schrankmeter
Sacharchiv: 42 Schrankmeter

08 auf DIN A 4-Blätter geklebt

09 eigene Verlagsproduktion, umfassend

10 Schlag- und Stichwortkatalog
Munzinger, Archiv der Gegenwart, Bundesgesetzblatt, Bayerisches Gesetz- und Verordnungsblatt

11 Politik, Wirtschaft, Kultur, Vermischtes, Inland, Ausland, Prozesse, Filmrezensionen, Bildende Kunst, sonstige Themen.

### Zeitungsbestand

13 eigene Verlagsproduktion

14 Titel: 2 (2)
Bände: 360

15 seit 1945

**Bildarchiv**
22 eigene und fremde Fotografen, Agenturen
23 bis zu 25 Jahren
24 Papierkopien: ca. 10 000 schwarz-weiß
25 elektronische Verarbeitung von Bilddaten nicht beabsichtigt
26 Schlagwortkatalog nach inhaltlichen Gesichtspunkten
27 Schwerpunkte: Personalarchiv, allgemeine Politik

**Benutzung**
32 der Öffentlichkeit zugänglich
34 keine Benutzungsgebühren
35 Öffnungszeiten:
Mo—Fr von 9.00—18.00 Uhr

# Bielefeld
005
01 *Westfalen-Blatt* Zentral-Archiv, Sudbrackstraße 14—18, Postfach 8740, 4800 *Bielefeld* 1, Tel.: 0521/585444, Telex 932957
03 Lorenz Gilles
04 3 (1)

**Pressearchiv**
05 Sammeln, Auswerten, Bearbeiten von Text und Bild.

**Presseausschnittarchiv**
06 seit Anfang 1980
07 Einzelstücke: 180 000
Dossiers: 11 500
Regal-/Schrankmeter: 80
Sacharchiv: 47
Personenarchiv: 28
Waren-/Produkten-Archiv: 2
Firmen-/Institutionen-Archiv: 3
08 auf DIN A 4-Blätter geklebt
09 eigene Verlagsproduktion, sonstige deutschsprachige und fremdsprachige Zeitungen, Zeitschriften, andere Quellen
10 eigene Systematik, Schlag- und Stichwortkatalog
11 Politik, Wirtschaft, Kultur, Sport, Vermischtes, Inland, Ausland, Prozesse, Theaterrezensionen, Filmrezensionen, Bildende Kunst, sonstige Themen.

**Zeitungsbestand**
13 eigene Verlagsproduktion
14 Mikrofilme: ab 1.1.69 alle Lokalausgaben (Westfalen-Blatt)
15 seit 1946

**Zeitschriftenbestand**
16 eigene Verlagsproduktion

**Bibliothek**
19 eigene Verlagsproduktion, Kauf, Rezensionsexemplare

**Bildarchiv**
22 eigene und fremde Fotografen, Agenturen und andere Quellen
23 bis zu 25 Jahren
25 elektronische Verarbeitung von Bilddaten nicht beabsichtigt
26 Schlagwortkatalog nach inhaltlichen Gesichtspunkten

**Benutzung**
32 der Öffentlichkeit zugänglich
34 Benutzungsgebühren
35 Öffnungszeiten:
Mo—Fr von 11.00—17.00 Uhr
36 Kopieren möglich

# Bonn
006
01 *General-Anzeiger* Redaktionsarchiv, Justus-von-Liebig-Straße 15, Postfach 1609, 5300 *Bonn* 1, Tel.: 0228/6688332, Telex 8869616 gabn d
03 N.N.
04 3

**Pressearchiv**
05 Unterstützung der Redaktion (Text- u. Bildmaterial, Recherchen). Bearbeitung von Anfragen (Wissenschaftler, Schüler, Wirtschaft, VVO). Bearbeitung von Anfragen aus dem Leserkreis

**Presseausschnittarchiv**
06 seit ca. 1950
08 auf DIN A 4-Blätter geklebt und auf Mikrorollfilm 35 mm/16 mm aufgenommen

09 eigene Verlagsproduktion
10 eigene Systematik, Schlag- und Stichwortkatalog
11 Politik, Wirtschaft, Kultur, Prozesse, Buchrezensionen, Theaterrezensionen, Bildende Kunst, sonstige Themen.

### Zeitungsbestand
13 eigene Verlagsproduktion
15 bis vor 1900

### Zeitschriftenbestand
16 eigene Verlagsproduktion, Kauf
17 Bände: 12
   Mikrofilme: 380
18 vor 1900

### Bibliothek
19 Kauf, Geschenk
20 Magazine: Spiegel-Archiv von 1949

### Bildarchiv
22 eigene und fremde Fotografen, Agenturen und andere Quellen
23 bis zu 50 Jahren und älter (Klischeearchiv)
26 Schlagwortkatalog nach inhaltlichen Gesichtspunkten, systematische Aufstellung
27 Schwerpunkte: Lokalarchiv. Bundespolitische Bedeutung (standortbedingt).

### Werksarchiv/Unternehmensarchiv
28 Filme

### Aktive Information
29 Erstellen von Chroniken/Wochenschauen, Bearbeitung von Hintergrundmaterial

### Benutzung
32 für die Öffentlichkeit zugänglich
34 teilweise Benutzungsgebühren
35 Öffnungszeiten:
   Mo—Fr von 8.00—18.00 Uhr
36 Kopieren möglich

                                         007
01 ***Die Welt,*** Dokumentation/Archiv, Godesberger Allee 99, 5300 *Bonn* 2, Tel.: 0228/304373
02 Axel Springer Verlag AG, Hamburg
03 Reinhard Berger (L), Michael Finke (St)
04 13 (3)

### Pressearchiv
05 Das Ressort Dokumentation/Archiv arbeitet den Redaktionen der verlagseigenen Zeitungen mittels des Ausschnittmaterials und der Präsenzbibliothek zu. Das geschieht durch telefonische und schriftliche Auskunft. Im übrigen werden Dossiers und Dokumentationen zu einzelnen Themen erstellt. Schließlich gehören Recherche und eigenständige Beschaffung von Schrifttum zu den Aufgaben des Ressorts.

### Presseausschnittarchiv
06 seit 1975
   Übernahme von Fusion etc.: Welt-Archiv (ab 1946)
07 Einzelstücke: ca. 6 Mio
   Sacharchiv: 60 %
   Personenarchiv: 20 %
   Firmen-/Institutionen-Archiv: 20%
08 auf DIN A 4-Blätter geklebt
09 eigene Verlagsproduktion, sonstige deutschsprachige und fremdsprachige Zeitungen, Zeitschriften, andere Quellen
10 eigene Systematik, Schlag- und Stichwortkatalog
11 Politik, Wirtschaft, Kultur, Vermischtes, Inland, Ausland, Prozesse, Buchrezensionen, Theaterrezensionen, Filmrezensionen, Bildende Kunst, sonstige Themen.

### Zeitungsbestand
13 eigene Verlagsproduktion, Kauf
14 Titel: 58 (58)
15 seit 1949

### Zeitschriftenbestand
16 eigene Verlagsproduktion, Kauf
18 seit 1949

### Bibliothek
19 eigene Verlagsproduktion, Kauf
20 Bände: ca. 5000
21 Standortkatalog, alphabetische Titelaufnahme, systematischer Katalog

### Bildarchiv
eigenständige Bildredaktion

**Benutzung**
32 nur hauseigene Benutzung, in Ausnahmefällen auch für Fachinteressenten
34 keine Benutzungsgebühren
35 Öffnungszeiten: nur nach telefonischer Absprache
36 Kopieren möglich

# Bremerhaven
008
01 *Nordsee-Zeitung,* Redaktionsarchiv, Hafenstraße 140, Postfach 101228, 2850 *Bremerhaven* 1, Tel.: 0471/597287/288, Telex 238761
02 Ditzen Druck und Verlags GmbH, s. 01
03 Wolfgang Strahl
04 3 (2)

**Pressearchiv**
05 Erfassen und Einordnen der täglichen Meldungen und Berichte, primär den lokalen, landespolitischen und angrenzenden Bereich betreffend. Herausgabe des entsprechenden Materials an die hauseigenen Redaktionen.

**Presseausschnittarchiv**
06 seit 1965
07 Zeitungsausschnitte: ca. 45000
 Einzelstücke: 45000
 Regal-/Schrankmeter: 200
 Sacharchiv: 155
 Waren-/Produkten-Archiv: 5
 Personenarchiv: 20
 Firmen-/Institutionen-Archiv: 20
08 auf DIN A 4-Blätter geklebt
09 eigene Verlagsproduktion
10 eigene Systematik
11 Politik (Lokal/Land/Umgeb.), Wirtschaft (Lokal/Land/Umgeb.), Kultur (Lokal), Buchrezensionen (Lokal), Theaterrezensionen (Lokal), Filmrezensionen (Lokal), Bildende Kunst (Lokal), Schiffahrt.

**Zeitungsbestand**
13 eigene Verlagsproduktion
14 Titel: 1 (1)
 Bände: 1895—1960 = 260,
 1961—1981 = 240 (12)
 Mikrofilme: 350
15 bis vor 1900

**Bibliothek**
19 eigene Verlagsproduktion, Kauf, Rezensionsexemplare, Geschenk
20 Bände: 3500 (150)
21 systematischer Katalog

**Bildarchiv**
22 eigene Fotografen, Agenturen
23 bis zu 10 Jahren, teilweise älter und historisch
24 Papierkopien: 30000
25 elektronische Verarbeitung von Bilddaten nicht beabsichtigt
26 Erfassen normaler Merkmale
27 Schwerpunkte: Lokales mit sämtlichen Untergruppen
 Themenbereiche: Schiffahrt, Häfen, Personen, Ortsteile, Fischerei

**Werksarchiv/Unternehmensarchiv**
28 Urkunden, Druckschriften, Fotos, Berichterstattung über die eigene Institution/Unternehmen

**Aktive Information**
29 Verschiedenes
30 nur für den Hausbedarf

**Darstellungen über das Archiv**
31 Redaktionsarchiv

**Benutzung**
32 neben hauseigener Benutzung auch für Fachinteressenten und die Öffentlichkeit zugänglich
34 keine Benutzungsgebühren
35 Öffnungszeiten:
 Mo—Fr von 8.00—18.00 Uhr
36 Benutzerraum und Mikroform-Lesegeräte vorhanden, Kopieren möglich

# Darmstadt
009
01 *Darmstädter Echo,* Holzhofallee 25—31, Postfach 110269, 6100 *Darmstadt,* Tel.: 06151/887334
02 Darmstädter Echo Verlag und Druckerei GmbH, s. 01, Telex 0419363 echo d

*Presseverlage (Redaktionsarchive)*

03 Georg Haack
04 2 (1)

**Pressearchiv**

05 Sammlung von Zeitungsausschnitten aus den eigenen Produkten mit Schwerpunkt lokales Geschehen im Verbreitungsgebiet, auch übergreifend auf wichtige nationale und internationale Ereignisse und Probleme, für letztere auch Ausschnitte aus führenden deutschen Zeitungen.

**Presseausschnittarchiv**

06 seit 1946
07 Einzelstücke: 710 000
   Regal-/Schrankmeter: 260
   Sacharchiv: 232
   Dossiers: 50
   Personenarchiv: 28
08 auf DIN A 4-Blätter geklebt
09 eigene Verlagsproduktion, sonstige deutschsprachige Zeitungen, Zeitschriften, andere Quellen
10 eigene Systematik, Schlag- und Stichwortkatalog
11 Politik, Wirtschaft, Kultur, Inland, Ausland, Prozesse, Buchrezensionen, Theaterrezensionen, Filmrezensionen, Bildende Kunst.

**Zeitungsbestand**

13 eigene Verlagsproduktion
14 Titel: 3 (3)
   Mikrofilme: 380
15 seit 1945

**Zeitschriftenbestand**

16 Kauf
17 Titel: 21
   Bände: 242 (12)
18 seit 1949

**Bibliothek**

19 Kauf
20 1450 (20)
21 Ordnung analog zum Zeitungsausschnitt-Archiv

**Bildarchiv**

22 eigene und fremde Fotografen, Agenturen und andere Quellen

23 bis zu 10 Jahren
24 Papierkopien: 75 400
26 Erfassen formaler Merkmale, systematische Aufstellung

**Benutzung**

32 der Öffentlichkeit zugänglich
34 keine Benutzungsgebühren
35 Öffnungszeiten:
   Mo—Fr von 10.00—12.00, 15.00—17.00 Uhr
36 Mikroform-Lesegeräte vorhanden

# Dortmund

010

01 ***Ruhr-Nachrichten,*** Redaktionsarchiv, Westenhellweg 86, Postfach 282, 4600 *Dortmund* 1, Tel.: 0231/1946-1, Telex 0822106
02 Ruhr-Nachrichten Verlagsgesellschaft mbH & Co., s. 01
03 Wolf Stange
04 2

**Pressearchiv**

05 Unterstützung eigener redaktioneller Arbeit.

**Presseausschnittarchiv**

06 seit 1.3.1949
07 Zeitungsausschnitte: 100 000
   Regal-/Schrankmeter: 30
   Sacharchiv: 15
   Personenarchiv: 15
08 auf DIN A 4-Blätter geklebt und auf Mikrorollfilm 35 mm/16 mm aufgenommen
09 eigene Verlagsproduktion, sonstige deutschsprachige und fremdsprachige Zeitungen, Zeitschriften, andere Quellen
10 eigene Systematik, Dezimalklassifikation, Schlag- und Stichwortkatalog
11 Politik, Wirtschaft, Kultur, Vermischtes, Inland, Ausland, Prozesse, Bildende Kunst, sonstige Themen.

**Zeitungsbestand**

13 eigene Verlagsproduktion
15 seit 1949

**Bildarchiv**
22 eigene und fremde Fotografen, Agenturen und andere Quellen
23 bis zu 25 Jahren
24 schwarz-weiß 40 000
25 elektronische Verarbeitung von Bilddaten nicht beabsichtigt
26 Schlagwortkatalog nach inhaltlichen Gesichtspunkten, systematische Aufstellung

**Benutzung**
32 in Ausnahmefällen für Fachinteressenten

# Düsseldorf
011
01 *Handelsblatt,* Dokumentation, Martin-Luther-Platz 27, Postfach 1102, 4000 *Düsseldorf* 1, Tel.: 0211/8388200
02 Handelsblatt GmbH, Kreuzstraße 21, Postfach 1102, 4000 Düsseldorf 1, Tel.: 0211/83881, Telex 8581815
03 Dr. Dieter Gessner (L), Hans Ribbeck (St), Eva-Maria Lacase (St)
04 14

**Pressearchiv**
05 Redaktionsarchiv, Bereitstellung von Presseausschnitten und Primärmaterialien innerhalb des Verlags, Leserdienst. Ab Mitte 1983 Weiterführung als Zentralarchiv für Handelsblatt, Wirtschaftswoche, DM und weitere Wirtschaftspublikationen.

**Presseausschnittarchiv**
06 Bestandsaufbau seit 1946
eigener Bestand seit 1956
Übernahme: Deutsche Zeitung 1946, Industriekurier 1970
07 Zeitungsausschnitte: 3 Mio.
Regalmeter: 1000
Sacharchiv: 565
Personenarchiv: 65
Firmen-/Institutionen-Archiv: 370
08 auf DIN A 4-Blätter geklebt
elektronische Speicherung und elektronisches Retrieval vorgesehen
09 eigene Verlagsproduktion
10 eigene Systematik, Schlag- und Stichwortkatalog
11 Politik, Wirtschaft, Inland, Ausland. Themenbereich: vorwiegend Wirtschaftsthematik

**Zeitungsbestand**
13 eigene Verlagsproduktion
Übernahme: Deutsche Zeitung, Industriekurier
14 Titel: 3 (1)
Bände: 27 DZ, 45 IK, 384 HB (12)
15 seit 1949

**Zeitschriftenbestand**
16 eigene Verlagsproduktion
17 Bestand: weitgehend lose Sammlung
18 seit 1949

**Bibliothek**
nur ressortspezifischer Buchbestand

**Bildarchiv**
22 eigene und fremde Fotografen, Agenturen
23 bis zu 25 Jahren
24 Papierkopien: 85 000
25 elektronische Verarbeitung von Bilddaten nicht beabsichtigt
26 Schlagwortkatalog nach inhaltlichen Gesichtspunkten
27 Schwerpunkte: Wirtschaftsbild, Porträts Themenbereiche: Wirtschaftsgeschehen

**Aktive Information**
29 Verschiedenes

**Benutzung**
32 für Fachinteressenten allgemein möglich
34 keine Benutzungsgebühren
35 Öffnungszeiten:
Mo—Fr von 8.00—17.00 Uhr
36 Lesesaal/Benutzerraum vorhanden

# Essen
012
01 *Ruhrwort,* Archiv, Zwölfling 2, Postfach 101055, 4300 *Essen* 1, Tel.: 0201/223645/46, Telex 857746
02 Verlag Essener Kirchenzeitung, Huyssenallee 7, Postfach 101055, 4600 Essen 1, Tel.: 0201/233068/69, Telex 857746

*Presseverlage (Redaktionsarchive)*

03 H. Hingst
04 2 (2)

**Pressearchiv**
05 Auskunftserteilung und Bereitstellung von Informationsmaterial für die Redaktion und Institutionen des Bistums.

**Presseausschnittarchiv**
06 seit 1959
07 Einzelstücke: ca. 130 000
Regal-/Schrankmeter: 40
Dossiers: ca. 1 300
08 nicht aufgeklebt und in Mappen/Kastenablage u.a. aufbewahrt
09 eigene Verlagsproduktion, sonstige deutschsprachige Zeitungen, Zeitschriften, andere Quellen
10 Dezimalklassifikation
11 Politik, Wirtschaft, Kultur, Sport, Vermischtes, Inland, Ausland, Prozesse, Buchrezensionen, Theaterrezensionen, Filmrezensionen, Bildende Kunst, sonstige Themen.
Themenbereich mit besonderer Relevanz auf Religion, kath. Kirche.

**Zeitungsbestand**
13 eigene Verlagsproduktion
14 Titel: 1 (1)
Bände: 22 (1)
15 seit 1949

**Zeitschriftenbestand**
16 Tausch, Kauf
17 Titel: 37 (33)
Bände: 440 (33)
18 seit 1949

**Benutzung**
32 in Ausnahmefällen für Fachinteressenten
34 keine Benutzungsgebühren

013

01 **Westdeutsche Allgemeine Zeitung,** Zentralarchiv, Friedrichstraße 34—38, Postfach 24, 5300 *Essen* 1, Tel.: 0201/2064 1, Telex 08 579 951
02 Westdeutsche Allgemeine Zeitungsverlagsgesellschaft, E. Brost & J. Funke GmbH u. Co., s. 01

03 Rolf Krapp, Fred Eschbach (St)
04 5

**Presseausschnittarchiv**
06 seit 1949
Übernahme: Neue Ruhr Zeitung 1977
07 Regal-/Schrankmeter: 120
Sacharchiv: 50
Waren-/Produkten-Archiv: 20
Dossiers: 200 000
Personenarchiv: 40
Firmen-/Institutionen-Archiv: 20
08 auf DIN A 4-Blätter geklebt
09 eigene Verlagsproduktion, sonstige deutschsprachige und fremdsprachige Zeitungen, Zeitschriften, andere Quellen
10 eigene Systematik
11 Politik, Wirtschaft, Kultur, Sport, Vermischtes, Inland, Ausland, Prozesse, Theaterrezensionen, Filmrezensionen, Bildende Kunst, sonstige Themen.
12 Schwerpunkt: Lokales

**Zeitungsbestand**
13 eigene Verlagsproduktion
Übernahme: Neue Ruhr Zeitung 1977
14 Titel: 2
Bände: 380 (24)
15 seit 1949

**Bibliothek**
19 Kauf, Rezensionsexemplare
20 4 000 (20)
21 systematischer Katalog

**Benutzung**
32 der Öffentlichkeit zugänglich
34 keine Benutzungsgebühren
35 Öffnungszeiten:
Mo—Fr von 10.00—21.00 Uhr
36 Lesesaal/Benutzerraum vorhanden, Kopieren möglich

# Flensburg

014

01 **Flensburger Tageblatt,** Pressearchiv, Nikolaistraße 7, Postfach 1553, 2390 *Flensburg,* Tel.: 0461/808-1, Telex 22874

02 Flensburger Zeitungsverlag GmbH,
s. 01

**Zeitungsbestand**
13 eigene Verlagsproduktion
15 bis vor 1900

# Frankfurt/Main

015
01 *Frankfurter Allgemeine Zeitung,*
Zentralarchiv, Hellerhofstraße 2—4,
Postfach 2901, *6000 Frankfurt/Main* 1,
Tel.: 069/7591-777
03 Marianne Englert (L)
04 51 (8)

**Pressearchiv**
05 Das Zentralarchiv der F.A.Z. erfaßt, erschließt und stellt zur Benutzung bereit: Informationen, Texte und Hintergrundmaterial aus Zeitungen, Zeitschriften, Büchern und sonstigen verfügbaren Quellen.
Es verfolgt mit seiner Tätigkeit zwei Zielsetzungen:
1. den Informationsbedürfnissen der eigenen Redaktion zu entsprechen,
2. Rechercheaufträge von Informationssuchenden außerhalb der Zeitung zu erfüllen.
Das Archiv hat darüber hinaus die Aufgabe, über „Bildschirmtext" Dokumentationen und „Aktuelle Hintergründe" bereitzustellen.

**Presseausschnittarchiv**
06 seit 1951
07 Einzelstücke: rd. 15 Millionen
Regal-/Schrankmeter: 1500
Sacharchiv: 850
Dossiers: rd. 75 000 (Sacharchiv)
Prozesse: 62
Personenarchiv: 320
Autoren: 175
Rezensionen: 45
Firmen-/Institutionen-Archiv: ca. 130
08 auf DIN A 4-Blätter geklebt
09 eigene Verlagsproduktion, umfassend sonstige deutschsprachige und fremdsprachige Zeitungen, Zeitschriften, andere Quellen

10 eigene Systematik, Schlag- und Stichwortkatalog
11 Politik, Wirtschaft, Kultur, Sport, Vermischtes, Inland, Ausland, Regionales, Lokales, Prozesse, Buchrezensionen, Theaterrezensionen, Filmrezensionen, Bildende Kunst, sonstige Themen.
12 Schwerpunkte: In- und Ausland

**Zeitungsbestand**
13 eigene Verlagsproduktion
14 Titel: 2 (2)
Bände: ca. 1200 (56)
Mikrofilme: ca. 400
15 seit 1949

**Zeitschriftenbestand**
16 Kauf
17 Titel: 130 (33)
Bände: ca. 2000 (55)
18 seit 1949

**Bibliothek**
19 eigene Verlagsproduktion, Kauf, Rezensionsexemplare, Geschenk
20 ca. 5000 (ca. 100) mit grauer Literatur, Amtsblättern, Korrespondenzen zusammen etwa 500 Stellmeter
21 alphabetische Titelaufnahme, systematischer Katalog — Ordnung analog zum Zeitungsausschnitt-Archiv, Standortkatalog

**Werksarchiv/Unternehmensarchiv**
28 Berichterstattung über die eigene Institution/Unternehmen. Das Werksarchiv der F.A.Z. ist der Geschäftsleitung direkt angeschlossen. Im Zentralarchiv wird nur die Berichterstattung über das eigene Unternehmen gesammelt.

**Aktive Information**
29 Erstellen von Chroniken/Wochenschauen
Bearbeitung von Hintergrundmaterial
30 Monatsregister im „Blick durch die Wirtschaft", herausgegeben von der Frankfurter Allgemeinen Zeitung:
— erfaßt alle wirtschaftlich relevanten Artikel, die in der
 1. „Frankfurter Allgemeine Zeitung" und dem Ergänzungsdienst

*Presseverlage (Redaktionsarchive)*

2. „Blick durch die Wirtschaft"
im jeweiligen Monat erschienen
sind
— erscheint regelmäßig als Beilage im
Folgemonat und ist thematisch nach
Fachgebieten geordnet.
Sonstiges s. 05 und weitere Indices

### Darstellungen über das Archiv

31 Englert, Marianne, Frankfurt/Main:
Das Zentralarchiv der Frankfurter Allgemeinen Zeitung (F.A.Z.), in: Roman Muziol „Pressedokumentation. Anleitung für die Arbeit in Pressearchiven". Pullach 1958, S. 81-83

Werner, Hans-Jürgen:
„Die Archive und Bibliotheken der deutschsprachigen T.E.A.M. — Zeitungen" (Die Welt — Frankfurter Allgemeine Zeitung — Süddeutsche Zeitung — Die Presse — Neue Zürcher Zeitung). Hausarbeit zur Prüfung für den Dienst an Wissenschaftlichen Bibliotheken an der Fachhochschule Hamburg — Fachbereich Bibliothekswesen. Hamburg Juni 1975, 88 S., Anhang 12 S.

Englert, Marianne, Frankfurt/Main:
Redaktionsarchiv am Beispiel des Zentralarchivs der Frankfurter Allgemeinen Zeitung, in: Der Archivar, Jg. 31, 1978, H. 2

Englert, Marianne, Frankfurt/Main:
Entscheidend ist der schnelle Zugriff, in: Die Zeitung, Mai 1981, Jg. 9, Nr. 5

Englert, Marianne, Frankfurt/Main:
Aufbau eines Suchbaums — Erfahrungen im F.A.Z.-Archiv, in: Nachr. f. Dokum. 34 1983, Nr. 1 Berichte

### Benutzung

32 In Ausnahmefällen für Fachinteressenten

34 keine Benutzungsgebühren für die Benutzung des Lesesaales. Bei der Erledigung von Rechercheaufträgen werden Kopierkosten und Arbeitszeit berechnet

36 Lesesaal für das Einsehen der Zeitungsbände und Mikroform-Lesegeräte vorhanden, Kopieren möglich, Rückvergrößerungen von Mikroformen möglich

### Bildarchiv

01 *Frankfurter Allgemeine Zeitung,* Zentrales Bildarchiv, Hellerhofstraße 2-4, Postfach 2901, *6000 Frankfurt/Main 1,* Tel.: 069/7591-749, Telex 04-1223

02 s. 01

03 Peter Lonke

04 4 (1)

22 eigene und fremde Fotografen, Agenturen und andere Quellen

23 bis zu 25 Jahren und älter

24 Papierkopien: 350 000 schwarz-weiß

26 Erfassen formaler Merkmale, Schlagwortkatalog nach inhaltlichen Gesichtspunkten, systematische Aufstellung

27 Schwerpunkte: Personenarchiv, außerdem Politik, Wirtschaft, Kultur, Sport, Inland, Ausland, Wissenschaft

### Benutzung

32 in Ausnahmefällen für Fachinteressenten

**016**

01 *Frankfurter Rundschau,* Archiv, Große Eschenheimer Straße 16—18, Postfach 2606, 6000 *Frankfurt/Main* 1, Tel.: 069/21991, Telex 04-11651

02 Verlag Druck- und Verlagshaus Frankfurt am Main GmbH, s. 01

03 Dieter Kunde (L), Birgit Scheelle (St)

04 15 (1)

### Pressearchiv

05 Inhaltserschließung der Frankfurter Rundschau. Selektives Auswerten anderer Zeitungen nach den Bedürfnissen der Redaktion.

### Presseausschnittarchiv

06 seit 1.8.1945

08 auf DIN A 4-Blätter geklebt

09 eigene Verlagsproduktion, sonstige deutschsprachige und fremdsprachige Zeitungen, Zeitschriften, andere Quellen
10 eigene Systematik
11 Politik, Wirtschaft, Kultur, Sport, Vermischtes, Inland, Ausland, Prozesse, Buchrezensionen, Theaterrezensionen, Filmrezensionen, Bildende Kunst, sonstige Themen.
12 Schwerpunkte: In- und Ausland

**Zeitungsbestand**
13 eigene Verlagsproduktion
15 seit 1.8.1945

**Benutzung**
32 in Ausnahmefällen für Fachinteressenten
34 keine Benutzungsgebühren
35 Öffnungszeiten: nur nach vorheriger Anmeldung
36 Mikroform-Lesegeräte vorhanden, Kopieren möglich, Rückvergrößerungen von Mikroformen möglich

**017**
01 *Verlagshaus Frankfurter Societäts-Druckerei,* Zentralarchiv, Frankenallee 71—81, Postfach 2929, 6000 *Frankfurt/Main* 1, Tel.: 069/75011, Telex 04-11655
02 Verlagshaus Frankfurter Societäts-Druckerei GmbH, s. 01
03 Jürgen Cramm
04 10

**Pressearchiv**
05 Redaktionsarchiv für Frankfurter Neue Presse einschließlich Kopfblätter Abendpost/Nachtausgabe + A/N zum Sonntag Monats-Illustrierte scala Societäts-Verlag.

**Presseausschnittarchiv**
06 seit 1946 (1960)
07 Einzelstücke: 15 Millionen
Regal-/Schrankmeter: ca. 5000 Leitz-Ordner / 50
Sacharchiv: 50 + 500 Ordner
Firmen-/Institutionen-Archiv: ca. 4500 Ordner
08 auf DIN A 4-Blätter geklebt

09 eigene Verlagsproduktion, sonstige deutschsprachige und fremdsprachige Zeitungen, Zeitschriften, andere Quellen
10 eigene Systematik, Schlag- u. Stichwortkatalog, zu bestimmten Sachthemen werden Hinweislisten geführt
11 Politik, Wirtschaft, Kultur, Sport, Vermischtes, Inland, Ausland, Prozesse, Buchrezensionen, Theaterrezensionen, Filmrezensionen, Bildende Kunst, sonstige Themen.
12 Schwerpunkte: In- und Ausland

**Zeitungsbestand**
13 eigene Verlagsproduktion, Kauf
Übernahme: frühere Abendpost
14 Titel: 11 (3)
Bände: 6000 (20)
Mikrofilme: 750
15 bis vor 1900

**Zeitschriftenbestand**
16 eigene Verlagsproduktion
17 Titel: 3 (1)
Bände: 250 (6)
Mikrofilme: 10
18 vor 1933

**Bibliothek**
19 eigene Verlagsproduktion, Kauf, Rezensionsexemplare, Geschenk
20 Ordnung analog zum Zeitungsausschnitt-Archiv

**Bildarchiv**
22 eigene und fremde Fotografen, Agenturen und andere Quellen
23 bis zu 25 Jahren
24 Papierkopien: ca. 1,5 Millionen
25 elektronische Verarbeitung von Bilddaten nicht beabsichtigt
26 Schlagwortkatalog nach inhaltlichen Gesichtspunkten, systematische Aufstellung
27 Schwerpunkte: Personalia, Sport, Lokales, Allgemeines

**Aktive Information**
29 Erstellen von Chroniken/Wochenschauen

**Benutzung**

32 in Ausnahmefällen für Fachinteressenten nach Voranmeldung für die Öffentlichkeit zugänglich

34 keine Benutzungsgebühren

35 Öffnungszeiten:
Mo—Fr von 9.00—17.00 Uhr

36 Mikroform-Lesegeräte vorhanden, Kopieren und Rückvergrößerungen von Mikroformen beschränkt möglich

# Freiburg

018

01 **Badische Zeitung,** Redaktionsarchiv, Basler Landstraße 3, Postfach 280, 7800 *Freiburg,* Tel.: 0761/496342 und 496207, Telex 07-72820 u. 07-41070

02 Badischer Verlag, s. 01

03 Niklas Arnegger (L), Hans Fischer (St)

04 7 (1)

**Pressearchiv**

05 Bereitstellung von Informations- und Dokumentationsmaterial für die Redaktion, Bereitstellung von Bildern für die Redaktion, Zeitungsmagazin, Verwaltung hist. Zeitungsbände.

**Presseausschnittarchiv**

06 seit 1949

07 Zeitungsausschnitte: ca. 3 000 000
Einzelstücke: 3 000 000
Regal-/Schrankmeter: 900
Sacharchiv: 800
Dossiers: ca. 100 000
Personenarchiv: 100

08 auf DIN A 4-Blätter geklebt
auf Mikrorollfilm 35 mm/16 mm aufgenommen

09 eigene Verlagsproduktion, sonstige deutschsprachige und fremdsprachige Zeitungen, Zeitschriften, andere Quellen

10 eigene Systematik, Schlag- und Stichwortkatalog

11 Politik, Wirtschaft, Kultur, Sport, Vermischtes, Inland, Ausland, Prozesse, Buchrezensionen, Theaterrezensionen, Filmrezensionen, Bildende Kunst, sonstige Themen.

12 Schwerpunkte: In- und Ausland

**Zeitungsbestand**

13 eigene Verlagsproduktion, Kauf

14 Titel: 3 (1)
Bände: 1 500 (38)
Mikrofilme: 150

15 bis vor 1900

**Zeitschriftenbestand**

16 Kauf

17 Titel: 20 (20)

18 seit 1949

**Bibliothek**

19 Kauf, Rezensionsexemplare

20 250 (20)

**Bildarchiv**

22 eigene und fremde Fotografen, Agenturen und andere Quellen

23 bis zu 5 Jahren

24 Papierkopien: 70 000

25 elektronische Verarbeitung von Bilddaten nicht beabsichtigt

26 Schlagwortkatalog nach inhaltlichen Gesichtspunkten, systematische Aufstellung

27 Schwerpunkte: Regionales, Lokales, Freiburg, Stadt

**Benutzung**

32 für Fachinteressenten allgemein möglich

34 keine Benutzungsgebühren

35 Öffnungszeiten: Di, Mi, Do von 9.00—12.00 Uhr und nach Vereinbarung

36 Lesesaal/Benutzerraum und Mikroform-Lesegeräte vorhanden, Kopieren und Rückvergrößerung von Mikroformen möglich

# Gießen

019

01 **Gießener Anzeiger,** Am Urnenfeld, Postfach 5506 od. 5507, 6300 *Gießen-Wieseck,* Tel.: 0641/5040

03 Paul Nieren

04 2 (2)

### Pressearchiv
05 Sammeln und Erfassen von Texten und Bildern aus dem überörtlichen Gebiet zur Handhabung der Redaktion. Das örtliche Archiv dient dem gleichen Zweck und zusätzlich der Benutzung durch betriebsfremde Personen.

### Zeitungsbestand
13 eigene Verlagsproduktion
14 Titel: 10
 Mikrofilme: 300
15 bis vor 1900

### Bibliothek
19 eigene Verlagsproduktion, Kauf

### Bildarchiv
22 eigene und fremde Fotografen, Agenturen und andere Quellen
23 bis zu 25 Jahren, z. T. bis zu 50 Jahren
25 elektronische Verarbeitung von Bilddaten nicht beabsichtigt
26 systematische Aufstellung
27 Schwerpunkte: Porträts, LokaleEreignisse

### Benutzung
32 der Öffentlichkeit zugänglich
34 keine Benutzungsgebühren
36 Kopieren möglich

# Hamburg

020
01 **Gruner + Jahr** Dokumentation, Warburgstraße 50, Postfach 302040, 2000 *Hamburg* 36, Tel.: 040/41182051, Telex 219520
02 Gruner + Jahr AG & Co Druck und Verlagshaus, s. 01
03 Hans-Joachim Lienau (L), Karsten Hartmann (St), Elisabeth Reuter (St)
04 96 (13)

### Pressearchiv
05 Umfassende Versorgung der Redaktionen des Hauses Gruner + Jahr (Stern, GEO, Brigitte, Capital etc.) und der Zeit mit Informations- und Dokumentationsmaterial. Bereitstellung von Bildmaterial. IuD-Stelle für Gruner + Jahr und vertraglich angeschlossene externe Nutzer.

### Presseausschnittarchiv
06 seit ca. 1950
07 Zeitungsausschnitte: ca. 6,5 Mio.
 Regal-/Schrankmeter: 2025
 Sacharchiv: 1400
 Waren-/Produkten-Archiv: 35
 Personenarchiv: 500
 Firmen-/Institutionen-Archiv: 90
08 auf DIN A 4-Blätter geklebt und auf Mikroplanfilm Größe DIN A 6 mit Verkleinerungsfaktor (24x/42x) aufgenommen. Die elektronische Speicherung der Suchdaten läuft seit 1975
09 eigene Verlagsproduktion, sonstige deutschsprachige und fremdsprachige Zeitungen, Zeitschriften, andere Quellen
10 eigene Systematik, Index/Thesaurus, beliebige freie Nennungen
11 Politik, Wirtschaft, Kultur, Sport, Vermischtes, Inland, Ausland, Prozesse, Buchrezensionen, Theaterrezensionen, Filmrezensionen, Bildende Kunst, sonstige Themen.
12 Schwerpunkte: In- und Ausland

### Zeitungsbestand
13 Kauf
14 Titel: 48 (43)
 Rollfilme: 840
 Microfiches: ca. 50 000
15 bis vor 1933

### Zeitschriftenbestand
16 eigene Verlagsproduktion, Kauf
17 Titel: 237 (152)
 Bände: 5700 (350)
 Microfiches: ca. 5500
18 vor 1900

### Bildarchiv
22 eigene und fremde Fotografen, Agenturen und andere Quellen
23 bis zu 25 Jahren
24 Negative: ca. 5,5 Mio. schwarz-weiß: dto.
 Dias: ca. 400 000  farbig: dto.
 Papierkopien: ca. 1,3 Mio.

45

*Presseverlage (Redaktionsarchive)*

25 elektronische Verarbeitung von Bilddaten vorhanden
26 Erfassen formaler Merkmale, z.Zt. noch freie Bildbeschreibung
27 Schwerpunkte: Zeitgeschichte

**Darstellungen über das Archiv**

31 Schmitz-Esser, Winfried:
Die Pressedatenbank für Text und Bild des Verlagshauses Gruner + Jahr. In: Klaus Laisiepen et al. (Hg.): Grundlagen der praktischen Information und Dokumentation — Eine Einführung, München 1980, S. 612 ff.

Knaack, Jürgen:
Eine Pressedatenbank für Text. In: Rainer Kuhlen (Hg.):
Datenbasen, Datenbanken, Netzwerke, Praxis der Information Retrieval, Bd. 1, München o. J., S. 171 ff.

**Benutzung**

32 nur hauseigene Benutzung
34 Benutzungsgebühren

**021**

01 ***Heinrich Bauer Verlag,***
Zentraldokumentation,
Ost-West-Str. 57, 2000 *Hamburg* 11,
Tel.: 040/30194951-61, Telex 02/161821,
Telekopierer 040335018
02 Heinrich Bauer Verlag, Burchardstr. 11, s. 01
03 Leonie Dominick
04 15 (1)

**Pressearchiv**

05 Bereitstellung von Hintergrundmaterial für die Redaktionen des Verlages, Zusammenstellung von Dossiers, Telefonauskünfte.

**Presseausschnittarchiv**

06 seit 1948
07 Zeitungsausschnitte: 5 000 000
Regalmeter: 500
Sacharchiv: 420
Personenarchiv: 80
08 auf DIN A 4-Blätter geklebt, kopiert
09 eigene Verlagsproduktion, umfassend
10 eigene Systematik, Index
Karteilift mit 1 300 000 Liftkarten mit 4 Informationen pro Karte
11 Politik, Wirtschaft, Kultur, Sport, Vermischtes, Inland, Ausland, Prozesse, Buchrezensionen, Theaterrezensionen, Filmrezensionen, Bildende Kunst, sonstige Themen.
12 Schwerpunkte: In- und Ausland

**Zeitschriftenbestand**

16 eigene Verlagsproduktion, Kauf
17 Titel: 50
Bände: 200 lfd.m (9 lfd.m)
18 bis vor 1900
seit 1949 Hauptbestand

**Bibliothek**

19 Kauf
20 131 lfd.m (5 lfd.m)

**Bildarchiv**

Die Bildarchive des Verlages sind den einzelnen Objekten zugeordnet.

**Aktive Information**

29 Bearbeitung von Hintergrundmaterial, sonstiges

**Benutzung**

32 nur hauseigene Benutzung, in Ausnahmefällen auch für Fachinteressenten
34 keine Benutzungsgebühren

**022**

01 ***Spiegel*-Dokumentation,**
Rudolf Augstein GmbH & Co. KG,
Brandstwiete 19/Ost-West-Straße,
2000 *Hamburg* 11
02 Spiegel-Verlag, s. 01
03 Heinz-Jürgen Plathner (L),
Karl-H. Schaper (St)
04 105 (5)

**Pressearchiv**

05 Die Spiegel-Dokumentation ist die Presse-Informationsbank der Spiegel-Redaktion. Neben den üblichen Aufgaben eines Redaktionsarchivs hat die Spiegel-Dokumentation für die sachliche Schlußredaktion, die sog. Verifikation, der Spiegel- und Manager Magazin-Veröffentlichungen zu sorgen.

## Presseausschnittarchiv

06 seit 1949
07 Einzelstücke: ca. 15 000 000
   Regal-/Schrankmeter: 3 000
   Sacharchiv: 2 000
   Waren-/Produkten-Archiv: Teil des Sacharchivs
   Dossiers: ca. 600 000
   Personenarchiv: 1 000
   Firmen-/Institutionen-Archiv: Teil des Sacharchivs
08 auf DIN A 4-Blätter geklebt und auf Mikroplanfilm Größe DIN A 6 aufgenommen
09 eigene Verlagsproduktion, umfassend, sonstige deutschsprachige und fremdsprachige Zeitungen, Zeitschriften, andere Quellen (350)
10 eigene Systematik, Schlag- und Stichwortkatalog, elektronisches Spiegel-Inhaltsregister
11 Politik, Wirtschaft, Kultur, Sport, Vermischtes, Inland, Ausland, Prozesse, Buchrezensionen, Theaterrezensionen, Firmenrezensionen, Bildende Kunst, sonstige Themen.
12 Schwerpunkte: In- und Ausland

## Zeitungsbestand

13 Kauf
14 Titel: 120 (100)
   Mikrofilme: 3 008
15 bis vor 1900

## Zeitschriftenbestand

16 eigene Verlagsproduktion, Kauf
17 Titel: ca. 200
   Mikrofilme: 331
18 vor 1900

## Bibliothek

19 Kauf
20 ca. 30 000 (ca. 1 000)
21 eigene und fremde Fotografen, Agenturen und andere Quellen
23 bis zu 50 Jahre und älter
24 Papierkopien: ca. 1 000 000
25 elektronische Verarbeitung von Bilddaten vorhanden
26 Index/Thesaurus, systematische Aufstellung

## Werksarchiv/Unternehmensarchiv

28 Druckschriften, Akten, Photos, Filme, Berichterstattung über die eigene Institution/Unternehmen

## Aktive Information

29 Verschiedenes
30 Jahrgang-Inhaltsregister des Spiegel

## Darstellungen über das Archiv

31 Klatte, Heinz: Die Aufgaben zeitnaher Dokumentation in einem Redaktionsarchiv. In: Der Archivar, Jg. 16 (1963), H. 1, Sp. 25 ff.

Klatte, Heinz: Die Arbeit der Spiegel-Dokumentation (Vortrag vor der Fachgruppe 7 des VdA am 27.04.1965). In: Spiegel-Informations-Rundschreiben 11/1965; Anhang.

Klatte, Heinz: Pressearchivare. In: Der Archivar, Jg. 20 (1967), H. 1, Sp. 29 ff.

Just, Dieter: Das Spiegel-Archiv. In: Der Spiegel, Hannover: Verlag für Literatur + Zeitgeschehen 1967, S. 48

Grunenberg, Nina: Einer lernt jetzt Papiamento: Dokumentation beim Spiegel. In: Grunenberg: Die Journalisten. Hamburg: Wegner Verlag 1967, S. 102 ff.

Henkel, Wolfgang: Dokumentations-Journalist beim Spiegel. In: Der Journalist, Jg. 12 (1977), Nr. 12, S. 48

## Benutzung

32 nur hauseigene Benutzung

## Zeitungsbestand

13 eigene Verlagsproduktion
14 Bände: 3 290
15 seit 1949

## Bildarchiv

22 eigene und fremde Fotografen, Agenturen, andere Quellen
23 bis zu 10 Jahren

*Presseverlage (Redaktionsarchive)*

25 elektronische Verarbeitung von Bilddaten nicht beabsichtigt

**Benutzung**

32 der Öffentlichkeit zugänglich
34 keine Benutzungsgebühren
35 Öffnungszeiten: Mo—Fr von 8.00—16.30 Uhr
36 Lesesaal/Benutzerraum vorhanden

023

01 **Verlag Axel Springer A.G.,**
Zentraltextarchiv, Kaiser-Wilhelm-Str. 6, Postfach 304630, 2000 *Hamburg* 36, Tel.: 040/347 2266/2652/2858

03 Arnold Landwehr (L),
Jürgen Hanebuth (St)
04 39 (1)

**Pressearchiv**

05 Archivierung und Dokumentation für die Redaktionen des Hauses in- und außerhalb Hamburgs

**Presseausschnittarchiv**

06 seit 1948
Ankauf: Archiv „Die Welt", Archiv „Hamburger Fremdenblatt"
07 Einzelstücke: ca. 18 Millionen
Regal-/Schrankmeter: ca. 2200
Sacharchiv: ca. 1480
Dossiers: ca. 180000
Personenarchiv: ca. 600
Firmen-/Institutionen-Archiv: ca. 120
08 auf DIN A 4-Blätter geklebt elektronische Speicherung und elektronisches Retrieval vorgesehen
09 eigene Verlagsproduktion, umfassend, sonstige deutschsprachige und fremdsprachige Zeitungen, Zeitschriften, andere Quellen (ausschnittweise)
10 eigene Systematik, Schlag- und Stichwortkatalog
11 Politik, Wirtschaft, Kultur, Sport, Vermischtes, Inland, Ausland, Prozesse, Buchrezensionen, Theaterrezensionen, Filmrezensionen, Bildende Kunst, sonstige Themen.
12 Schwerpunkte: In- und Ausland

**Zeitungsbestand**

13 eigene Verlagsproduktion, Kauf

14 Titel: 70 (40)
Bände: 700 (60)
Mikrofilme: 1300
15 bis vor 1945

**Zeitschriftenbestand**

16 eigene Verlagsproduktion, Kauf, Geschenk
17 Titel: 520 (130)
Bände: 2700 (70)
18 vor 1900

**Bibliothek**

19 eigene Verlagsproduktion, Kauf, Rezensionsexemplare, Geschenk
20 65000 (2700)
21 Standortkatalog, Schlag- und Stichwortkatalog

**Aktive Information**

29 Erstellen von Chroniken/Wochenschauen, Bearbeitung von Hintergrundmaterial

**Darstellungen über das Archiv**

31 Werner, Hans-Jürgen: Die Archive und Bibliotheken der deutschsprachigen T.E.A.M.-Zeitungen (Die Welt — Frankfurter Allgemeine — Süddeutsche Zeitung — Die Presse — Neue Zürcher Zeitung). Hausarbeit zur Prüfung für den Dienst an Wissenschaftlichen Bibliotheken an der Fachhochschule Hamburg — Fachbereich Bibliothekswesen. Hamburg, Juni 1975, 88 S., Anhang 12 S.

Behrens, Uta: Das Pressearchiv. Dargestellt an Beispielen aus dem Axel Springer Verlag. Prüfungsarbeit der Bibliotheksschule Hamburg. Vorgelegt am 20. Jan. 1965, 80 S.

**Benutzung**

32 nur hauseigene Benutzung, in Ausnahmefällen auch für Fachinteressenten
34 keine Benutzungsgebühren
36 Lesesaal/Benutzerraum und Mikroform-Lesegeräte vorhanden, Kopieren und Rückvergrößerung von Mikroformen möglich

## Hameln

024

01 *Deister- und Weserzeitung,*
Osterstraße 19, Postfach 447,
3250 *Hameln* 1, Tel.: 05151/200-0,
Telex 92859
02 Verlag C.W. Niemeyer
GmbH & Co KG, s. 01
03 N.N.
06 im Aufbau seit 1.1.1982

### Zeitungsbestand
13 eigene Verlagsproduktion
15 bis vor 1900

## Hannover

025

01 *Hannoversche Allgemeine Zeitung,* Redaktionsarchiv,
Bemeroder Straße 58, Postfach 209,
3000 *Hannover* 71,
Tel.: 0511/515887 od. 515296,
Telex 0923911-15
02 Verlagsgesellschaft Madsack & Co., s. 01
03 Monika Preller (L),
Barbara Heckmann (St)
04 4 (2)

### Pressearchiv
05 Auswerten und systematisches Sammeln verlagseigener und fremder Presseerzeugnisse, Zusammenstellung von Dossiers für die Redaktion, Beantwortung von Leseranfragen, sofern die Hilfe des Archivs dazu vonnöten ist.

### Presseausschnittarchiv
06 seit 1949
07 Einzelstücke: ca. 545 000
Regal-/Schrankmeter: 353
Sacharchiv: 252
Dossiers: ca. 30 000
Personenarchiv: 101
08 auf DIN A 4-Blätter geklebt
09 eigene Verlagsproduktion, sonstige deutschsprachige und fremdsprachige Zeitungen, Zeitschriften, andere Quellen
10 eigene Systematik, Schlag- und Stichwortkatalog
11 Politik, Kultur, Vermischtes, Inland, Ausland, Prozesse, Buchrezensionen, Theaterrezensionen, Filmrezensionen, Bildende Kunst, sonstige Themen.
12 Schwerpunkte: In- und Ausland

### Zeitungsbestand
13 eigene Verlagsproduktion
14 Titel: 4 (2)
Bände: 1 500 (24)
Mikrofilme: 542
15 bis vor 1900

### Zeitschriftenbestand
16 eigene Verlagsproduktion, Kauf, Geschenk
17 Titel: 24 (4)
Bände: 540 (8)
18 vor 1900

### Bibliothek
19 eigene Verlagsproduktion, Kauf, Rezensionsexemplare, Geschenk
20 3 238 (40)
21 alphabetische Titelaufnahme, Dezimalklassifikation, Schlag- und Stichwortkatalog

### Bildarchiv
22 eigene und fremde Fotografen, Agenturen
23 bis zu 25 Jahren
24 Papierkopien: ca. 100 000 schwarz-weiß
25 elektronische Verarbeitung von Bilddaten nicht beabsichtigt
26 systematische Aufstellung

### Benutzung
32 der Öffentlichkeit zugänglich
34 keine Benutzungsgebühren
35 Öffnungszeiten:
Di—Fr von 9.00—18.00 Uhr, nach vorheriger Anmeldung
36 Lesesaal/Benutzerraum vorhanden, Kopieren möglich

*Presseverlage (Redaktionsarchive)*

## Karlsruhe

026

01 **Badische Neueste Nachrichten,**
Redaktionsarchiv, Lammstr. 1b-5,
Postfach 1469, 7500 *Karlsruhe* 1,
Tel.: 0721/144-246, Telex 07826719

03 Siegfried Gabler (L), Rainer König (St)

04 3

### Pressearchiv

05 Selektion und Archivierung eigener Publikationen

### Presseausschnittarchiv

06 seit 1946

07 Regalmeter: ca. 70
Sacharchiv: 40
Waren-/Produkten-Archiv: 10
Personenarchiv: 10
Firmen-/Institutionen-Archiv: 10

08 auf DIN A 4-Blätter geklebt

09 eigene Verlagsproduktion, sonstige deutschsprachige und fremdsprachige Zeitungen, Zeitschriften, andere Quellen (teilweise)

10 eigene Systematik, Index/Thesaurus, Schlag- und Stichwortkatalog

11 Politik, Wirtschaft, Kultur, Lokales, Sport, Vermischtes, Inland, Ausland, Prozesse, Buchrezensionen, Theaterrezensionen, Filmrezensionen, Bildende Kunst, sonstige Themen.

12 Schwerpunkte: In- und Ausland

### Zeitungsbestand

13 eigene Verlagsproduktion

14 Bände: ab 1.4.1946 Hauptausgabe nebst 9 Bezirksausgaben

15 seit 1.4.1946

### Zeitschriftenbestand

16 eigene Verlagsproduktion

17 Mikrofilme: ab 1.4.1946 (nicht genau feststellbar)

18 seit 1946

### Bibliothek

19 eigene Verlagsproduktion, Kauf, teilweise Rezensionsexemplare

21 Ordnung analog zum Zeitungsausschnitt-Archiv

### Bildarchiv

22 eigene und fremde Fotografen, Agenturen und andere Quellen

23 bis zu 50 Jahren und älter

24 Papierkopien: mehrere 100 000 schwarz-weiß

25 elektronische Verarbeitung von Bilddaten nicht beabsichtigt

26 Erfassen formaler Merkmale, Index/Thesaurus, Schlagwortkatalog nach inhaltlichen Gesichtspunkten

27 Schwerpunkte: s. 11

### Benutzung

32 der Öffentlichkeit und für Fachinteressenten allgemein zugänglich

34 keine Benutzungsgebühren

35 Öffnungszeiten:
Mo—Fr von 9.00—18.00 Uhr

36 Lesesaal/Benutzerraum und Mikroform-Lesegeräte vorhanden, Kopieren und Rückvergrößerungen von Mikroformen möglich

## Kassel

027

01 **Hessische Niedersächsische Allgemeine,** Redaktionsarchiv, Frankfurter Str. 168, Postfach 101009, 3500 *Kassel*, Tel.: 0561/203 442-444

02 Hessische Niedersächsische Allgemeine, Paul Dierichs GmbH & Co KG, s. 01

03 Wolfgang Hermsdorff (L),
Bernd Figge (St)

04 5 (2)

### Pressearchiv

05 Lieferung von Unterlagen für die Arbeit der HNA-Redakteure

### Presseausschnittarchiv

06 seit 1945
Übernahme: Kasseler Zeitung, Kasseler Post

07 Zeitungsausschnitte: ca. 700 000

08 auf DIN A 4-Blätter geklebt

09 eigene Verlagsproduktion, sonstige deutschsprachige und fremdsprachige Zeitungen, Zeitschriften, andere Quellen

10 eigene Systematik, Schlag- und Stichwortkatalog
11 Politik, Wirtschaft, Kultur, Inland, Ausland, Prozesse, Buchrezensionen, Theaterrezensionen, Filmrezensionen, Bildende Kunst, sonstige Themen.

**Zeitungsbestand**
13 eigene Verlagsproduktion, Kauf
15 seit 1945

**Zeitschriftenbestand**
16 Kauf

**Bildarchiv**
22 eigene und fremde Fotografen, Agenturen und andere Quellen
23 bis zu 50 Jahren
25 elektronische Verarbeitung von Bilddaten nicht beabsichtigt
26 Schlagwortkatalog nach inhaltlichen Gesichtspunkten
27 Schwerpunkte: Lokales

**Benutzung**
32 der Öffentlichkeit zugänglich
34 keine Benutzungsgebühren
35 Öffnungszeiten:
Di—Do von 14.00—17.00 Uhr
36 Kopieren möglich

# Koblenz

028
01 *Rhein-Zeitung,* Zentralarchiv, August-Horchstraße 28, Postfach 1540, 5400 *Koblenz,* Tel.: 0261/892, 321 oder 427, Telex 0862611
02 Mittelrhein-Verlag GmbH, s. 01
03 Dr. Marianne Wieseotte (L), Gerold Brinkmann (St)
04 3 (1)

**Pressearchiv**
05 Recherchierung und Bereitstellung von Material für Redaktion, Verlag und Leser

**Presseausschnittarchiv**
06 seit 1946

07 Zeitungsausschnitte: 50 Regalmeter
Sacharchiv: 15
Personenarchiv: 35
08 nicht aufgeklebt und in Mappen/Kastenablage u.a. aufbewahrt, z.T. auf DIN A 4-Blätter geklebt
die Mikroroll-/Planverfilmung ist vorgesehen
elektronische Speicherung und elektronisches Retrieval vorgesehen
09 eigene Verlagsproduktion, ausschnittweise sonstige deutschsprachige Zeitschriften, andere Quellen
10 eigene Systematik, Schlag- und Stichwortkatalog
11 Politik, Wirtschaft, Kultur, Vermischtes, Inland, Ausland, Prozesse, Buchrezensionen, Theaterrezensionen, Filmrezensionen.
12 Schwerpunkte: Regionales

**Zeitungsbestand**
13 eigene Verlagsproduktion
14 Bände: 5000 (180)
15 seit 1949

**Zeitschriftenbestand**
16 eigene Verlagsproduktion, Pflichtexemplar oder Zuweisung, Kauf

**Bibliothek**
19 Kauf, Rezensionsexemplare
21 alphabetische Titelaufnahme

**Bildarchiv**
22 eigene und fremde Fotografen, Agenturen und andere Quellen
24 Biogr. Teil: 30000
Sachteil: 20000
25 elektronische Verarbeitung von Bilddaten wurde begonnen
26 Schlagwortkatalog nach inhaltlichen Gesichtspunkten, systematische Aufstellung
27 Schwerpunkte: Regionales, Archäologie, Brücken, Burgen, Energie (dabei AKW), Industrie, Kunsthandwerk, Kurbäder, Museen (auch Archive, Bibliotheken), Partnerorte, Straßenbau, Wanderwege, Weinbau.

**Aktive Information**
29 Bearbeitung von Hintergrundmaterial
30 1981: Bildarchiv der Rhein-Zeitung

**Benutzung**
32 für Fachinteressenten möglich
34 Benutzungsgebühren
36 Lesesaal/Benutzerraum vorhanden, Kopieren möglich

# Mannheim

029
01 **Mannheimer Morgen,**
Lokal-Archiv, Pressehaus am Marktplatz,
R 1, 4—6,
Postfach 1503, 6800 *Mannheim* 1,
Tel.: 0621/1702—337 (Text) und 398 (Bild)
02 Mannheimer Morgen Großdruckerei und Verlag GmbH, s. 01
03 Hans Weckesser
04 1

**Pressearchiv**
05 Auswerten des Mannheimer Morgen, insbesondere des Lokalteils und aller die lokale Ebene betreffenden Nachrichten sowie weiterer am Ort erscheinender Zeitungen (hier nur ergänzende Berichte).

**Presseausschnittarchiv**
06 seit 1948 (anfangs lückenhaft)
07 Regal-/Schrankmeter: 48
Sacharchiv: 270 Ordner
Dossiers: 280 Ordner
Personenarchiv: 10 Ordner Verstorbene, ca. 600 Taschen Lebende
08 auf DIN A 4-Blätter geklebt
09 eigene Verlagsproduktion, ausschnittweise
10 eigene Systematik, Stichwortkatalog. Die Ordner sind nach Themen beschriftet wie z.B. „Schulen" oder „Feuer und Wehren" und numeriert, die darin befindlichen Artikel z.B. gesondert nach einzelnen Schularten, z.T. auch Einzelschulen unterteilt.

11 Politik (Kommunales), Wirtschaft (lokale), Kultur (lokale), Sport (lokaler), Prozesse, Buchrezensionen, Kinder- und Jugendtheater „Schnawwl" des Nationaltheaters, Filmrezensionen (MAer Filmwoche).

**Zeitungsbestand**
13 eigene Verlagsproduktion
14 Bände: seit 6.7.1946 vierteljährlich gebundene Faszikelbände (anfangs noch halbjährliche Bände)
15 seit 1949

**Bibliothek**
19 eigene Verlagsproduktion, Kauf, Rezensionsexemplare
20 70

**Bildarchiv**
22 fremde Fotografen
23 bis zu 25 Jahren
24 Papierkopien schwarz-weiß
25 elektronische Verarbeitung von Bilddaten nicht beabsichtigt
26 systematische Aufstellung
27 Schwerpunkte: Porträt und Gebäude

**Benutzung**
32 für Fachinteressenten zugänglich
34 keine Benutzungsgebühren
35 Öffnungszeiten:
Mo—Fr von 13.00—18.00 Uhr, vorherige Anmeldung erwünscht
36 Kopieren möglich

030
01 **Mannheimer Morgen,** Zentral-Archiv, Pressehaus am Marktplatz, R 1, 4—6, Postfach 1503, 6800 *Mannheim* 1, Tel.: 0621/1702-345, Telex 04-62171
02 Mannheimer Morgen Großdruckerei und Verlag GmbH, s. 01
03 Gerda Paehlke-Böhm (L), Ulrike Lubach (St)
04 3

**Pressearchiv**
05 Auswerten des „Mannheimer Morgen" (außer Lokales; Sport und Wirtschaft

nur, soweit es nicht innerhalb des jeweiligen Ressorts berichtet wird). Auswerten anderer Tageszeitungen (vorrangig: Süddeutsche Zeitung), Meldungen und Artikel nach Bedarf und Ermessen nach unserem Nummer-System.

**Presseausschnittarchiv**
06 seit 1946 (mit Lücken)
07 Regal-/Schrankmeter: 29
   Sacharchiv: 1000 Ordner (22m)
   Dossiers: 1500 große Leitz-Ordner
   Personenarchiv: 500 Ordner (7 m)
08 auf DIN A 4-Blätter geklebt
09 eigene Verlagsproduktion ausschnittweise, sonstige deutschsprachige Zeitungen, Zeitschriften, andere Quellen
10 eigene Systematik, Schlag- und Stichwortkatalog, Themen-Register und alphabetischer Stichwort-Anhang
11 Politik, Wirtschaft (nur soweit im politischen Teil), Kultur, Vermischtes, Inland, Ausland, Prozesse, Buchrezensionen, Theaterrezensionen, Filmrezensionen, Bildende Kunst, sonstige Themen.
12 Schwerpunkte: Regionales

**Zeitungsbestand**
13 eigene Verlagsproduktion
15 seit 1946

**Benutzung**
32 nur hauseigene Benutzung, in Ausnahmefällen auch für Fachinteressenten
34 keine Benutzungsgebühren
36 Kopieren möglich

# Marl
031
01 *Zeitungshaus Bauer,*
   Kampstraße 84b, Postfach 1250/60,
   4370 *Marl,* Tel.: 02365/1070,
   Telex 829831

**Presseausschnittarchiv**
06 Zeitungsbände seit 1831
09 eigene Verlagsproduktion

11 Politik, Wirtschaft, Kultur, Sport, Vermischtes, Inland, Ausland, Prozesse, Buchrezensionen, Theaterrezensionen, Bildende Kunst, sonstige Themen.

**Zeitungsbestand**
13 eigene Verlagsproduktion
15 bis vor 1900

**Zeitschriftenbestand**
16 eigene Verlagsproduktion
18 vor 1900

**Bildarchiv**
22 eigene Fotografen, Agenturen
23 bis zu 50 Jahren und älter
25 elektronische Verarbeitung von Bilddaten vorhanden
26 Erfassen formaler Merkmale, Index/Thesaurus

**Benutzung**
32 für Fachinteressenten möglich
34 keine Benutzungsgebühren
36 Lesesaal/Benutzerraum vorhanden, Kopieren möglich

# München
032
01 *Quick-Verlag,* Zentraldokumentation, Charles-de-Gaulle-Str. 8,
   8000 *München* 83, Tel.: 089/67860,
   Telex 523600, Telekopierer 089/637 27 53
03 Ingeborg Spies
04 13 (1)

**Pressearchiv**
05 Bereitstellung von Hintergrundmaterial für die Redaktionen des Verlages, Zusammenstellung von Dossiers, Telefonauskünfte.

**Presseausschnittarchiv**
06 seit 1949
07 Zeitungsausschnitte: 4 500 000
   Schrankmeter: 300
   Sacharchiv: 180
   Personenarchiv: 120
08 auf DIN A 4-Blätter kopiert

09 eigene Verlagsproduktion, umfassend, deutschsprachige und fremdsprachige Zeitungen, Zeitschriften, andere Quellen
10 eigene Systematik, Index
Karteilift mit 400 000 Karteikarten und durchschnittlich 4 Informationen pro Karte
11 Politik, Wirtschaft, Kultur, Sport, Vermischtes, Inland, Ausland, Prozesse, Buchrezensionen, Theaterrezensionen, Filmrezensionen, Bildende Kunst, Kriminalistik, sonstige Themen.
12 Schwerpunkte: In- und Ausland

**Zeitschriftenbestand**
16 eigene Verlagsproduktion, Kauf
17 Titel: 50
Bände: 150 laufende Meter
(Zuwachs: 7 laufende Meter)
18 vor 1900, seit 1949 Hauptbestand

**Bibliothek**
19 Kauf
20 150 laufende Meter (6 lfd.m)
21 Ordnung analog zum Zeitungsausschnitt-Archiv

**Bildarchiv**
Die Bildarchive des Verlags sind den einzelnen Objekten zugeordnet

**Aktive Information**
29 Bearbeitung von Hintergrundmaterial, sonstiges

**Benutzung**
32 nur hauseigene Benutzung, in Ausnahmefällen für Fachinteressenten

033
01 **Süddeutsche Zeitung,**
Redaktions-Archiv, Sendlingerstr. 80, Postfach 20 22 20, 8000 *München* 2, Tel.: 089/2183-416
02 Süddeutscher Verlag, s. 01
03 Herbert Heß (L), Klaus Schumann (St)
04 20 (2)

**Pressearchiv**
05 Materialsammlung für die Redaktion. Nachweis der in der Süddeutschen Zeitung erschienenen Artikel.

**Presseausschnittarchiv**
06 seit 1945
07 Zeitungsausschnitte: acht Millionen
08 Kastenablage unaufgeklebt, daneben DIN A 4 und andere Formate aufgeklebt/auch Mikrorollfilmanwendung
09 eigene Verlagsproduktion, sonstige deutschsprachige und fremdsprachige Zeitungen, Zeitschriften, andere Quellen
10 eigene Systematik
11 Politik, Wirtschaft, Kultur, Sport, Vermischtes, Inland, Ausland, Prozesse, Buchrezensionen, Theaterrezensionen, Filmrezensionen, Bildende Kunst, sonstige Themen.
12 Schwerpunkte: In- und Ausland

**Zeitungsbestand**
13 eigene Verlagsproduktion
15 bis vor 1900

**Zeitschriftenbestand**
16 eigene Verlagsproduktion, Kauf
18 bis vor 1900

**Bibliothek**
19 Kauf
21 Schlagwort- und/oder Stichwortkatalog

**Bildarchiv**
Das Bildarchiv ist vereinigt mit SV-Bilderdienst

**Benutzung**
32 in Ausnahmefällen für Fachinteressenten

# Nürnberg

034
01 **Nürnberger Nachrichten,**
Redaktionsarchiv, Marienplatz 1/5, 8500 *Nürnberg* 1, Tel.: 0911/2162560, Telex 06 22 339
02 Verlag Nürnberger Presse, Druckhaus Nürnberg, s. 01
03 Christian Massenberg (L), Peter Panomarow (St)
04 19 (4)

### Pressearchiv
05 Das Archiv besteht aus Bild- und Textarchiv. Erfaßt werden Nürnberger Nachrichten, Nürnberger Anzeiger (4 x pro Woche) zu 100%, Fürther Nachrichten, Erlanger Nachrichten, 3 Ausgaben der Nordbayerischen Nachrichten zu 50%, Tages- und Wochenzeitungen mit täglich 150 Artikeln. Aktueller Informationsdienst für das Haus, auf Anforderung Materialherausgabe an den Verlag, die Redaktionen, Leser und andere Kunden; Zeitungsverteilung für Redaktionen, Bibliothek für Verlag und Redaktionen.

### Presseausschnittarchiv
06 seit 1950
Übernahme: Wochenend-Archiv
07 bis 1979 Karteikartenarchiv, seit 1980 Ausschnittarchiv
08 auf DIN A 4-Blätter geklebt
Die Mikroverfilmung ist vorgesehen
09 eigene Verlagsproduktion, umfassend, sonstige deutschsprachige und fremdsprachige Zeitungen, Zeitschriften, andere Quellen
10 Dezimalklassifikation
11 Politik, Wirtschaft, Kultur, Inland, Ausland, Prozesse, Buchrezensionen, Theaterrezensionen, Filmrezensionen, Bildende Kunst.
12 Schwerpunkte: In- und Ausland

### Zeitungsbestand
13 eigene Verlagsproduktion, Kauf
15 seit 1949

### Zeitschriftenbestand
16 Kauf
17 Titel: 2
18 seit 1949

### Bibliothek
19 Kauf, Tausch
20 5000 (150)
21 Schlagwort- und/oder Stichwortkatalog, Ordnung analog zum Zeitungsausschnitt-Archiv

### Bildarchiv
22 eigene Fotografen, Agenturen
23 bis zu 50 Jahren
24 Papierkopien: 1 Million schwarz-weiß
25 elektronische Verarbeitung von Bilddaten nicht beabsichtigt
26 Index/Thesaurus
27 Schwerpunkte: Nürnberg und Franken

### Aktive Information
30 Informationsblatt des Archivs für die Redaktionen über Neuerwerbungen, Arbeitsweise etc.

### Darstellung über das Archiv
31 Die Arbeitsweise des Archivs der Nürnberger Nachrichten, in: Presse-, Rundfunk- und Filmarchive — Mediendokumentation. Protokoll der 36. Tagung der Fachgruppe Presse-, Rundfunk- und Filmarchive im Verein Deutscher Archivare, Nürnberg 1980

### Benutzung
32 der Öffentlichkeit zugänglich
34 keine Benutzungsgebühren
35 Öffnungszeiten:
Mo—Sa v. 9.00—16.00 Uhr
36 Kopieren möglich

# Oberndorf
035
01 *Schwarzwälder Bote/*Archiv, Kirchtorstraße, Postfach 1380, 7238 *Oberndorf*, Tel.: 07423/78186, Telex 0762814/815
03 Paul Müller
04 2 (1)

### Pressearchiv
05 Sammlung und Bereitstellung von Material für unsere Redaktionen. Sammlung unserer Verlagserzeugnisse.

### Presseausschnittarchiv
06 seit 1955
07 Regalmeter: 50
Sacharchiv: 28
Personenarchiv: 21
08 auf DIN A 4-Blätter geklebt
09 eigene Verlagsproduktion
10 eigene Systematik

*Presseverlage (Redaktionsarchive)*

11 Politik, Wirtschaft, Kultur, Vermischtes, Inland, Ausland, Prozesse.

12 Schwerpunkte: In- und Ausland

**Zeitungsbestand**

13 eigene Verlagsproduktion

14 Titel: 1 (1)
Bände: ca. 1200 (ca. 50)

15 bis vor 1900

**Bibliothek**

19 eigene Verlagsproduktion, Geschenk, Rezensionsexemplare

21 Ordnung analog zum Zeitungsausschnitt-Archiv

**Bildarchiv**

22 eigene und fremde Fotografen, Agenturen und andere Quellen

23 bis zu 25 Jahren

24 Papierkopien: ca. 400 Schubfächer schwarz-weiß

25 elektronische Verarbeitung von Bilddaten nicht beabsichtigt

26 systematische Aufstellung

**Benutzung**

32 nur hauseigene Benutzung, in Einzelfällen auch für die Öffentlichkeit

34 keine Benutzungsgebühren

35 Öffnungszeiten:
Mo—Fr von 8.00—12.00, 14.00—17.00 Uhr

36 Kopieren möglich

08 Kastenablage unaufgeklebt und teilweise DIN A 4 aufgeklebt/auch Mikrorollfilmanwendung

09 eigene Verlagsproduktion und andere Quellen

10 eigene Systematik / Schlagwortkatalog

11 Politik, Wirtschaft, Kultur, Sport, Vermischtes, Lokales, In- und Ausland.

12 Regionales

**Zeitungsbestand**

13 eigene Verlagsproduktion 237 Bde./ zusätzlich ca. 300 Bde.

14 Vorgängerzeitung, ca. 100 Mikrorollfilme/bis vor 1945

**Zeitschriftenbestand**

16 eigene Verlagsproduktion

18 bis vor 1900

**Bildarchiv**

22 eigene und fremde Fotografen, Agenturen

23 bis zu 25 Jahren

24 ca. 10000 Papierkopien

25 elektronische Verarbeitung von Bilddaten nicht beabsichtigt

27 Lokales, Stadt und Kreis

**Benutzung**

32 hauseigene Benutzung, allgemeine Öffentlichkeit

33 keine Benutzungsgebühren

36 Lesesaal, Kopieren möglich

## Offenbach

036

01 **Offenbach-Post,** Redaktionsarchiv, Große Marktstr. 36—44, Postfach 141, 6050 *Offenbach,* Tel.: 0611/8063308, Telex 4152864

03 Rudolf Bürger

**Pressearchiv**

05 Stichwortarchiv aller in der Presse vorkommenden Ereignisse, speziell Lokales Land und Kreis

**Presseausschnittarchiv**

06 seit 1947
Stichwortarchiv, teils in Ordnern

## Offenburg

037

01 **Burda,** Redaktions-Archiv, Burda-Hochhaus, 7611 *Offenburg,* Tel.: 0781/842368, Telex 0752843

02 Burda GmbH, Postfach 1230, s. 01

03 Gunter R. Erbert (L)

04 24

**Pressearchiv**

05 Versorgung der Redaktionen mit Dok.-Material

**Presseausschnittarchiv**

06 seit 1949

07 Umfang: 200000 Dok. im Rechner gespeichert
Regalmeter: 80
08 nicht aufgeklebt und in Mappen/Kastenablage u.a. aufbewahrt auf Mikrorollfilm 35 mm/16 mm aufgenommen
09 eigene Verlagsproduktion, sonstige deutschsprachige und fremdsprachige Zeitungen, Zeitschriften, andere Quellen
10 eigene Systematik
11 Politik, Wirtschaft, Kultur, Sport, Vermischtes, Inland, Ausland, Prozesse, Buchrezensionen, Filmrezensionen, Bildende Kunst.
12 Schwerpunkte: In- und Ausland

**Zeitungsbestand**
13 eigene Verlagsproduktion
14 Titel: 10 (10)
15 seit 1949

**Zeitschriftenbestand**
16 eigene Verlagsproduktion
17 Titel: 35
18 seit 1949

**Bildarchiv**
22 eigene und fremde Fotografen, Agenturen und anderen Quellen
23 bis zu 25 Jahren
24 Negative: ca. 1 Mio. schwarz-weiß
Dias: ca. 2 Mio. schwarz-weiß
Papierkopien: ca. 4 Mio.
25 elektronische Verarbeitung von Bilddaten vorhanden
26 Erfassen formaler Merkmale

**Benutzung**
32 nur hauseigene Benutzung

# Oldenburg

**038**

01 *Nordwest-Zeitung,* Redaktionsarchiv, Peterstr. 28—34, Postfach 2525, 2900 Oldenburg, Tel.: 0441/239235
02 Nordwest-Zeitung, Druck- und Pressehaus G.m.b.H., s. 01,
Telex 025878 und 25610
03 Guda Witthus
04 1

**Pressearchiv**
05 Archivierung von Eigen- und Fremdtexten, Bildern, Dokumenten, Büchern, Zeitungen (auch Mikrofilm und Zeitschriften). Die Redaktion (Schwerpunkt) und andere Abteilungen des Hauses werden mit Text- und Bildmaterial, Zahlen, Daten und Fakten aus dem Archiv versorgt. Leserbetreuung

**Presseausschnittarchiv**
06 seit 1968
07 Einzelstücke: (122000)
Dossiers: (17000)
Regalmeter: 99
Sacharchiv: 84
Personenarchiv: 15
08 auf DIN A 4-Blätter geklebt. Elektronische Speicherung und elektronisches Retrieval vorgesehen
09 eigene Verlagsproduktion, sonstige deutschsprachige und fremdsprachige Zeitungen, Zeitschriften, andere Quellen
10 eigene Systematik, Dezimalklassifikation, Schlag- und Stichwortkatalog
11 Politik, Wirtschaft, Kultur, Sport, Inland, Ausland, Prozesse, Filmrezensionen.
12 Schwerpunkte: In- und Ausland

**Zeitungsbestand**
13 eigene Verlagsproduktion
14 Titel: 1 (1)
Bände: 606 (44)
Mikrofilme: 593
15 ab 1945

**Zeitschriftenbestand**
16 Kauf
17 Titel: 1
Bände: 34 Jahrgänge (1)
18 seit 1949

**Bibliothek**
19 Kauf, Rezensionsexemplare
20 210 (20)
21 Ordnung analog zum Zeitungsausschnitt-Archiv

*Presseverlage (Redaktionsarchive)*

**Bildarchiv**
22 eigene und fremde Fotografen, Agenturen und andere Quellen
23 bis zu 50 Jahren
24 Papierkopien: 100 000
25 elektronische Verarbeitung von Bilddaten vorgesehen
26 Schlagwortkatalog nach inhaltlichen Gesichtspunkten, systematische Aufstellung, Stichwortkatalog
27 Schwerpunkte: Regionales

**Benutzung**
32 hauseigene Benutzung, der Öffentlichkeit zugänglich
34 keine Benutzungsgebühren
35 Öffnungszeiten:
Mo + Mi von 16.00—17.00 Uhr
36 Lesesaal/Benutzerraum vorhanden, Mikroform-Lesegeräte vorhanden, Kopieren möglich

## Passau

039
01 **Paussauer Neue Presse,**
Redaktionsarchiv, Neuburger Str. 28, Postfach 2040, 8390 *Passau,* Tel.: 0851/502-1, Telex 05-7879
02 Neue Presse Verlags GmbH, s. 01

**Pressearchiv**
05 Wir führen nur ein Zeitungsarchiv. Wir befriedigen mit unserem Zeitungsbestand (Einzelzeitungen, Zeitungsbände, Mikrofilme) die Wünsche unserer Leser, die aus den verschiedensten Gründen Zeitungsnummern aus früheren Jahrgängen bei uns anfordern. Außerdem führen wir noch ein Bildarchiv ausschließlich für den Eigenbedarf.

**Zeitungsbestand**
13 eigene Verlagsproduktion
Übernahme: Passauer Zeitung
Erwerbung: Donau Zeitung, Passauer Zeitung—Bay. Ostmark
14 Titel: 19 (15)
Bände: 1627 (45)

Mikrofilme: Originalfilme 82 — Duplikatfilme 209
15 bis vor 1900

**Bildarchiv**
23 bis zu 50 Jahren und älter
24 Papierkopien: 7 000 schwarz-weiß
25 elektronische Verarbeitung von Bilddaten nicht beabsichtigt
26 systematische Aufstellung
27 Schwerpunkte: Politiker, Schauspieler, Künstler, Persönlichkeiten des öffentlichen Lebens

**Benutzung**
32 in Ausnahmefällen für Fachinteressenten
34 keine Benutzungsgebühren
35 Öffnungszeiten: Mo—Do von 7.30-12.00 und 13.30—17.00 Uhr
Fr von 7.30—12.00 und 12.30—16.00 Uhr
36 Lesesaal/Benutzerraum und Mikroform-Lesegeräte vorhanden, Kopieren möglich, Rückvergrößerung von Mikroformen möglich

## Saarbrücken

040
01 **Saarbrücker Zeitung,**
Redaktionsarchiv, Gutenbergstr. 11—23, Postfach 296, 6600 *Saarbrücken,* Tel.: 0681/5021, Telex 4421262
03 Willi Brill
04 4 (1)

**Pressearchiv**
05 Sammlung und Bereitstellung von Text- und Bildmaterial für die Ressorts der Redaktion, Führung einer Bibliothek, Sammlung der Zeitungsbände

**Presseausschnittarchiv**
06 seit 1952
07 Zeitungsausschnitte: (500 000)
08 nicht aufgeklebt und in Mappen/Kastenablage u.a. aufbewahrt
09 eigene Verlagsproduktion, sonstige deutschsprachige und fremdsprachige Zeitungen, Zeitschriften, andere Quellen

10 eigene Systematik, Stichwortkartei
11 Politik, Wirtschaft, Kultur, Sport, Vermischtes, Inland, Ausland, Prozesse, Buchrezensionen, Theaterrezensionen, Filmrezensionen, Bildende Kunst, sonstige Themen.
12 Schwerpunkte: In- und Ausland

**Zeitungsbestand**
13 eigene Verlagsproduktion
15 bis vor 1900

**Bibliothek**
19 eigene Verlagsproduktion, Kauf
20 (2 000)
21 Ordnung analog zum Zeitungsausschnitt-Archiv

**Bildarchiv**
22 eigene und fremde Fotografen, Agenturen und anderen Quellen
23 bis zu 25 Jahren
24 Papierkopien: (100 000) schwarz-weiß
25 elektronische Verarbeitung von Bilddaten nicht beabsichtigt
26 Ordnung analog zum Zeitungsausschnitt-Archiv mit Stichworthinweisen
27 Schwerpunkte: Personen und Regionales

**Benutzung**
32 der Öffentlichkeit zugänglich
34 keine Benutzungsgebühren
35 Öffnungszeiten:
Mo—Fr von 9.00—17.00 Uhr
36 Kopieren möglich

## Solingen

041
01 ***Solinger Tageblatt,*** Mummstr. 9, Postfach 101226, 5650 *Solingen*, Tel.: 02122/299 129, Telex 8 514 739
03 Herbert Weber
04 1

**Pressearchiv**
05 Archivierung lokaler Ereignisse als Arbeitsunterlage für die eigene Redaktion; hierzu auch: Personaldaten, Fotos

**Presseausschnittarchiv**
06 seit 1950
07 Zeitungsausschnitte: in Ordner (halbjährl.) ca. je 300 S.
Dossiers: 160
Regalmeter: ca. 150
Sacharchiv: ca. 10
Personenarchiv: 1
08 auf DIN A 4-Blätter geklebt
Elektronische Speicherung von Stichworten
09 eigene Verlagsproduktion (nur lokal)
10 eigene Systematik, Schlag- und Stichwortkatalog
11 Sport (lokal), Prozesse (Kapitalverbrechen), Buchrezensionen, Theaterrezensionen, Filmrezensionen, Bildende Kunst, sonstige Themen.
12 Schwerpunkte: Lokales

**Zeitungsbestand**
13 eigene Verlagsproduktion
14 Titel: 1
Bände: (jährl. 12 Bände seit Nov. 1949)
15 seit 1949

**Bildarchiv**
22 eigene und fremde Fotografen und anderen Quellen
23 bis zu 25 Jahren
24 Papierkopien: ca. 20 000
25 elektronische Verarbeitung von Bilddaten nicht beabsichtigt
26 Schlagwortkatalog nach inhaltlichen Gesichtspunkten,
Sonderfälle in Einzelmappen
27 Schwerpunkte: Eigene Veröffentlichung lokaler Ereignisse

**Benutzung**
32 für Fachinteressenten möglich
34 keine Benutzungsgebühren
35 Öffnungszeiten: nach Vereinbarung
36 Kopieren mit Einschränkungen möglich

*Presseverlage (Redaktionsarchive)*

## Stuttgart

**042**

01 **Stuttgarter Nachrichten** Verlagsgesellschaft mbH, Plieninger Str. 150, Postfach 550, 7000 *Stuttgart 80*, Tel.: 0711/7205 1, Telex 7255395

### Presseausschnittarchiv
06 seit 1950
07 Zeitungsausschnitte: ca. 3 Millionen
08 auf DIN A 4-Blätter geklebt
09 eigene Verlagsproduktion
10 eigene Systematik, Schlag- und Stichwortkatalog
11 Politik, Wirtschaft, Kultur, Sport, Vermischtes, Inland, Ausland, Prozesse, Buchrezensionen, Theaterrezensionen, Filmrezensionen, Bildende Kunst, sonstige Themen.
12 Schwerpunkte: In- und Ausland

### Bildarchiv
22 eigene und fremde Fotografen, Agenturen
23 bis zu 25 Jahren
24 Papierkopien: 125 000 schwarz-weiß
25 elektronische Verarbeitung von Bilddaten vorgesehen

### Benutzung
32 nur hauseigene Benutzung, in Ausnahmefällen für Fachinteressenten
34 keine Benutzungsgebühren

## Tübingen

**043**

01 **Südwestpresse Schwäbisches Tagblatt,** Redaktionsarchiv, Uhlandstr. 2, Postfach 2420, 7400 *Tübingen*, Tel.: 07071/3031, Telex 07262849
04 2 (1)

### Presseausschnittarchiv
06 ab 1971, z.T. ab 1965
07 Umfang: ca. 50—60 Ordner
08 auf DIN A 4-Blätter geklebt
09 eigene Verlagsproduktion

10 eigene Systematik
12 Schwerpunkte: Lokales

### Zeitungsbestand
13 eigene Verlagsproduktion
15 bis vor 1900

### Bildarchiv
22 eigene Fotografen
23 geringer Bestand bis zu 50 Jahren bis zu 10 Jahren
24 schwarz-weiß
26 Erfassen formaler Merkmale
27 Schwerpunkte: Lokales, Sport im Kreis Tübingen

### Benutzung
32 in Ausnahmefällen für Fachinteressenten
34 keine Benutzungsgebühren
36 Kopieren möglich

## Wiesbaden

**044**

01 **Wiesbadener Kurier,** Redaktionsarchiv, Langgasse 21, Postfach 6029, 6200 *Wiesbaden*, Tel.: 06121/355-332, Telex 04 186 841
04 3

### Pressearchiv
05 Ausleihe von Material an Redaktionen, Erteilung von Auskünften an Redaktionen und Leser, Bereitstellung von Bildmaterial an Redaktionen, Lesern wird Einsicht in das Material gewährt

### Presseausschnittarchiv
06 seit 1950
07 Einzelstücke: (1 760 000)
    Dossiers: (26 500)
    Regalmeter: 314
    Sacharchiv: 174
    Personenarchiv: 80
    Bildarchiv: 60
08 Kastenablage unaufgeklebt/auf DIN A 4 aufgeklebt
09 eigene Verlagsproduktion, sonstige deutschsprachige und fremdsprachige Zeitungen, Zeitschriften, andere Quellen

10 eigene Systematik, Schlag- und Stichwortkatalog
11 Politik, Wirtschaft, Kultur, Vermischtes, Inland, Ausland, Prozesse, Buchrezensionen, Theaterrezensionen, Filmrezensionen, Bildende Kunst.
12 Schwerpunkte: In- und Ausland

### Zeitungsbestand
13 eigene Verlagsproduktion
14 Titel: 4 (4)
Bände: 478 (14)
15 seit 1949

### Zeitschriftenbestand
16 Kauf
17 Titel: 6 (6)
Bände: 326 (11)
18 seit 1949

### Bibliothek
19 eigene Verlagsproduktion, Kauf, Rezensionsexemplare, Geschenk
20 1008 (30)

21 Ordnung analog zum Zeitungsausschnitt-Archiv

### Bildarchiv
22 eigene und fremde Fotografen, Agenturen
23 bis zu 50 Jahren
24 Papierkopien: (161 800)
25 elektronische Verarbeitung von Bilddaten nicht beabsichtigt
26 Schlagwortkatalog nach inhaltlichen Gesichtspunkten, systematische Aufstellung
27 Schwerpunkte: Regionales und Personenporträts

### Benutzung
32 der Öffentlichkeit zugänglich
34 keine Benutzungsgebühren
35 Öffnungszeiten:
Di—Fr von 9.00—18.00 Uhr
36 Kopieren möglich

# 2 Nachrichtenagenturen, Bildagenturen

## Berlin

045

01 **Ullstein Bilderdienst,** Kochstraße 50,
Postfach 110303/Berlin 11,
1000 *Berlin* 61, Tel.: 030/2591608,
Telex: 183508 ulsta d, 184565 ulsta d

02 Ullstein GmbH, Kochstr. 50, Postfach 110303, 1000 Berlin 61, Tel. 030/25911

03 Wolfgang Streubel

04 15

**Pressearchiv**

05 Bereitstellung von Fotos zum Erwerb von Nutzungsrechten

**Bildarchiv**

22 fremde Fotografen, Agenturen, andere Quellen

23 bis zu 50 Jahren und älter

24 Papierkopien: 3 Mio. s/w

25 elektronische Verarbeitung von Bilddaten nicht beabsichtigt

26 Schlagwortkatalog nach inhaltlichen Gesichtspunkten,
systematische Aufstellung

27 Schwerpunkte: Kaiserreich, 1. Weltkrieg, Weimarer Republik, NS-Zeit, II. Weltkrieg

**Werksarchiv/Unternehmensarchiv**

28 Zeichnungen

**Benutzung**

32 der Öffentlichkeit zugänglich

34 Benutzungsgebühren

35 Öffnungszeiten: 9.00—17.00 Uhr

## Bonn

046

01 **Nachrichtenagentur Reuter,**
deutschsprachiger Dienst, Reuterstraße 124—132, Postfach 120324, 5300 *Bonn* 1, Tel.: (0228) 225021,
Telex 886677

**Pressearchiv**

05 Das Archiv in der Zentralredaktion des deutschsprachigen Dienstes von Reuters dient nahezu ausschließlich der eigenen Berichterstattung und wird ergänzt durch das Zentralarchiv der Agentur in London. Es enthält ein Personal- und ein Sacharchiv, das sich auf Schwerpunkte (Themen von langfristiger Bedeutung) konzentriert.

**Presseausschnittarchiv**

06 seit 1972

08 nicht aufgeklebt und in Mappen/Kastenablage u.a. aufbewahrt

09 eigene Verlagsproduktion, sonstige deutschsprachige und fremdsprachige Zeitungen, Zeitschriften, andere Quellen

10 Schlagwort- und/oder Stichwortkatalog

11 Politik, Wirtschaft, Kultur, Vermischtes, Inland, Ausland, Prozesse.

12 Schwerpunkte: Inland, Ausland

**Zeitschriftenbestand**

16 Kauf

17 Titel: 1 (1)
Bände: 1 (1)

18 seit 1949

**Benutzung**

32 nur hauseigene Benutzung,
in Ausnahmefällen Benutzung für Fachinteressenten

34 keine Benutzungsgebühren

36 Kopieren möglich

## Frankfurt/M.

047

01 **The Associated Press,**
Moselstr. 27, 6000 *Frankfurt/M.* 1,
Tel.: 069-2713128, Telex: 411388

### Bildarchiv
22 eigene Fotographen, andere Quellen
23 bis zu 25 Jahren
24 schwarz-weiß: 7 Millionen Negative + Papier
farbig: auf Anfrage
25 elektronische Verarbeitung von Bilddaten nicht beabsichtigt
26 systematische Aufstellung
27 Schwerpunkte: Pressefotografie

### Benutzung
32 für Fachinteressenten allgemein möglich
34 Benutzungsgebühren
35 Öffnungszeiten:
Mo—Fr 10.00—18.00 Uhr

## Hamburg

048

01 **dpa-Dokumentation und Archiv,**
Mittelweg 38, 2000 *Hamburg* 13,
Tel.: 040/4113-1, Telex: 0212995
02 dpa-Deutsche Presse-Agentur GmbH, s. 01
03 Albrecht Nürnberger (L),
Helmut Quix (St)
04 29

### Pressearchiv
Pressedokumentation für die Redaktionen des eigenen Hauses und an Kunden (Zeitungs-, Zeitschriftenverlage, Journalisten, Pressestellen).
Redaktionelle Erarbeitung von Dokumentationsdiensten der dpa und dpa-Sonderdiensten.

### Presseausschnittarchiv
06 seit 1945
07 Einzelstücke: ca. 3 Mill.
Regal-/Schrankmeter: ca. 800
davon Sacharchiv: ca. 400
Personenarchiv: ca. 400
08 auf DIN A 4-Blätter geklebt, auf Mikrorollfilm 35 mm/16 mm aufgenommen (Altbestände), elektronische Speicherung und elektronisches Retrieval vorgesehen
09 eigene Produktion, umfassend sonstige deutschsprachige und/oder fremdsprachige Zeitungen, Zeitschriften, andere Quellen
10 eigene Systematik
11 Politik, Wirtschaft, Kultur, Vermischtes, Inland, Ausland, Prozesse, sonstige Themen.
12 Schwerpunkte: Inland, Ausland

### Bibliothek
19 Kauf, Rezensionsexemplare
20 Handbücherei, Nachschlagewerke
21 Ordnung analog zum Zeitungsausschnitt-Archiv

### Aktive Information
29 Erstellung von Profildiensten, von Chroniken/Wochenschauen, Bearbeitung von Hintergrundmaterial
30 dpa-Hintergrund,
dpa-Kurzdokumention,
dpa-Gedenktagekalender,
dpa-Monatschronik, dpa-Jahreschronik,
dpa-Umweltfragen

### Benutzung
32 für Fachinteressenten allgemein möglich
34 Benutzungsgebühren
36 Mikroform-Lesegeräte vorhanden, Kopieren möglich, Rückvergrößerung von Mikroformen möglich

# 3 Rundfunkanstalten

## Baden-Baden

049

01 **Südwestfunk,** Dokumentation Rundfunk/Presse, Hans-Bredow-Straße, Postfach 820, 7570 *Baden-Baden,* Tel.: 07221/276-3362

03 Hasper, Dietrich H.

### Pressearchiv

05 Das Dokumentationsreferat Rundfunk/Presse wurde im April 1970 aus dem Pressearchiv ausgegliedert als zentrale Dokumentationsstelle für Medienfragen, um Betriebsleitung und Programmredaktionen möglichst umfassend mit aktuellem und Hintergrundmaterial zu versorgen.

### Presseausschnittarchiv

06 seit Anfang 1946
07 Zeitungsausschnitte: (320 000)
Dossiers: 620
Regalmeter: 132
Sacharchiv: 124
Personenarchiv: 8
08 auf DIN A 4-Blätter xerokopiert. Planverfilmung elektronische Speicherung und elektronisches Retrieval vorgesehen
09 deutschsprachige und fremdsprachige Zeitungen, Zeitschriften, andere Quellen
10 eigene Systematik
11 Medienfragen — Im Vordergrund stehen Rundfunk (Hörfunk und Fernsehen samt Neuen Medien) und Presse; das Massenmedium Film wird im Zusammenhang mit dem Fernsehen — als Verwerter, Partner und Konkurrent — beobachtet
12 Schwerpunkte: In- und Ausland

### Zeitschriftenbestand

16 Kauf
17 Titel: 26 (20)
Bände: 348 (26)

### Benutzung

32 in Ausnahmefällen für Fachinteressenten
34 keine Benutzungsgebühren
35 Öffnungszeiten: Mo—Fr von 8.00—13.00 und 14.00—17.15 Uhr
36 Kopieren möglich

050

01 **Südwestfunk,** Pressearchiv, Hans-Bredow-Straße, Postfach 820, 7570 *Baden-Baden,* Tel.: 07221/2763359—62, Telex 07 87 81-0

03 Utha John-von Pagenhardt
04 4

### Pressearchiv

05 Das Pressearchiv gehört zusammen mit der Bibliothek und dem Referat Recherchen und Information zu den Zentralen Dokumentationsdiensten im Fachbereich Dokumentation und Archive des SWF. Es arbeitet den Hörfunk- und Fernsehredaktionen zu, indem es das unter politischen, wirtschaftlichen und kulturellen Gesichtspunkten ausgewählte Zeitungs-Material systematisch aufbereitet und ablegt sowie für Recherchen zur Verfügung stellt. In Zusammenarbeit mit dem Referat Recherchen und Information versteht sich das Pressearchiv auch als Kontakt- und Vermittlungsstelle zu anderen Presse-/Zeitungsarchiven.

### Presseausschnittarchiv

06 seit 1966

07 Zeitungsausschnitte: (500 000)
   Einzelstücke: 2 500 Bände
   Regalmeter: 195
   Sacharchiv: 195
   Personenarchiv: 95
08 auf DIN A 4-Blätter geklebt.
   Elektronische Speicherung und elektronisches Retrieval vorgesehen
09 deutschsprachige und fremdsprachige Zeitungen, Zeitschriften, andere Quellen.
10 eigene Systematik, Schlag- und Stichwortkatalog, Findbuch mit aktualisierter Systematik

12 Schwerpunkte: In- und Ausland

**Zeitungsbestand**
13 Kauf
14 Titel: 55 (41)
   Bände: 2 500 (200)
   Mikrofilme: 13 Mikrofiches-Zeitungen
15 bis vor 1933

**Zeitschriftenbestand**
16 Kauf, Geschenk
17 Titel: 40 (26)
   Bände: 550 (80)
18 vor 1900

**Aktive Information**
29 Erstellen von Profildiensten, Bearbeitung von Hintergrundmaterial. Erstellen von Chroniken/Wochenschauen zus. mit Ref. Recherchen und Inform.

**Benutzung**
32 in Ausnahmefällen für Fachinteressenten
34 keine Benutzungsgebühren
35 Öffnungszeiten:
   Mo—Fr von 8.00—17.00 Uhr
36 Lesesaal/Benutzerraum und Mikroform-Lesegeräte vorhanden, Kopieren und Rückvergrößerung von Mikroformen möglich

*Rundfunkanstalten*

# Berlin

051
01 **RIAS-Berlin,** Zeitungsarchiv, Kufsteinerstraße 69, 1000 *Berlin* 62,
   Tel. 030/8503442, Telex 183790
03 Georg Willig (L), Siegfried Weigel (St)
04 9 (1)

**Pressearchiv**
05 Versorgung der Redaktion (und der freien Mitarbeiter) des RIAS (Rundfunk im amerikanischen Sektor (West-) Berlins mit historischem und aktuellem Material (Zeitungsausschnitte) zur Gestaltung von Sendungen.

**Presseausschnittarchiv**
06 seit 1945
07 Zeitungsausschnitte: 3 400 000
   Einzelstücke: (34 Millionen)
   Regalmeter: 780 (Leitzordner-Reihe)
   Sacharchiv: 690
   Personenarchiv: (400 000)
08 auf DIN A 4-Blätter geklebt oder in anderer Größe formatiert
09 eigene Produktion, ausschnittweise
10 eigene Systematik
11 Politik, Wirtschaft, Kultur, Vermischtes, Inland, Ausland, Buchrezensionen, Theaterrezensionen, Filmrezensionen, Bildende Kunst, sonstige Themen.
12 Schwerpunkte: In- und Ausland

**Zeitungsbestand**
13 Kauf, sonstige Erwerbung
14 Titel: 16 (5)
   Bände: 270 (ca. 15)
15 bis vor 1933

**Zeitschriftenbestand**
16 Kauf, Geschenk
17 Titel: 4 (1)
   Bände: 270 (ca. 10)
18 vor 1933

**Bildarchiv**
26 Erfassen formaler Merkmale, Schlagwortkatalog nach inhaltlichen Gesichtspunkten
27 Schwerpunkte: Berlin, DDR, Weltpolitik

*Rundfunkanstalten*

**Werksarchiv/Unternehmensarchiv**
28 Druckschriften

**Aktive Information**
29 Erstellen von Profildiensten, Bearbeitung von Hintergrundmaterial

**Benutzung**
32 der Öffentlichkeit nach Anmeldung zugänglich
34 keine Benutzungsgebühren
35 Öffnungszeiten:
Mo–Fr von 9.00–17.00 Uhr
36 Lesesaal/Benutzerraum vorhanden, Kopieren gegen Gebühren möglich

052
01 **Sender Freies Berlin,**
Zeitungsarchiv-Bibliothek, Masurenallee 8–14, 1000 *Berlin* 19,
Tel.: 030/308 2736/2737, Telex 1-82813
03 Ralf-Dieter Sotscheck (L),
Konrad Engel (St),
Siegfried Neumeyer (St)
04 13

**Pressearchiv**
05 Informations- und Dokumentationsstelle für den gesamten Redaktionsbereich Hörfunk und Fernsehen

**Presseausschnittarchiv**
06 seit 1947
07 Zeitungsausschnitte: 8 200 000
Dossiers: 29 380
Regalmeter: 1 440
Sacharchiv: 860
Personenarchiv: 580
08 auf DIN A 4-Blätter geklebt,
auf Mikrorollfilm 16 mm aufgenommen
09 deutschsprachige Zeitungen, Zeitschriften, andere Quellen
10 eigene Systematik, Schlag- und Stichwortkatalog
11 Politik, Wirtschaft, Kultur, Sport, Vermischtes, Inland, Ausland, Prozesse, Buchrezensionen, Theaterrezensionen, Filmrezensionen, Bildende Kunst, sonstige Themen.
12 Schwerpunkte: In- und Ausland

**Zeitungsbestand**
13 Kauf
14 Titel: 68 (41)
Bände: nicht gebunden
Mikrofilme: 26 Titel auf 1866 Rollen
15 seit 1945, z.T. vor 1933

**Zeitschriftenbestand**
16 Kauf
17 Titel: 164 (98)
18 seit 1945

**Bibliothek**
19 Kauf
20 26 200 (800)
21 Alphabetische Titelaufnahme, Systematischer Katalog, Standortkatalog, Schlag- und Stichwortkatalog

**Aktive Information**
30 Halbjährliche Zugangsliste der neuerworbenen Bücher für den Hausgebrauch

**Benutzung**
32 für Fachinteressenten allgemein möglich
34 keine Benutzungsgebühren
35 Öffnungszeiten:
Mo–Fr von 8.00–17.00 Uhr
36 Lesesaal/Benutzerraum und Mikroform-Lesegeräte vorhanden, Kopieren und Rückvergrößerung von Mikroformen möglich

# Hannover

053
01 **Norddeutscher Rundfunk,**
Funkhaus Hannover, Pressearchiv,
Rudolf-von-Bennigsen-Ufer 22,
Postfach 4560, 3000 *Hannover* 1,
Tel.: 0511/8862-218, Telex 09 22809
02 Norddeutscher Rundfunk, Rothenbaumchaussee 131, Hamburg 13,
Tel.: 040/41 31
03 Gerhild Ebersoll-Hoyer
04 2

## Kiel

054

01 **Norddeutscher Rundfunk,**
Funkhaus Kiel, Archiv und Bibliothek,
Wall 68—74, Postfach 3480, 2300 *Kiel* 1,
Tel.: 0431/987-410 oder 413 bzw. 414,
Telex 02 99862

02 Norddeutscher Rundfunk, Rothenbaumchaussee 131, 2000 Hamburg 13,
Tel.: 040/4131

03 Edda Jacobsen (L),
Erich Gebetner (St)

04 2

### Pressearchiv

05 Auswertung der überwiegend regionalen — aber auch überregionalen — Presse zur Bereitstellung für die Redakteure des Hörfunks und Fernsehens im Funkhaus Kiel — aber auch — im Falle regionaler Berichterstattung — für die Funkhäuser Hamburg und Hannover.

### Presseausschnittarchiv

06 seit 1948 (alt), seit 1972 (neu)

07 Einzelstücke: (200 000)
Regalmeter: 35
Sacharchiv: 24
Personenarchiv: 11

08 auf DIN A 4-Blätter geklebt

09 deutschsprachige und fremdsprachige Zeitungen, Zeitschriften, andere Quellen

10 Schlag- und Stichwortkatalog

11 Politik, Wirtschaft, Kultur, Sport, Inland, Ausland, Prozesse, Theaterrezensionen, Filmrezensionen, Bildende Kunst, sonstige Themen.

12 Schwerpunkte: In- und Ausland

### Zeitungsbestand

keine Angaben, da im Aufbau

13 Kauf

### Zeitschriftenbestand

keine Angaben, da im Aufbau

16 Kauf, Geschenk

### Benutzung

32 nur hauseigene Benutzung, in Ausnahmefällen auch für Fachinteressenten

34 keine Benutzungsgebühren

36 Kopieren möglich

## Köln

055

01 **Deutschlandfunk,** Dokumentation und Archive — Bereich Pressearchiv, Raderberggürtel 40, Postfach 510640, 5000 *Köln* 51, Tel.: 0221/37071, Telex 888492-0

03 Dr. Dieter Siebenkäs

04 10

### Presseausschnittarchiv

06 seit 1962

07 Dossiers: 6 812

08 auf DIN A 4-Blätter geklebt. Elektronische Speicherung und elektronisches Retrieval vorgesehen

09 deutschsprachige und fremdsprachige Zeitungen, Zeitschriften, andere Quellen

10 eigene Systematik, Schlag- und Stichwortkatalog

11 Politik, Wirtschaft, Kultur, Vermischtes, Inland, Ausland, Prozesse, Buchrezensionen, Theaterrezensionen, Filmrezensionen, Bildende Kunst, sonstige Themen.

12 Schwerpunkte: In- und Ausland

### Zeitungsbestand

13 Kauf

15 seit 1949

### Zeitschriftenbestand

16 Kauf

18 seit 1949

### Bibliothek

19 Kauf, Geschenk

20 53 500 (1 500)

21 Alphabetische Titelaufnahme, Systematischer Katalog, Schlag- und Stichwortkatalog

### Benutzung

32 nur hauseigene Benutzung, in Ausnahmefällen für Fachinteressenten

34 keine Benutzungsgebühren

36 Lesesaal/Benutzerraum und Mikroform-Lesegeräte vorhanden, Kopieren und Rückvergrößerung von Mikroformen möglich

*Rundfunkanstalten*

**056**

01 **Westdeutscher Rundfunk,**
Bibliothek und Archive — Pressearchiv —, Appellhofplatz 1, Postfach 101950, 5000 *Köln 1*, Tel.: 0221/2204340—8

03 Richard Höpfner (L),
Konrad Breitkopf (St)

04 11

**Pressearchiv**

05 Zentrale Informations- und Dokumentationsstelle. Zentrale Beschaffungsstelle für Zeitungen, Zeitschriften, Pressedienste, Medien-Informationsdienste etc. Nur für internen Bedarf im WDR.

**Presseausschnittarchiv**

06 seit 1945
Ankauf: (Margret) Boveri-Archiv, 1933—1964

07 Zeitungsausschnitte: ca. 2 Mio.
Einzelstücke: ca. 3111
Regalmeter: 1500
Dossiers: ca. 3500

08 auf DIN A 4-Blätter geklebt. Mikroverfilmung ist vorgesehen

09 deutschsprachige und fremdsprachige Zeitungen, Magazine/Illustrierte (Zeitschriften s. Bibliothek) und andere Quellen

10 eigene Systematik, Schlag- und Stichwortkatalog

11 Politik, Wirtschaft, Kultur, Sport, Vermischtes, Inland, Ausland, Prozesse, Buchrezensionen, Prozesse, Theaterrezensionen, Filmrezensionen, Bildende Kunst, sonstige Themen.

12 Schwerpunkte: In- und Ausland

**Zeitungsbestand**

13 Kauf

14 Titel: 179 (81)
Bände: 5500 (180)
Mikrofilme: 500 Rollen, 95 Titel

## Mainz

**057**

01 **Südwestfunk,** Landesstudio Mainz — Textarchiv, Wallstr. 39, 6500 *Mainz*, Tel.: 06131/302213

02 Südwestfunk, Hans-Bredow-Straße, 7570 Baden-Baden

03 N.N.

04 1

**Pressearchiv**

05 Ergänzung zum SWF-Pressearchiv in Baden-Baden um rheinland-pfalz-spezifischen Bestand; Belieferung der Fernseh- und Hörfunkredaktionen des Landesstudios; Zusammenarbeit mit Baden-Baden.

**Presseausschnittarchiv**

06 seit Okt. 1980
Fusion: Teilbestand von Redaktionen übernommen

07 Zeitungsausschnitte: (30000)
Regalmeter: 20
Sacharchiv: 16
Personenarchiv: 4

08 zu 80 % aufgeklebt und in Mappen/Kastenablage u.a. aufbewahrt, zu 20 % auf DIN A 4-Blätter geklebt

09 deutschsprachige und fremdsprachige Zeitungen, Zeitschriften, andere Quellen

10 eigene Systematik, Schlag- und Stichwortkatalog, Listen

11 Politik, Wirtschaft, Kultur, Sport, Vermischtes, Inland, Prozesse, Buchrezensionen, sonstige Themen.

12 Schwerpunkte: Regionales/Lokales

**Zeitungsbestand**

13 Kauf

14 Titel: 3 (3)
Mikrofilme: 2

15 seit 1949

**Benutzung**

32 nur hauseigene Benutzung

34 keine Benutzungsgebühren

## Saarbrücken

**058**

01 **Saarländischer Rundfunk,**
Hörfunk-Archiv, Funkhaus Halberg, Postfach 1050, 6600 *Saarbrücken*, Tel.: 0681/602-1

03 Frank Rainer Huck
04 12 (Bibliothek: 2)

**Zeitungsbestand**
13 Kauf
14 Titel: 5 (5)
Bände: 850 bis einschl. 1979
Mikrofilme: seit 1980, derzeit 85 Rollen
15 seit 1965

**Zeitschriftenbestand**
16 Kauf
17 Titel: 82 (82)
Bände: ca. 600 (ca. 95)
Angaben konnten nur grob geschätzt werden, da die Bestände dezentral in den Handapparaten diverser Redaktionen und Abteilungen aufgestellt sind.
18 seit 1955

**Bibliothek**
19 Kauf, Rezensionsexemplare
20 ca. 12 000 (ca. 600)
21 Alphabetische Titelaufnahme, Systematischer Katalog, Standortkatalog, Schlag- und Stichwortkatalog

**Benutzung**
32 nur hauseigene Benutzung, in Ausnahmefällen auch für Fachinteressenten
34 keine Benutzungsgebühren
36 Lesesaal/Benutzerraum und Mikroform-Lesegeräte vorhanden, Kopieren und Rückvergrößerung von Mikroformen möglich

# Stuttgart

059

01 *Süddeutscher Rundfunk,*
Pressebüro, Neckerstr. 230,
Postfach 837, 7000 *Stuttgart,*
Tel.: 0711/288-2453, Telex 7-23456
04 8 (2)

**Pressearchiv**
05 Dokumentation

**Presseausschnittarchiv**
06 seit 1945
Ankauf: 1933

07 Zeitungsausschnitte: über eine Million
Schrankmeter: 300

# Wiesbaden

060

01 *Zweites Deutsches Fernsehen,*
Zentralarchiv, Zeitungs- und Zeitschriftenarchiv, Unter den Eichen,
6200 *Wiesbaden,* Tel.: 06121/531-594
03 Erwin Wolloch
04 16

**Pressearchiv**
05 Sammlung, Ordnung und Erschließung von Pressepublikationen des In- und Auslandes, die unter politischen, wirtschaftlichen und kulturellen Gesichtspunkten für ein aktives Informationsangebot an alle, insbesondere aber an die programmbildenden Bereiche des ZDF von Bedeutung sind; Zusammenstellen von Materialien und Vermitteln von Informationen an die Benutzer.

**Presseausschnittarchiv**
06 seit 1963
07 Einzelstücke: 1 750 000
Dossiers: 8 300
Regalmeter: 124
Sacharchiv: 99
Personenarchiv: 25
08 auf DIN A 4-Blätter geklebt
09 deutschsprachige und fremdsprachige Zeitungen, Zeitschriften, andere Quellen
10 eigene Systematik
11 Politik, Wirtschaft, Kultur, Vermischtes, Inland, Ausland, Prozesse, Buchrezensionen, Theaterrezensionen, Filmrezensionen, Bildende Kunst.
12 Schwerpunkte: In- und Ausland

**Zeitungsbestand**
13 Kauf
14 Titel: 36 (21)
Bände: 1768 (ca. 180)
Mikrofilme: 1 185
15 bis vor 1900

### Zeitschriftenbestand
16 Kauf
17 Titel: 195
Bände: 3 814 (ca. 175)
18 bis vor 1900

### Handbibliothek des Z+Z-Archivs
19 Kauf
20 1681 (ca. 195)
21 Alphabetische Titelaufnahme. Das ZDF verfügt über eine Bibliothek als selbständiges Referat der Abt. Zentralarchiv, die ebenfalls der Informationsbereitstellung für Produktion und Programm dient.

### Bildarchiv
27 Schwerpunkte: Aufgaben werden im ZDF vom Bildarchiv in der Abt. Zentralarchiv wahrgenommen

### Werksarchiv/Unternehmensarchiv
28 Aufgaben werden im ZDF vom Historischen Archiv in der Abt. Zentralarchiv wahrgenommen

### Aktive Information
29 Ereignisvorschau
30 nur für den Hausbedarf

### Benutzung
32 nur hauseigene Benutzung
34 keine Benutzungsgebühren
36 Mikroform-Lesegeräte vorhanden, Kopieren und Rückvergrößerung von Mikroformen möglich

# 4 Staats- und Kommunalarchive

## Aachen

**061**

01 **Stadtarchiv Aachen,**
— Abt. Ergänzungsdokumentation: Zeitungssammlung —, Fischmarkt 3, 5100 *Aachen*, Tel.: 0241/472558
02 Stadt Aachen, Katschhof, 5100 Aachen, Tel.: 0241/4721
03 Dr. Herbert Lepper (L), Dr. Thomas Kraus (St)
04 10

### Aufgaben des Pressearchivs
05 Ergänzung des archivischen Quellenmaterials zur Geschichte der Stadt Aachen

### Presseausschnittarchiv
06 seit 1890
Ergänzung durch Ankauf von laufenden Zeitungen
07 mehrere zehntausend Exemplare (nach Sachgesichtspunkten und nach Personen)
08 auf DIN A 4-Blätter geklebt
09 deutsch- und fremdsprachige Zeitungen, Zeitschriften, andere Quellen
10 eigene Systematik
11 Politik, Wirtschaft, Kultur, Inland, Theaterrezensionen, sonstige Themen.
12 Schwerpunkte: Regionales/Lokales

### Zeitungsbestand
13 Kauf
14 Titel: 23 (2)
Bände: ca. 800 (12)
15 bis vor 1900

### Bildarchiv
22 verschiedene Quellen
23 bis zu 50 Jahren und älter
24 Negative insgesamt: viele Tausend, fast alle s/w
Dias: ca. 2000
Papierkopien: viele Tausend
26 systematische Aufstellung
27 Schwerpunkte: Geschichte der Stadt Aachen

### Darstellungen über das Archiv
31 Dr. Herbert Lepper:
Das Stadtarchiv Aachen und seine Archivare 1821—1945,
in: Zeitschrift des Aachener Geschichtsvereins (ZAGV), Bd. 84/85, 1978, S. 579—699

### Benutzung
32 der Öffentlichkeit zugänglich
34 keine Benutzungsgebühren
35 Öffnungszeiten: Mo—Sa 9.00—13.00 Uhr, Di u. Do 14.00—17.00 Uhr
36 Lesesaal/Benutzerraum vorhanden

**62**

01 **Stadt Aachen, Internationales Zeitungsmuseum,** Pontstraße 13, 5100 *Aachen*, Tel.: 0241/472598
02 Stadt Aachen, Verwaltungsgebäude, Katschhof, 5100 Aachen, Tel.: 0241/4721
03 Archivdirektor Dr. Herbert Lepper
04 1

### Aufgaben des Pressearchivs
05 Pressegeschichtliche Dokumentation, vornehmlich in Erst-, Jubiläums- und Letztausgaben

### Zeitungsbestand
13 Schenkung
14 ca. 130000 Einzelexemplare (ausschließlich Einzelnummern)
15 bis vor 1900

**Bibliothek**
19 Kauf
20 Titel: ca. 1000
21 Alphabetische Titelaufnahme

**Benutzung**
32 der Öffentlichkeit zugänglich
34 keine Benutzungsgebühren
35 Öffnungszeiten: Mo—Sa 9.30—13.00 Uhr, Mo, Mi—Fr 14.30—17.00 Uhr
36 Lesesaal/Benutzerraum vorhanden

## Altena

063

01 *Märkischer Kreis, Archiv und Landeskundliche Bibliothek,* Fritz-Thomée-Str. 75, 5990 *Altena,* Tel.: 02352/200—456
02 Märkischer Kreis, Postfach 37, 5990 Altena, Tel.: 02352/200-1
03 Kreisoberarchivrat Dr. Kohl
04 3

**Aufgaben des Pressearchivs**
05 Presseausschnitte werden im hiesigen Kreisarchiv nur ergänzend gesammelt. Sie dienen der landeskundlichen Forschung der Benutzer von Archiv und Bibliothek. Mit der systematischen Auswertung der regionalen Zeitungen wurde 1976 begonnen; es existiert ein 19 Punkte umfassender Stichwortkatalog.

**Presseausschnittarchiv**
06 seit 1974
07 ca. 4000 Zeitungsausschnitte
08 auf DIN A 4-Blätter geklebt
09 14 Zeitungen; Erscheinungsgebiet: Märkischer Kreis
10 Stichwortkatalog
11 Politik, Wirtschaft, Kultur, Vermischtes, Inland, Buchrezensionen.
12 Schwerpunkte: lokale Landeskunde und Geschichte, Firmenchroniken, Vereinschroniken

**Benutzung**
32 der Öffentlichkeit zugänglich
34 keine Benutzungsgebühren
35 Öffnungszeiten: Mo—Do 8.30—17.00 Uhr, Fr 8.30—14.00 Uhr
36 Lesesaal/Benutzerraum vorhanden, Kopieren möglich

## Aschaffenburg

064

01 *Stadt- und Stiftsarchiv Aschaffenburg,* Schönborner Hof, Postfach 63, 8750 *Aschaffenburg,* Tel.: 06021/306214, Telex 4188771 stad d
03 Dr. Wolfgang Domarus (L), H. Reiserath (Sachbearbeiter)
04 1

**Aufgaben des Pressearchivs**
05 Hilfsmittel für die Benutzer als Ergänzungsdokumentation zu Themen aus Stadt und Region (Geschichte, Kultur, Wirtschaft).

**Presseausschnittarchiv**
06 seit 1945
07 Kästen: 698
08 auf DIN A 4-Blätter geklebt
10 Schlag- und Stichwortkatalog
11 Politik (örtlich), Wirtschaft, Kultur, Sport, Vermischtes, Prozesse, Theaterrezensionen, Bildende Kunst, sonstige Themen.
12 Schwerpunkte: Regionales/Lokales

**Zeitungsbestand**
13 Zuweisung
14 Titel: 6 (2)
Bände: ca. 1900 (18)
15 bis vor 1900

**Bildarchiv**
26 Schlagwortkatalog
27 Schwerpunkte: Regionales/Lokales

**Benutzung**
32 der Öffentlichkeit zugänglich
34 keine Benutzungsgebühren
36 Lesesaal/Benutzerraum vorhanden, Kopieren möglich

## Augsburg

065

01 **Stadtarchiv Augsburg,** Zeitgeschichtliche Abteilung, Fuggerstraße 12, Postfach 11 19 60, 8900 *Augsburg*, Tel.: 0821/324-2793, Telex 533501
02 Stadt Augsburg, Maximilianstraße 4, Postfach 11 19 60, 8900 Augsburg, Tel.: 0821/324-1, Telex 533501
03 Dr. Josef Mancal (L), Franz Schreiber (St)
04 3 (1)

**Aufgaben des Pressearchivs**

05 Sammlung und Auswertung von Zeitungen, Zeitungsausschnitten, Zeitschriften und anderem zeitgeschichtlich relevantem Druckmaterial, Nachlässen; Sammlung und Auswertung von foto- und tontechnischen Produkten. Anfertigen der Stadtchronik

**Presseausschnittarchiv**

06 seit 1937
07 Zeitungsausschnitte: ca. 135 000
08 auf DIN A 4-Blätter geklebt Mikroverfilmung ist vorgesehen elektronische Speicherung und elektronisches Retrieval sind vorgesehen
09 deutschsprachige und fremdsprachige Zeitungen, Zeitschriften, andere Quellen
10 Schlag- und Stichwortkatalog
11 Politik, Wirtschaft, Kultur, Sport, Vermischtes, Prozesse, Buchrezensionen, Theaterrezensionen, Filmrezensionen, Bildende Kunst, sonstige Themen.
12 Schwerpunkte: Regionales/Lokales

**Zeitungsbestand**

13 Kauf und Zuweisung
14 Titel: 68 (13)
   Bände: 3 043 (30)
   Mikrofilme: 60
15 bis vor 1900

**Zeitschriftenbestand**

16 Schenkung
18 bis 1949

**Bildarchiv**

22 von Fotografen und aus anderen Quellen
23 bis zu 50 Jahren und älter
24 Negative: 4000
   Dias: 1000
   Papierkopien: 10 164
25 elektronische Verarbeitung ist vorgesehen
26 Schlagwortkatalog nach inhaltlichen Gesichtspunkten
27 Schwerpunkte: Stadtgeschichte von Augsburg

**Aktive Information**

29 Anfertigen von Stadtchroniken

**Benutzung**

32 der Öffentlichkeit zugänglich
34 keine Benutzungsgebühren
35 Öffnungszeiten: Mo—Mi 9.00—16.00 Uhr, Do 9.00—19.30 Uhr, Fr 9.00—12.00 Uhr
36 Lesesaal/Benutzerraum vorhanden, Mikroform-Lesegerät vorhanden, Rückvergrößerung von Mikroformen möglich

## Bamberg

066

01 **Stadtarchiv Bamberg,** Franz-Ludwig-Straße 7c, 8600 *Bamberg*, Tel.: 0951/87-415/416/417
02 Stadt Bamberg, Rathaus, Maxplatz 1, 8600 Bamberg, Tel.: 0951/87-1
03 Dr. Robert Zink
04 4

**Aufgaben des Pressearchivs**

05 Bestandsergänzende Sammlung lokaler und regionaler Zeitungsartikel und Zeitschriftenbeiträge mit Bezug auf die Stadt Bamberg.

**Presseausschnittarchiv**

06 seit ca. 1938, Ergänzung laufend durch Ämterabgaben und private Schenkungen

07 Dossiers: 5000
Regalmeter/Schrankmeter: 20, davon Sacharchiv: 15
Personenarchiv: 5
08 nicht aufgeklebt und in Mappen aufbewahrt
09 deutschsprachige Zeitungen, Zeitschriften andere Quellen
10 eigene Systematik, Schlag- und Stichwortkatalog, Kartei
12 Schwerpunkte: Bamberg

**Zeitungsbestand**
13 Kauf
14 Titel: 17 (5)
Bände: ca. 500
15 bis vor 1900

**Zeitschriftenbestand**
16 eigene Produktion, Kauf, Tausch, Schenkung, Zuweisung
17 Titel: ca. 60 (30)
Bände: ca. 1000 (50)
18 bis vor 1900

**Darstellungen über das Archiv**
31 Minerva-Handbuch der Archive, Band 1, S. 61, Berlin 1974

**Benutzung**
32 der Öffentlichkeit zugänglich
34 Benutzungsgebühren
35 Öffnungszeiten:
Mo—Fr von 8.00—16.00 Uhr
Do bis 20.00 Uhr
36 Lesesaal/Benutzerraum vorhanden, Kopieren möglich

## Bergisch-Gladbach

067

01 **Rheinisch-Bergischer Kreis, Kreisarchiv,** Am Rübezahlwald 7, 5060 Bergisch-Gladbach 2,
Tel.: 02202/13-752
03 Horst Schmitz (L)
04 2

**Aufgaben des Pressearchivs**
05 Sammlung des verwaltungsinternen Pressespiegels und der Zeitungsausschnitte der sechs im Kreisgebiet erscheinenden Tageszeitungen.

**Presseausschnittarchiv**
06 seit September 1975
07 34 Bände à 180 Blatt
08 auf DIN A 4-Blätter geklebt
10 eigene Systematik, Index/Thesaurus, Schlag- und Stichwortkatalog
11 Kultur, Theaterrezensionen, Bildende Kunst.
12 Schwerpunkte: Regionales/Lokales

**Bildarchiv**
22 eigene und fremde Fotografen und aus anderen Quellen
23 bis zu 25 Jahren
24 Negative: insgesamt ca. 3000 (davon ca. 2950 s/w)
Dias: 50 (farbig)
Papierkopien: 800
25 elektronische Verarbeitung von Bilddaten ist vorgesehen
26 Schlagwortkatalog nach inhaltlichen Gesichtspunkten
27 Schwerpunkte: Lokalpolitische Ereignisse im Gebiet des Rheinisch-Bergischen Kreises

**Benutzung**
32 der Öffentlichkeit zugänglich
34 keine Benutzungsgebühren
35 Öffnungszeiten: Dienstzeiten der Kreisverwaltung
36 Lesesaal/Benutzerraum vorhanden, Kopieren möglich, Mikroform-Lesegerät vorhanden

## Biberach

068

01 **Kreisarchiv Biberach,**
Kreiskultur- und Archivamt Biberach, Rollinstraße 9, Postfach 660,
7950 Biberach/Riß, Tel.: 07351/52204
03 Dr. Kurt Diemer (L)
04 2

**Aufgaben des Pressearchivs**
05 Im Kreisarchiv gibt es kein eigenständi-

ges Pressearchiv. Das hier vorhandene Presseausschnitt-Archiv wird als Bestand innerhalb des Kreisarchiv- und Kulturamts geführt.

**Presseausschnittarchiv**
06 seit 21.2.1981
07 Dossiers: 5, Einzelstücke: ca. 1500
Regalmeter/Schrankmeter: 1
08 auf DIN A 4-Blätter geklebt
11 Politik, Wirtschaft, Kultur, Bildende Kunst.
12 Schwerpunkte: Regionales/Lokales

**Zeitungsbestand**
13 Kauf
14 Titel: 5 (1 mit 3 Regionalausgaben)
15 bis vor 1900

**Zeitschriftenbestand**
16 Kauf
17 Titel: 39 (39)
Bände: 14 (14)
18 bis vor 1900

**Benutzung**
32 der Öffentlichkeit zugänglich
34 keine Benutzungsgebühren
35 Öffnungszeiten:
Mo—Do von 8.00—17.00 Uhr
Freitag von 8.00—16.00 Uhr
36 Lesesaal/Benutzerraum vorhanden, Kopieren möglich,
Mikroform-Lesegerät vorhanden.

## Bielefeld

069
01 *Stadtarchiv und Landesgeschichtliche Bibliothek Bielefeld,* Rohrteichstr. 19, Postfach 181,
4800 *Bielefeld 1,* Tel.: 0521/512469
02 Stadt Bielefeld, Postfach 181,
4800 Bielefeld 1
03 Dr. Reinhard Vogelsang (L),
Dorothea Lücking (St)
04 12

**Aufgaben des Pressearchivs**
05 Sammlung von Zeitungen und Zeitungsausschnitten zum Lokalgeschehen in Bielefeld

**Presseausschnittarchiv**
06 seit Ende 19. Jh.
07 Zeitungsausschnitte: ca. 260 große Bände
08 in anderer Größe als DIN-A-4 formatiert
09 Bielefelder Tageszeitungen
10 eigene Systematik, Schlagwortverzeichnis, Prospektmaterial Bielefelder Firmen, Kreuzkatalog nach Namen und Schlagworten (nur auf Teile der Sammlung bezogen)
11 Politik, Wirtschaft, Kultur, Sport, Vermischtes, Prozesse, Buchrezensionen, Theaterrezensionen, Filmrezensionen, Bildende Kunst, sonstige Themen.
Das gesamte öffentliche Leben der Stadt in ca. 80 Sachgruppen.
12 Schwerpunkte: Regionales/Lokales

**Zeitungsbestand**
13 Kauf, Zuweisung
14 Titel: ca. 30 (10)
Mikrofilme: ca. 650
15 bis vor 1900 (1811)

**Bildarchiv**
22 eigene und fremde Fotografen und aus anderen Quellen
23 bis zu 50 Jahren und älter
24 Positive: 22000, davon s/w 19000
Dias: 4000, davon farbig 3000
27 Schwerpunkte: Historisches und gegenwärtiges Stadtbild, lokale Ereignisse, Wohnen, Leben, Arbeiten

**Benutzung**
32 der Öffentlichkeit zugänglich
34 keine Benutzungsgebühren (für die Erstellung von Repros werden Gebühren verlangt)
36 Lesesaal/Benutzerraum, Mikroform-Lesegeräte vorhanden, Kopieren (z.T.), Rückvergrößerung von Mikroformen möglich

*Staats- und Kommunalarchive*

# Bocholt

070

01 **Stadtarchiv Bocholt,** Markt 1, Postfach 377/378, 4290 *Bocholt,* Tel.: 02871/95 33 48, Telex 0 813 709

03 Dr. Hans D. Oppel (L), Annemarie Rotthues (St)

04 5

**Aufgaben des Pressearchivs**

05 Dokumentation für alle Bereiche des öffentlichen Lebens, entsprechende Funktionen für Rat und Verwaltung der Stadt Bocholt. Die Presseausschnittsammlung ist verhältnismäßig jung (ca. 1948), regelmäßige Zufuhr erst seit ca. 1965, integriert sind das Bildarchiv mit ca. 10 lfd. m sowie die Sachkatalog-Erschließung des umfangreichen Zeitungs- und Zeitschriftenbestandes.

**Presseausschnittarchiv**

06 seit ca. 1948, Ergänzung durch Ankauf von Beständen des „Bocholter-Borkener-Volksblattes", des Zeitungsausschnittdienstes „Borkener Zeitung" (seit 1978) sowie von „Unser Bocholt". Erschließung aus Zeitungsbänden durch Registererstellung seit 1900.

07 Zeitungsausschnitte: 4 000
Regalmeter/Schrankmeter: 4
Dossiers: 700

08 auf DIN A 4-Blätter geklebt

09 eigene Produktion, deutsch- und fremdsprachige Zeitungen, Zeitschriften, andere Quellen

10 eigene Systematik
Schlag- und Stichwortkatalog in der Erstellung (Sach- und Personen-Kartei)

11 Politik, Wirtschaft, Kultur, Inland, Ausland (nur Niederlande), Bildende Kunst, sonstige Themen (Geschichte, Verwaltung).

12 Schwerpunkte: Regionales/Lokales

**Zeitungsbestand**

13 Kauf, Zuweisung

14 Titel: 4 (4)
Bände: 300
Mikrofilme: 50 (nur Zeitungsverfilmung des „Bocholter-Borkener-Volksblattes")

15 bis vor 1900
Im Bocholter Stadtarchiv befinden sich die einzigen erhaltenen Jahrgänge des „Bocholter (später auch „Borkener) Volksblattes" seit Frühjahr 1900 mit nur wenigen Stücken.

**Zeitschriftenbestand**

16 eigene Produktion, Kauf, Tausch, Schenkung, Zuweisung

17 Titel: 45 (45)
Bände: ca. 2 000 (40)

18 bis vor 1900

**Bibliothek**

19 eigene Produktion, Tausch, Schenkung, Rezensionsexemplare, Zuweisung

20 Titel/Bände: 5 000 (20—50)
Redaktionsbibliothek von Archivbibliothek nicht trennbar

21 Alphabetische Titelaufnahme, Systematischer Katalog, Schlag- und Stichwortkatalog

**Bildarchiv**

22 eigene und fremde Fotografen, Agenturen und aus anderen Quellen

23 bis zu 50 Jahren und älter

24 Negative insgesamt: 4 000, davon: s/w 90 %, farbig 10 %
Dias: ca. 500
Papierkopien: ca. 20 000

26 Schlagwortkatalog nach inhaltlichen Gesichtspunkten

27 Schwerpunkte: alles Bocholt Betreffende

**Aktive Information**

29 Erstellen von Chroniken

30 Zeitschrift „Unser Bocholt"

**Darstellungen über das Archiv**

31 Minerva Handbuch der Archive

**Benutzung**

32 der allgemeinen Öffentlichkeit zugänglich

34 Benutzungsgebühren

35 Öffnungszeiten: täglich von 8.30—12.00 und 14.00—16.00 Uhr, Do bis 17.30 Uhr

36 Lesesaal/Benutzerraum vorhanden, Mikroform-Lesegerät vorhanden

## Bochum

071

01 **Stadtarchiv Bochum,** Arndtstraße 19 (seit 1983: Kronenstraße 45—63), Postfach 102269/102270, 4630 *Bochum,* Tel.: 0234/621-3899, Telex 825870 skbo d

02 Stadt Bochum, Rathaus, Postfach 102269/102270, 4630 Bochum, Tel.: 0234/6211, Telex 825870 skbo d

03 Dr. V. Wagner (L), Dr. G. Wilbertz (St)

04 17

### Aufgaben des Pressearchivs

05 Die Aufgabe des Stadtarchivs Bochum besteht neben der Erhaltung der städtischen Überlieferung in einer umfassenden Dokumentation *aller* Ereignisse in der Stadt und in ihrem Umfeld. Einen notwendigen Bestandteil zur Erfüllung dieser Aufgabe stellen die Sammlungen von regionalen Tages- und Wochenzeitungen (in der Regel mit Lokalberichterstattung), von Zeitschriften mit lokalem und regionalem Bezug sowie von visuellem Archivgut (Fotos, Filme) dar.

### Presseausschnittarchiv

06 seit etwa 1920
Übernahme von Beständen des Stadtarchivs Wattenscheid (im Rahmen der kommunalen Neugliederung)

07 Regalmeter: ca. 20 lfd.m

08 auf DIN A 4-Blätter geklebt
Elektronische Speicherung/elektronisches Retrieval vorgesehen

09 regionale deutschsprachige Zeitungen

10 Die Sammlung stellt eine organisatorische Einheit dar und ist durch eine eigene Systematik strukturiert.

11 Politik, Wirtschaft, Kultur, Sport, Theaterrezensionen, Bildende Kunst.

12 Schwerpunkte: Dokumentation lokaler Ereignisse in der Stadt Bochum sowie der politischen, wirtschaftlichen, kulturellen, sozialen etc. Berichterstattung über die Stadt und über das mittlere Ruhrgebiet. Umfangreiche theatergeschichtliche Dokumentation.

### Zeitungsbestand

13 Kauf

14 Titel: ca. 30 incl. kleiner Bestandsgruppen (6)
Bände: rd. 1500 (36)
Mikrofilme: rd. 100

15 bis vor 1900

### Zeitschriftenbestand

16 Kauf

17 Titel: 133 (110)
Bände: rd. 1000 (110)

18 bis vor 1900

### Bildarchiv

22 Bildsammlung als selbständige organisatorische Einheit außerhalb der Zeitungs- bzw. Zeitungsausschnittsammlung

23 bis zu 50 Jahren und älter

24 Negative: ca. 4000 (sw u. color)
Dias: ca. 3000 (sw u. color)
Papierabzüge: ca. 18000 (sw u. color)

25 elektronische Verarbeitung von Bilddaten ist vorgesehen

26 systematische Aufstellung

27 Schwerpunkte: Dokumentation lokaler Ereignisse; Lokal- und Regionalgeschichte

### Benutzung

32 der allgemeinen Öffentlichkeit zugänglich

34 Wissenschaftliche, publizistische und heimatkundliche Benutzung gebührenfrei

35 Öffnungszeiten:
Mo—Fr 8.00—15.30 Uhr

36 Lesesaal/Benutzerraum vorhanden, Kopieren möglich,
Mikroform-Lesegeräte vorhanden, Rückvergrößerung von Mikroformen demnächst möglich

## Bonn

072

01 ***Stadtarchiv und wissenschaftliche Stadtbibliothek Bonn,***
Stadtgeschichtliche Dokumentation,
Berliner Platz 2, 5300 *Bonn* 1,
Tel.: 0228/77 36 72 und 24 20,
Telex 886861 Skbu d

03 Paul Metzger (L),
Irmtraud Alef (St)

04 3 (1)

### Aufgaben des Pressearchivs

05 Es werden aus den Bonner Zeitungen die für die Stadt relevanten Artikel ausgeschnitten und auf Papier DIN A-4 aufgeklebt. Ausgewählt werden die Bonn und den näheren Einzugsbereich betreffenden Zeitungsartikel nach folgenden Gesichtspunkten: Ereignisse, Personen, Bauten, Firmen, Institutionen, Vereinigungen, Handel, Verkehr usw. Der Bund wird insoweit berücksichtigt, als die Stadt Bonn in irgendeiner Weise mitbetroffen ist.

### Presseausschnittarchiv

06 seit 1899
Übernahme durch Abgabe städtischer Ämter, z.B. Presseamt

07 Zeitungsausschnitte (einschließlich verfilmter Zeitungsausschnitte): ca. 500 000
Regalmeter: 15 lfd. m

08 auf DIN A 4-Blätter geklebt

10 eigene Systematik, Schlag- und Stichwortkatalog

11 Kultur, Sport, Vermischtes, Bildende Kunst, sonstige Themen.

12 Schwerpunkte: Regionales/Lokales

### Zeitungsbestand

13 Kauf, Zuweisung

14 Titel: 5 (5)
Bände: ca. 30

15 bis vor 1900

### Zeitschriftenbestand

16 eigene Produktion, Kauf, Tausch, Schenkung

17 Titel: 609

18 bis vor 1900

### Bildarchiv

22 eigene und fremde Fotografen und aus anderen Quellen

23 bis zu 50 Jahren und älter

24 Dias: ca. 5000
Papierkopien: ca. 80 000

26 Schlagwortkatalog nach inhaltlichen Gesichtspunkten

27 Schwerpunkte: Stadtansichten von Bonn, Ereignisse, Bonner Personen

### Aktive Information

29 Erstellen von Chroniken

30 Bonner Geschichtsblätter, seit 1937
Veröffentlichungen des Stadtarchivs Bonn, seit 1963

### Darstellungen über das Archiv

31 Stadtarchiv und Wissenschaftliche Stadtbibliothek Bonn, 1899-1979. Geschichte und Bestände, Bonn 1979, (Veröffentlichungen des Stadtarchivs Bonn, Band 22), S. 130 ff.

### Benutzung

32 der Öffentlichkeit zugänglich

35 Öffnungszeiten für fremde Benutzer:
Mo—Sa 9.00—12.00 Uhr
Mo—Do 14.00—18.30 Uhr
Fr 14.00—16.00 Uhr

36 Lesesaal/Benutzerraum vorhanden,
Kopieren möglich,
Mikroform-Lesegerät vorhanden,
Rückvergrößerung von Mikroformen möglich

## Braunschweig

073

01 ***Stadtarchiv Braunschweig,*** Steintorwall 15, 3300 *Braunschweig,* Tel.: 0531/17 675

02 Stadtverwaltung Braunschweig, Rathaus, 3300 Braunschweig, Tel.: 0531/47 01

03 Archivrat Dr. Manfred Garzmann (L),
Stadtamtmann Johannes Angel (St)

04 14 (4)

### Aufgaben des Pressearchivs

05 Sammlung und Erschließung von Materialien zur Geschichte der Stadt Braunschweig

**Presseausschnittarchiv**
06 seit 1957
07 einschließlich verfilmter Zeitungsausschnitte bisher 60 Kartons
08 auf DIN A 4-Blätter geklebt
09 nur Braunschweiger Zeitungen
10 eigene Systematik
11 Wirtschaft, Kultur, Sport, Vermischtes, Prozesse, Buchrezensionen, Theaterrezensionen, Bildende Kunst.
12 Schwerpunkte: Regionales/Lokales

**Zeitungsbestand**
13 Zuweisung
14 Titel: 66 (3)
Mikrofilme: 526
15 bis vor 1900

**Zeitschriftenbestand**
16 Kauf, Schenkung
17 Titel: 196 (160) vergl. Ziffer 20
20 Bände: 14 200 (einschließlich Zeitschriften — werden nicht separat gezählt) (400)
21 Alphabetische Titelaufnahme, Systematischer-, Standort-, Schlag-/Stichwortkatalog

**Bildarchiv**
22 fremde Fotografen, andere Quellen
23 bis 25 Jahre
24 Dias: 968, davon farbig: 100
Papierkopien: 29 000
26 Schlagwortkatalog und systematische Aufstellung
27 Schwerpunkte: Architektur der Stadt Braunschweig, ausschließlich Themenbereich Stadt Braunschweig

**Aktive Information**
29 Erstellen von Chroniken
30 1. Braunschweiger Werkstücke — Veröffentlichungen aus dem Stadtarchiv und der Stadtbibliothek
2. Kleine Schriften von Stadtarchiv und Stadtbibliothek Braunschweig

**Darstellungen über das Archiv**
31 Das Stadtarchiv Braunschweig. Seine Geschichte und seine Bestände, von Werner Spiess, Braunschweig 1951 (Braunschweiger Werkstücke, Band 14)

**Benutzung**
32 der Öffentlichkeit zugänglich
34 Benutzungsgebühren
35 Öffnungszeiten: Mo, Di, Do, Fr 9.00—13.00, 14.00—18.00 Uhr, Mi 9.00—13.00 Uhr
36 Lesesaal/Benutzerraum vorhanden, Kopieren möglich, Mikroform-Lesegerät vorhanden, Rückvergrößerung von Mikroformen möglich

# Bremen

074
01 *Staatsarchiv Bremen,* Präsident-Kennedy-Platz 2, 2800 *Bremen* 1, Tel: 0421/361/6221
03 Dr. H. Müller (L),
Dr. R. Patemann (Sachgebietsleiter)
04 2 (nur teilweise damit befaßt)

**Aufgaben des Pressearchivs**
05 Erfassung der von den (in der Hauptsache bremischen) Zeitungen vermittelten Informationen über Bremen von historischer oder landeskundlicher Bedeutung.

**Presseausschnittarchiv**
06 seit 1957, Ergänzung durch Übernahme von Beständen der Pressestelle des Senats und des Bremer Ausschusses für Wirtschaftsforschung
07 Regalmeter: ca 100
davon Sacharchiv 83, Personenarchiv 17
08 auf DIN A 4-Blätter geklebt
10 eigene Systematik, Schlag- und Stichwortkatalog
12 Schwerpunkte: Regionales/Lokales

**Aktive Information**
29 Erstellen von Chroniken
30 Veröffentlichungen aus dem Staatsarchiv der Freien Hansestadt Bremen

**Darstellungen über das Archiv**
31 Das Staatsarchiv Bremen, Behörden — Dokument — Geschichte (Veröffentlichungen pp. [s. 30] Bd. 36) 1968

*Staats- und Kommunalarchive*

**Benutzung**
32 der Öffentlichkeit zugänglich
34 keine Benutzungsgebühren
35 Öffnungszeiten:
Mo—Fr 9—16 Uhr, Do bis 20 Uhr
36 Lesesaal/Benutzerraum vorhanden,
Kopieren möglich,
Mikroform-Lesegeräte vorhanden

## Bremerhaven

075

01 **Stadtarchiv Bremerhaven,**
(41 A), Hinrich-Schmalfeldtstr.,
Postfach 210360, 2850 *Bremerhaven* 21,
Tel.: 0471/592459, Telex 0238672
03 Dr. Burchard Scheper (L),
Rita Kellner-Stoll (St)
04 6 (1)

**Aufgaben des Pressearchivs**
05 Das Pressearchiv ist Teil des Stadtarchivs Bremerhaven, seine Aufgaben ergeben sich damit aus den Funktionen des Stadtarchivs: Sammeln der Lokalzeitungen und einiger überregionaler Wochenzeitungen bzw. -zeitschriften, Sammeln und Ordnen von Pressemitteilungen
— Sammeln und Ordnen von Zeitungsausschnitten
— Bereitstellen der Materialien für Benutzer
— Bewahren des Archivguts

**Presseausschnittarchiv**
06 seit 1950 (1947), Übernahme von Ausschnittsammlungen städt. Ämter (z.B. des Presse- und Werbeamtes)
07 Regalmeter: 25
08 auf DIN A 4-Blätter geklebt
10 eigene Systematik, Schlag- und Stichwortkatalog
11 Politik, Wirtschaft, Kultur, Sport, Theaterrezensionen, Bildende Kunst, sonstige Themen.
12 Schwerpunkte: Regionales/Lokales

**Zeitungsbestand**
13 Kauf, Schenkung

14 Titel: 15 (5), dazu zahlreiche Einzelausgaben verschiedener Zeitungen
Bände: 680 (20)
Mikrofilme: 26
15 bis vor 1900

**Zeitschriftenbestand**
16 Kauf, Schenkung
17 Einzelausgaben verschiedener Titel, (2 laufend)
Hauptbestand ungebunden, Zugang ca. 5 Bde
18 bis vor 1933

**Darstellungen über das Archiv**
31 u. a. Meyer, August: Übersicht über die Bestände des Stadtarchivs Bremerhaven. In: Jahrbuch der Männer vom Morgenstern 41, 1960, S. 155—163
Scheper, Burchard: Stadtarchiv und Schule. In: Jahrbuch der Männer vom Morgenstern 57, 1978, S. 213—253

**Benutzung**
32 der Öffentlichkeit zugänglich
34 keine Benutzungsgebühren
35 Öffnungszeiten:
Mo—Fr 8.00—16.00 Uhr
36 Lesesaal/Benutzerraum vorhanden,
Kopieren möglich (eingeschränkt),
Mikroform-Lesegeräte vorhanden

## Bremervörde

076

01 **Kreisarchiv Bremervörde,**
Amtsallee 8, Postfach 111,
2740 *Bremervörde*, Tel.: 04761/81347
02 Landkreis Rotenburg, Amtshof,
2720 Rotenburg/Wümme, Tel.: 04261/751
03 Dr. Elfriede Bachmann
04 6 (2)

**Aufgaben des Pressearchivs**
05 Mit der Sammlung von Zeitungsausschnitten soll die Geschichte und Entwicklung des ehemaligen Landkreises Bremervörde dokumentiert werden

**Presseausschnittarchiv**
06 Systematische Sammlung von Presseausschnitten seit dem 1.10.1973. Ältere Bestände unterschiedlicher Herkunft reichen bis in die Zeit um 1900 zurück (noch nicht geordnet).
07 ca. 35 Kartons (Größe: 12 x 25 x 36 cm) und ca. 2 m Aktenordner
08 auf DIN A 4-Blätter geklebt
09 deutschsprachige Zeitungen, Zeitschriften und andere Quellen
10 eigene Systematik, Schlag- und Stichwortkatalog

# Burghausen
077
01 *Stadtarchiv Burghausen,* Stadtplatz 112, Postfach 1240, 8263 *Burghausen* Tel.: 08677/2051

**Presseausschnittarchiv**
06 seit 1964
08 nicht aufgeklebt, in Mappen/Kastenablage
09 Burghauser Anzeiger, Regionalausgabe
12 Schwerpunkte: Regionales/Lokales

**Benutzung**
32 nur hauseigene Benutzung

# Celle
078
01 *Stadtarchiv Celle,* Prinzengarten 2, Postfach 99, 3100 *Celle,* Tel.: 05141/12343
02 Stadt Celle, Rathaus, 3100 Celle, Tel.: 05141/121
03 Dr. M. Guenter (L), S. Miehe (St)
04 7 (2)

**Aufgaben des Pressearchivs**
05 Sammlung der Tageszeitung „Cellesche Zeitung" und anderer in Celle erscheinender Zeitungen

**Presseausschnittarchiv**
06 seit 1950
07 Zeitungsausschnitte: ca. 30000
08 auf DIN A 4-Blätter geklebt
10 eigene Systematik, Schlag- und Stichwortkatalog
11 Politik, Kultur, Sport, Vermischtes, Buchrezensionen, Theaterrezensionen, sonstige Themen.
12 Schwerpunkte: Regionales/Lokales

**Zeitungsbestand**
13 Zuweisung
14 Titel: 4 (1)
   Bände: 300 (4)
15 bis vor 1900

**Bildarchiv**
22 eigene und fremde Fotografen und aus anderen Quellen
23 bis zu 50 Jahren und älter
24 Negative: 3000
   Dias: 400
26 Schlagwortkatalog und systematische Aufstellung
27 Schwerpunkte: Stadt und Land Celle/Marienwerder Stadt und Land als Patenstadt Celles

**Benutzung**
32 der Öffentlichkeit zugänglich
34 Benutzungsgebühren
35 Öffnungszeiten für fremde Benutzer: Mo—Do 8.00—16.00, Fr 8.00—13.00 Uhr
36 Lesesaal/Benutzerraum vorhanden, Kopieren möglich

# Darmstadt
079
01 *Stadtarchiv Darmstadt,* (im Hessischen Staatsarchiv Darmstadt) Schloß, Postfach 110780, 6100 *Darmstadt,* Tel.: 06151/12-5432 und 5766
02 Stadt Darmstadt, Neues Rathaus, Luisenplatz 5, Postfach 110780, 6100 Darmstadt, Tel.: 06151/2319 (Hauptamt), Telex 04197127
03 Heinz-Joachim Jaensch (Sachbearbeiter für das Sammlungsgut)
04 im archivischen Sammlungsgut-Rahmen erfolgend insgesamt: 1 1/4

### Aufgaben des Pressearchivs
05 (Pressearchiv nur im Rahmen des archivischen Sammlungsguts)
Ausschnittmaterial zu allen Betreffgruppen des gegenwärtigen und historischen städtischen Lebens (ST 62 ZN-Material).
Ausschnittmaterial zu Darmstädter Persönlichkeiten (ST 61 Biographisches Material). Bildsammlung: Darmstadt und Darmstädter (ST 53 Bildsammlung).

### Presseausschnittarchiv
06 seit ca. 1910
07 Einzelstücke: unbestimmbar
Dossiers: ca. 55 000 (zur Zeit durch Umstellung wachsend)
Regalmeter: ca. 80, davon Sacharchiv: ca. 45 lfd. m, Personenarchiv: 35 lfd. m
08 nicht aufgeklebt, Aufbewahrung in Mappen innerhalb einer Kastenablage (früher teilweise auf DIN A 4-Blätter aufgeklebt)
09 deutschsprachige Zeitungen und Zeitschriften, andere Quellen
10 eigene Systematik
zu ST 61 Biographisches Material: alphabetische Kartei
zu ST 62 ZN-Material: Schlag- und Stichwortkatalog im Aufbau
11 sämtliche Themen, jedoch nur im Rahmen „Lokales"
12 Schwerpunkte: Darmstadt und Darmstädter

### Zeitungsbestand
13 im Rahmen der archivischen Amtsbücherei
Kauf, Tausch, Zuweisung
Fusion mit früherer Stadtbibliothek
Nachlässe, Schenkung, Behördenablieferungen
14 Titel: ca. 40 (4) (darunter abgeschlossene historische = ca. 79 lfd. m)
Bände: 2 000 (19)
15 bis vor 1900

### Bildarchiv
22 im Rahmen des archivischen Sammlungsguts; Bestand ST 53 Bildsammlung — darunter auch Stiche usw.
von eigenen, städtischen, fremden Fotografen und aus anderen Quellen
23 bis zu 50 Jahren und älter
24 Negative: ca. 50 000 (s/w ca. 49 000)
Dias: ca. 1 200 (farbig ca. 800)
Papierkopien: (Bilder überhaupt, ohne Negative): ca. 40 000
(Bilder mit Negativen): ca. 90 000
26 systematische Aufstellung
27 Schwerpunkte: fast ausschließlich Darmstadt und Darmstädter in allen Bereichen

### Darstellungen über das Archiv
31 Minerva-Handbücher, Archive im deutschsprachigen Raum, 2. Auflage 1974, Band 1, S. 189 f.
A. Eckhardt, C.H. Hoferichter, H.G. Ruppel: Hessisches Staatsarchiv und Stadtarchiv Darmstadt, Übersicht über die Bestände, 2. völlig neu bearbeitete Auflage 1975 (Darmstädter Archivschriften 1), S. 113—129
A. Schäfer: Hessische Zeitungen. Bestandsnachweis für die bis 1950 im Gebiet des ehemaligen Großherzogtums und des Volksstaats Hessen erschienenen Zeitungen, Darmstadt 1978 (Darmstädter Archivschriften 3)

### Benutzung
32 der Öffentlichkeit zugänglich
34 keine Benutzungsgebühren (bisheriger Stand; wahrscheinlich künftig bei Familienforschung)
35 Öffnungszeiten: Mo—Fr 8.30—13.00 Uhr, Sa (nur bei Vorbestellung) 8.30—12.30 Uhr
36 Lesesaal/Benutzerraum vorhanden, Kopieren möglich (nicht Zeitungsbände), Mikroform-Lesegerät vorhanden

# Detmold

080
01 **Nordrhein-Westfälisches Staatsarchiv Detmold,**
Willi-Hofmann-Straße 39,
4930 *Detmold* 1, Tel.: 05231/22 520
02 Land Nordrhein-Westfalen

### Presseausschnittarchiv
06 von 1949 bis 1954

08 nicht aufgeklebt in Mappen/Kastenablage und anderem aufbewahrt
11 Schwerpunkte: Regionales/Lokales (Kreise Lübbecke, Minden, Herford, Detmold, Lemgo, Bielefeld, Halle, Wiedenbrück, Paderborn, Höxter, Büren, Warburg)

## Dortmund

081

01 *Stadtarchiv Dortmund, Zeitungsausschnittsammlung,*
Betenstraße 28, Postfach 907,
4600 *Dortmund* 1, Tel.: 0231/542-22151 und 185
03 Dr. Günther Högl (L), Udo Steinmetz (L)
04 4

**Aufgaben des Pressearchivs**

05 In erster Linie auf die lokale Geschichte Dortmunds bezogen, wobei kommunalpolitische und sozialökonomische Aspekte dominieren, ansonsten: Stadtgeschichte im allgemeinen Sinn.

**Presseausschnittarchiv**

06 seit ca. 1960
Übernahme durch Fusion: Ausschnittsammlung der Stadtbücherei
07 Einzelstücke: über 100 000, Schrankmeter: ca. 10—15, davon Sacharchiv: 10, Personenarchiv 3 Regalmeter (alphabetisch)
08 auf DIN A 4-Blätter geklebt (Fotokopien)
09 deutsch- und fremdsprachige Zeitungen, Zeitschriften, andere Quellen
10 eigene Systematik, Schlag- und Stichwortkatalog im Aufbau
11 Politik, Wirtschaft, Sport, Vermischtes, Prozesse, sonstige Themen.
12 Schwerpunkte: Regionales/Lokales

**Bildarchiv**

22 von fremden Fotografen und aus anderen Quellen
23 bis zu 50 Jahren und älter
24 Negative: [1000], alle schwarz-weiß, Dias: [2000], davon [30 Prozent] farbig, Papierkopien: [12000]

26 Schlagwortkatalog nach inhaltlichen Gesichtspunkten, systematische Aufstellung (im Aufbau ab 1982)
27 Schwerpunkte: kommunales Bildarchiv, Zeitgeschehen/Alltag, Topographie, Personen (Dortmund)

**Benutzung**

32 der Öffentlichkeit zugänglich
33
34 keine Benutzungsgebühren
35 Öffnungszeiten: Mo—Fr 8.00—12.00 und 13.00—16.00 Uhr
36 Lesesaal/Benutzerraum vorhanden, Kopieren möglich

## Düren

082

01 *Stadt- und Kreisarchiv Düren,*
Kaiserplatz, Rathaus, Postfach 486,
5160 *Düren*, Tel.: 02421/191-826
03 Dr. Domsta (L), H. Krebs (St)
04 8 (2)

**Aufgaben des Pressearchivs**

05 Dokumentation von Ereignissen/Personen in der Stadt Düren

**Presseausschnittarchiv**

06 seit 1975
08 auf DIN A 4-Blätter geklebt
09 deutsch- und fremdsprachige Zeitungen, Zeitschriften und andere Quellen
10 Schlag- und Stichwortkatalog
11 Schwerpunkte: Regionales/Lokales

**Zeitungsbestand**

13 Kauf
14 Titel: 29 (8)
Bände: 915 (26)
Mikrofilme: 103
15 bis vor 1900

**Darstellungen über das Archiv**

31 Archive im deutschsprachigen Raum (Minerva-Handbücher), 2. Auflage, Band 1, Berlin/New York 1974, S. 220 (überholt)

**Benutzung**
32 der Öffentlichkeit zugänglich
35 Öffnungszeiten: Mo—Fr 9.00—12.30, Di und Do 14.00—17.00 Uhr
36 Lesesaal/Benutzerraum vorhanden, Kopieren möglich, Mikroform-Lesegerät vorhanden

## Düsseldorf

083
01 **Stadtarchiv Düsseldorf,**
Heinrich-Ehrhardt-Str. 61, Postfach 1120,
4000 *Düsseldorf* 30, Tel.: 0211/8 99 57 37, Telex: 8 582 921 skd d
02 Stadt Düsseldorf, Marktplatz, Postfach 1120, 4000 Düsseldorf 1, Tel.: 0211/8991, Telex: 8 582 921 skd d
03 Dr. Hugo Weidenhaupt (L), Hermann Kleinfeld (St)
04 8

**Aufgaben des Pressearchivs**
05 Ausschnittsammlung zur Geschichte und Gegenwart der Stadt Düsseldorf
06 seit 1938
Ablieferung des städtischen Presseamts

**Presseausschnittarchiv**
07 Einzelstücke: [100 000], Dossiers: 2 225, Regalmeter/Schrankmeter: 112, davon Sacharchiv: 107, Personenarchiv: 5
08 auf DIN A 4-Blätter geklebt
10 Verzeichnis in einem Repertorium, Erschließung durch Schlagwortkartei
11 Schwerpunkte: Themenbereich Stadt Düsseldorf

**Benutzung**
32 der Öffentlichkeit zugänglich
35 Öffnungszeiten:
Mo—Fr 8.30—15.30 Uhr
36 Lesesaal/Benutzerraum vorhanden, Kopieren möglich, Mikroform-Lesegeräte vorhanden, Rückvergrößerung von Mikroformen möglich

## Duisburg

084
01 **Stadtarchiv Duisburg,** Pressearchiv, Burgplatz 19, Postfach 10 19 91
4100 *Duisburg* 1, Tel.: 0203/28 13 20 52
04 1

**Aufgaben des Pressearchivs**
05 Sammeln und Archivieren der lokalen Zeitungen; Führen einer Zeitungsausschnittsammlung, bezogen auf das Stadtgebiet Duisburg

**Presseausschnittarchiv**
06 seit ca. 1955
nach der kommunalen Neugliederung 1975 Übernahme der Zeitungsausschnitte aus Rheinhausen und Walsum
07 Zeitungsausschnitte: ca. [60 000], Regalmeter/Schrankmeter: ca. [25]
08 auf DIN A 4-Blätter geklebt
10 eigene Systematik, Dezimalklassifikation
11 Politik, Wirtschaft, Kultur, Sport, Vermischtes, Bildende Kunst, sonstige Themen.
12 Schwerpunkte: Lokalgeschichte Duisburgs

**Zeitungsbestand**
13 Zuweisung
14 Titel: ca. 40 (8)
Bände: ca. 2 500 (45)
15 bis vor 1900

**Bildarchiv**
22 eigene und fremde Fotografen und aus anderen Quellen
23 bis zu 50 Jahren und älter
24 Negative: ca. 15 000, fast ausschließlich schwarz-weiß
Dias: ca. 5 000, Papierkopien: ca. 30 000
26 systematische Aufstellung
27 Schwerpunkte: Lokalgeschichte Duisburgs

**Benutzung**
32 der Öffentlichkeit zugänglich
34 keine Benutzungsgebühren
35 Öffnungszeiten:
Mo—Fr 8.30—16.00 Uhr

36 Lesesaal/Benutzerraum vorhanden, Kopieren möglich, Mikroform-Lesegerät vorhanden

# Emmerich

085

01 **Stadtarchiv Emmerich,** Martinikirchgang 2, 4240 *Emmerich*, Tel.: 02822/75320

02 Stadt Emmerich, Geistmarkt 1, Postfach 1640, 4240 Emmerich, Tel.: 02822/751

03 Herbert Kleipaß (L)

04 2

**Aufgaben des Pressearchivs**

05 Zeitungsausschnittsammlung aller Bereiche Emmerichs

**Presseausschnittarchiv**

06 seit 1970

07 Zeitungsausschnitte: 10000 Regalmeter/Schrankmeter: 10, davon Sacharchiv: 8 m, Personenarchiv: 2 m

08 zum Teil auf DIN A 4-Blätter geklebt, zum Teil nicht aufgeklebt und in Mappen/Kastenablage aufbewahrt. Mikroverfilmung ist vorgesehen

09 deutsch- und fremdsprachige Zeitungen, Zeitschriften und andere Quellen

10 eigene Systematik

11 Politik, Wirtschaft, Kultur, Sport, Vermischtes, Prozesse.

12 Schwerpunkte: Regionales/Lokales

**Zeitungsbestand**

13 Kauf

14 Titel: 30 (5) Bände: 300 (10) Mikrofilme: 50

15 bis vor 1900

**Zeitschriftenbestand**

16 Kauf

17 Titel: 20 Bände: 30

18 bis vor 1900

**Bildarchiv**

22 eigene und fremde Fotografen und aus anderen Quellen

23 bis zu 50 Jahren und älter

24 Negative: ca. 10000, davon schwarzweiß: 9000 Dias: 1000, davon farbig: 800 Papierkopien: 6000

26 systematische Aufstellung

27 Schwerpunkte: Stadtansichten von Emmerich

**Benutzung**

32 der Öffentlichkeit zugänglich

34 keine Benutzungsgebühren

36 Lesesaal/Benutzerraum vorhanden, Kopieren möglich, Mikroform-Lesegerät vorhanden, Rückvergrößerungen möglich

# Erlangen

086

01 **Stadtarchiv Erlangen,** Cedernstraße 1, Postfach 3160, 8520 *Erlangen*, Tel.: 09131/86219, Telex: 629757 stadt d

02 Stadt Erlangen, Rathausplatz 1, Postfach 3160, 8520 Erlangen, Tel.: 09131/861, Telex: 629757 stadt d

03 Dr. Helmut Richter (L), Dr. Wolf Schöffel (St)

04 6

**Aufgaben des Pressearchivs**

05 Sammlung von Zeitungen, Zeitschriften, Zeitungsausschnitten usw. zur Darstellung der Geschichte der Stadt Erlangen

**Presseausschnittarchiv**

06 seit dem 19. Jahrhundert Übernahme vom Hauptamt der Stadt Erlangen

07 Dossiers: ca. 5500 Regalmeter/Schrankmeter: 52, davon Sacharchiv 37 lfd.m, Personenarchiv 15 lfd.m

08 zum Teil auf DIN A 4-Blätter geklebt, zum Teil nicht aufgeklebt in Mappen/ Kastenablage aufbewahrt

09 deutschsprachige Zeitungen, Zeitschriften, andere Quellen
10 Schlag- und Stichwortkatalog, Findbücher, Karteien
11 Wirtschaft, Kultur, Sport, sonstige Themen.
12 Schwerpunkte: Stadtgeschichte Erlangen

**Zeitungsbestand**
13 Zuweisung
14 Titel: 8 (2)
   Bände: 904 (13)
15 bis vor 1900

**Zeitschriftenbestand**
16 Kauf, Tausch, Schenkung, Zuweisung
17 Titel: 270 (163)
   Bände: ca. 4000 (ca. 1000)
18 bis vor 1900

**Bibliothek**
19 Kauf, Schenkung, Zuweisung
20 Bände: ca. 11000 (ca. 550)
21 Schlag- und Stichwortkatalog, Verfasserkartei

**Bildarchiv**
22 eigene und fremde Fotografen und aus anderen Quellen
23 bis zu 50 Jahren und älter
24 Negative: ca. 5200
   Dias: ca. 14800
   Papierkopien: ca. 12200
26 systematische Aufstellung, topografische Kartei, Namens-, Sach- und Fotografenkartei
27 Schwerpunkte: Stadtgeschichte Erlangen (ausschließlich)

**Aktive Information**
29 Erstellen von Chroniken, Sonstiges

**Darstellungen über das Archiv**
31 Minerva Handbücher der Archive, Archive im deutschsprachigen Raum A—N, 2. Auflage 1974

**Benutzung**
32 der Öffentlichkeit zugänglich
34 Benutzungsgebühren für familiengeschichtliche Forschungen

35 Öffnungszeiten: Mo 8—12, 14—18 Uhr, Di 8—12, 14—16 Uhr, Mi 8—12 Uhr, Do 8—14 Uhr, Fr 8—12.30 Uhr
36 Kopieren möglich

# Essen

087
01 **Stadtarchiv Essen,** Steeler Straße 29, 4300 Essen 1, Tel.: 0201/181-23 26
02 Stadt Essen, 4300 Essen 1
03 Dr. Bogumil, Karlotto (L)
04 1

**Aufgaben des Pressearchivs**
05 1.) Archivierung der lokalen Tageszeitungen
   2.) Zeitungsausschnittsammlung als Ergänzungs-Dokumentation zur städtischen Chronik

**Presseausschnittarchiv**
06 seit ca. 1956
07 Regalmeter: 20
08 auf DIN A 4-Blätter geklebt oder in anderer Größe formatiert
09 deutschsprachige Zeitungen, Zeitschriften, andere Quellen, vor allem lokale Zeitungen
10 eigene Systematik
11 Politik, Wirtschaft, Kultur, Prozesse, Theaterrezensionen, Bildende Kunst.
12 Schwerpunkte: Regionales/Lokales

**Zeitungsbestand**
13 Übernahme der Tageszeitungen vom Städtischen Presse- und Informationsamt
14 Titel: 5 (5)
   Bände: unterschiedlicher Jahreszugang
   Verfilmung von Zeitungen vor 1945 in Vorbereitung
15 seit 1949

**Bildarchiv**
22 in die Arbeitseinheit Pressearchiv integriert

**Aktive Information**
29 Erstellen von Chroniken

**Darstellungen über das Archiv**
31 Minerva-Handbuch der Archive 1974, Band 1, S. 208 ff.
mit älterer Literatur

**Benutzung**
32 der Öffentlichkeit zugänglich
34 keine Benutzungsgebühren
35 Öffnungszeiten: Mo—Fr 8.30—13.00, 14.00—15.00 Uhr
36 Lesesaal/Benutzerraum vorhanden, Kopieren möglich

## Esslingen

088

01 **Kreisarchiv Esslingen,** Pulverwiesen 42, Postfach 145,
7300 *Esslingen* am Neckar,
Tel.: 0711/3902-2341
03 Christoph J. Drüppel
04 3

**Aufgaben des Pressearchivs**
05 zeitgeschichtliche Sammlung von Zeitungsausschnitten

**Presseausschnittarchiv**
06 seit 1979
07 Einzelstücke: [700]
08 auf DIN A 4-Blätter geklebt
09 deutschsprachige Zeitungen, Zeitschriften, andere Quellen
10 eigene Systematik
11 Politik, Wirtschaft, Kultur.
12 Schwerpunkte: Thematik bezieht sich nur auf das Gebiet des Landkreises Esslingen

**Zeitungsbestand**
13 Kauf, Zuweisung
14 Titel: 12
Bände: 240
15 bis vor 1900

**Benutzung**
32 der Öffentlichkeit zugänglich
34 keine Benutzungsgebühren
35 Öffnungszeiten: täglich nach telefonischer Vereinbarung

36 Lesesaal/Benutzerraum vorhanden, Kopieren möglich, Mikroform-Lesegerät vorhanden, Rückvergrößerungen möglich

## Flensburg

089

01 **Stadtarchiv Flensburg,** Pferdewasser 1, Postfach 27 42,
2390 *Flensburg*, Tel.: 0461/85(1)-535,
Telex: 22754
03 Schütt, H.F.; Hermann, Andrea

**Presseausschnittarchiv**
07 Regalmeter: 14,5 = 79 lfd.m
08 auf DIN A 4-Blätter geklebt
10 eigene Systematik
11 Schwerpunkte: Stadt Flensburg mit allen Sachgebieten. Die deutsch-dänische Grenzregion in ihrer besonderen Problematik bis 1976. [Die regionale Dokumentation nach 1976 befindet sich im Institut für regionale Forschung und Dokumentation, Flensburg]

**Zeitungsbestand**
13 Kauf, Zuweisung
14 Titel: 5
Regalmeter: 75 = 525 lfd.m
15 bis vor 1900
[Nachweis bei Hagelweide]

**Bildarchiv**
22 eigene und fremde Fotografen und aus anderen Quellen
23 bis zu 50 Jahren und älter
24 Negative: ca. 22 000
Papierkopien: ca. 19 000
16 Titelaufnahme jedes Bildes, Ordnung nach eigener Systematik
27 Schwerpunkte: ausschließlich Lokales (Stadtkreis Flensburg), in diesem engen Bereich alles Gebiete

**Aktive Information**
30 Über die Gesellschaft für Flensburger Stadtgeschichte wird eine Publikationsreihe herausgebracht, die sich mit der Geschichte der Stadt befaßt. Die parallel zu diesen Schriften erscheinende „Klei-

ne Reihe" gilt speziellen Themen aus dem Stadtleben der Stadt Flensburg

**Darstellungen über das Archiv**
31 Fritz Graef: Die Geschichte des Stadtarchivs Flensburg (Schriften Nr. 1, vergr.)
H. F. Schütt: Die zeitgeschichtlichen Sammlungen

**Benutzung**
32 der „interessierten" Öffentlichkeit zugänglich
34 Benutzungsgebühren
36 Lesesaal/Benutzerraum vorhanden, Kopieren möglich, Mikroform-Lesegerät vorhanden

# Frankfurt/M.
090
01 **Stadtarchiv Frankfurt,** Abt. II, Dokumentation und Öffentlichkeitsarbeit
Karmelitergasse 5, 6000 *Frankfurt/M.* 1,
Tel.: 069/212-3374 und 4762
03 Prof. Dr. W. Klötzer (L)
04 5

**Aufgaben des Pressearchivs**
05 Bereitstellung von Unterlagen über möglichst *alle* Aspekte der neueren Stadtgeschichte

**Presseausschnittarchiv**
06 seit 1945
07 Anzahl der Einzelstücke: unbekannt
Dossiers: 15 500
Schrankmeter: 45, davon
Personenarchiv: 15, Sacharchiv: 16,
Firmen-/Institutionen-Archiv: 14
08 Ausschnitte werden nicht aufgeklebt in Mappen/Kastenablage und anderem aufbewahrt
09 deutsch- und fremdsprachige Zeitungen, Zeitschriften, andere Quellen
10 eigene Systematik
11 Vermischtes
12 Schwerpunkte: Regionales/Lokales

**Zeitungsbestand**
13 Kauf, Tausch, Schenkung
14 Titel: 145 (19)
15 bis vor 1900

**Zeitschriftenbestand**
16 Kauf, Tausch, Schenkung
17 Titel: 600 (500)
keine Mikrofilme
18 bis vor 1900

**Bildarchiv**
22 fremde Fotografen und aus anderen Quellen
23 bis zu 50 Jahren und älter
24 Negative, Dias, Papierkopien zusammen: 200 000, nahezu ausschließlich s/w
25 elektronische Verarbeitung *noch* nicht beabsichtigt
26 systematische Aufstellung

**Darstellungen über das Archiv**
31 C.V. Helmolt: Frankfurts nimmermüdes Gedächtnis, das Stadtarchiv, in: Frankfurt, Lebendige Stadt 1970, H. 1, S. 12—15
R. Jung: Das Frankfurter Stadtarchiv, seine Bestände und seine Geschichte, 1909
W. Kötzer: Das Frankfurter Stadtarchiv, in: Mitteilungen der Stadtverwaltung Frankfurt, Jahrgang 1967, S. 231—232
W. Klötzer: Stadtarchiv Frankfurt a. M., in: Mitteilungen aus den Hessischen Staatsarchiven, Nr. 6, Juni 1978, S. 3—5
H. Meinert: Das Stadtarchiv Frankfurt a.M. im Zweiten Weltkrieg, in: Archiv für Frankfurts Geschichte und Kunst, 5. Folge, Band 1, Heft 1, 1948, S. 35—41
Ruppersberg/Gerber: 500 Jahre Frankfurter Stadtarchiv, 1936

**Benutzung**
32 der Öffentlichkeit zugänglich
34 keine Benutzungsgebühren
35 Öffnungszeiten: Mo—Fr 8.00—16.00 Uhr durchgehend
36 Lesesaal/Benutzerraum vorhanden, Kopieren möglich

# Freiburg

091

01 **Stadtarchiv Freiburg,** Colombistraße 4, Postfach 323,
7800 *Freiburg* Tel.: 0761/204-4062
02 Land Baden-Württemberg
03 Dr. B. Ottnad (L),
Dr. W. Baumann (St)
04 16 (5)

### Presseausschnittarchiv
06 eigener Bestand seit 1973
07 Zeitungsausschnitte: mehrere Tausend
08 zum Teil aufgeklebt auf DIN A 4-Blätter, zum Teil nicht aufgeklebt oder in anderen Größen formatiert
09 deutsch- und fremdsprachige Zeitungen, Zeitschriften, andere Quellen
10 eigene Systematik
11 Politik, Wirtschaft, Kultur, Vermischtes.
12 Schwerpunkte: Regionales/Lokales

### Zeitungsbestand
13 Kauf und Hinterlegschaft
14 Titel: 2 (1)
Bände: 48 (1)
15 bis vor 1900

### Bildarchiv
22 eigene und fremde Fotografen und aus anderen Quellen
23 bis zu 50 Jahren
24 Papierkopien: mehrere Hundert
26 systematische Aufstellung
27 Themenbereich: badische Prosopographie, südbadische Topographie

### Aktive Information
29 Verschiedenes

### Darstellungen über das Archiv
31 Das staatliche Archivwesen in BW, Aufgaben/Organisation/Archive, herausgegeben von der Landesarchivdirektion Baden-Württemberg, 1981; hier S. 54—58

### Benutzung
32 der Öffentlichkeit zugänglich
34 keine Benutzungsgebühren
35 Öffnungszeiten:
Mo—Fr 8.00—16.00 Uhr
36 Lesesaal/Benutzerraum vorhanden, Kopieren möglich

# Fulda

092

01 **Stadtarchiv Fulda,** Bonifatiusplatz 1—3, Postfach 1020, 6400 *Fulda*, Tel.: 0661/102-336
02 Stadt Fulda, Stadtschloß, Schloßstraße, 6400 Fulda, Tel.: 0661/1021
03 Dr. Rita Wehner (L), Bernhard Loehr, Erwin Witzel (St)
04 3

### Aufgaben des Pressearchivs
05 Das Stadtarchiv archiviert die „Fuldaer Zeitung" und regionale historische Zeitschriften, die sich mit der Geschichte der Stadt und des ehemaligen Hochstifts befassen.

### Presseausschnittarchiv
06 In der Presseausschnitt-Sammlung wurden die für den Stadt- und den Landkreis Fulda aus kommunalpolitischer und historischer Sicht wichtigsten Daten und Ereignisse karteimäßig nach Stichworten erfaßt.
07 Einzelstücke: 2600
08 auf DIN A 4-Blätter geklebt (zur Zeit noch in Leitz-Klarsichthüllen Nr. 4790 in Stehordnern)
09 deutschsprachige Zeitungen, Zeitschriften, andere Quellen
10 Schlag- und Stichwortkatalog
11 Kultur, Vermischtes, Theaterrezensionen, Bildende Kunst.
12 Schwerpunkte: Regionales/Lokales

### Zeitungsbestand
13 Kauf
14 Titel: 5 (1)
15 bis vor 1900

### Zeitschriftenbestand
16 Kauf
17 Titel: ca. 16
18 bis vor 1900

**Bibliothek**
19 Kauf, Schenkung, Zuweisung
20 Bände: ca. 6500
21 alphabetische Titelaufnahme

**Bildarchiv**
22 fremde Fotografen
Das Bildarchiv befindet sich in der Aufbauphase
23 bis zu 50 Jahren und älter
Der Hauptbestand der Bilder ist neueren Datums
24 Negative: ca. 1000
Dias: ca. 800
Papierkopien: ca. 3000
21 Schlagwortkatalog nach inhaltlichen Gesichtspunkten (Ordnungsprinzip des Bildarchivs ist die Einordnung nach Straßen, Personen, Ereignissen)
27 Schwerpunkte: Regionales/Lokales

**Darstellungen über das Archiv**
31 „Das Stadtarchiv Fulda in neuen Räumen", in: Der Archivar 35, Jahrgang 1982, Heft 2

**Benutzung**
32 der Öffentlichkeit zugänglich
34 keine Benutzungsgebühren
35 Öffnungszeiten: Mi, Do 10.00—12.00, Di, Mi 14.00—16.00 Uhr und nach Vereinbarung
36 Lesesaal/Benutzerraum vorhanden, Kopieren möglich

# Göppingen
093
01 **Kreisarchiv Göppingen,** Lorcher Straße 6, Postfach 809, 7320 *Göppingen*, Tel.: 07161/202-369
03 Walter Ziegler
04 2

**Aufgaben des Pressearchivs**
05 Dokumentation regionaler Ereignisse

**Presseausschnittarchiv**
06 seit ca. 1970
07 Regalmeter/Schrankmeter: 5, davon Sacharchiv: 4,5 und Personenarchiv: 0,5
08 auf DIN A 4-Blätter geklebt
09 deutschsprachige Zeitungen, Zeitschriften, andere Quellen
10 Systematik der Zeitungsausschnittsammlung des Hauptarchivs Stuttgart
12 Schwerpunkte: Regionales/Lokales

**Zeitungsbestand**
13 Zuweisung
14 Titel: 3
15 bis vor 1900

# Goslar
094
01 **Stadtarchiv Goslar,** Zehntstraße 24, Postfach 2569, 3380 *Goslar* 1, Tel.: 05321/704350, Telex 953886 stadt d
03 Dr. Hillebrand, Werner

**Zeitungsbestand**
13 Kauf, Zuweisung
14 Titel: 20 (3)
Bände: 644 (8)
Mikrofilme: 168
15 bis vor 1900

**Benutzung**
32 der Öffentlichkeit zugänglich
34 keine Benutzungsgebühren
35 Öffnungszeiten: Mo, Di, Do, Fr 9.00—13.00 und 14.00—17.00 Uhr, Mi 9.00—13.00 Uhr
36 Lesesaal/Benutzerraum vorhanden, Kopieren möglich

# Hagen
095
01 **Stadtarchiv Hagen,** Zeitungssammlung, Rathausstraße 12, Postfach 4249, 5800 *Hagen* 1, Tel.: 02331/207-603 u. 339, Telex 0823629
02 Stadt Hagen, Friedrich-Ebert-Platz, Postfach 4249, 5800 Hagen 1, Tel.: 02331/2071, Telex 0823629
03 Udo Reinecke (L, kommissarisch)
04 3 (1)

**Aufgaben des Pressearchivs**
05 Bereitstellung der Zeitungen für Verwaltung und Bürgerschaft der Stadt Hagen und für auswärtige Besucher

**Presseausschnittarchiv**
06 seit 1930
07 Ausschnitte: [5000],
Einzelstücke: [4500], Dossiers: [500]
Regalmeter/Schrankmeter: 10,
Sacharchiv: 8, Personenarchiv: 1,
Firmen-/Institutionen-Archiv: 1
08 teilweise auf DIN A 4-Blätter geklebt oder in anderer Größe formatiert
Mikroverfilmung ist vorgesehen
10 eigene Systematik
Schlag- und Stichwortkatalog
11 Politik, Wirtschaft, Kultur, Sport, Vermischtes, Bildende Kunst, sonstige Themen.
12 Schwerpunkte: Regionales/Lokales

**Zeitungsbestand**
13 Zuweisung
Übernahme durch Fusion von der Stadt Hohenlimburg nach Hagen 1975 (Hohenlimburger Zeitungsbestände)
sonstige Erwerbungen: Hagener Zeitung und ihre Vorläufer 1814—1945, 1970 als Geschenk von den Hagener Stadtwerken
14 Titel: 23 (5)
Bände: 2141 (60)
15 bis vor 1900

**Bildarchiv**
22 eigene und fremde Fotografen und aus anderen Quellen
23 bis zu 50 Jahren und älter
24 Negative: 16000, davon s/w: 5000
Dias: 150
Papierkopien: 5000
26 systematische Aufstellung
27 Schwerpunkte: Stadtgeschichte und Stadtarchitektur

**Benutzung**
32 der Öffentlichkeit zugänglich
34 Benutzungsgebühren
35 Öffnungszeiten: Mo—Fr 8.30—12.00,
Mo, Do 13.00—17.00,
Di, Mi 13.00—15.30 Uhr

36 Lesesaal/Benutzerraum vorhanden, Kopieren möglich

# Hamburg

096
02 *Staatsarchiv Hamburg,*
ABC-Straße 19a, 2000 *Hamburg* 36,
Tel.: 040/3681-1
03 Prof. Dr. H.-D. Loose (L),
Dr. M. Ewald (St)
04 50

**Presseausschnittarchiv**
06 seit 1900
Zugang von privater Seite
07 Regalmeter: 120
08 auf DIN A 4-Blätter geklebt
09 deutschsprachige Zeitschriften, andere Quellen
10 eigene Systematik, Schlag- und Stichwortkatalog
12 Schwerpunkte: Regionales/Lokales

**Bildarchiv**
22 aus verschiedenen Quellen
23 bis zu 50 Jahren und älter
26 Index/Thesaurus

**Benutzung**
32 der Öffentlichkeit zugänglich
34 Benutzungsgebühren
35 Öffnungszeiten:
Mo—Fr 9.00—16.00 Uhr
36 Lesesaal/Benutzerraum vorhanden, Kopieren möglich, Mikroform-Lesegerät vorhanden, Rückvergrößerung möglich

# Hameln

097
01 *Stadtarchiv Hameln,* Osterstraße 2,
3250 *Hameln* 1, Tel.: 05151/202-439
02 Stadt Hameln, Rathausplatz,
3250 Hameln 1, Tel.: 05151/2021
03 Manfred Börsch
04 1

*Staats- und Kommunalarchive*

**Presseausschnittarchiv**
06 seit 1950—1969
07 Regalmeter/Schrankmeter: 6
07 zum Teil auf DIN A 4-Blätter geklebt
09 deutsch- und fremdsprachige Zeitungen, Zeitschriften, andere Quellen
10 Schlag- und Stichwortkatalog
11 Schwerpunkte: Lokales

**Zeitungsbestand**
13 Kauf
14 Titel: 8 (1)
   Bände: ca. 680 (6)
15 bis vor 1900

**Darstellungen über das Archiv**
31 Manfred Börsch: Das Stadtarchiv Hameln, Hameln 1980

**Benutzung**
32 der Öffentlichkeit zugänglich
34 Benutzungsgebühren
35 Öffnungszeiten: Mo—Fr 9.00—12.00, Do 13.30—17.30 Uhr
36 Lesesaal/Benutzerraum vorhanden, Kopieren möglich

# Hanau

098

01 **Stadtarchiv Hanau,** Schloßplatz 2, 6450 *Hanau*, Tel.: 06181/295-918
03 Dr. Günter Rauch
04 1

**Aufgaben des Pressearchivs**
05 1. Stadtchronik (wichtige lokale Begebenheiten, Darstellung im laufenden Text mit Datum- und Quellenangabe, thematisch geordnetes Schlagwort-Register).
2. Pressedatei (Auswertung von Lokalzeitungen auf Karteikarten, chronologisch geordnet, jedoch lediglich Schlagwortvergabe, thematische Ordnung).
Kein Zeitungsausschnitt-Archiv.

**Zeitungsbestand**
13 Zuweisung

14 Titel: 4 (4)
   Bände: ca. 1200 (48)
15 bis vor 1900

**Darstellungen über das Archiv**
31 Moderne Städtechronistik im Stadtarchiv Hanau, in: Neues Magazin für Hanauische Geschichte 7 (3) 1981

**Benutzung**
32 der Öffentlichkeit zugänglich
34 keine Benutzungsgebühren
35 Öffnungszeiten:
   Mo—Fr 9.00—12.00 Uhr und nach Vereinbarung
36 Kopieren möglich

# Hannover

099

01 **Stadtarchiv Hannover,** Köbelingerstraße 59, Postfach 125, 3000 *Hannover* 1, Tel.: 0511/1682173
03 Dr. K. Mlynek
05 Das Archiv führt eine laufende, alphabetisch geordnete Stichwortkartei mit Angabe der Fundorte als Zeitungshinweiskartei

# Heidelberg

100

01 **Stadtarchiv Heidelberg,** Abt. Presseausschnittsammlung, Heiliggeiststraße, Postfach 105520, 6900 *Heidelberg* 1, Tel.: 06221/58220
03 Berchtold, Karl (L),
   Dr. Ulrich Wagner (St und Nachfolger)
04 6 (2)

**Aufgaben des Pressearchivs**
05 Sichten, Erfassen, Auswerten und Systematisieren der einschlägigen Presseartikel

**Presseausschnittarchiv**
06 seit 1968
07 Regalmeter/Schrankmeter: 8 lfd.m, davon Sacharchiv: 5,5;
   Personenarchiv: 0,5 lfd.m

08 auf DIN A 4-Blätter geklebt
09 deutsche und fremdsprachige Zeitungen, Zeitschriften, sonstige Quellen
10 eigene Systematik, Schlag- und Stichwortkatalog
11 Kultur, Sport, Vermischtes, Inland, Ausland, Prozesse.
12 Schwerpunkte: Regionales/Lokales

**Zeitungsbestand**
13 eigene Produktion und Kauf
14 Titel: 13 (3)
15 bis vor 1900

**Bildarchiv**
22 eigene und fremde Fotografen und aus anderen Quellen
23 bis zu 50 Jahren und älter
24 Negative: 80 000, davon s/w: 95 Prozent
   Dias: 1500
25 elektronische Verarbeitung ist vorgesehen
26 Schlagwortkatalog nach inhaltlichen Gesichtspunkten, systematische Aufstellung
27 Schwerpunkte: der städtische Bereich im umfassenden Sinne, Personen, Bauten, Politik, gesellschaftliches, wissenschaftliches, kulturelles, sportliches Leben

**Aktive Information**
29 Bearbeitung von Hintergrundmaterial
30 vorwiegend für den Hausbedarf

**Darstellungen über das Archiv**
31 in Bearbeitung, erscheint in „Der Archivar"

**Benutzung**
32 Fachinteressenten und der Öffentlichkeit zugänglich
34 Benutzungsgebühren (vereinzelt, soweit durch die Benutzungsordnung bedingt)
35 Öffnungszeiten: Mo–Fr 8.00–12.00 und 14.00–16.00 Uhr
36 Lesesaal/Benutzerraum vorhanden, Kopieren möglich, Mikroform-Lesegerät vorhanden

# Heilbronn

101
01 **Stadtarchiv Heilbronn,** Zeitgeschichtliche Sammlung und Fotostelle, Eichgasse 1 (Deutschhof),
7100 *Heilbronn*,
Tel.: 07131/56-2307 und 2292
03 Dr. Helmut Schmolz (L),
Hubert Weckbach (St)
04 9 (zeitgeschichtliche Sammlung 1, Fotostelle 1)

**Presseausschnittarchiv** [= Zeitgeschichtliche Sammlung]
06 seit 1963
07 Regalmeter/Schrankmeter: 1 190 Kästen mit durchschnittlich 2 cm Stärke, davon: Sacharchiv: ca. 20 Prozent, Personenarchiv: 20 Prozent, Firmen-/Institutionenarchiv: 60 Prozent
08 auf DIN A 4-Blätter geklebt
09 deutschsprachige Zeitungen
10 Schlag- und Stichwortkatalog
11 Schwerpunkte: ausschließlich Stadt Heilbronn einschließlich der acht eingemeindeten Ortsteile und (gebürtigen) Heilbronnern
12

**Zeitungsbestand**
13 Zuweisung
14 Titel: 7 (2)
15 bis vor 1900

**Zeitschriftenbestand**
der wissenschaftlichen Bibliothek des Stadtarchivs sind ca. 300 laufende Periodika zugeordnet

**Bildarchiv**
22 eigene und fremde Fotografen und aus anderen Quellen [vor allem Stiftungen aus der Bevölkerung]
23 ca. 10 Prozent älter als 50 Jahre
24 Negative: 45 000, überwiegend s/w
   Dias: 5630
   Papierkopien: 66 650
26 Schlagwortkatalog
27 Schwerpunkte: Alles, was Heilbronn bzw. (gebürtige) Heilbronner betrifft

**Benutzung**
32 der Öffentlichkeit zugänglich
34 keine Benutzungsgebühren [außer bei familiengeschichtlichen Forschungen]
35 Öffnungszeiten: Mo—Fr 8.00—12.00 und 14.00—16.00 Uhr, Mi bis 17.00 Uhr
36 Lesesaal/Benutzerraum vorhanden, Kopieren möglich, Mikroform-Lesegerät vorhanden

## Hilden

102
01 *Stadtarchiv Hilden,* Am Holterhöfchen 34, 4010 *Hilden,* Tel.: 02103/72 250
03 Dr. G. Müller (L), Frau Holtschke (St)
04 3

**Aufgaben des Pressearchivs**
05 Die Zeitungssammlung ist Teil des Stadtarchivs

**Presseausschnittarchiv**
06 seit 1977
07 Ordner: 40
08 auf DIN A 4-Blätter geklebt
10 eigene Systematik
11 Schwerpunkte: fast ausschließlich Lokalberichte aus Hilden

**Zeitungsbestand**
13 Kauf
14 Bände: 111 (1), (seit 1869 1 Band/Jahr)
15 bis vor 1900

**Benutzung**
32 der Öffentlichkeit zugänglich
34 keine Benutzungsgebühren
35 Öffnungszeiten: Mo—Do 8.00—12.00 und 14.00—16.00 Uhr, Fr 8.00—12.00 Uhr
36 Lesesaal/Benutzerraum vorhanden, Kopieren möglich

## Hildesheim

103
01 *Stadtarchiv und Stadtbibliothek Hildesheim,* Am Steine 7, 3200 *Hildesheim,* Tel.: 05121/12 061/62
02 Stadt Hildesheim, Markt 3, 3200 Hildesheim, Tel.: 05121/301-1, Telex 927 135
03 Dr. H.-G. Borck (L), Frau Kühl (St)
04 10 (2)

**Aufgaben des Pressearchivs**
05 Dokumentation der Hildesheimer Stadtgeschichte

**Presseausschnittarchiv**
06 seit 1964
08 auf DIN A 4-Blätter geklebt
09 deutschsprachige Ortszeitungen, Zeitschriften, andere Quellen
10 eigene Systematik, Schlag- und Stichwortkatalog
11 Schwerpunkte: fast ausschließlich Hildesheimer Stadt- und Regionalgeschichte
12 (einschließlich Politik, Wirtschaft, Kultur usw.)

**Zeitungsbestand**
13 Kauf, Zuweisung
14 Titel: 79 (7) Bände: ca. 1730 (18)
15 bis vor 1900

**Bildarchiv**
22 eigene und fremde Fotografen und aus anderen Quellen
23 bis zu 50 Jahren und älter
24 Negative s/w: 7200 Dias: ca. 900 (ca. 800 farbig) Papierkopien: ca. 4500
26 Schlagwortkatalog nach inhaltlichen Gesichtspunkten
27 Schwerpunkte: Stadt Hildesheim — Bauten, Ereignisse

**Aktive Information**
29 Erstellen von Chroniken und anderes
30 Alt-Hildesheim, Jahrbuch der Stadt und Stift Hildesheim (52 Bände seit 1919) Schriftenreihe des Stadtarchivs und der Stadtbibliothek (9 Bände seit 1962)

### Darstellungen über das Archiv

31 Rudolf Zoder: Das Stadtarchiv Hildesheim von den Anfängen bis zur Gegenwart, in: Alt-Hildesheim Nr. 37-1966, S. 1—11

### Benutzung

32 der Öffentlichkeit zugänglich

34 Benutzungsgebühren werden zum Teil erhoben

36 Lesesaal/Benutzerraum vorhanden, Kopieren möglich, Mikroform-Lesegerät vorhanden

# Hof

104

01 **Stadtarchiv Hof,** Unteres Tor 9, Postfach 1665, 8670 *Hof/Saale,* Tel.: 09281/815-451

03 Fred Händel (L)

04 3 (1)

### Aufgaben des Pressearchivs

05 Die zeitgeschichtliche Sammlung des Stadtarchivs Hof enthält die in der Stadt Hof erschienenen Tageszeitungen (gebunden) und eine auf Ereignisse und Einrichtungen in der Stadt Hof begrenzte Ausschnittsammlung

### Presseausschnittarchiv

06 seit ca. 1933

07 Regalmeter/Schrankmeter: 17 (in vier Schränken)

08 auf DIN A 4-Blätter aufgeklebt

09 Lokalpresse (nur, soweit auf die Stadt Hof bezogen)

10 eigene Systematik (vierstellige Dezimalzahlen)

11 Schwerpunkte: Regionales/Lokales, (fast ausschließlich Stadt Hof, Stadtgeschichte)

### Zeitungsbestand

13 Kauf

14 Titel: 9 (3)
Bände: ca. 1100 (14)

15 bis vor 1900

### Bildarchiv

22 eigene und fremde Fotografen und aus anderen Quellen

23 bis zu 50 Jahren und älter

24 Umfang zur Zeit nicht feststellbar

26 systematische Aufstellung

27 Schwerpunkte: Stadt Hof und nähere Umgebung; Stadtgeschichte

### Benutzung

32 Fachinteressenten und der Öffentlichkeit zugänglich

34 keine Benutzungsgebühren

35 Öffnungszeiten: Mo—Fr 8.00—12.00, Mo und Do 14.00—16.00 Uhr

36 Lesesaal/Benutzerraum vorhanden, Kopieren möglich (außer Haus)

# Hürth

105

01 **Stadtarchiv Hürth,** Weierstraße 2—4, 5030 *Hürth,* Tel.: 02233/65192

02 Stadt Hürth, Postfach 2901, 5030 Hürth, Tel.: 02233/531

03 Raimund Emmerich, Manfred Faust

04 3 (1)

### Aufgaben des Pressearchivs

05 Sammlung des Lokalteils der örtlichen Tageszeitungen sowie der Anzeigenblätter, die in der Stadt Hürth erscheinen

### Zeitungsbestand

13 Kauf

14 Titel: 5 (5)

15 bis 1949

### Benutzung

32 der Öffentlichkeit zugänglich

34 Benutzungsgebühren

35 Öffnungszeiten: Di 8.00—12.00 Uhr, Do 8.00—12.00 und 13.30—17.30 Uhr

36 Lesesaal/Benutzerraum vorhanden, Kopieren möglich

## Idar-Oberstein

**106**

01 **Stadtarchiv Idar-Oberstein,**
Am Markt 2, 6580 *Idar-Oberstein*,
Tel.: 06781/42604

03 Reiner Lang (L)

04 1

**Aufgaben des Pressearchivs**

05 Dokumentation von Geschehnissen und Ereignissen, die die Stadt Idar-Oberstein betreffen

**Presseausschnittarchiv**

06 seit 1956

07 Regalmeter/Schrankmeter: 6

08 auf DIN A 4-Blätter geklebt

09 eigene Produktion

10 eigene Systematik

11 Politik, Wirtschaft, Kultur, Sport, Vermischtes.

12 Schwerpunkte: nur Stadtgebiet von Idar-Oberstein

**Benutzung**

32 der Öffentlichkeit zugänglich

34 keine Benutzungsgebühren

35 Öffnungszeiten: nach Vereinbarung

36 Lesesaal/Benutzerraum vorhanden

## Ingolstadt

**107**

01 **Stadtarchiv Ingolstadt,**
Auf der Schanz 45, Postfach 2840,
8070 *Ingolstadt*, Tel.: 0841/305-8421

03 Dr. S. Hofmann (L), Ch. Dittmar (St)

04 20 (3)

**Aufgaben des Pressearchivs**

05 Stadtarchiv in Personalunion mit Wiss. Stadtbibliothek und Stadtmuseum
1.) Ergänzung der Originalquellen (Akten) durch gedruckte Information
2.) Möglichkeit rascher Lieferung von Information an weiteste Benutzerkreise
3.) Aufbau einer Chronik lokaler und regionaler Geschehnisse

**Presseausschnittarchiv**

06 seit 1966 (nicht systematisch geordneter Bestand weiter zurück) Übernahme durch Aussonderung vom Presseamt der Stadt

07 Regalmeter/Schrankmeter: 21

08 auf DIN A 4-Blätter geklebt

09 eigene Produktion, Lokalpresse und sonstige deutschsprachige Zeitungen

10 eigene Systematik

11 Schwerpunkte: fast ausschließlich Lokal- und Regionalgeschichte, Marie-Luise-Fleißer-Dokumentation

**Zeitungsbestand**

13 Kauf

14 Titel: 13 (2)
Bände: 2017 (11)

15 bis vor 1900

**Zeitschriftenbestand**

16 Kauf, Tausch und Schenkung

17 Titel: 66

18 bis vor 1900

**Wissenschaftliche Stadtbibliothek**

19 Tausch, Kauf, Schenkung, Pflichtexemplar und Zuweisung

20 Bände: ca. 50000 [500—1000]

21 Alphabetische Titelaufnahme, Systematischer Katalog, Schlag- und Stichwortkatalog

**Bildarchiv**

22 eigene und fremde Fotografen und aus anderen Quellen

23 bis zu 50 Jahren und älter

24 Negative: 47500; davon s/w: 47000
Dias: 7000; Papierkopien: 28000

26 systematische Aufstellung

27 Schwerpunkte: Lokalgeschichtliche Ereignisse, Ausbau der Marie-Luise-Fleißer-Dokumentation (erschlossen im Schlagwortkatalog der Wissenschaftlichen Bibliothek)

**Aktive Information**

29 Erstellen von Chroniken

30 a) Ingolstädter Heimatblätter (als Beilage zum Donau-Kurier)
b) Sammelblatt des Historischen Vereins Ingolstadt

**Benutzung**
32 der Öffentlichkeit zugänglich
34 Benutzungsgebühren (für wissenschaftliche Forschung frei, mit Ausnahme von Foto- und Reprokosten)
35 Öffnungszeiten: Mo, Di, Mi, Do, Fr 8.00—12.00 Uhr, Mo, Mi, Do 14.00—16.00 Uhr, Di 14.00—18.00 Uhr
36 Lesesaal/Benutzerraum vorhanden, Kopieren möglich, Mikroform-Lesegerät vorhanden

## Isny

108
01 *Stadtarchiv Isny,* Rathaus, Postfach 1140, 7972 *Isny* im Allgäu, Tel.: 07562/601
03 Margarete Stützle (L)

**Aufgaben des Pressearchivs**
05 Nach Sachgruppen aufgeschlüsselte Sammlung aller die Stadt Isny, die eingemeindeten Ortschaften (Beuren, Großholzleute, Rohrdorf, Neutrauchburg) sowie die engere Umgebung betreffenden Veröffentlichungen in der „Schwäbischen Zeitung".

**Presseausschnittarchiv**
06 seit Juli 1972
Ergänzung durch Ankauf der Sammlung Bader (Zeitungsausschnittsammlung, ca. 1950—1974)
07 Regalmeter/Schrankmeter: 14
08 auf DIN A 4-Blätter geklebt
09 Schwäbische Zeitung
10 eigene Systematik, Dezimalklassifikation, Schlagwort-/Stichwortkatalog
11 Wirtschaft, Kultur, Sport, Vermischtes, Theaterrezensionen, Buchrezensionen, Bildende Kunst, sonstige Themen.
12 Schwerpunkte: Regionales/Lokales

**Zeitungsbestand**
13 Kauf
14 Titel: 4 (1)
Bände: 240 (4)
15 bis vor 1900

**Benutzung**
32 der Öffentlichkeit zugänglich
35 Öffnungszeiten nach Vereinbarung
36 Lesesaal/Benutzerraum vorhanden, Kopieren möglich

## Kaiserslautern

109
01 *Stadtarchiv Kaiserslautern,* Rathaus, Schloßstraße, 6750 *Kaiserslautern,* Tel.: 0631/852-493
03 Heinz Friedel (L), Dieter Kämmer (St)
04 2

**Aufgaben des Pressearchivs**
05 Bereitstellung des Materials für die Verwaltung und Unterstützung der Heimatforschung

**Presseausschnittarchiv**
06 seit 1935
07 Einzelstücke: [90 000], Dossiers: 1 000 davon Sacharchiv: [72 000], Personenarchiv: [18 000]
Regalmeter/Schrankmeter: 55
08 auf DIN A 4-Blätter geklebt oder in anderer Größe formatiert
09 Ortspresse
10 eigene Systematik, Fundbuch
11 Politik, Wirtschaft, Kultur, Sport, Vermischtes, Prozesse, Theaterrezensionen, Bildende Kunst, sonstige Themen.
12 Schwerpunkte: Regionales/Lokales

**Zeitungsbestand**
13 Zuweisung
12 Titel: 20 (2)
Bände: 1 050 (7)
15 bis vor 1900

**Aktive Information**
29 s. 05

**Benutzung**
32 der Öffentlichkeit zugänglich
34 keine Benutzungsgebühren
35 Öffnungszeiten: Di—Fr 9.00—12.00 Uhr und Mo—Fr 14.00—16.00 Uhr
36 Lesesaal/Benutzerraum vorhanden, Kopieren möglich

## Kamen

**110**

01 **Stadt Kamen,** Pressearchiv, Referat für Öffentlichkeitsarbeit, Postfach 1580, 4618 *Kamen,* Tel.: 02307/1481

### Aufgaben des Pressearchivs
05 Sammlung für die Stadt bedeutsamer Artikel, die in den beiden Lokalzeitungen erschienen sind

### Presseausschnittarchiv
06 seit ca. 1975
07 Regalmeter/Schrankmeter: ca. 40
08 auf DIN A 4-Blätter geklebt
09 deutschsprachige Zeitungen
10 eigene Systematik
12 Schwerpunkte: Stadt Kamen

### Bildarchiv
22 eigene und fremde Fotografen
23 bis zu 5 Jahren
24 Papierkopien: ca. 6000
26 Schlagwortkatalog
27 Schwerpunkte: lokale Ereignisse

### Aktive Information
30 Reportagen—Meinungen—Informationen (Zeitschrift der Stadt Kamen, erscheint unregelmäßig)

### Benutzung
32 nur hauseigen
34 keine Benutzungsgebühren
36 Kopieren möglich

## Kassel

**111**

01 **Stadtarchiv Kassel,** Wildemannsgasse 1 (Marstall), 3500 *Kassel,* Tel.: 0561/7874050
02 Stadt Kassel, Obere Königstraße 8, 3500 Kassel, Tel.: 0561/7871
03 Volker Quer (L), Frank-Roland Klaube (St)
04 4

### Aufgaben des Pressearchivs
05 Dokumentation sämtlicher stadtgeschichtlich relevanter Ereignisse und Zustände im Gebiet der Stadt Kassel

### Presseausschnittarchiv
06 seit 1945
   Ergänzung durch Ankauf von Privatsammlungen (1918—1945)
07 Regalmeter/Schrankmeter: 49, davon Sacharchiv: 36,5 m, Personenarchiv: 12,5 m = über 3200 Mappen
08 zum Teil nicht aufgeklebt, zum Teil auf DIN A 4-Blätter geklebt
10 eigene Systematik
   Schlag- und Stichwortkatalog
11 Politik, Wirtschaft, Kultur, sonstige Themen.
12 Schwerpunkte: Regionales/Lokales (Stadt Kassel)

### Zeitungsbestand
13 Kauf
14 Titel: 4 (1)
   Bände: 359 (12)
15 seit 1945

### Zeitschriftenbestand
16 Kauf
17 Titel: 27 (12)
   Bände: 521 (12)
18 vor 1900

### Darstellungen über das Archiv
31 Frank-Roland Klaube: Das Archiv der Stadt Kassel, in: Zeitschrift des Vereins für hessische Geschichte und Landeskunde, Band 81/1970, S. 181—194

### Benutzung
32 der Öffentlichkeit zugänglich
34 keine Benutzungsgebühren
35 Öffnungszeiten: Mo—Fr 9.00—12.30 Uhr, 14.00—16.00 Uhr
36 Lesesaal/Benutzerraum vorhanden, Kopieren möglich

## Kempten

112

01 **Stadtarchiv Kempten,**
Rathausplatz 3—5,
8960 *Kempten* (Allgäu),
Tel.: 0831/252-315

02 Stadt Kempten, Rathausplatz 29,
8960 Kempten (Allgäu),
Tel.: 0831/252-1

03 Dr. W. Haberl

04 3

### Aufgaben des Pressearchivs

05 Ein Presseausschnittarchiv ist hier nicht vorhanden. Bedingt durch einen Neu- bzw. Umbau kann für den Zeitungs- und Zeitschriftenbestand keine Anzahl der Titel bzw. der Bände mitgeteilt werden.

### Zeitungsbestand

13 Zuweisung

15 vor 1900 (1784)

### Zeitschriftenbestand

16 Kauf, Tausch, Schenkung

18 bis vor 1900

### Bildarchiv

22 von fremden Fotografen

23 bis zu 50 Jahren und älter

### Benutzung

32 Fachinteressenten und der Öffentlichkeit zugänglich

34 Öffnungszeiten: Mo—Fr 8.00—11.30 Uhr, Mo 15.30—18.00 Uhr, Mi 15.30—17.00 Uhr

36 Lesesaal/Benutzerraum vorhanden, Kopieren möglich

## Kirchheim u.T.

113

01 **Stadtarchiv Kirchheim unter Teck,**
Wollmarktstraße 30, Postfach 1452,
*7312 Kirchheim unter Teck,*
Tel.: 07021/502-314

02 Stadt Kirchheim unter Teck,
Marktstraße 14, Postfach 1452,
7312 Kirchheim unter Teck,
Tel.: 07021/502-1

03 (Stelle derzeit vakant; Betreuung durch Kreisarchivrat Drüppel, Kreisarchiv Esslingen)

04 2

### Aufgaben des Pressearchivs

05 Ersatz- und Ergänzungsdokumentation zur Zeitgeschichte der Stadt Kirchheim unter Teck und ihrer Region

### Presseausschnittarchiv

06 seit ca. 1955

07 Regalmeter/Schrankmeter: 5

08 zum Teil nicht aufgeklebt, zum Teil aufgeklebt auf DIN A 4-Blätter

09 Zeitungen, Zeitschriften, andere Quellen

10 eigene Systematik

11 Schwerpunkte: Regionales/Lokales

### Zeitungsbestand

13 Zuweisung

14 Titel: 1 (1)
Bände: 193 (ca. 2)

15 bis vor 1900

### Zeitschriftenbestand

16 Kauf, Schenkung, Zuweisung

17 Titel: 26 (5)
Bände: 1033

### Bildarchiv

22 eigene und fremde Fotografen und aus anderen Quellen

23 bis zu 50 Jahren und älter

26 Schlagwortkatalog, systematische Aufstellung

27 Schwerpunkte: fast ausschließlich Stadtgeschichte und Stadtentwicklung der Stadt Kirchheim unter Teck

## Kleve

114

01 **Stadtarchiv Kleve,**
Tiergartenstraße 41, Postfach 1960,
4190 *Kleve,* Tel.: 02821/84340

03 Dr. K. Flink (L)

04 2

**Presseausschnittarchiv**
06 seit 1972
07 Dossiers: 1 123
08 auf DIN A 4-Blätter geklebt
09 Zeitungen, Zeitschriften, andere Quellen
10 eigene Systematik
11 Schwerpunkte: Lokales

**Benutzung**
32 der Öffentlichkeit zugänglich
34 Benutzungsgebühren
35 Öffnungszeiten: Mo—Do 8.00—17.30 Uhr, Fr 8.00—13.30 Uhr
36 Lesesaal/Benutzerraum vorhanden, Kopieren möglich, Mikroform-Lesegerät vorhanden, Rückvergrößerung möglich

## Konstanz
115
01 **Stadtarchiv Konstanz,** Katzgasse 3, 7750 *Konstanz*, Tel.: 07531/284-247
03 Prof. Dr. H. Maurer

**Presseausschnittsammlung**
06 Das Stadtarchiv führt seit Herbst 1981 eine laufende Presseausschnittsammlung

## Krefeld
116
01 **Stadtarchiv Krefeld,** Luth.-Kirch-Straße 27, Postfach 27 40, 4150 *Krefeld*, Tel.: 02151/86 25 70
03 Dr. G. Rotthoff (L)

**Zeitungsausschnittsammlung**
06 In den bald 4000 Ausschnittmappen mit jeweils unterschiedlich vielen Ausschnitten werden ausschließlich Krefelder Betreffe erfaßt. Als Findmittel zu den durchgezählten Mappen dient eine Stich- und Schlagwortkartei. Außerdem werden von den hier erscheinenden Tageszeitungen eine vollständig und von der zweiten die Lokalteile archiviert. Über das städt. Presseamt erhält das Stadtarchiv fallweise Ausschnitte aus fremden Zeitungen, die Krefeld betreffen.

07 Dossiers: ca. 4000
10 Stich- und Schlagwortkartei
11 Schwerpunkte: Regionales/Lokales (Stadt Krefeld)

## Kulmbach
117
01 **Stadtarchiv Kulmbach,** Bauergasse 4, Postfach 19 69, 8650 *Kulmbach*, Tel.: 09221/802-296
03 Richard Lenker (L)
04 2

**Aufgaben des Pressearchivs**
05 Erstellen der Stadt- und Zeitchronik

**Presseausschnittarchiv**
06 seit 1900
07 Einzelstücke: 8 000, davon Personenarchiv: 688, Firmen-/Institutionen-Archiv: 230, Regalmeter/Schrankmeter: 12
08 auf DIN A 4-Blätter aufgeklebt
10 eigene Systematik
11 Vermischtes
12 Schwerpunkte: Regionales/Lokales

**Zeitungsbestand**
13 Kauf
14 Titel: 4 (1)
15 bis vor 1900

**Zeitschriftenbestand**
16 Kauf
17 Bände: 490 (5)

**Bildarchiv**
22 eigene und fremde Fotografen
23 bis zu 50 Jahren und älter
27 Schwerpunkte: Stadt- und Zeitchronik

**Benutzung**
32 nur hauseigene, in Ausnahmefällen für Fachinteressenten
34 keine Benutzungsgebühren
35 Öffnungszeiten: Mo—Do 8.00—12.00, 14.00—16.00 Uhr, Fr 8.00—12.00 Uhr
36 Lesesaal/Benutzerraum vorhanden, Kopieren möglich

## Landau

**118**

01 *Stadtarchiv Landau in der Pfalz,*
Marienring 8, 6740 *Landau* i. d. Pf.,
Tel.: 06341/13-297
02 Stadtverwaltung Landau,
Stadthausgasse 3, 6740 Landau i. d. Pf.,
Tel.: 06341/131
03 Dr. Hans Heß (L)
04 2

### Aufgaben des Pressearchivs

05 Obsorge und laufende Ergänzung des Zeitungs-, Zeitschriften- und Zeitungsausschnitt-Bestandes in der Abtl. „Stadtarchiv und Museum" der Stadtverwaltung Landau in der Pfalz

### Presseausschnittarchiv

06 seit 1921 (Lücken!)
Übernahme: ehem. Sammlung Heinrich Kohl
07 Dossiers: 815,
Regalmeter/Schrankmeter: 3
08 zum Teil auf DIN A 4-Blätter aufgeklebt, zum Teil nicht aufgeklebt und in anderer Größe formatiert
09 deutsch- und fremdsprachige Zeitungen, Zeitschriften, andere Quellen
10 Schlag- und Stichwortkatalog und chronologische Ablage
11 Schwerpunkte: Regionales/Lokales (Zeitgeschichte der Stadt Landau in der Pfalz)

### Zeitungsbestand

13 Kauf
Übernahme der ehemaligen Sammlung Heinrich Kohl
14 Titel: 19 (1)
Bände: 769 (9)
15 bis vor 1900

### Zeitschriftenbestand

16 Kauf
Übernahme der ehemaligen Sammlung Heinrich Kohl
17 Titel: 100 (24)
Bände: 500 (20)
18 bis vor 1900

### Bildarchiv

22 eigene und fremde Fotografen und aus anderen Quellen
23 bis zu 50 Jahren und älter
24 Negative: 2100, davon 2000 s/w
Dias: 1300, davon farbig: 200
Papierkopien: 14000 (auf Karteikarten und in Alben)
25 elektronische Verarbeitung (teilweise: Marburger Index)
26 Schlagwortkatalog
27 Schwerpunkte: Geschichte der Stadt Landau in der Pfalz (Landavia) und Palatina (=Pfalz)

### Aktive Information

29 Erstellen von Chroniken (Stadtchronik)

### Benutzung

32 der Öffentlichkeit zugänglich
34 Benutzungsgebühren (bei gewerblicher Auswertung)
35 Öffnungszeiten: Mo—Fr 8.00—12.00 Uhr und 14.00—16.00 Uhr
36 Lesesaal/Benutzerraum vorhanden, Kopieren möglich

## Landshut

**119**

01 *Stadtarchiv Landshut,* Altstadt 79,
Residenz, 8300 *Landshut,*
Tel.: 0871/88218
02 Stadt Landshut, Rathaus,
Postfach I/411, 8300 Landshut
03 Dr. Georg Spitzlberger (L)
04 1

### Aufgaben des Pressearchivs

05 Ausschnittsammlung als eine der Quellen für die Stadtchronik

### Presseausschnittarchiv

06 seit 1970
07 Ordner: ca. 80
08 auf DIN A 4-Blätter geklebt
09 Landshuter Zeitung
10 eigene Systematik
11 Politik, Wirtschaft, Kultur, Vermischtes, Inland.
12 Schwerpunkte: Regionales/Lokales

*Staats- und Kommunalarchive*

**Zeitungsbestand**
13 Kauf
14 Titel: 2 (1)
15 bis vor 1900

**Benutzung**
32 nur hauseigene, in Ausnahmefällen für Fachinteressenten
35 Öffnungszeiten: Mo—Fr 7.30—12.00 u. 13.30—16.00 Uhr
36 Lesesaal/Benutzerraum vorhanden

# Ludwigsburg

120

01 **Staatsarchiv Ludwigsburg,**
Schloßstraße 30 (Schloß),
7140 *Ludwigsburg*, Tel.: 07141/1412479
03 Dr. Alois Seiler (L),
Dr. Wolfgang Schmierer (St)
04 ca. 30 (4)

**Presseausschnittarchiv**
06 seit ca. 1965
07 Zeitungsausschnitte: ca. 10000,
Mappen: 2530,
Regalmeter/Schrankmeter: 7,5, davon 6 m Sacharchiv, 1,5 Personenarchiv
08 auf DIN A 4-Blätter geklebt
10 eigene Systematik
11 Politik, Kultur.
12 Schwerpunkte: Regionales/Lokales

**Zeitungsbestand**
13 Kauf
14 Titel: 8 (1)
Bände: ca. 400 (12)
15 bis vor 1900

**Zeitschriftenbestand**
16 Kauf
17 Titel: ca. 30 (ca. 20)
Bände: ca. 2000
18 bis vor 1900

**Aktive Information**
30 Mitherausgabe der „Ludwigsburger Geschichtsblätter"

**Benutzung**
32 in Ausnahmefällen für Fachinteressenten
34 keine Benutzungsgebühren
35 Öffnungszeiten:
Mo—Fr 8.30—16.30 Uhr
36 Lesesaal/Benutzerraum vorhanden, Kopieren möglich, Mikroform-Lesegerät vorhanden, Rückvergrößern möglich

121

01 **Stadtarchiv Ludwigsburg,**
Kaiserstraße 14, Postfach 249,
7140 *Ludwigsburg*, Tel.: 07141/18-412
02 Stadtverwaltung Ludwigsburg,
Wilhelmstraße 11, Postfach 249,
7140 Ludwigsburg
03 W. Läpple
04 1 (1)

**Aufgaben des Pressearchivs**
05 Gegenstand der Sammlung sind vor allem die die Stadt und Stadtteile betreffenden personen- und (zeit)geschichtlich bedeutsamen Zeitungsaufsätze und -mitteilungen. Es werden aber auch sich auf den Kreis und das Land Baden-Württemberg beziehende Zeitungsausschnitte gesammelt.

**Presseausschnittarchiv**
06 seit 1900
07 Büschel: 1147, Regalmeter/Schrankmeter: 5 lfd. m
08 aufgeklebt und in Mappen aufbewahrt
09 deutschsprachige Zeitungen, Zeitschriften, andere Quellen
10 eigene Systematik, Schlag- und Stichwortkatalog
12 Schwerpunkte: Regionales/Lokales

**Zeitungsbestand**
13 Kauf, Zuweisung
14 Titel: 2 (1)
Bände: 302
Mikrofilme: ca. 350
15 bis vor 1900

**Benutzung**
32 der Öffentlichkeit zugänglich
34 Benutzungsgebühren

35 Öffnungszeiten: Mo, Di, Do, Fr
8.00—11.30 Uhr, Mo 13.30—16.00 Uhr,
Do 13.30—15.30 Uhr
36 Lesesaal/Benutzerraum vorhanden, Kopieren möglich, Mikroform-Lesegerät vorhanden

# Ludwigshafen
122
01 *Stadtarchiv Ludwigshafen,*
Rottstraße 17, Postfach 21 12 25,
6700 *Ludwigshafen,* Tel.: 0621/504 2042
02 Stadt Ludwigshafen, Rathausplatz 20, Postfach 21 21 25, 6700 Ludwigshafen a. Rh., Tel.: 0621/504-1, Telex: 464 861
03 Dr. Siegfried Fauck (L),
Dr. Willi Breunig (St)
04 11 (4)

### Aufgaben des Pressearchivs
05 Die Zeitungsbestände des Stadtarchivs dienen der zeitgeschichtlichen Dokumentation. Sie ergänzen die sonstigen Archivbestände und bilden eine wesentliche Grundlage für geschichtliche Informationen, insbesondere zur jüngeren Entwicklung Ludwigshafens und der Pfalz.

### Presseausschnittarchiv
06 seit 1864
Ergänzung durch Ankauf von: Zeitungsausschnittbüro Metropol-Gesellschaft, Berlin
07 Einzelstücke: [33 000], Dossiers: [170], Regalmeter: 14, davon Sacharchiv: 10 m, Personenarchiv: 1 m,
Firmen-/Institutionen-Archiv: 3 m
08 auf DIN A 4-Blätter geklebt
09 deutschsprachige Zeitungen, Zeitschriften, andere Quellen
10 Schlag- und Stichwortkatalog
11 Politik, Wirtschaft, Kultur, Sport, Bildende Kunst, sonstige Themen.
12 Schwerpunkte: Regionales/Lokales

### Zeitungsbestand
13 Kauf, Zuweisung
14 Titel: 25 (5), Bände: 2 300 (30), Mikrofilme: 135
15 bis vor 1900

### Zeitschriftenbestand
16 Kauf, Tausch, Schenkung, Zuweisung
17 Titel: 300 (75), Bände: 6 000 (400)
18 bis vor 1900

### Bildarchiv
22 eigene und fremde Fotografen und aus anderen Quellen
23 bis zu 50 Jahren und älter
24 Negative: 8 400,
davon schwarz/weiß: 8 400
Dias: 1 400, davon farbig: 100
Papierkopien: 13 000

### Darstellungen über das Archiv
31 Siegfried Fauck: Stadtarchiv und Stadtmuseum Ludwigshafen 1945—1970; Aufsatz in: Pfälzer Heimat, 21. Jahrgang 1970, S. 72 ff.

### Benutzung
32 der Öffentlichkeit zugänglich
34 keine Benutzungsgebühren
35 Öffnungszeiten: werktags 8.30—12.00 Uhr und 13.30—17.00 Uhr
36 Lesesaal/Benutzerraum vorhanden, Kopieren möglich

# Lüdenscheid
123
01 *Stadtarchiv Lüdenscheid,*
Rathausplatz 2, Postfach 27 40,
5880 *Lüdenscheid,* Tel.: 02351/171,
Telex: 826 718
03 Dieter Saal (L), Waldemar Bregulla (St)
04 2

### Aufgaben des Pressearchivs
05 Sammlung sämtlicher für den Bereich der Stadt Lüdenscheid erscheinenden Tageszeitungen mit einem Lüdenscheider Lokalteil. Auswertung der lokalen Berichterstattung in Form von Zeitungsausschnitten mit dazugehöriger Kartei (Schlagwortkatalog).

### Presseausschnittarchiv
06 seit 1972
07 Regalmeter/Schrankmeter: 14, davon Sacharchiv: 6 m, Personenarchiv: 6 m, Firmen-/Institutionen-Archiv: 2 m

*Staats- und Kommunalarchive*

08 auf DIN A 4-Blätter geklebt
09 eigene Produktion
10 eigene Systematik, Schlag- und Stichwortkatalog
11 Schwerpunkte: Regionales/Lokales

**Zeitungsbestand**
13 Kauf, Schenkung
14 Titel: 20 (2), Jahreszugang: 24
15 a bis vor 1900

**Zeitschriftenbestand**
16 Kauf, Schenkung
17 Titel: 12 (5), Jahreszugang: 39
18 bis vor 1933

**Bildarchiv**
22 eigene und fremde Fotografen und aus anderen Quellen
23 bis zu 50 Jahren und älter
24 Negative: ca. 5 600, davon ca. 5 500 schwarz-weiß
Dias: ca. 3 000, davon ca. 3 000 farbig
26 systematische Aufstellung
27 Schwerpunkte: Gebäude im Stadtgebiet von Lüdenscheid, insbesondere Gebäude und Bauwerke, die auf Abbruch stehen

**Aktive Information**
29 Dieter Saal und Waldemar Bregulla: Das Stadtarchiv Lüdenscheid —
30 Bestandsübersicht, Lüdenscheid 1973, 43 Seiten (vergriffen)

**Darstellungen über das Archiv**
31 Wilhelm Sauerländer: Das Archiv der Stadt Lüdenscheid (in: Der Märker, 7. Jahrgang, 1958, Heft 1, Seiten 18 folgende)
Wilhelm Sauerländer: Das Archiv der Stadt Lüdenscheid (in: Lüdenscheider Nachrichten, 27.7.1960)
Dieter Saal: Das Stadtarchiv im Dienste des Bürgers (in: Lüdenscheider Informationen, Mai 1974)
Dieter Saal: Das Stadtarchiv Lüdenscheid (in Festschrift zum Kreisheimattag '78 des Heimatbundes Märkischer Kreis, 1978, Seiten 60—63)

**Benutzung**
32 der Öffentlichkeit zugänglich
34 keine Benutzungsgebühren
35 Öffnungszeiten: Mo—Fr 8.00—12.00 Uhr und Mo-Mi 14.00—16.00 Uhr oder nach besonderer vorheriger Vereinbarung

# Lüneburg

124
01 **Stadtarchiv Lüneburg,** Waagestraße (Rathaus), Postfach 25 40, 2120 *Lüneburg*, Tel.: 04131/24-248 und 249, Telex: 2 182 190
02 Stadt Lüneburg, Rathaus, Am Ochsenmarkt, Postfach 25 40, 2120 Lüneburg, Tel.: 04131/24-1, Telex: 2 182 190
03 Dr. Uta Reinhardt (L), Gabriele Dickow (St)
04 6 (2)

**Aufgaben des Pressearchivs**
05 Sammlung der lokalen Zeitungen (Lüneburger Landeszeitung, Lünepost) bis 1977 als Zeitungsausschnittsammlung, seitdem als Zeitungsbandsammlung; Sammlung von Fotos

**Presseausschnittarchiv**
06 vereinzelt seit ca. 1920, systematisch seit ca. 1950
07 Ausschnitte: 7,70 lfd. m
08 auf DIN A 4-Blätter aufgeklebt
09 eigene Produktion
10 eigene Systematik, Schlag- und Stichwortkatalog
sonstige Erschließungsmittel (Listen, Sachgliederung)
11 Politik, Wirtschaft, Kultur, Sport, Prozesse, Buchrezensionen, Theaterrezensionen, Filmrezensionen, Bildende Kunst, sontige Themen.
12 Schwerpunkte: alle genannten Rubriken beziehen sich auf die Stadt und in begrenztem Umfang auf den Landkreis Lüneburg

### Zeitungsbestand
13 Kauf
14 pro Monat 1 Band (1,50 lfd. m)
15 seit 1977

### Bildarchiv
22 eigene und fremde Fotografen und aus anderen Quellen
23 bis zu 50 Jahren und älter
26 Schlagwortkatalog, systematische Aufstellung
27 Schwerpunkte: fast ausschließlich Stadtgeschichte Lüneburg (s.o.)

### Aktive Information
30 gelegentliche Ausstellungskataloge

### Darstellungen über das Archiv
31 Gustav Luntowski: Stadtarchiv und Ratsbücherei Lüneburg, Museumsverein 1963
Gustav Luntowski: Der Ausbau des Stadtarchivs Lüneburg; in: Der Archivar, 14. Jg., Juli 1961, H. 3, S. 246 desgleichen in Lüneburger Blätter H. 11—12/1961
Uta Reinhardt: Übersicht über die Bestände des Stadtarchivs Lüneburg, Lüneburg 1979

### Benutzung
32 der Öffentlichkeit zugänglich
34 Benutzungsgebühren nur für Familienforschung
35 Öffnungszeiten: Mo—Fr 8.00—12.30 Uhr und 13.00—16.00 Uhr
36 Lesesaal/Benutzerraum vorhanden, Kopieren möglich (nur außer Haus), Mikroform-Lesegerät vorhanden, Rückvergrößern möglich

# Mannheim

**125**

01 *Stadtarchiv Mannheim,*
E.5 (Rathaus), 6800 *Mannheim* 1, Tel.: 0621/293-2630
03 Dr. Jörg Schadt (L),
Dr. Michael Martin (St)

### Aufgaben des Pressearchivs
05 Es handelt sich um eine für archivische Zwecke angelegte „Zeitgeschichtliche Sammlung", die neben Presseausschnitten auch sonstiges Druckgut aufnimmt. Sie ergänzt die vorhandenen Bestände und dient auch als Ersatzüberlieferung für Kriegsverluste.

### Presseausschnittarchiv
06 systematischer Aufbau seit 1965. Bestand reicht zurück bis 1914
07 Dossiers: [6 690], davon Sacharchiv: [2 345], Personenarchiv: [4 345]
08 auf DIN A 4-Blätter geklebt
09 Lokalpresse
10 Index, Stichwortkatalog
11 Politik, Wirtschaft, Kultur, Sport, Prozesse, Theaterrezensionen, Filmrezensionen, Bildende Kunst.
12 Schwerpunkte: Regionales, fast ausschließlich Stadtgeschichte Mannheim

### Bildarchiv
22 eigene und fremde Fotografen und aus anderen Quellen
23 bis zu 50 Jahren und älter
24 Negative: ca. 5 000 s/w
Dias: ca. 560
Papierkopien: ca. 20 000
26 Schlagwortkatalog, systematische Aufstellung
27 Schwerpunkte: Topographie, Persönlichkeiten und Zeitgeschehen der Stadt Mannheim mit Vororten

### Aktive Information
29 Erstellen von Chroniken
30 Das Stadtarchiv Mannheim gibt zwei Publikationsreihen heraus, in denen Quellen und Darstellungen zur Mannheimer Stadtgeschichte vorgelegt werden. Die Bände sind über den Buchhandel erhältlich.

### Darstellungen über das Archiv
31 Jacob Gustav: Zur Geschichte des städtischen Archivs, in: Mannheimer Hefte 2, 1962, S. 2—7; Einzelpublikationen in: Mannheimer Geschichtsblätter (1900—1939)

### Benutzung

32 der Öffentlichkeit zugänglich

34 Benutzungsgebühren

35 Öffnungszeiten:
Mo—Fr von 9.00—16.00 Uhr

36 Lesesaal/Benutzerraum vorhanden, Kopieren möglich, Mikroform-Lesegerät vorhanden, Rückvergrößern möglich

## Memmingen

**126**

01 **Stadtarchiv Memmingen,**
Grimmelhaus, Ulmer Straße 19,
8940 *Memmingen*

03 U. Braun

### Presseausschnittarchiv

06 Die Presseausschnittsammlung konzentriert sich auf kulturelle und denkmalpflegerische Belange; sie wird für den Verein Heimatpflege geführt

## Mönchengladbach

**127**

01 **Stadtarchiv Mönchengladbach,**
Aachener Straße 2,
4050 *Mönchengladbach,*
Tel.: 02161/270-4232

### Presseausschnittarchiv

06 seit 1970

07 Regalmeter/Schrankmeter: 8

08 bis 1974 auf DIN A 4-Blätter geklebt, heute nicht aufgeklebt in Mappen/Kastenablage aufbewahrt

10 eigene Systematik

11 Schwerpunkte: Regionales/Lokales

### Zeitungsbestand

13 Schenkung

14 Titel: 10 (2)
Bände: ca. 1 100 (12)
Mikrofilme: 20

15 bis vor 1900

### Benutzung

32 der Öffentlichkeit zugänglich

34 keine Benutzungsgebühren

35 Öffnungszeiten: Mo—Fr 8.30—13.00 Uhr, Di 14.00—19.00 Uhr, Mo—Mi—Do 14.00—17.30 Uhr

36 Lesesaal/Benutzerraum vorhanden, Kopieren möglich, Mikroform-Lesegerät vorhanden

## München

**128**

01 **Staatsarchiv München,**
Schönfeldstraße 3, 8000 *München* 22,
Tel.: 089/2198-525

03 Dr. K. Frhr. v. Andrian-Werburg

### Aufgaben des Pressearchivs

05 Das Staatsarchiv führt keine eigene Presseausschnittsammlung. Es ist jedoch bestrebt, die verschiedener Behörden zu übernehmen. So findet sich hier beispielsweise eine Ausschnittsammlung der Pressestelle beim Oberlandesgericht München zu Prozessen, Strafvollzug u.ä. im Bereich des OLG für die Jahre 1965—1976 (Umfang: 227 Mappen) oder eine des Polizeipräsidiums München zu Fragen der öffentlichen Sicherheit im weitesten Sinn für die Jahre 1967—1975 (Umfang: 166 Mappen). Sobald von den entsprechenden Stellen weitere Jahrgänge abgegeben werden, werden auch diese übernommen.

### Zeitungsbestand

13 Eine Sammlung lokaler Tageszeitungen aus dem Gebiet des Regierungsbezirks Oberbayern ist derzeit im Aufbau begriffen. Da das Staatsarchiv keinen eigenen Erwerbstitel dafür besitzt, wird auch hier versucht, auf die bei verschiedenen Ämtern (vor allem Landratsämtern) anfallenden Bestände zurückzugreifen. Mit Ausnahme der Allgemeinen Zeitung (Augsburg), die das Staatsarchiv von Anfang des 19. Jahrhunderts bis 1887 nahezu lückenlos besitzt, sind andere Tageszeitungen frühestens ab der Nachkriegszeit vorhanden. Die Mehrzahl setzt erst Ende der siebziger Jahre ein. Genauere statistische Angaben lassen sich noch nicht machen.

## Mülheim

**129**

01 *Stadtarchiv der Stadt Mülheim a. d. Ruhr,* Aktienstraße 85,
4330 *Mülheim a. d. Ruhr,*
Tel.: 0208/455-4162

03 Dr. Kurt Ortmanns (L)

04 6 (1)

### Aufgaben des Pressearchivs

05 Sammlung aktueller Daten
a) Die Sammlung erfolgt in allen die Stadt Mülheim a. d. Ruhr tangierenden Bereichen,
b) in geringem Umfang ist auf die Allgemeinheit bezogenes Sammlungsgut vorhanden.

### Presseausschnittarchiv

06 seit 1972

07 Zeitungsausschnitte: [120 000], davon Personenarchiv: [18 000]
Regalmeter/Schrankmeter: [41]

08 auf DIN A 4-Blätter geklebt und in Mappen aufbewahrt
elektronische Speicherung und elektronisches Retrieval sind vorgesehen

09 deutschsprachige und fremdsprachige Zeitungen, Zeitschriften, andere Quellen

10 eigene Systematik

11 Theaterrezensionen, Bildende Kunst, sonstige Themen.

12 Schwerpunkte: Regionales/Lokales

### Zeitungsbestand

13 Kauf, Schenkung

14 Titel: [200], [10]

15 bis vor 1900

### Bibliothek

20 [1 lfd. km], jährlicher Zugang ca. 200 Bücher

21 Standortkatalog, Schlagwort-/Stichwortkatalog

### Bildarchiv

26 systematische Aufstellung

27 Schwerpunkte: Bereich Stadt Mülheim a. d. Ruhr

### Benutzung

32 der Öffentlichkeit zugänglich

34 keine Benutzungsgebühren

35 Öffnungszeiten:
Mo und Fr von 10.00—16.00 Uhr

36 Lesesaal/Benutzerraum vorhanden, Kopieren möglich, Mikroform-Lesegerät vorhanden, Rückvergrößern möglich

## Neuss

**130**

01 *Stadtarchiv Neuss,* Oberstraße 15,
4040 *Neuss* 1, Tel.: 02101/206-8310

03 Jürgen Huck (L), Claudia Chehab (St)

04 5

### Aufgaben des Pressearchivs

05 Gesammelt werden Presseausschnitte und auch Bilder zur Ergänzung des städtischen Schriftgutes.

### Presseausschnittarchiv

06 erst seit 1978 systematisch gesammelt, dennoch zahlreiche Ausschnitte 1945 ff., vereinzelt auch älter, vorhanden

07 Regalmeter/Schrankmeter: 50, davon Personenarchiv: 4 m,
Firmen-/Institutionen-Archiv: 6 m

08 auf DIN A 4 und DIN A 5 Blätter geklebt

09 nur Neusser Zeitungen

10 eigene Systematik, Dezimalklassifikation

11 Politik/Regionales

12 Schwerpunkte: fast ausschließlich alle Lebensbereiche der Stadt Neuss

### Zeitungsbestand

13 Kauf

14 Titel: 10
Bände: 717 (10)

15 bis vor 1900

### Bildarchiv

22 eigene und fremde Fotografen und aus anderen Quellen

23 bis zu 50 Jahren und älter

24 Negative s/w: 10 000
Dias: 2 000
Papierkopien: 13 000

26 systematische Aufstellung, gegliedert nach Findplan-Muster (vgl. Huck: „Das Bildarchiv einer Gemeinde, dargestellt am Beispiel der Stadt Porz", in: Der Archivar, 26. Jg., Sp. 291—296)

27 Schwerpunkte: fast ausschließlich Stadt Neuss

**Benutzung**

32 der Öffentlichkeit zugänglich

34 keine Benutzungsgebühren

35 Öffnungszeiten: Mo—Do 8.00—13.00 und 14.00—16.00 Uhr, Fr 8.00—13.00 und 14.00—15.30 Uhr

36 Lesesaal/Benutzerraum vorhanden, Kopieren möglich

## Neustadt

131

01 **Stadtarchiv Neustadt,** Dokumentationszentrum Klemmhof, Postfach 311, 6730 *Neustadt/W.,* Tel.: 06321/855-385

02 Stadt Neustadt/W., Marktplatz, Postfach 311, 6730 *Neustadt/W.,* Tel.: 06321/855-1, Telex: 454869

03 Claus Peter Westrich

04 5 (2)

**Aufgaben des Pressearchivs**

05 Zeitgeschichtliche Dokumentation (bezogen auf die Region) zur Ergänzung der Bestände.

**Presseausschnittarchiv**

06 seit ca. 1975

07 Zeitungsausschnitte/Einzelstücke: [90 000]
Dossiers: 200
Regalmeter/Schrankmeter: 22, davon Sacharchiv: 18 m, Personenarchiv: 2 m, Firmen-/Institutionen-Archiv: 2 m

08 auf DIN A 4-Blätter geklebt

09 deutschsprachige Zeitungen, Zeitschriften, andere Quellen

10 eigene Systematik

11 Politik, Wirtschaft, Kultur, Sport, Vermischtes, Buchrezensionen, Bildende Kunst, sonstige Themen.

12 Schwerpunkte: Regionales/Lokales

**Zeitungsbestand**

13 Kauf, Zuweisung

14 Titel: 17 (4)
Bände: 977, jährlich ca. 10

15 bis vor 1900

**Zeitschriftenbestand**

16 Kauf, Zuweisung

17 Titel: 23 (11)
Bände: größtenteils ungebunden, Zugang ca. 65 Hefte

18 bis vor 1933

**Aktive Information**

29 Erstellen von Chroniken/Wochenschauen

30 „Neustadt an der Weinstraße", Beiträge zur Geschichte einer pfälzischen Stadt, Neustadt 1975

**Darstellungen über das Archiv**

31 Rudolf Lembcke: Zur Geschichte des Stadtarchivs, in: Staatliches Käthe-Kollwitz-Gymnasium Neustadt a.d.W., Festschrift zur Namensgebung, 6. Juli 1968

**Benutzung**

32 der Öffentlichkeit zugänglich

34 keine Benutzungsgebühren

35 Öffnungszeiten: Mo—Fr 8.00—12.00 Uhr und 14.00—16.00 Uhr

36 Lesesaal/Benutzerraum vorhanden, Kopieren möglich

## Neuwied

132

01 **Stadtverwaltung Neuwied,** Referat für Öffentlichkeitsarbeit — Pressearchiv, Pfarrstraße 1, Postfach 1060, 5450 *Neuwied* 1, Tel.: 02631/802-219 und 221

03 Roland R. Knapp

04 2

**Aufgaben des Pressearchivs**

05 Sammlung kommunaler Presseberichte aus der Stadt Neuwied

**Presseausschnittarchiv**

06 seit 1972

07 Zeitungsausschnitte: [15 000]
08 auf DIN A 4-Blätter geklebt
09 eigene Produktion
10 Schlag- und Stichwortkatalog
11 Schwerpunkte: Lokales

**Bildarchiv**
22 von fremden Fotografen
23 bis zu 10 Jahren
24 Dias: 150, Papierkopien: 400
26 Schlagwortkatalog
27 Schwerpunkte: Kommunalpolitik der Stadt Neuwied

**Aktive Information**
30 „Leben in Neuwied", Zeitschrift für Bürger und Freunde Neuwieds

**Benutzung**
32 nur hauseigene, in Ausnahmefällen für Fachinteressenten

## Nördlingen

133

01 **Stadtarchiv Nördlingen,**
Marktplatz 1, 8860 *Nördlingen*,
Tel.: 09081/84-118
03 Dr. D.-H. Voges (L)
04 2 (1)

**Presseausschnittarchiv**
06 seit 1932/33
07 Einzelstücke: 58 Bände, Regalmeter/Schrankmeter: 3
08 auf DIN A 4-Blätter geklebt
10 Schlag-/Stichwortkatalog, Personen-Findbücher
11 Schwerpunkte: Regionales/Lokales

**Zeitungsbestand**
13 Kauf
14 Titel: 1
Bände: 378 (2)
15 bis vor 1900

**Bildarchiv**
22 von Fotografen und aus anderen Quellen
23 bis zu 50 Jahren und älter

24 Umfang nicht genauer zu bestimmen
27 Schwerpunkte: Nördlingen und das Ries, Bauten und Personen

**Benutzung**
32 der Öffentlichkeit zugänglich
34 Benutzungsgebühren (zum Teil)
35 Öffnungszeiten: nach Anmeldung
36 Lesesaal/Benutzerraum vorhanden

## Oberhausen

134

01 **Stadtarchiv Oberhausen,**
Sterkrader Straße (Schloß),
Postfach 10 15 05 u. 06,
4200 *Oberhausen* 1, Tel.: 0208/825-2734,
Telex 856898
03 Herr Hingmann (L), Herr Demele (St)
04 8 (2)

**Aufgaben des Pressearchivs**
05 Das Stadtarchiv verfügt „nebenbei" über ein Zeitungsarchiv und eine Presseausschnittsammlung

**Presseausschnittsammlung**
06 bis 1970 zeitweise / ab 1970 laufend
07 Zeitungsausschnitte: ca. 15 000
08 auf DIN A 4-Blätter geklebt
Mikroverfilmung vorgesehen (Planung auf lange Sicht)
09 deutschsprachige Zeitungen, Zeitschriften, andere Quellen
10 eigene Systematik (im Aufbau)
11 Schwerpunkte: fast ausschließlich auf die Stadt Oberhausen bezogen

**Zeitungsbestand**
13 Zuweisung
14 Titel: (2)
Bände: 1671
15 bis vor 1900

**Zeitschriftenbestand**
16 Kauf, Zuweisung
17 Bestand: noch zu ermitteln
18 bis vor 1900

### Bildarchiv
22 eigene und fremde Fotografen und aus anderen Quellen
23 bis zu 50 Jahren und älter
24 Umfang: noch zu ermitteln, Bildarchiv im Aufbau, geringer Bestand
26 systematische Aufstellung (im Aufbau)
27 Schwerpunkte: Stadt Oberhausen

### Benutzung
32 der Öffentlichkeit zugänglich
34 keine Benutzungsgebühren
35 Öffnungszeiten:
Mo-Fr 8.30—12.30 u. 13.30—15.30 Uhr, Do nachmittags bis 18.00 Uhr
36 Lesesaal/Benutzerraum vorhanden, Kopieren möglich

# Oberursel

**135**

01 **Stadtarchiv Oberursel,**
Schulstraße 22b, Postfach 1280, 6370 *Oberursel*/Taunus, Tel.: 06171/502472
02 Stadt Oberursel, Körnerstraße 15, Postfach 1280, 6370 Oberursel, Tel.: 06171/502472
03 Andrea Bott
04 3 (2)

### Aufgaben des Pressearchivs
05 Übersicht über die Oberurseler Belange betreffenden Zeitungsnotizen. Titelaufnahme, Signatur, Vermerke in den verschiedenen Katalogen und Findbüchern.

### Presseausschnittarchiv
06 seit 1972
07 Einzelstücke: Anzahl nicht feststellbar, keine dezimalen Suchbegriffe
08 auf DIN A 4-Blätter geklebt
09 deutschsprachige Zeitungen, Zeitschriften, andere Quellen
10 eigene Systematik, Schlag-/Stichwortkataloge Signaturenvergabe aller Archivalien nach den Preußischen Instruktionen

### Zeitungsbestand
13 Kauf
14 Titel: 5
15 bis vor 1900

### Zeitschriftenbestand
16 Kauf, Schenkung
17 Titel: 63
18 bis vor 1900

### Bibliothek
19 Kauf, Schenkung, Zuweisung
20 Bände: Anzahl unbekannt, ca. 500 lfd. Meter (ca. 110)
21 Systematischer Katalog, Schlag-/Stichwortkatalog, Ordnung analog zum Zeitungsausschnitt-Archiv

### Bildarchiv
22 eigene und fremde Fotografen und aus anderen Quellen. Das Bildarchiv der Stadt Oberursel befindet sich nicht im Haus des Stadtarchivs,
Sitz: Stadtverwaltung Oberursel Haupt- und Personalamt, zuständig: Herr Himmelhuber, Tel. 0671/502310
26 formale Merkmale, Schlagwortkatalog, verschiedene Kataloge/Karteien, Signaturen

### Aktive Information
29 Erstellen von Chroniken/Wochenschauen und anderem
30 Verschiedene Publikationen (Stadtgeschichte und Heimatforschung) und Kleinschrifttum (Zeitungsaufsätze). Titelangaben sind wegen der großen Zahl nicht möglich.

### Darstellungen über das Archiv
31 „Die Geschichte des Stadtarchivs"

### Benutzung
32 der Öffentlichkeit zugänglich
34 keine Benutzungsgebühren
35 Öffnungszeiten:
Mo, Di, Do, Fr 8.00—12.00 Uhr
36 Lesesaal/Benutzerraum vorhanden

## Offenbach
136
01 *Stadtarchiv Offenbach am Main,*
Sandgasse 26, 6050 *Offenbach* am Main,
Tel.: 0611/8065-2751
02 Stadt Offenbach am Main, Stadthof,
6050 Offenbach am Main,
Tel.: 0611/80651
03 Hans G. Ruppel
04 3 (1)

**Aufgaben des Pressearchivs**
05 Führung einer Zeitungsausschnittsammlung als Bestandteil des Stadtarchivs

**Presseausschnittsammlung**
06 seit 1937
07 Zeitungsausschnitte: 9-10 000,
Regalmeter: 7
08 auf DIN A 4-Blätter geklebt
09 deutschsprachige Zeitungen, Zeitschriften, andere Quellen
10 Schlagwortkatalog
11 Politik, Wirtschaft, Kultur, Sport, Vermischtes, Inland, Prozesse, Buchrezensionen, Bildende Kunst, sonstige Themen.
12 Schwerpunkte: Regionales/Lokales

**Zeitungsbestand**
13 Zuweisung
14 Titel: 25 (1)
Bände: ca. 575 (12)
Mikrofilme: 20 (nur Sicherungs- bzw. Ersatzverfilmung)
15 bis vor 1900

**Darstellungen über das Archiv**
31 Stadtarchiv Offenbach am Main,
in: Mitteilungen aus den Hessischen Staatsarchiven,
Nr. 17 v. Dez. 1983, S. 11

**Benutzung**
32 der Öffentlichkeit zugänglich
35 Öffnungszeiten:
Mo—Fr 8.00—16.00 Uhr
36 Lesesaal/Benutzerraum vorhanden, Kopieren möglich, Mikroform-Lesegerät vorhanden

## Offenburg
137
01 *Stadtarchiv Offenburg,*
Ritterstraße 10, 7600 *Offenburg,*
Tel.: 0781/82422
02 Stadt Offenburg, Rathaus,
7600 Offenburg, Tel.: 0781/82221
03 Michael Friedmann
04 5

**Aufgaben des Pressearchivs**
05 Stadtarchiv mit einem Bestand „zeitgeschichtliche Sammlung". Offenburger Presseausschnitte ab 1900 zu Themen aus Geschichte, Wirtschaft, Kultur, Soz., Sport u.ä.

**Presseausschnittsammlung**
06 seit 1900
07 Zeitungsausschnitte: 3 000,
Einzelstücke: 200
08 auf DIN A 4-Blätter geklebt
10 eigene Systematik
11 Politik, Wirtschaft, Kultur, Sport, Vermischtes, Prozesse, Theaterrezensionen.
12 Schwerpunkte: Regionales/Lokales

**Bildarchiv**
22 eigene und fremde Fotografen und aus anderen Quellen
23 bis zu 50 Jahren und älter
24 Papierkopien: 4 000
26 systematische Aufstellung
27 Schwerpunkte: Offenburg und Ortenau

## Oldenburg
138
01 *Niedersächsisches Staatsarchiv Oldenburg,* — Stadtarchiv Oldenburg
Damm 43, 2900 *Oldenburg,*
Tel.: 0441/235656
03 Dr. A. Eckhardt

**Aufgaben des Pressearchivs**
05 Sammlung der wesentlichen in der Stadt Oldenburg erscheinenden Presseveröffentlichungen über Tagesereignisse in der Stadt

## Presseausschnittarchiv
06 seit 28.05.1980
07 Regalmeter/Schrankmeter: 0,25
08 auf DIN A 4-Blätter geklebt
09 deutschsprachige Zeitungen, Zeitschriften, andere Quellen
10 eigene Systematik, Schlag- und Stichwortkatalog
11 Lokalpolitik, Wirtschaft, Kultur, Sport, Vermischtes, Prozesse, Theaterrezensionen, Bildende Kunst, sonstige Themen.
12 Schwerpunkte: Lokales

### Benutzung
32 (Pressearchiv) nur hauseigene

# Paderborn

**139**
01 *Stadtarchiv Paderborn*,
Am Abdinghof 11, Postfach 2480,
4790 *Paderborn*, Tel.: 05251/206-593/595
03 Rolf-D. Müller
04 3

### Aufgaben des Pressearchivs
05 1.) Sammlung und Archivierung der Lokalpresse
2.) Sammlung von Presseausschnitten betreffend Paderborn

### Presseausschnittarchiv
06 1.) ca. 1850—1961
2.) ab 1978
07 Dossiers: ca. 500, Regalmeter/Schrankmeter: 8
08 auf DIN A 4-Blätter geklebt
10 eigene Systematik (neuer Bestand) Schlag-/Stichwortkatalog (alter Bestand)
11 Politik, Wirtschaft, Kultur, Sport, Vermischtes, Prozesse, Buchrezensionen, Theaterrezensionen, Bildende Kunst, sonstige Themen.
12 Schwerpunkte: Die oben genannten Themen, soweit sie Bezug auf Paderborn und Umgebung haben.

### Zeitungsbestand
13 Kauf, Zuweisung
14 Titel: 10 (6)
Bände: 400 (8, 4 Bände je Jahrgang)
15 bis vor 1900 (Einzelstücke, sonst bis vor 1933)

### Zeitschriftenbestand
16 Kauf, Zuweisung
17 Titel: 22 (16)
Bände: 345 (16)
18 bis vor 1933

### Bildarchiv
22 von fremden Fotografen und aus anderen Quellen
23 bis zu 50 Jahren und älter
24 Negative: ca. 7000; davon s/w: ca. 6500
Dias: ca. 600; davon farbig: ca. 200
Papierkopien: ca. 6000
26 systematische Aufstellung (teilweise) ca. 50 Prozent des Bestandes nicht erschlossen
27 Schwerpunkte: Paderborn (Personen, Verbände, Ereignisse, Veranstaltungen u.ä.)

### Benutzung
32 der Öffentlichkeit zugänglich
34 Benutzungsgebühren
35 Öffnungszeiten: Mo, Mi, Do 8.00—16.00, Di 8.00—19.30, Fr 8.00—13.00 Uhr
36 Lesesaal/Benutzerraum vorhanden, Kopieren möglich

**140**
01 *Kreisarchiv Paderborn*,
Königstraße 16, 4793 *Büren*,
Tel.: 02951/12-244
02 Kreis Paderborn,
Aldegreverstraße 10—14, Postfach 1940,
4790 Paderborn, Tel.: 05251/208-1,
Telex: 936836
03 Gerhard Schmitz (L)
04 1

### Aufgaben des Pressearchivs
05 Der Kreisarchiv Paderborn sammelt Presseausschnitte nur ergänzend zu anderen Dokumenten zur Kreisgeschichte

**Presseausschnittarchiv**
06 seit 1980 („Neue Westfälische" und „Westfälisches Volksblatt")
07 im Aufbau begriffen
08 auf DIN A 4-Blätter geklebt
09 deutschsprachige Zeitungen (s. Angaben unter 06)
10 eigene Systematik und Dezimalklassifikation
11 Schwerpunkte: Regionales/Lokales

**Bildarchiv**
22 im Aufbau begriffen
23 bis zu 5 Jahren
26 systematische Aufstellung
27 Schwerpunkte: historische Gebäude

**Benutzung**
32 der Öffentlichkeit zugänglich
34 keine Benutzungsgebühren
35 Öffnungszeiten:
Mo—Fr 8.30—12.00 und
Mi 14.00—16.00 Uhr sowie nach telefonischer Vereinbarung
36 Benutzerraum vorhanden, Kopieren möglich

# Pforzheim

141
01 *Stadtarchiv Pforzheim,*
Jahnstraße 42, Postfach 7,
7530 *Pforzheim,* Tel.: 07231/39-21 27
03 Dieter Essig (L)
04 3
05 kein Presseausschnittarchiv

**Zeitungsbestand**
13 Zuweisung
15 bis vor 1900

# Recklinghausen

142
01 *Stadtarchiv Recklinghausen,*
Halterner Straße 4, Postfach 1429,
4350 *Recklinghausen,* Tel.: 02361/58 73 81

02 Stadt Recklinghausen, Rathausplatz, Postfach 1429, 4350 Recklinghausen, Tel.: 02361/587-1
03 Dr. Werner Burghardt (L), Heinz Großmann (St)
04 4 (1)

**Aufgaben des Pressearchivs**
05 Sammlung von historischen Daten und Fakten für die Ortsgeschichte Recklinghausens und die Geschichte des Vestes Recklinghausen

**Presseausschnittarchiv**
06 seit 1960
07 Zeitungsausschnitte: [10 000], Dossiers: [8 000], Regalmeter/Schrankmeter: 5, davon Sacharchiv: 4 m, Personenarchiv: 1 m
08 auf DIN A 4-Blätter geklebt
09 deutschsprachige Zeitungen und Zeitschriften, andere Quellen
10 eigene Systematik, Dezimalklassifikation, Schlag- und Stichwortkatalog
11 Politik, Wirtschaft, Kultur, Sport, Theaterrezensionen, Bildende Kunst, sonstige Themen.
12 Schwerpunkte: Regionales/Lokales

**Zeitungsbestand**
13 Zuweisung, Schenkung
14 Titel: 31 (2)
Bände: 2031 (12)
15 bis vor 1900

**Zeitschriften**
16 eigene Produktion und Tausch
17 Titel: 316
Bände: 3 225 (134)
18 bis vor 1900

**Bildarchiv**
22 von fremden Fotografen und aus anderen Quellen
23 bis zu 50 Jahren
24 Negative s/w: [100], Dias: 8 120, davon farbig 8 000
Papierkopien: [10 000]
26 Erfassen formaler Merkmale, Schlagwortkatalog nach inhaltlichen Gesichtspunkten, systematische Aufstellung
27 Schwerpunkte: wie 11/12

**Aktive Information**

30 Vestische Zeitschrift, Zeitschrift der Vereine für Orts- und Heimatkunde im Vest Recklinghausen, im Auftrag der Vereine herausgegeben von Dr. Werner Burghardt

**Darstellungen über das Archiv**

31 Minerva-Handbücher, Archive, 2. Auflage, Band 2 O—Z, S. 816 ff., Walter de Gruyter, Berlin/New York 1974

**Benutzung**

32 der Öffentlichkeit zugänglich

34 keine Benutzungsgebühren

35 Öffnungszeiten:
Mo—Fr 8.00—15.00 Uhr

36 Lesesaal/Benutzerraum vorhanden, Kopieren möglich, Mikroform-Lesegerät vorhanden

# Regensburg

**143**

01 *Stadtarchiv Regensburg,*
Baumhackergasse 6, Postfach 110643, 8400 *Regensburg,* Tel.: 0941/507 29 52

03 Guido Hable (L), Raimund Sterl (St)

04 4

**Aufgaben des Pressearchivs**

05 Erfassung aller wichtigen Ereignisse in der Stadt nach den Gesichtspunkten von 11, sowie Erfassung biographischer Artikel.

**Presseausschnittarchiv**

06 seit 1961, Übernahme unter anderem vom Hauptamt der Stadt, seit 1948

07 Einzelstücke: [30000]
Regalmeter/Schrankmeter: 21 m, davon 18 m Sacharchiv, 3 m Personenarchiv

08 zum Teil auf DIN A 4-Blätter geklebt, zum Teil nicht aufgeklebt in Mappen/Kastenablage

09 deutschsprachige Zeitungen und Zeitschriften

10 eigene Systematik

11 Politik, Wirtschaft, Kultur, Sport, Vermischtes, Buchrezensionen, Theaterrezensionen, Bildende Kunst, sonstige Themen.

12 Schwerpunkte: Regionales/Lokales

**Zeitungsbestand**

13 Zuweisung

15 bis vor 1900

**Bildarchiv**

22 das kleine Bildarchiv des Stadtarchivs befindet sich erst im Aufbau

**Benutzung**

32 nur hauseigene, in Ausnahmefällen für Fachinteressenten

34 keine Benutzungsgebühren

35 Öffnungszeiten: Mo—Do 9.00—12.00 und 14.00—16.00 Uhr, Fr 9.00—12.00 Uhr

36 Lesesaal/Benutzerraum vorhanden, Kopieren möglich

# Remscheid

**144**

01 *Stadtarchiv Remscheid,*
Scharffstraße 2—6, Postfach 100860, 5630 *Remscheid,* Tel.: 02191/19 23 82, Telex: 08513771

03 Dr. Walter Lorenz

04 5

**Aufgaben des Pressearchivs**

05 Zeitungsarchiv und Zeitungsausschnittsammlung bilden eine Abteilung des Stadtarchivs

**Presseausschnittarchiv**

06 seit 1947

07 Dossiers: ca. 265 Ordner
Regalmeter/Schrankmeter: 22, davon Sacharchiv: ca. 240 Ordner, Personenarchiv: 25 Ordner

08 auf DIN A 4-Blätter geklebt

09 deutschsprachige Zeitungen und Zeitschriften

10 eigene Systematik, Inhaltsverzeichnis pro Sachgebiet und Stichwortkartei nach 24 Hauptgruppen (A—Z) und diese nach Sachgruppen (I, II, III usw.) geordnet
11 Politik, Wirtschaft, Kultur, Sport, Bildende Kunst, Theaterezensionen, sonstige Themen.
12 Schwerpunkte: 1) Remscheid, 2) Bergisches Umland

**Zeitungsbestand**
13 Zuweisung, Übernahme von der Stadtverwaltung, Freiexemplare
14 Titel: 30 (7)
Jahreszugang: 16 Bände
Mikrofilme: 75 (wird fortgesetzt)
15 bis vor 1900

**Zeitschriftenbestand**
16 Kauf, Tausch
17 der Bestand wird zur Zeit neu aufgestellt und verzeichnet
Bände: ca. 330 (75), z.T. nicht gebunden
18 bis vor 1900

**Bildarchiv**
22 eigene Abteilung des Stadtarchivs eigene und fremde Fotografen und aus anderen Quellen
23 bis zu 50 Jahren und älter
24 Negative: ca. 18000, Dias: ca. 300, nur wenige farbig, Papierkopien: ca. 25000
26 nach Sachgruppen gegliedert, Einzelbilderschließung ist vorgesehen
27 Schwerpunkte: 1)Remscheid, 2) Bergisches Land

**Aktive Information**
30 1) Beiträge zur Geschichte Remscheids
2) Heimatkundliche Hefte des Stadtarchivs Remscheid

**Darstellungen über das Archiv**
31 50 Jahre Städtisches Orchester, Städtisches Heimatmuseum und Stadtarchiv Remscheid, Remscheid 1975

**Benutzung**
34 Benutzungsgebühren:
für kommerzielle Zwecke: ja
für wissenschaftliche Zwecke: nein

36 Lesesaal/Benutzerraum vorhanden, Kopieren möglich, Mikroform-Lesegerät vorhanden, Rückvergrößerung möglich

# Rosenheim
145
01 **Archiv der Stadt Rosenheim,** Postfach 1209, 8200 *Rosenheim,* Tel.: 08031/391-231
03 Dr. Eugen Weigl

**Zeitungsausschnittsammlung**
06 im Archiv werden Ausschnitte zur Rosenheimer Lokalgeschichte gesammelt

# Rottweil
146
01 **Stadtarchiv Rottweil,** Postfach 108, 7210 *Rottweil*
03 Dr. Winfried Hecht
04 3 (2)

**Aufgaben des Pressearchivs**
05 Sammeln, Erschließen und Bereitstellen von Presseveröffentlichungen zum Thema Rottweil.

**Presseausschnittarchiv**
06 seit 1960
07 Dossiers: 100 pro Jahrgang
Regalmeter/Schrankmeter: 50, davon Personenarchiv: 1 m
08 auf DIN A 4-Blätter geklebt
11 Schwerpunkte: Regionales/Lokales
12

**Zeitungsbestand**
13 Kauf (sämtliche Jahrgänge der Rottweiler Zeitungen und Zeitschriften im Abonnement)
14 Titel: 10 (7)
15 bis vor 1900

**Zeitschriftenbestand**
16 eigene Produktion, Kauf, Tausch, Schenkung
17 Titel: 30, Bände: 1200, Mikrofilme: 50
18 bis vor 1900

### Bibliothek

19 eine größere Handbücherei
eigene Produktion, Tausch, Kauf, Schenkung, Rezensionsexemplare

20 Bände: ca. 6000

### Bildarchiv

22 eigene und fremde Fotografen und aus anderen Quellen

23 bis zu 50 Jahren und älter

26 systematische Aufstellung, Findbücher

27 Schwerpunkte: Rottweiler Stadtgeschichte unter allen Aspekten

### Aktive Information

30 Schriftenreihen: Veröffentlichungen des Stadtarchivs Rottweil (5 Bände)
Kleine Schriften des Stadtarchivs Rottweil (6 Bände)
Einzelveröffentlichungen

### Darstellungen über das Archiv

31 Stadtarchiv Rottweil, herausgegeben vom Stadtarchiv und dem Hochbauamt der Stadt Rottweil, Rottweil 1981

### Benutzung

32 der Öffentlichkeit zugänglich

34 keine Benutzungsgebühren

35 Öffnungszeiten: werktags von 8.30—11.30 und von 14.00—17.00 Uhr

36 Lesesaal/Benutzerraum vorhanden

# Saarbrücken

**147**

01 *Landesarchiv Saarbrücken,*
Scheidter Straße 114, Postfach 10 10, 6600 *Saarbrücken,* Tel.: 0681/39 99 53

02 Regierung des Saarlandes, Staatskanzlei, Ludwigsplatz 14, Postfach 10 10, 6600 Saarbrücken, telex 44 21 371

03 Dr. Hans-Walter Herrmann (L),
Dr. Wolfgang Laufer (St),
Dr. Heinrich Schneider

04 8 (2)

### Aufgaben des Pressearchivs

05 Die Presseausschnittbestände ergänzen die übrigen Bestände und Sammlungen des Landesarchivs, vorzugsweise die Aktenbestände. Sie sind vornehmlich Quelle für Forschungen, die sich in der Zeit nach dem 8. Mai 1945, für die die Akten noch nicht generell zur Einsichtnahme freigegeben sind, bewegen.

### Presseausschnittarchive

Das Landesarchiv Saarbrücken verwahrt unter seinen Beständen vier Presseausschnittarchive:

I. zur elsaß-lothringischen Frage

II. Pressearchiv der Regierungskommission des Saargebietes

III. das sogenannte „Schneider-Becker-Archiv" zur saarländischen Geschichte

IV. Pressearchiv der Staatskanzlei des Saarlandes

Darüber hinaus finden sich in einigen der Nachlässe unter anderem auch Sammelmappen mit Presseausschnitten zu bestimmten Themen der saarländischen Geschichte, auf die aber im folgenden nicht näher eingegangen wird.

### I. Presseausschnittarchiv zur elsaß-lothringischen Frage

06 1898—1910, 1914 und 1925 (nur lückenhaft überliefert)
keine weitere Ergänzung durch Ankauf
1966 vom Stadtarchiv Ludwigshafen kostenlos an das Landesarchiv abgegeben, bildete im St. L. den Teil eines Nachlasses

07 Dossiers: 83
Regalmeter: 2,5 m
keine Unterteilung in Sach- und Personenarchiv

08 größtenteils auf Blätter im alten Reichsformat aufgeklebt, in einigen Fällen liegen auch gefaltete Zeitungsblätter in den Dossiers

09 1898-1914 vornehmlich in Elsaß-Lothringen erschienene Zeitungen in deutscher und französischer Sprache.
1925 vornehmlich deutsche Zeitungen, daneben einige elsaß-lothringische und schweizerische.

10 keine Erschließungshilfsmittel vorhanden, Sammlung selbst ist chronologisch aufgebaut

11 Politik, Wirtschaft (wenig), Kultur, Vermischtes.

12 Schwerpunkte: innere Angelegenheiten Elsaß-Lothringen, Behandlung der elsaß-lothringischen Frage in Deutschland und Frankreich

## II. Pressearchiv der Regierungskommision des Saargebietes

06 seit 1921
keine Ergänzungen
Im April 1935 aus Dienstgebäuden der ehemaligen Regierungskommission des Saargebiets in Saarbrücken in das Staatsarchiv Speyer gebracht, 1940 in das Geheime Staatsarchiv München ausgelagert, 1951 an das Staatsarchiv Speyer zurückgegeben, dort als Bestand R 13 geführt, 1974 aufgrund einer Verwaltungsvereinbarung zwischen den Ländern Rheinland-Pfalz und Saarland an das Landesarchiv Saarbrücken abgegeben.

07 Dossiers: 101
Regalmeter: 14 m
keine Unterteilung in Sach- und Personenarchiv

08 auf Blätter im alten Reichsformat, etwas größer als DIN-A 4, aufgeklebt

09 Auswertungsumfang: erhebliche Teile in München verschollen, Bestand enthält jetzt nur noch Ausschnitte der „Saarbrücker Landeszeitung" und der „Saarbrücker Zeitung" aus der Zeit von 1921–1929

10 handschriftliche Verzeichnisse der einzelnen Ausschnitte, chronologisch nach Zeitungen geordnet, nur für die Jahrgänge 1923–1929 der „Saarbrücker Landeszeitung" erhalten

11 Politik, Wirtschaft (wenig), Kultur, Lokales (wenig).

12 Schwerpunkte: ausschließlich Saargebiet

## III. sogenanntes „Schneider-Becker-Archiv"

06 Seit 1947 von dem Saarbrücker Großkaufmann Richard Becker und dem Rechtsanwalt Dr. Heinrich Schneider, beide führende Mitglieder der zeitweise verbotenen DPS (Demokratische Partei Saar) aus tagespolitischen Gründen mit Zuschüssen des Ministeriums für Gesamtdeutsche Fragen aufgebaut.
1960 an die Regierung des Saarlandes, Landesarchiv, gegen die Übernahme aufgelaufener Mietkosten übergeben.

07 Dossiers: 1842, davon Sacharchiv: 1620, Personenarchiv: 222
Regalmeter: 48 m

08 auf DIN A 4-Blätter geklebt

09 deutsch- und fremdsprachige Zeitungen, einzelne Zeitschriften, amtliche Drucksachen, hektographierte Pressedienste und dergleichen

10 eigene Systematik, dazu maschinenschriftliche Verzeichnisse

11 Politik, Wirtschaft, Kultur, Sport, Vermischtes, Ausland (Frankreich), Lokales (wenig), Prozesse, (nur solche mit politischem Einschlag).

12 Schwerpunkte: Saarland, auch etwas Bundesrepublik und Frankreich. Die Ausschnittsammlung wurde seit ihrer Übernahme in das Landesarchiv nicht systematisch, sondern nur gelegentlich ergänzt, weil seit längerem die Übernahme des älteren Teiles des Pressearchivs der Landeregierung (vergleiche dazu Abschnitt IV) zu erwarten stand.

## IV. Pressearchiv der Staatskanzlei des Saarlandes

06 Seit 1948, aufgebaut im Presse- und Informationsamt der saarländischen Landesregierung.
Wegen Anlage einer neuen Presseausschnittsammlung nach einer neuen Systematik in der Staatskanzlei werden die älteren Teile (bis 1980) an das Landesarchiv nach und nach übergeben.

07 Dossiers: auf 2500 bis 3000 geschätzt, wegen Übernahmearbeiten keine genaueren Angaben möglich
Regalmeter: auf 100 m geschätzt
Unterscheidung in Sach- und Personenarchiv: ja, aber zur Zeit wegen Übernahmearbeiten keine genaueren Angaben möglich

08 auf DIN A 4-Blätter geklebt

09 vornehmlich saarländische Zeitungen, gegen die Gegenwart hin schwächer werdende Auswertung der sonstigen deutschsprachigen und der französischen Presse

10 Dezimalklassifikation nach eigener Systematik
11 saarländische Politik und Wirtschaft, genauere Angaben zur Zeit nicht möglich
12 Schwerpunkte: vornehmlich auf das Saarland bezogen, die Sammlung ergänzt in ihrem älteren Teil (ca. 1948—1960) das sogenannte „Schneider-Becker-Archiv"

**Zeitungsbestand**

13 Übernahme von verschiedenen saarländischen Dienststellen, Schenkungen
14 Titel: [60], [10]
Bände: [300]
15 bis vor 1933

**Bildarchiv**

22 eigene und fremde Fotografen und aus anderen Quellen und von Agenturen
23 bis zu 50 Jahren und älter
24 Negative s/w: [1900]
Dias: [840], davon farbig [800]
Papierkopien: [4200], davon farbig [80]
26 Listen und Verzeichnisse

**Aktive Information**

30 gemeinsam mit der Landesverwaltung Rheinland-Pfalz:
a) Unsere Archive, Mitteilungen aus den rheinland-pfälzischen und saarländischen Archiven
b) Veröffentlichungen der Landesarchivverwaltung Rheinland-Pfalz
c) Veröffentlichungen aus rheinland-pfälzischen und saarländischen Archiven, Kleine Reihe

**Darstellungen über das Archiv**

31 Hans-Walter Herrmann: Das Landesarchiv Saarbrücken. Aufgaben und Bestände, in: Saarheimat 23, 1979, S. 203—208
Wolfgang Laufer: Bestände und Benutzung, Herausgeber: Saarland — Chef der Staatskanzlei 1979, 37 Seiten
Die Aufgaben betreffend das Landesarchiv Saarbrücken, in: Gert Hagelweide, Deutsche Zeitungsbestände in Bibliotheken und Archiven, Düsseldorf 1974 (Angaben sind teilweise überholt)

**Benutzung**

32 der Öffentlichkeit zugänglich
34 grundsätzlich Benutzungsgebühren, wissenschaftliche Benutzung gebührenfrei
35 Öffnungszeiten:
Mo—Fr 8.30—17.30 Uhr
36 Lesesaal/Benutzerraum vorhanden, Kopieren möglich, Mikroform-Lesegerät vorhanden, Rückvergrößerung von Mikroformen möglich

# Salzgitter

148

01 **Stadtarchiv Salzgitter,**
Nord-Süd-Straße 155, 3320 *Salzgitter* 51, Tel.: 05341/305420/21, Telex: 954490
02 Stadt Salzgitter, Rathaus, Postfach 100680, 3320 Salzgitter 1, Tel.: 05341/402-1
03 Siegfried Schreuer
04 3

**Aufgaben des Pressearchivs**

05 Erfassen aller für und über Salzgitter berichtenden Zeitungen und Zeitschriften

**Presseausschnittarchiv**

06 Bestand seit 1960, Einzelstücke bis 1938 zurückgehend. Das Referat für Öffentlichkeitsarbeit des Büros des OStD der Stadt Salzgitter gibt in unregelmäßigen Zeitabständen Zeitungsausschnitte ab. Vereinzelt werden Zeitungs- und Zeitschriftenausschnitte auch selbst entnommen.
07 Einzelstücke: 11900, Schrankmeter: 2, davon Sacharchiv: Angaben erst möglich nach Abschluß des Aufbaus
08 zum Teil auf DIN-A-4-Blätter geklebt, zum Teil aber auch nicht aufgeklebt in Mappen/Kastenablage aufbewahrt
09 deutschsprachige Zeitungen, Zeitschriften und andere Quellen (für Salzgitter noch nicht abgeschlossen)
10 eigene Systematik, Dezimalklassifikation
11 Erschließung: multithematisch
12 Schwerpunkte: Regionales/Lokales

### Zeitungsbestand
13 Kauf
14 Titel: 37 (12), Bände: 1374 (72)
15 bis vor 1900

### Zeitschriftenbestand
16 Kauf, Tausch
17 Titel: 67 (27), Bände: 998 (21)
18 bis vor 1900

### Bibliothek
19 eigene Produktion, Kauf, Tausch, Schenkung, Zuweisung von Benutzern
20 Bände/Titel: 8258 (537)
21 alphabetische Titelaufnahme, systematischer Katalog, Dezimalklassifikation

### Bildarchiv
22 von fremden Fotografen und aus anderen Quellen
23 bis zu 50 Jahren und älter
24 Dias: 2310, Papierkopien: 5296
26 Erfassen formaler Merkmale: systematische Aufstellung
27 Schwerpunkte: alle Themen, die Salzgitter betreffen

### Aktive Information
30 Siegfried Schreuer: Das Stadtarchiv Salzgitter. Bericht über den Aufbau mit der ersten vorläufigen Bestandsübersicht 1971
Siegfried Schreuer: Bilder als Archivgut. Vortrag auf der 13. Arbeitstagung der Niedersächsischen Kommunalarchivare 1975
Siegfried Schreuer: Der Stellenwert nichtschriftlichen Archivguts in den Kommunalarchiven. Vortrag auf der 19. Arbeitstagung der Niedersächsischen Kommunalarchivare 1981; und anderes

### Benutzung
32 der Öffentlichkeit zugänglich
35 Öffnungszeiten:
Mo—Fr 8.00—12.00 Uhr
36 Lesesaal/Benutzerraum vorhanden, Kopieren möglich

# Schwäbisch Hall

**149**

01 *Stadtarchiv Schwäbisch Hall,*
Am Markt 5, Postfach 180,
7170 *Schwäbisch Hall,*
Tel.: 0791/751-215 und 359
03 Dr. Kuno Ulshöfer (L),
Herta Beutter (St)
04 7 (2)

### Aufgaben des Pressearchivs
05 Zeitgeschichtliche Dokumentation (Stadt Schwäbisch Hall mit eingegliederten Ortschaften und Gebiet der ehemaligen Reichsstadt Schwäbisch Hall);
1) Zeitungsarchiv: Sammlung der örtlichen Tageszeitungen sowie weiterer fünf Tageszeitungen, die im Gebiet der ehemaligen Reichsstadt erscheinen bzw. die dieses Gebiet in ihre Berichterstattung einbeziehen und heimatkundliche Beilagen
2) Presseausschnittarchiv: regelmäßige Auswertung von neun Tageszeitungen und Belieferung durch einen Presseausschnittdienst

### Presseausschnittarchiv
06 seit 1972
07 Regalmeter/Schrankmeter: 36, Sacharchiv: 29 m, Personenarchiv: 2,50 m, Ortsarchiv: 4,50 m
08 auf DIN A 4-Blätter geklebt
09 deutschsprachige Zeitungen und Zeitschriften
10 Schlagwort-/Stichwortkatalog
11 Schwerpunkte: Regionales/Lokales
12

### Zeitungsbestand
13 Zuweisung
14 Titel: 6 (6)
Bände: 270 (6)
Mikrofilme: 125 (nur: Haller Tagblatt)
15 bis vor 1900

### Bildarchiv
22 von fremden Fotografen
23 bis zu 50 Jahren und älter
24 Dias: ca. 2000, Papierkopien: ca. 15000

26 Schlagwortkatalog
27 Schwerpunkte: Zeitgeschichte, Stadt Schwäbisch Hall

**Aktive Information**
29 Erstellen von Chroniken

**Benutzung**
32 der Öffentlichkeit zugänglich
34 keine Benutzungsgebühren
35 Öffnungszeiten: Mo—Do 9.30—12.00 Uhr, 13.00—17.30 Uhr, Fr 9.30—12.00 Uhr, 13.00—16.00 Uhr
36 Lesesaal/Benutzerraum vorhanden, Kopieren möglich, Mikroform-Lesegerät vorhanden, Rückvergrößern möglich

## Schweinfurt

150
01 **Stadtarchiv und Stadtbibliothek Schweinfurt,** Martin-Luther-Platz, 8720 Schweinfurt, Tel.: 09721/51-382 und 383
03 Dr. Erich Saffert (L), Gerlinde Adler (St)
04 9 (3)

**Aufgaben des Pressearchivs**
05 Dokumentation zur Stadtgeschichte, Dichter Friedrich Rückert, Akademie der Naturforscher Leopoldina in Halle

**Presseausschnittarchiv**
06 seit 1.1.1980 Ergänzung durch Presseausschnittdienst Berlin seit 1965
07 Zeitungsausschnitte: ca. 10 000, Dossiers: ca. 50, Regalmeter: ca. 10
08 auf DIN A 4-Blätter geklebt
09 deutschsprachige Zeitungen und Zeitschriften
10 eigene Systematik
11 Schwerpunkte: Regionales/Lokales
12

**Zeitungsbestand**
13 Kauf
14 Titel: 5 (2), pro Jahr 16 Bände
15 bis vor 1900

**Zeitschriftenbestand**
16 Kauf, Tausch
17 Titel: ca. 250
18 bis vor 1900

**Bildarchiv**
22 von fremden Fotografen und aus anderen Quellen
23 bis zu 50 Jahren und älter
24 Zahl der Negative nicht zu ermitteln Dias: ca. 10000, Papierkopien: ca. 10000
26 systematische Aufstellung
27 Schwerpunkte: Stadtgeschichte von Schweinfurt

**Benutzung**
32 der Öffentlichkeit zugänglich
34 keine Benutzungsgebühren
35 Öffnungszeiten: Mo—Fr 9.00—12.00 Uhr; Di, Mi, 14.00—16.00 Uhr, Do 14.00—17.00 Uhr
36 Lesesaal/Benutzerraum vorhanden, Kopieren möglich, Mikroform-Lesegerät vorhanden

## Sigmaringen

151
01 **Staatsarchiv Sigmaringen,** Karlstraße 3, Postfach 526, 7480 Sigmaringen, Tel.: 07571/104-386
03 Dr. Wilfried Schöntag (L), Dr. Maren Kuhn-Rehfus (St)
04 14 (1)

**Aufgaben des Pressearchivs**
05 1) Erfaßt werden aus den vier seit 1959 hier abonnierten Zeitungen: orts- und landesgeschichtliche Beiträge, biographische und volkskundliche Themen, Berichte über das Archivwesen, über historische Vorträge sowie über Jubiläen von Orten, Firmen, Vereinen und Pfarreien, sofern auf deren Geschichte eingegangen wird
2) Die einzelnen Beiträge werden nicht ausgeschnitten, sondern auf Titelkarten mit Hinweis auf die jeweilige Zeitung erfaßt

### Presseausschnittarchiv

06 seit 1959; einzelne ältere Zeitungen (s. 09)

07 Zeitungsausschnitte: laut Titelkarten ca. 10 000
Regalmeter: 40 (dazu 15 der Stadtverwaltung Sigmaringen)

08 (siehe unter 05.2)

09 Die vier auf dem Fragebogen genannten und ausgewerteten Zeitungen sind:
Schwäbische Zeitung: Ausgabe Sigmaringen/Meßkirch, 1949—1952, ab 1959
Südkurier: Ausgabe Sigmaringen/Meßkirch/Pfullendorf, ab 1959
Hohenzollerische Zeitung: Ausgabe Hechingen, ab 1959
Schwarzwälder Bote: Ausgabe Hechingen, ab 1959

10 Schlagwort-/Stichwortkatalog und Zettelkatalog

11/ Schwerpunkte: fast ausschließlich orts-
12 und landesgeschichtliche Beiträge

### Zeitungsbestand

13 Zuweisung

14 Titel: 4 (4)
Bände: ca. 500 (ca. 20)

15 bis vor 1900
Neben den unter 09 genannten besitzt das Staatsarchiv Sigmaringen folgende, nicht ausgewertete Zeitungen:
Hohenzollerische Volkszeitung, 1902—1935
Schwäbischer Merkur, 1914—1917
Schwäbisches Tagblatt/Hohenzollerische Zeitung, 1949.
Als Hinterlegung der Stadtverwaltung Sigmaringen werden folgende, nicht ausgewertete Zeitungen verwahrt:
Hohenzollerische Volkszeitung, 1885—1942
Schwäbische Zeitung, 1945/46—1952
Donau-Bodensee-Zeitung, 1943—1944

### Zeitschriftenbestand

16 Kauf, Tausch, Zuweisung

17 Titel: 50 (40)

18 bis vor 1900

### Benutzung

32 für Fachinteressenten allgemein möglich

34 keine Benutzungsgebühren (ausgenommen geschäftliche Zwecke und Familienforschung)

35 Öffnungszeiten:
Mo—Fr 8.00—16.30 Uhr

36 Benutzerrraum/Lesesaal vorhanden, Kopieren möglich

## Sindelfingen

152

01 *Stadtarchiv Sindelfingen,*
Postfach 180, 7032 *Sindelfingen,*
Tel.: 07031/6101-394 und 229

03 Dr. Wolfgang Burr (L),
Frau Henkies (St)

04 7 (2)

### Aufgaben des Pressearchivs

05 Zeitungsarchiv integriert beim Stadtarchiv, insbesondere zur Dokumentation der Geschehnisse in Sindelfingen und im Kreis Böblingen.

### Presseausschnittarchiv

06 seit 1961

08 die Ausschnitte werden seit 1961 aufgeklebt und in Mappen-/Kastenablage aufbewahrt

10 seit 1966 Kartei über Zeitungsexcerpte (Titel, Quellen), gegliedert nach Sachgebieten I—XIII als Ersatz für Zeitungsausschnittsammlung

11 Politik, Wirtschaft, Kultur, Sport, sonstige Themen.

12 Schwerpunkte: Stadt Sindelfingen, Kreis Böblingen

### Zeitungsbestand

13 Kauf

14 Titel: 3 (2)

15 bis vor 1900

### Zeitschriftenbestand

16 Kauf

17 Verwaltungs-, Kultur-, Bau-, Sportzeitschriften, ungebunden

18 seit 1949

### Darstellungen über das Stadtarchiv

31 in den laufenden Jahrbüchern ab 1959

## Solingen

**153**

**Benutzung**
32 der Öffentlichkeit zugänglich
34 zu geschäftlichen Zwecken werden Benutzungsgebühren erhoben (keine Gebühren, sofern Benutzung wissenschaftlich und kulturell bedingt)
35 Öffnungszeiten: Mo—Fr 8.00—12.00 Uhr, Mo—Mi 13.00—16.15 Uhr, Do 13.00—17.30 Uhr, Fr 13.00—15.00 Uhr
36 Kopieren möglich

## Solingen

**153**

01 **Stadtarchiv Solingen,** Klosterhof 4, 5650 *Solingen* 1, Tel.: 02122/590345
03 Dr. Aline Poensgen (L)
04 3

**Presseausschnittarchiv**
06 1943—1967
07 Dossiers: 700, Regalmeter/Schrankmeter: 15
08 auf DIN A 4-Blätter geklebt
09 Solinger Lokalpresse
10 Schlag- und Stichwortkatalog
11 Schwerpunkte: Regionales/Lokales
12 (Stadt Solingen)

**Zeitungsbestand**
13 Kauf, Zuweisung
14 Titel: 60 (6)
Bände: 30
Mikrofilme: 10
15 bis vor 1900

**Zeitschriftenbestand**
16 Kauf, Schenkung

**Benutzung**
32 der Öffentlichkeit zugänglich
34 keine Benutzungsgebühren
35 Öffnungszeiten: Mo und Fr 8.00—16.00 Uhr, Mi 8.00—17.30 Uhr
36 Lesesaal/Benutzerraum vorhanden, Kopieren möglich, Mikroform-Lesegerät vorhanden

## Speyer

**154**

01 **Stadtarchiv Speyer,** Maximilianstraße 12, 6720 *Speyer,* Tel.: 06232/14-265
02 Stadt Speyer, Maximilianstraße 100, 6720 Speyer, Tel.: 06232/141
03 Dorothee Menrath (L), Katrin Hopstock (St)
04 3

**Aufgaben des Pressearchivs**
05 Dokumentation von Lokalbegebenheiten

**Presseausschnittarchiv**
06 seit 1952
Übernahme von Ablieferungen der Stadtämter
07 Regalmeter: 20,
davon Personenarchiv: 2
08 auf DIN A 4-Blätter geklebt
09 deutschsprachige Zeitungen, Zeitschriften, sonstige Quellen
10 Dezimalklassifikation
11 Schwerpunkte: Regionales/Lokales
12

**Zeitungsbestand**
13 Zuweisung
14 Titel: 13 (2)
Bände: 12
15 bis vor 1900

**Bildarchiv**
22 von fremden Fotografen
23 bis zu 50 Jahren und älter
24 Papierkopien: ca. 2000, meist schwarz-weiß
26 Schlagwortkatalog
27 Schwerpunkte: fast ausschließlich lokale Aufnahmen von Speyer

**Darstellungen über das Archiv**
31 Albert Pfeiffer: Das Archiv der Stadt Speyer, Speyer 1912
Hans Oberseider: Das Archiv der Stadt Speyer zur Zeit der Zerstörung durch die Franzosen, dessen Flüchtung und Wiederheimführung, in Archivalische Zeitschrift AZ NF 13 (1906) S. 160 ff.

**Benutzung**
32 der Öffentlichkeit zugänglich
34 keine Benutzungsgebühren
35 Öffnungszeiten: Mo—Fr 8.00—12.00 Uhr, Mo, Mi, Do 14.00—16.00 Uhr
36 Lesesaal/Benutzerraum vorhanden, Kopieren möglich

### 155
01 *Landesarchiv Speyer* — Zeitungsausschnittsammlung —, Domplatz 6, Postfach 1608, 6720 *Speyer*, Tel.: 06232-75376
03 Dr. Joachim Kermann (L), Hedwig Gallenstein (St)
04 2

**Presseausschnittarchiv**
06 seit ca. 1960
08 auf DIN A 4-Blätter geklebt
09 deutsch- und fremdsprachige Zeitungen, Zeitschriften, andere Quellen
10 eigene Systematik
11 Politik, Wirtschaft, Kultur, Sport, Vermischtes, Prozesse.
12 Schwerpunkte: Regionales/Lokales

**Benutzung**
32 der Öffentlichkeit zugänglich
35 Öffnungszeiten: Mo—Fr 8—17 Uhr
36 Lesesaal/Benutzerraum vorhanden, Kopieren möglich

## Stade

### 156
01 *Stadtarchiv Stade,* — Am Sande 4c, 2160 *Stade,* Tel.: 04141/45258
02 Niedersächsisches Staatsarchiv Oldenburg, Damm 43, 2900 Oldenburg, Tel.: 0441/26167
03 Dr. H.-J. Schulze (L)

**Aufgaben des Pressearchivs**
05 Zu dem im „Niedersächsischen Staatsarchiv Oldenburg" deponierten Stadtarchiv Stade wird eine kleine Ausschnittsammlung zur Geschichte der Stadt Stade geführt [fast nur aus der lokalen Presse].

**Benutzung**
35 Öffnungszeiten: Mo—Fr 8.00—13.00 Uhr u. 14.30—17.30 Uhr, Sa 8.00—13.00 Uhr

## Stuttgart

### 157
01 *Hauptstaatsarchiv Stuttgart,* Abt. Sammlungen-Dokumentation, Konrad-Adenauer-Straße 4, 7000 *Stuttgart* 1, Tel.: 0711/212-5331
03 Dr. Margareta Bull-Reichenmiller
04 2 (1)

**Aufgaben des Pressearchivs**
05 Ausschnittdokumentation zur Orts-, Personen- und allgemeinen Landeskunde Baden-Württembergs: Auswahl, Ordnung und Erschließung, Auskünfte und Vorlage im Benutzersaal

**Presseausschnittarchiv**
06 seit 1964, verstärkt seit 1970
07 Regalmeter: 93, davon Sacharchiv: 12,4 m, Personenarchiv: 20,7 m (ca. 12000 Personen), Ortsarchiv: 60 m
08 auf DIN A 4-Blätter geklebt Mikroverfilmung ist vorgesehen bzw. wird erwogen
09 deutschsprachige Zeitungen
10 eigene Systematik (für Untergliederung der Ortsbetreffe), Schlagwort-/Stichwortkatalog (für Sacharchiv) alphabetische Orts- und Personenkartei
11 Politik, Wirtschaft, Kultur, Sport, Vermischtes, Inland.
12 Schwerpunkte: fast ausschließlich Landeskunde Baden-Württemberg

**Darstellungen über das Archiv**
31 Das Hauptstaatsarchiv Stuttgart. Seine Bestände und seine Aufgaben, bearbeitet von E. Gönner, Stuttgart 1969
Übersicht über die Bestände des Hauptstaatsarchivs Stuttgart: Sammlungen (J-Bestände), bearbeitet von P. Sauer u.a., Stuttgart 1974 (Veröffentlichungen der Staatlichen Archivverwaltung Baden-Württemberg, Band 30)

### Benutzung

32 der Öffentlichkeit zugänglich

34 keine Benutzungsgebühren, wenn Benutzung zu wissenschaftlichen oder heimatkundlichen Zwecken erfolgt

35 Öffnungszeiten: Mo—Do 9.00—17.15 Uhr, Fr 9.00—15.45 Uhr

36 Lesesaal/Benutzerraum vorhanden, Kopieren möglich

## Stuttgart

158
01 **Stadtarchiv Stuttgart,**
Silberburgstraße 191, Postfach 161,
7000 *Stuttgart* 1, Tel.: 0711/216-4441

03 Dr. Kurt Leipner (L),
Dr. Kuno Drollinger (St)

### Aufgaben des Pressearchivs

05 Sammlung von Materialien für stadtgeschichtliche Forschungen und Fortführung der Stadtchronik; Bereitstellung von Unterlagen für die Stadtverwaltung

### Presseausschnittarchiv

06 seit 1900

07 Zeitungsausschnitte: [75000]
Schrankmeter: 71, davon
Sacharchiv: 46 m, Personenarchiv: 22 m,
Firmen-/Institutionen-Archiv: 3 m

08 auf DIN A 4-Blätter geklebt

09 deutschsprachige Zeitungen, Zeitschriften, sonstige Quellen

10 eigene Systematik

11 Politik, Wirtschaft, Kultur, Sport, Theaterrezensionen, Bildende Kunst.

12 Schwerpunkte: fast ausschließlich die Stadtgeschichte Stuttgarts

### Zeitungsbestand

13 Kauf, Tausch

14 Titel: 11 (9)

15 bis vor 1900

### Zeitschriftenbestand

16 Kauf, Schenkung

17 Titel: 40 (40)

18 bis vor 1900

### Bildarchiv

22 kein Pressebildarchiv, Bilder stammen aus verschiedenartigen Ankäufen, Stiftungen, Schenkungen

23 bis zu 50 Jahren und älter

24 Negative: 10000, alle schwarz-weiß
Dias: 4000, davon farbig: 2000
Papierkopien: 50000

26 systematische Aufstellung

27 Schwerpunkte: fast ausschließlich die Stadtgeschichte Stuttgarts

### Aktive Information

29 Bearbeitung von Hintergrundmaterial, Erstellen von Chroniken und anderes

30 Veröffentlichungen des Archivs der Stadt Stuttgart (erstmals 1936), bisher 32 Bände; NF 2 Hefte; Sonderveröffentlichungen: 13 Bände

### Darstellungen über das Stadtarchiv (Auswahl)

31 1) Karl Stenzel: Das Archiv der Stadt Stuttgart, in: Korrespondenzblatt des Gesamtvereins der deutschen Geschichts- und Altertumsvereine, Band 80 (1932), S. 144—148

2) Herbert Schiller: Das Stadtarchiv Stuttgart im Krieg und Nachkrieg (1939—1949), in: Schwäbisches Heimatbuch (1949)

3) Hermann Vietzen: Die Hauptbestände des Stadtarchivs Stuttgart, in: Neue Beiträge zur südwestdeutschen Landesgeschichte, Festschrift für Max Miller, 1962, S. 354—358

4) Kurt Leipner: Das Archiv der Stadt Stuttgart. Zur Geschichte, Stuttgart 1975 (Veröffentlichungen des Archis der Stadt Stuttgart, NF Bd. 2)

### Benutzung

32 der Öffentlichkeit zugänglich

34 keine Benutzungsgebühren

35 Öffnungszeiten:
Mo—Fr 8.30—16.00 Uhr

36 Lesesaal/Benutzerraum vorhanden, Kopieren möglich, Mikroform-Lesegerät vorhanden

## Tuttlingen

**159**

01 **Kreisarchiv Tuttlingen,**
Neuhauserstraße 15, Postfach 4453,
7200 Tuttlingen, Tel.: 07461/96-385,
Telex: 762655
03 Wolfgang Kramer
04 2

**Aufgaben des Pressearchivs**
05 Dokumentation des Zeitgeschehens im Landkreis und seinen Gemeinden

**Presseausschnittarchiv**
06 seit 1970
07 Regalmeter/Schrankmeter: [5]
08 in Kastenablage und anderem aufbewahrt
09 deutschsprachige Zeitungen, Zeitschriften, andere Quellen
10 eigene Systematik
11 Politik, Wirtschaft, Kultur, Vermischtes.
12 Schwerpunkte: Regionales/Lokales

**Zeitungsbestand**
13 Kauf
14 Titel: 3 (3)
15 bis vor 1900

**Aktive Information**
29 Erstellen von Chroniken/Wochenschauen

**Benutzung**
32 der Öffentlichkeit zugänglich
34 keine Benutzungsgebühren
35 Öffnungszeiten:
Mo—Fr 8.00—12.00 Uhr
36 Lesesaal/Benutzerraum vorhanden, Kopieren möglich

## Uelzen

**160**

01 **Kreisarchiv Uelzen,**
Veersser Straße 53, Postfach 560,
3110 Uelzen, Tel.: 0581/82-285,
Telex 91364
03 Dr. W. Fietz
04 1

**Aufgaben des Pressearchivs**
05 Kreisverwaltungsarchiv mit einem kleinen Zeitungsarchiv (ab 1969 vollständig)

**Presseausschnittarchiv**
06 seit Mitte des 19. Jahrhunderts in Einzelstücken
07 einige Kartons, noch nicht geordnet
08 nicht aufgeklebt
10 vorgesehen: Findbuch
11/ Schwerpunkte: Regionales/Lokales
12

**Zeitungsbestand**
13 Zuweisung
14 Titel: 1 (1)
Bände: nur zum Teil gebunden
15 seit 1949

**Zeitschriftenbestand**
16 Kauf, Schenkung
17 Titel: 1 (4 Hefte im Jahr)
18 seit 1949

**Bildarchiv**
Bildarchiv in der Kreisbildstelle Uelzen, Landkreis Uelzen, Veersser Straße 92
22 eigene und fremde Fotografen
23 bis zu 50 Jahren und älter
24 Dias: 1000, davon farbig: 20 Prozent
Papierkopien: 5000

**Darstellungen über das Archiv**
31 Die Archive im deutschsprachigen Raum, Berlin 1972 (bearbeitet von Dr. W. Fietz)

**Benutzung**
32 der Öffentlichkeit zugänglich
34 keine Benutzungsgebühren
35 Öffnungszeiten: Mo—Do 8.00—16.00 Uhr, Fr 8.00—13.00 Uhr
36 Lesesaal/Benutzerraum vorhanden, Kopieren möglich

## Ulm

**161**

01 **Stadtarchiv Ulm,**
Abt. Dokumentation,
Weinhof 12, 7900 Ulm

02 Stadt Ulm, Rathaus, Postfach 3940, 7900 Ulm, Tel.: 0731/1611

03 Prof. Dr. Specker (L), Hubert Fink (St); Leiter der Schriftdokumentation: Herr Stiersch; Leiter der Bilddokumentation: Herr Adler

04 4

**Aufgaben des Pressearchivs**

05 Dokumentation des Geschehens in der Stadt Ulm

**Presseausschnittarchiv**

06 seit 1969

07 Regalmeter: 110, davon Sacharchiv: 100 m, Personenarchiv: 10 m

08 auf DIN A 4-Blätter geklebt Mikroplanverfilmung ist vorgesehen

09 deutschsprachige Zeitungen, Zeitschriften und andere Quellen

10 eigene Systematik, Dezimalklassifikation

11 Politik, Wirtschaft, Kultur, Sport, Vermischtes, Prozesse, Buch-, Theater-, Filmrezensionen, Bildende Kunst, sonstige Themen.

12 Schwerpunkte: Regionales/Lokales

**Zeitungsbestand**

13 Kauf, Zuweisung

14 Titel: 92 (enthalten Mitteilungsblätter und Werkszeitungen)
(laufend: 3, 24 Mitteilungsblätter)
Bände: 1900 (36)
Filmrollen: 193 (à 65 m)

15 bis vor 1900

**Zeitschriftenbestand**

17 ca. 170 lfd. m zur Landesgeschichte des Bundes und Auslandes

**Bildarchiv**

22 eigene und fremde Fotografen und aus anderen Quellen

23 bis zu 50 Jahren und älter

24 Negative: 35 000, davon s/w: 34 500
Dias: 8 000, davon farbig: 7 400
Papierkopien: 100 000

26 Schlagwortkatalog (Dias), systematische Aufstellung

27 Schwerpunkte: fast ausschließlich Stadt Ulm, Stadtbildsammlung, Ereignisaufnahmen und Portraits bekannter Persönlichkeiten, Kunstgegenstände, Archivalien

**Aktive Information**

29 Bearbeitung von Hintergrundmaterial, Erstellen von Chroniken

30 Das Stadtarchiv Ulm gibt heraus:
— Ulm und Oberschwaben, Zeitschrift für Geschichte und Kunst;
— Forschung zur Geschichte der Stadt Ulm (Reihe Monographie);
— Forschung und Geschichte der Stadt Ulm (Reihe Dokumentation).

**Darstellungen über das Archiv**

31 Stadtarchiv Ulm — Faltblatt 1979

**Benutzung**

32 der Öffentlichkeit zugänglich

34 Benutzungsgebühren (für gewerbliche und private Zwecke, hingegen für wissenschaftliche Zwecke gebührenfrei)

35 Öffnungszeiten: Mo—Fr 10.00—12.30 und 14.00—18.00 Uhr

36 Lesesaal/Benutzerraum vorhanden, Kopieren möglich, Mikroform-Lesegerät vorhanden, Rückvergrößerung möglich

# Unna

162

01 *Stadtarchiv Unna,*
z. Zt. Klosterstraße 12, Postfach 2080, 4750 *Unna,* Tel.: 02303/1031, Telex: 822 9228

03 Willy Timm

**Aufgaben des Pressearchivs**

05 Sammlung der in und für Unna erscheinenden Zeitungen, Werbeblätter und sonstigen Periodica; Führung einer Presseausschnittsammlung (zeitgeschichtlichen Sammlung) im Rahmen des Stadtarchivs Unna.

### Presseausschnittarchiv

06 seit April 1981, mit Vorläufern ab 1950. Die Sammlung wird kontinuierlich fortgeführt und durch Schenkungen usw. vervollständigt

07 Die Sammlung befindet sich erst in den Anfängen, bisher
Dossiers: 150
Regalmeter: 2, davon Sacharchiv: 1,50 m, Personenarchiv: 0,50 m

08 auf DIN A 4-Blätter geklebt

10 eigene Systematik, Schlagwort-/Stichwortkatalog im Aufbau

11 Schwerpunkte: Regionales/Lokales, fast ausschließlich Stadt Unna und Umland, Unnaer Persönlichkeiten und Familien

### Zeitungsbestand

13 Kauf, Zuweisung

14 Titel: 4 (2)
Jahrgänge insgesamt: 120 (die Jahrgänge wurden in den letzten Jahren quartalsweise gebunden und sollen jetzt monatlich gebunden werden)

15 bis vor 1900

### Bildarchiv

22 eigene und fremde Fotografen und aus anderen Quellen,
u.a. Ansichtspostkarten

23 bis zu 50 Jahren und älter (vor allem bei den Ansichtspostkarten)

24 Das Bildarchiv wurde beim Steueramt aufgebaut und soll, sobald die räumlichen Verhältnisse es gestatten, ins Stadtarchiv übergeführt werden.

26 Schlagwortkatalog, systematische Aufstellung

27 Schwerpunkte: Stadt Unna und Umland, Unnaer Persönlichkeiten und Familien

### Aktive Information

30 Das Stadtarchiv bringt eine eigene Schriftenreihe für die allgemeine Öffentlichkeit heraus, Heft 1 erschien November 1981: Stadtarchiv Unna, Schriftenreihe zur Geschichte Unnas und der Grafschaft Mark.

### Benutzung

32 der Öffentlichkeit zugänglich

34 Benutzungsgebühren (bei genealogischen und rechtlichen Benutzungen)

35 Öffnungszeiten:
Mo—Fr 8.00—12.00, 13.00—16.00 Uhr

36 Kopieren möglich

## Velbert 163

01 *Stadtarchiv Velbert,*
Bernsaustraße 75, Postfach 15 02 78,
5620 *Velbert* 15, Tel.: 02120/16 239

02 Stadt Velbert, Thomasstraße 1,
Postfach 10 09 20, 5620 Velbert 1,
Tel.: 02124/313-1

03 Peter Riemer

04 1

### Aufgaben des Pressearchivs

05 Archivierung, Verzeichnung und Auswertung der Aktenbestände (Velbert, Neviges, Langenberg), der Archivbibliothek, der Kartensammlung, der Bildersammlung, der Zeitungssammlung, der Zeitschriftensammlung, der Zeitungsausschnitte, der Fest- und Jubiläumsschriften von Firmen und Vereinen als zeitgeschichtliche Sammlung zur Stadtgeschichte, Benutzerbetreuung.

### Presseausschnittarchiv

06 seit 1919
Übernahme des Bestands Langenberg durch Eingemeindung 1975

07 Zeitungsausschnitte: [160 000], Dossiers: [400], Regalmeter: [100], davon Sacharchiv: [30], Personenarchiv: [10], Firmen-/Institutionen-Archiv: [60]

08 ab 1945 auf DIN A 4-Blätter geklebt in Kartonablage, vor 1945 in anderer Größe formatiert in Mappenablage

09 eigene Produktion; außerdem deutsch- und fremdsprachige Zeitungen, Zeitschriften, andere Quellen

10 eigene Systematik, Dezimalklassifikation, Schlagwort- und Stichwortkatalog [noch im Aufbau]

11 Politik, Wirtschaft, Kultur, Sport, Vermischtes, Prozesse, Buchrezensionen, Bildende Kunst, sonstige Themen der Stadt- und Heimatgeschichte
12 Schwerpunkte: Regionales/Lokales

**Zeitungsbestand**

13 Kauf, Zuweisung, 1981 Übernahme des Archivs der Velberter Zeitung (WAZ, 170 Bände); im Besitz der Sammlung der Stadt Velbert und der eingemeindeten Stadt Langenberg
14 Titel: 17 (13)
Bände: 729, Zugang: 10
15 bis vor 1900

**Zeitschriftenbestand**

16 Kauf, Tausch, Schenkung, Zuweisung, Übernahme Bestand Langenberg
17 Titel: 19 (8)
Einzelhefte: [3 000]
18 bis vor 1900

**Bildarchiv**

22 eigene und fremde Fotografen und Agenturen
23 bis zu 50 Jahren und älter
24 Negative bzw. Klischees schwarz-weiß: [10 000]
Papierkopien: [10 000]
26 Schlagwortkatalog, Chronologische Ablage

**Aktive Information**

30 Verwaltungsberichte durch die Stadt Velbert; „Historische Beiträge", herausgegeben von der Stadt Velbert mit dem Bergischen Geschichtsverein, Abteilung Velbert-Hardenberg

**Benutzung**

32 der Öffentlichkeit zugänglich
34 Benutzungsgebühren
35 Öffnungszeiten: Mo—Fr 8.00—12.00 Uhr, Mo 13.00—17.45 Uhr, Do 13.00—15.45 Uhr
36 Benutzerraum vorhanden, Kopieren möglich

# Waiblingen
164

01 **Stadtarchiv Waiblingen,** Rathaus, Kurze Straße 33, Postfach 17 40, 7050 *Waiblingen*, Tel.: 07151/5001-231
03 Wilhelm Glässner (L)

**Presseausschnittarchiv**

06 Die Zeitungsausschnittsammlung bezieht sich nur auf die Stadt Waiblingen

**Zeitungen und Zeitschriften**

Zeitungen und Zeitschriften des Zuständigkeitsgebietes werden im Abonnement bezogen. Diese sind nach Jahrgängen gebunden und vollständig.

**Benutzung**

32 der Öffentlichkeit zugänglich

# Weilburg
165

01 **Stadtarchiv Weilburg,** Abteilung Presseausschnitte und Archiv des Bergbaumuseums, Schloßplatz 1, Postfach 14 20, 6290 *Weilburg/Lahn*, Tel.: 06471/2011 App. 63
02 Stadt Weilburg, Mauerstraße 8, Rathaus, Postfach 14 20, 6290 Weilburg, Tel.: 06471/2022
03 Fritz Meyer (L), Ilse Meyer (St)
04 2 (1)

**Aufgaben des Pressearchivs**

05 Stadtarchiv: lokale und regionale Ereignisse, Stadtgeschichte, alte Landesgeschichte
Bergbauarchiv: Montangeschichte des mittelhessischen Raumes mit Schwerpunkt Bilddokumentation

**Presseausschnittarchiv**

06 seit 1950
Ergänzung durch Ankauf von Heimatzeitungen
07 Zeitungsausschnitte: [ca. 5 000], davon Personenarchiv: [ca. 100]
08 auf DIN A 4-Blätter geklebt
10 eigene Systematik, Schlagwort-/Stichwortkatalog geplant, Findbuch

11 Wirtschaft, sonstige Themen.
12 Schwerpunkte: Regionales/Lokales

**Zeitungsbestand**
14 Titel: 5 (2)
Bände: ca. 550
15 bis vor 1900

**Zeitschriftenbestand**
16 Kauf, Schenkung
17 Titel: 14
Bände: 50 (ca. 6)
18 vor 1900 und seit 1945

**Bildarchiv**
22 eigene und fremde Fotografen und aus anderen Quellen
23 bis zu 50 Jahren und älter
24 Negative: ca. 1600, davon schwarz-weiß: ca. 1000, farbig: 500
Dias: ca. 300
26 Schlagwortkatalog, systematische Aufstellung
27 Schwerpunkte:
a) Stadtarchiv: Entwicklung des Stadtbildes der Stadt Weilburg, städtebauliche Veränderungen, Bildreportagen von besonderen Ereignissen im Leben der Stadt, auch Vereinsleben, Parteien, Persönlichkeiten etc., Sammlung von Bildmaterial im Bildarchiv (teils Reproduktionen alter und seltener Bilder).
b) Bergbauarchiv: Bilder zur montangeschichtlichen Entwicklung des mittelhessischen Raumes (vorwiegend Reproduktionen), Presseausschnitte zum Thema, Zeitschriftensammlung.

**Benutzung**
32 der Öffentlichkeit zugänglich
34 keine Benutzungsgebühren
35 Öffnungszeiten: Di—Fr 10.00—12.00 und 14.00—16.00 Uhr
36 Lesesaal/Benutzerraum vorhanden, Kopieren möglich

# Weinheim

**166**
01 *Stadtarchiv Weinheim,*
Obertorstraße 9, Postfach 1769,
6940 *Weinheim*, Tel.: 06201/82-332

03 M. Graupeter (L), W. Brehm (St)
04 2

**Presseausschnittarchiv**
06 seit ca. 1950 und älter, unregelmäßige Ablage
07 Zeitungsausschnitte: ca. 6000, Dossiers: ca. 120, Regalmeter/Schrankmeter: 3, davon Sacharchiv: 2,5 m, Personenarchiv: 0,5 m
08 nicht aufgeklebt
09 „Weinheimer Nachrichten"
10 eigene Systematik, Schlagwort-/Stichwortkatalog
11/ Schwerpunkte: Regionales/Lokales
12

**Zeitungsbestand**
13 Kauf
14 Titel: 9 (1)
Bände: ca. 300 (1 Jahrgang = 12 Bände)
Mikrofilme: 40
15 bis vor 1900

**Zeitschriftenbestand**
16 Kauf, Tausch, Schenkung, Zuweisung
17 Titel: 40 (10)
18 bis vor 1900

**Bildarchiv**
22 eigene und fremde Fotografen und aus anderen Quellen
23 bis zu 50 Jahren und älter
24 Negative: [200], Dias: [150], Papierkopien: [3000], davon schwarz-weiß [2900], farbig: [100]
26 systematische Aufstellung und eigene Systematik
27 Schwerpunkte: Stadt Weinheim

**Benutzung**
32 der Öffentlichkeit zugänglich
34 keine Benutzungsgebühren
35 Öffnungszeiten: Mo, Di, Do, Fr 8.00—11.15 Uhr, Di 14.00—17.30 Uhr (und nach telefonischer Anmeldung)
36 Lesesaal/Benutzerraum vorhanden, Kopieren möglich, Mikroform-Lesegeräte vorhanden

## Weissenburg

**167**

01 **Archiv der Stadt Weissenburg** in Bayern, Dr. Martin-Luther-Platz 3, Postfach 569, 8832 *Weissenburg* i. B., Tel.: 09141/203 307

02 Stadt Weissenburg, Friedrich-Ebert-Straße 1, Postfach 569, 8832 Weissenburg i.B. Tel.: 09141/2031

03 G. Mödl (L), Ada Gundel (St),

**Aufgaben des Pressearchivs**

05 Das Archiv unterhält kein spezielles Pressearchiv, es werden lediglich die laufenden Ausgaben der Heimatzeitung gesammelt.

## Werl

**168**

01 **Stadtarchiv Werl,** Hedwig-Dransfeld-Straße 23, Postfach 6040, 4760 *Werl*, Tel.: 02922/800-227

03 Heinrich Josef Deisting (L)

04 1

**Aufgaben des Pressearchivs**

05 Sammlung von Zeitungsausschnitten und Lokalseiten zur Stadtgeschichte Werls

**Presseausschnittarchiv**

06 seit ca. 1960, kontinuierlich seit 1973 (vor 1960 wenig)

07 Regalmeter/Schrankmeter: ca. 3/4 Personenarchiv: unbedeutende Einzelstücke

08 auf DIN A 4-Blätter geklebt

09 eigene Produktion, sonstige deutschsprachige Zeitungen, Zeitschriften, andere Quellen

10 eigene Systematik, Index/Thesaurus (Sachbetreffe)

11 Politik, Wirtschaft, Kultur, Vermischtes, sonstige Themen.

12 Schwerpunkte: fast ausschließlich Stadtgeschichte Werls

**Zeitungsbestand**

13 Schenkung

14 noch nicht verzeichnet

15 bis vor 1900 (Reste ab 18. Jahrhundert, Schwerpunkte ca. 1840—1890, 1920er bis 1950er Jahre große Lücken, seit 1949 ziemlich lückenlos)

**Zeitschriftenbestand**

16 Kauf, Tausch, Schenkung

17 Titel: ca. 120 (ca. 70)

18 bis vor 1900

**Bildarchiv**

22 eigene und fremde Fotografen, Agenturen und aus anderen Quellen

23 bis zu 50 Jahren und älter

24 Negative: unbedeutend, Papierkopien: höchstens 200 Stück

26 noch nicht erschlossen

27 Schwerpunkte: fast ausschließlich Stadtgeschichte Werls

**Aktive Information**

29 Bearbeitung von Hintergrundmaterial, Erstellen von Chroniken, Sonstiges

30 Schriften der Stadt Werl (bisher 19 Bände), Nachrichten aus dem Werler Stadtarchiv (bisher 4 Hefte), Mitteilungen der Werler Arbeitsgemeinschaft für Familienforschung (bisher 10 Hefte)

**Benutzung**

32 der Öffentlichkeit zugänglich

34 keine Benutzungsgebühren

35 Öffnungszeiten: Mo—Fr 8.00—12.00 Uhr, Mo, Di, Mi 14.00—16.00 Uhr, Do 14.00—18.00 Uhr

36 Benutzerraum vorhanden, Kopieren möglich

## Wiesbaden

**169**

01 **Hessisches Hauptstaatsarchiv,** Abt. 3015, Mainzer Straße 80, 6200 *Wiesbaden*, Tel.: 06121/368-391, 395, 843

03 Dr. Wolf-Arno Kropat (L), Dr. Hellmuth Gensicke (St)

04 45 (15)

### Aufgaben des Pressearchivs
05 Übernahme der Presseausschnittsammlung von Landesbehörden (Hess. Minister für politische Befreiung, Hess. Ministerpräsident — Staatskanzlei) Fundstellennachweis zu eigenen oder fremden Zeitungssammlungen

### Presseausschnittarchiv
07 30 Regalmeter
08 auf DIN A 4-Blätter geklebt
09 deutschsprachige Zeitungen, Zeitschriften, andere Quellen
10 Schlag- und Stichwortkatalog
11 Politik, Wirtschaft, Kultur, Vermischtes.
12 Schwerpunkte: Regionales

### Zeitungsbestand
13 Kauf
14 Titel: 39 (2)
Bände: 536 (4)
15 bis vor 1900

### Zeitschriftenbestand
16 eigene Produktion, Kauf, Tausch, Schenkung, Zuweisung
17 Titel: 463 (135)
Bände: 6400 (120)
18 bis vor 1900

### Bildarchiv
22 von Fotografen und aus anderen Quellen
23 bis zu 50 Jahren
24 Negative: 500, davon s/w 500
Dias: 3000, davon farbig 2700
Papierkopien: 1000

### Benutzung
32 der Öffentlichkeit zugänglich
34 Benutzungsgebühren
36 Lesesaal/Benutzerraum vorhanden, Kopieren möglich, Mikroform-Lesegerät vorhanden, Rückvergrößerung von Mikroformen möglich

## Wolfenbüttel
170
01 *Niedersächsisches Staatsarchiv,*
Forstweg 2, 3340 *Wolfenbüttel,*
Tel.: 05331/76038 + 39
03 Dr. Günter Scheel (L),
Dr. Dieter Lent (St)
04 25

### Presseausschnittarchiv
06 seit ca. 1870/80, seit 1930 nicht mehr weitergeführt
07 Regalmeter: ca. 60—80 lfd.m
08 die Ausschnitte werden
— zum Teil nicht aufgeklebt und in Mappen/Kastenablage u.a. aufbewahrt
— zum Teil auf DIN-A-4-Blätter geklebt
— zum Teil in anderer Größe formatiert
09 deutsch- und fremdsprachige Zeitungen, Zeitschriften und andere Quellen
10 eigene Systematik
11 Politik, Wirtschaft, Kultur, Sport, Vermischtes, Bildende Kunst.
12 Schwerpunkte: Braunschweigische Landesgeschichte. Das Welfenhaus

### Benutzung
32 der Öffentlichkeit zugänglich
34 keine Benutzungsgebühren
35 Öffnungszeiten: Mo—Fr 8.30—16.30 Uhr, Sa 8.00—13.00 Uhr (nur nach Voranmeldung)
36 Lesesaal/Benutzerraum vorhanden, Kopieren im Ausnahmefall möglich

## Wolfsburg
171
01 *Stadtarchiv Wolfsburg,*
Porschestraße 43 c, Postfach 100944, 3180 *Wolfsburg* 1, Tel.: 05361/108-540
03 Dr. Klaus-Jörg Siegfried (L),
Werner Strauß (St)
04 9 (3)

### Aufgaben des Pressearchivs
05 Dokumentation der politischen, wirtschaftlichen, sozialen und kulturellen Entwicklung der Stadt Wolfsburg

### Presseausschnittarchiv
06 seit 1976
07 Regalmeter: ca 22
08 auf DIN A 4-Blätter geklebt
auf Mikrorollfilm 35 mm aufgenommen

*Staats- und Kommunalarchive*

09 deutschsprachige Zeitungen, Zeitschriften und andere Quellen
10 Schlag- und Stichwortkatalog
11 Politik, Wirtschaft, Kultur, Sport, Theaterrezensionen, Bildende Kunst, sonstige Themen.
12 Schwerpunkte: Regionales/Lokales

**Zeitungsbestand**
13 Kauf
14 Titel: 12 (2)
   Bände: ca. 280 (12)
   Mikrofilme: 15
15 bis vor 1900

**Aktive Information**
29 Erstellen von Chroniken
30 Herausgabe von Publikationen mit den Reihentiteln:
   „Wolfsburger Beiträge zur Stadtgeschichte und Stadtentwicklung (Campus-Forschung)"
   „Texte zur Geschichte Wolfsburgs"

**Benutzung**
32 der Öffentlichkeit zugänglich
34 keine Benutzungsgebühren
35 Öffnungszeiten: Mo—Fr 9.00—12.00 Uhr, Mo u. Mi 14.00—16.00 Uhr, Di u. Do 14.00—17.00 Uhr und nach Vereinbarung
36 Lesesaal/Benutzerraum vorhanden, Kopieren möglich, Mikroform-Lesegerät vorhanden, Rückvergrößerung von Mikroformen möglich

# Worms

**172**
01 **Stadtarchiv Worms** — 47 A —,
   Marktplatz 10, Postfach 440,
   6520 *Worms*, Tel.: 06241/853-504
03 Fritz Reuter (L)

**Aufgaben des Pressearchivs**
05 Dokumentationsstelle der Stadtverwaltung

**Presseausschnittarchiv**
06 seit 1.4.1970, ab 1.1.1981 Lokalteile der „Wormser Zeitung" komplett

07 Regalmeter: 3
08 auf DIN A 4-Blätter geklebt, seit 1.1.1981 in anderer Größe formatiert
10 Schlag- und Stichwortkatalog
11 Politik, Wirtschaft, Kultur, Vermischtes.
12 Schwerpunkte: Städtische Dokumentation über Worms

**Zeitungsbestand**
13 Kauf, Schenkung,
   (1776-1870 mit Lücken)
14 Titel: 3 (1)
15 bis vor 1900

**Bildarchiv**
22 eigene und fremde Fotografen
23 bis zu 50 Jahren und älter
24 Großbild-Negative: 38 550
   Kleinbild-Negative: 136 840 (s/w)
   Dias 8 1/2 / 10: 13 500
   Dias 5/5: 16 000, davon 10 Prozent farbig
26 Schlagwortkatalog nach inhaltlichen Gesichtspunkten und thematisch
27 Schwerpunkte: Kunstgeschichte, spez. Romantik, Stadtgeschichte, Ereignisse in Worms

**Benutzung**
32 der Öffentlichkeit zugänglich
34 keine Benutzungsgebühren
35 Öffnungszeiten: 8.00—12.00 Uhr und 14.00—16.30 Uhr
36 Lesesaal/Benutzerraum vorhanden, Kopieren möglich, Mikroform-Lesegeräte vorhanden, Rückvergrößerung von Mikroformen möglich

# Würzburg

**173**
01 **Stadtarchiv Würzburg,**
   Neubaustraße 12, 8700 *Würzburg*,
   Tel.: 0931/37 308
03 Dr. Hermann Hoffmann (kommissarischer Leiter)
04 4 (1)

**Aufgaben des Pressearchivs**
05 Presseausschnittsammlung eines Stadtarchivs

**Presseausschnittarchiv**
06 bis vor 1900
   Ergänzung durch Ankauf
07 ca. 45 Regalmeter
08 auf DIN A 4-Blätter geklebt
10 eigene Systematik
11 Kultur, Theaterrezensionen.
12 Schwerpunkte: Regionales/Lokales

**Zeitungsbestand**
13 Kauf
14 Lokalzeitungen und Süddeutsche Zeitung
15 bis vor 1900

**Zeitschriftenbestand**
18 bis vor 1900

**Bildarchiv**
22 von Fotografen und anderen Quellen
23 bis zu 50 Jahren und älter
26 systematische Aufstellung
27 Schwerpunkte: Stadt Würzburg

**Benutzung**
32 der Öffentlichkeit zugänglich
34 keine Benutzungsgebühren
35 Öffnungszeiten: Mo—Do 8.00—17.00 Uhr, Fr 8.00—12.00 Uhr
36 Lesesaal/Benutzerraum vorhanden, Kopieren möglich

# Wuppertal

174

01 *Stadtarchiv Wuppertal,* Friedrich-Engels-Allee 89—91, 5600 *Wuppertal* 2, Tel.: 0202/363-66 23
02 Stadt Wuppertal, Postfach 20 14 14, 5600 Wuppertal 2
03 Dr. Uwe Eckardt (L), Siegfried Grewel (St)
04 6

**Zeitungsausschnittarchiv**
06 Zur Erstellung einer Stadtchronik zum Jubiläum Wuppertals 1979 wurden sämtliche lokalen Zeitungen von 1929 bis 1979 auf Karteikarten verzettelt. Die Sammlung besteht aus rund 36 000 Karteikarten, die noch immer rein chronologisch geordnet sind. Es ist beabsichtigt, die Karten zu duplizieren und dann nach Sachbetreffen zu ordnen.

**Zeitungsbestand**
15 bis vor 1933

**Darstellungen über das Archiv**
31 Mitteilungen des Stadtarchivs, Heft 1/1981: Das Stadtarchiv Wuppertal.
   Seine Geschichte und seine Bestände.

# Zweibrücken

175

01 *Stadtarchiv Zweibrücken,* Herzogstraße 13, Postfach 171, 6660 *Zweibrücken,* Tel.: 06332/88-241
02 Stadt Zweibrücken, Herzogplatz, Rathaus Herzogstraße 1, Postfach 171, 6660 Zweibrücken, Tel.: 06332/88-1
03 Edmund Michel (L), Walter Bohrer (St)
04 3 (1)

**Presseausschnittarchiv**
06 seit 1972
07 Kartons: 115
08 auf DIN A 4-Blätter geklebt
09 deutschsprachige Zeitungen
10 Schlag- und Stichwortkatalog
11 Wirtschaft, Kultur, Vermischtes.
12 Schwerpunkte: Regionales/Lokales

**Zeitungsbestand**
13 Zuweisung
14 Titel: 3 (3), davon zwei von 1945 bis heute komplett
   Bände: 450 (3)
15 bis vor 1900

**Benutzung**
32 der Öffentlichkeit zugänglich
34 Benutzungsgebühren
36 Lesesaal/Benutzerraum vorhanden, Kopieren möglich, Mikroform-Lesegerät vorhanden

# 5 Bibliotheken

## Berlin

**176**

01 *Amerika-Gedenkbibliothek/ Berliner Zentralbibliothek,* Presseausschnittarchiv in der Berlin-Abteilung der Amerika-Gedenkbibliothek, Blücherplatz 2, 1000 *Berlin* 61, Tel.: 030/6905-0, Telex: 184693 ag bbl d

03 der Bibliothek: Dr. Peter K. Liebenow (L), der Berlin-Abteilung: Gabriele Kirchner (L), Dr. Andreas Anderhub (St)

04 3

### Pressearchiv
05 Zeitungsausschnittsammlung von Artikeln mit Berlin-Bezug in der zentralen öffentlichen Bibliothek Berlins

### Presseausschnittarchiv
06 seit 1954, Übernahme durch Fusion etc. von: älteren Sammlungen

07 Einzelstücke: 75 000, Regalmeter/ Schrankmeter/Sacharchiv: 18 m Dossiers: 1 065

08 auf DIN A 4-Blätter geklebt

09 deutsch und fremdsprachige Zeitungen, Zeitschriften, andere Quellen

10 eigene Systematik

11 Politik, Wirtschaft, Kultur, Sport, Vermischtes, Prozesse, Buchrezensionen, Theaterrezensionen, Bildende Kunst, sonstige Themen.

### Zeitungsbestand
13 Kauf, Tausch, Pflichtexemplar oder Zuweisung

14 Titel: 90, lfd.: 16, Mikrofilme: 4 000

15 vor 1933

### Zeitschriftenbestand
16 Kauf, Pflichtexemplar oder Zuweisung, Geschenk

17 Titel: 250

18 vor 1900

### Bildarchiv
22 die Bilder stammen von fremden Fotografen und anderen Quellen

23 älter

24 Papierkopien: 12 500 s/w

25 elektronische Verarbeitung von Bilddaten nicht beabsichtigt

26 Schlagwortkatalog nach inhaltlichen Gesichtspunkten

27 ausschließlich Berolinensien

### Darstellungen über das Archiv
31 Sichelschmidt, Gustav: Die Berlin-Abteilung. In: 25 Jahre Amerika-Gedenkbibliothek. Hrsg. von Peter K. Liebenow, München, New York, London, Paris: Saur 1979

### Benutzung
32 der Öffentlichkeit zugänglich

34 keine Benutzungsgebühren

35 Öffnungszeiten: Mo 16.00—20.00 Uhr, Di—Sa 11.00—20.00 Uhr

36 Lesesaal/Benutzerraum vorhanden, Kopieren möglich, Mikroform-Lesegeräte vorhanden, Rückvergrößerung von Mikroformen möglich

**177**

01 *Amerika-Gedenkbibliothek/ Berliner Zentralbibliothek,* Presseausschnittarchiv in den Literarischen Sammlungen der Amerika-Gedenkbibliothek, Blücherplatz 2, 1000 *Berlin* 61, Tel.: 030/6905-0, Telex 184693 ag bbl d

03 der Bibliothek: Dr. Peter K. Liebenow
(L), der Literarischen Sondersammlungen: Hans-Ulrich Mehner (L),
Dr. Andreas Anderhub (St)

04 1 (f. die Literar. Sondersammlungen)

### Pressearchiv
05 Materialsammlung für literaturwissenschaftlich arbeitende Archiv-Benutzer

### Presseausschnittarchiv
06 seit 1954, Übernahme durch Fusion etc. von: Literarischen Nachlässen — Georg Minde-Pouet (Kleist), Max Wagner (Arno Holz), Max Ewert (Alexis), Friede Birkner (Hedwig Courths-Mahler)

07 Dossiers: 56 Kästen und 68 Bände

08 nicht aufgeklebt und in Mappen/Kastenablage u. a. aufbewahrt, in anderer Größe formatiert, auf Mikrorollfilm 35 mm/16 mm aufgenommen

09 deutsch und fremdsprachige Zeitungen, Zeitschriften, andere Quellen

10 eigene Systematik (Kleist-Sammlung)

11 Heinrich von Kleist, Willibald Alexis, Arno Holz, Hedwig Courths-Mahler

### Zeitschriftenbestand
18 vor 1900

### Bildarchiv
27 Schwerpunkte: Heinrich von Kleist, Arno Holz, Willibald Alexis, Hedwig Courths-Mahler

### Darstellungen über das Archiv
31 Sauer, Bruno: Die literarischen Sammlungen der Amerika-Gedenkbibliothek. In: Kleine Beiträge aus der bibliothekarischen Arbeit. Hrsg. von Jürgen Busch und Werner Jahrmann, Berlin 1959

Mehner, Hans-Ulrich: Die literarischen Sondersammlungen. In: 25 Jahre Amerika-Gedenkbibliothek/Berliner Zentralbibliothek. Hrsg. von Peter K. Liebenow, München 1979

### Benutzung
32 Benutzung für Fachinteressenten allgemein möglich

34 keine Benutzungsgebühren

35 Öffnungszeiten: Mo 16.00—20.00 Uhr, Di—Sa 11.00—20.00

36 Lesesaal/Benutzerraum vorhanden, Mikroform-Lesegeräte vorhanden, Kopieren möglich, Rückvergrößerung von Mikroformen möglich

## Dortmund

178
01 *Stadtbücherei Dortmund,*
Zeitungsausschnittsammlung, Markt 12, Postfach 907, 4600 *Dortmund,*
Tel.: 0231/5422 32 36, Telex: 0822287

03 Jutta von Oertzen (L), Renate Will (St)

04 4 (2)

### Pressearchiv
05 Sammeln von Zeitungsausschnitten zu deutschsprachig verlegten Autoren der Schönen Literatur, zum Bibliothekswesen, zu Buch- und Verlagswesen, zu Literaturwissenschaft, zu Presse, zu Theater und zu Kultur. Archivierung der Ausschnitte in Mappen, Ordnung nach Alphabet oder Schlagwort. Sammeln von Zeitungsausschnitten zu aktuellen politischen und gesellschaftlichen Themen und Länderalphabet. Archivierung für ca. 2 Jahre. Erstellen von Themenlisten. Ausleihe möglich.

### Presseausschnittarchiv
06 seit 1945, Ergänzung durch (Teil-) Übernahme von Privatpersonen

07 Zeitungsausschnitte: (1 000 000)

08 nicht aufgeklebt und in Mappen/Kastenablage u.a. aufbewahrt

09 deutschsprachige und fremdsprachige Zeitungen, Zeitschriften, andere Quellen

10 Listen

11 Politik, Wirtschaft, Kultur, Inland, Ausland (Aktuelles Lexikon, Staaten der Welt von A—Z, zeitlich begrenzt), Buchrezensionen, Theaterrezensionen; Internationale Autoren schöngeistiger Literatur, Buch- und Verlagswesen, Bibliothekswesen, Literaturwissenschaft, Presse, Theater.

12 Schwerpunkte: Inland, Ausland

*Bibliotheken*

**Zeitschriftenbestand**
16  Kauf (Lyrikzeitschriften)
17  Titel: 186
18  seit 1960

**Aktive Information**
30  Russische/Sowjetische Literatur, Zeitschriften- und Zeitungsaufsätze (erscheint jährlich ab 1970)

**Darstellungen über das Archiv**
31  Körner, Wolfgang: Loblied auf die Zeitungsausschnittsammlung unter besonderer Berücksichtigung der Dortmunder Autorendokumentation.
In: Dienst an Büchern, Lesern und Autoren. Festschrift für Fritz Hüser. Deutscher Bibliotheksverband 1973, Seite 155—158

**Benutzung**
32  der Öffentlichkeit zugänglich
34  keine Benutzungsgebühren
35  Öffnungszeiten: Mo+Di 10.00—18.00 Uhr, Mi 10—16.00 Uhr, Do+Fr 10.00—18.00 Uhr
36  Lesesaal/Benutzerraum vorhanden, Kopieren möglich

## Düsseldorf

**179**
01  *Stadtbüchereien Düsseldorf,*
Direktion, Berliner Allee 59,
4000 *Düsseldorf* 1

**Presseausschnittarchiv**
11  Musikgeschehen Düsseldorf vollständig sonstige Ereignisse in Düsseldorf nur bei überörtlicher Bedeutung

**180**
01  *Universitätsbibliothek Düsseldorf,* Thomas-Mann-Sammlung Dr. Hans-Otto Mayer, Universitätsstraße 1, 4000 *Düsseldorf* 1, Tel.: 0211/311-2030
03  Prof. Dr. G. Gattermann (L), Dr. Frauke Bertelt (Referentin)

**Pressearchiv**
05  Möglichst vollständige Sammlung von Dokumenten zu Thomas Manns Leben und Werk sowie deren Erschließung und Bereitstellung zur Benutzung. — Die Zeitungsausschnittsammlung bildet nur einen Teil der Thomas-Mann-Sammlung, die daneben etwa 1600 Bände Primärliteratur, 1800 Bände Sekundärliteratur, 1500 Bände kompletter Zeitschriftenjahrgänge bzw. Hefte von Zeitschriften mit Beiträgen von und über Thomas Mann sowie etwa 1000 Stück sonstigen dokumentarischen Materials enthält.

**Presseausschnittarchiv**
06  seit 1948, Ergänzung durch Ankauf eines Teils des Nachlasses des Thomas-Mann-Forschers Hans Bürgin im Jahr 1977, dadurch Erweiterung der Ausschnittsammlung für die Zeit ab 1920
07  Einzelstücke: 15000 (darunter auch Sonderdrucke, Kopien von Zeitschriftenaufsätzen, Fotos, Theaterprogramme etc.; die Masse wird jedoch durch die Zeitungsausschnitte gebildet)
08  auf DIN A 4-Blätter geklebt
09  deutschsprachige und fremdsprachige Zeitungen, Zeitschriften, andere Quellen
10  eigene Systematik
11  Buchrezensionen, Theaterrezensionen: Thomas Mann

**Darstellungen über das Archiv**
31  Bielschowsky, Ludwig: Die Thomas-Mann-Sammlung Dr. Hans-Otto-Mayer (Stiftung Rudolf Groth) in Düsseldorf. In: Aus dem Antiquariat. (Beilage zum) Börsenblatt für den Deutschen Buchhandel, Frankfurter Ausgabe, Nr. 77 vom 27. Sept. 1977, S. A 348 — A 357. Thomas Mann 1875 — 1975. Ausstellung der Universitätsbibliothek Düsseldorf im Goethe-Museum Düsseldorf, 16.5.1975 — 17.8.1975, Düsseldorf: Triltsch 1975.

**Benutzung**
32  der Öffentlichkeit zugänglich
34  keine Benutzungsgebühren

## Duisburg

**181**

01 ***Stadtbibliothek Duisburg,***
Zeitungsausschnittsammlung,
Düsseldorfer Str. 5—7, 4100 *Duisburg* 1,
Tel.: 0203/2813-4128

03 Margret Görres (L), Uwe Holler (St)

04 4

### Pressearchiv

05 Aktuelle Information über Ereignisse in den Bereichen Politik, Wirtschaft, Kultur, Lokales

### Presseausschnittarchiv

06 seit 1976

07 Dossiers: (950 Mappen aktuelle Beiträge), davon Sacharchiv: 300, Personenarchiv: 200

08 nicht aufgeklebt und in Mappen/Kastenablage u.a. aufbewahrt

09 deutschsprachige Zeitschriften

10 Präsentation nach Schlagwörtern, die in einer Liste festgelegt sind

11 Politik, Wirtschaft, Kultur, Inland, Ausland, Buchrezensionen, Theaterrezensionen, Filmrezensionen, Bildende Kunst.

12 Schwerpunkte: Inland, Ausland

### Darstellungen über das Archiv

31 Koschorke, Maria: Öffentliche Bücherei und Zeitung. Anschaffung, Bereitstellung und Erschließung von Zeitungen, dargestellt am Beispiel der Sammlungen in den Stadtbüchereien Dortmund und Duisburg.
Köln: Bibliothekar-Lehrinstitut des Landes Nordrhein-Westfalen 1972.

Kühn-Ludewig, Maria: Zeitungserschließung und wissenschaftliche Bibliotheken. Hausarbeit zur Prüfung für den höheren Dienst an wissenschaftlichen Bibliotheken.
Köln: Bibliothekar-Lehrinstitut des Landes Nordrhein-Westfalen 1975.

Pfau, Lothar: Pressedokumentation zur aktuellen Information in öffentlichen Bibliotheken.
Göttingen: Evangelisches Bibliothekar-Lehrinstitut 1971.

### Benutzung

32 der Öffentlichkeit zugänglich

34 keine Benutzungsgebühren

35 Öffnungszeiten: Di—Fr 11.00—19.00 Uhr, Sa 11.00—16.00 Uhr

36 Lesesaal/Benutzerraum vorhanden, Kopieren möglich

## Eichstätt

**182**

01 ***Universitätsbibliothek Eichstätt,***
Am Hofgarten 1, 8078 *Eichstätt*,
Tel.: 08421/20330

02 Katholische Universität Eichstätt. Kirchliche Stiftung des öffentlichen Rechts, Residenzplatz 12, 8078 Eichstätt,
Tel.: 08421/20-1

03 Dr. Hermann Holzbauer (L),
Dr. Hrvoje Jurcic

04 58 (5)

### Pressearchiv

05 Archivierung der laufenden katholischen Zeitungen und Zeitschriften, die von den in der Arbeitsgemeinschaft Katholische Presse e.V. zusammengeschlossenen Verlagen, Agenturen und Institutionen herausgegeben werden („Bistumspresse, Sonntagspresse und Magazinpresse, Verbandspresse, Ordens- und Missionspresse" u.a., siehe Satzung 4a)

### Zeitungsbestand

13 Pflichtexemplar oder Zuweisung

14 Titel: 32, lfd.: 32

15 seit 1949

### Zeitschriftenbestand
16 Pflichtexemplar oder Zuweisung
17 Titel: 130, lfd.: 120
18 seit 1949

### Darstellung über das Archiv
31 Arbeitsgemeinschaft Katholische Presse e.V. 1949—1974. Zur Entwicklung und Situation der deutschen Kirchenpresse. St. Augustin (1974)

### Benutzung
32 der Öffentlichkeit zugänglich
34 keine Benutzungsgebühren
35 Öffnungszeiten: Mo—Fr 8.30—20.00 Uhr, Sa 8.30—12.30 Uhr
36 Lesesaal/Benutzerraum vorhanden, Mikroform-Lesegeräte vorhanden, Kopieren möglich, Rückvergrößerung von Mikroformen möglich

## Frankfurt/M.

**183**

01 *Deutsche Bibliothek;* Abt. Exilliteratur; Zeitungsausschnittarchiv, Zeppelinallee 4—8, 6000 *Frankfurt (Main)*, Tel.: 069-7566-372, Telex: 416643 deu bi
03 Dr. Brita Eckert (L)
04 1 (Hilfskraft, 10 Std. pro Woche)

### Pressearchiv
05 Archivierung von Presseausschnitten (international), das Thema deutschsprachiges Exil und Emigration der Jahre 1933—1945 betreffend.

### Presseausschnittarchiv
06 seit ca. 1970
07 Zeitungsausschnitte: 11 500, Einzelstücke: 11 500, Regalmeter/Schrankmeter: 5,5 m, davon Sacharchiv: (3000), Personenarchiv: (8500)
08 auf DIN A 4-Blätter geklebt
09 deutsch- und fremdsprachige Zeitungen, Zeitschriften, andere Quellen
10 eigene Systematik
11 Deutschsprachiges Exil 1933—1945

### Benutzung
32 der Öffentlichkeit zugänglich
34 keine Benutzungsgebühren
35 Öffnungszeiten: Mo—Fr 9.00—17.00 Uhr
36 Lesesaal/Benutzerraum vorhanden, Kopieren möglich

## Fulda

**184**

01 *Hessische Landesbibliothek Fulda* Heinrich-von-Bibra-Platz 12, Postfach 665, 6400 *Fulda*, Tel.: 0661/72020 6200 Wiesbaden, Tel.: 06121/3681
03 Dr. Artur Brall (L), Dr. Helmut Spelsberg (St)
04 32 (3)

### Pressearchiv
05 Dokumentation der Arbeiten zu Fulda durch eine Fuldensien-Sammlung; ergänzende Aktualisierung der vorhandenen Buchbestände; Auswertung für die „Hessische Bibliographie"

### Presseausschnittarchiv
06 seit ca. 1910 mit Unterbrechungen; unvollständig
07 Einzelstücke: ca. 10000, Regalmeter/Schrankmeter: ca. 1 m, Dossiers: ca. 15 Leitz-Ordner, davon Sacharchiv: ca. 13 Ordner, Personenarchiv: 2 Ordner, sowie weitere unselbständige Literatur im Biographien-Katalog
08 zum Teil nicht aufgeklebt und in Mappen/Kastenablage u.a. aufbewahrt zum Teil auf DIN A 4-Blätter geklebt
09 deutsch- und fremdsprachige Zeitungen, Zeitschriften, andere Quellen
10 Schlagwort- und/oder Stichwortkatalog; zum Teil chronologisch, Alphabet der Schlagworte von Personen, Hutten-Sammlung: Systematik nach Eppelsheimer; Musikleben in Fulda: chronologisch; Kunstausstellungen in Fulda: alphabetisch nach Institutionen und Künstlern; Fremdenverkehr im Fuldaer Land: Alphabetisch nach Orten; Fuldensien: zum Teil ungeordnet, alphabetisch nach Orten und Personen

*Bibliotheken*

**Zeitungsbestand**
13 Kauf, Pflichtexemplar oder Zuweisung
14 Titel: ca. 30, lfd.: 25; Bände: ca. 3500, davon Jahreszugang: ca. 150
15 bis in die Zeit vor 1900

**Zeitschriftenbestand**
16 Kauf, Tausch, Pflichtexemplar oder Zuweisung, Geschenk
17 lfd. Titel: ca. 1009; Bände: ca. 53000, davon jährlicher Zugang: ca. 1200
18 vor 1900

**Bibliothek**
19 Kauf, Tausch, Geschenk

**Aktive Information**
30 Monatliches Verzeichnis der Neuerwerbungen. Fulda 1973; Mitteilungen aus der Hessischen Landesbibliothek Fulda, Fulda 1973

**Benutzung**
32 für Fachinteressenten allgemein möglich, der Öffentlichkeit zugänglich
34 Keine Benutzungsgebühren
35 Öffnungszeiten: Ausl. u. Kat.: werktägl. 10.00—12.00 Uhr, Mo+Di 14.30—17.30 Uhr, Mi 14.30—18.00 Uhr, Do+Fr 14.30—16.30, LS 10.00—18.00 Uhr
36 Lesesaal/Benutzerraum vorhanden, Mikroform-Lesegeräte vorhanden, Kopieren möglich

# Gelsenkirchen

185
01 *Archiv Gelsenkirchener Literatur,* Ebertstr. 19, 4650 *Gelsenkirchen,* Tel.: 0209/169 2378
02 Stadt Gelsenkirchen, Postfach 2105, 4650 Gelsenkirchen, Telex: 0824788
03 Hugo Ernst Käufer
04 1

**Pressearchiv**
05 Stimmen zu Veröffentlichungen Gelsenkirchener Autoren (Einzelveröffentlichungen, Beiträge in Anthologien und Sammelwerken, Rundfunk und Fernsehsendungen, Sekundärliteratur)

**Presseausschnittarchiv**
06 seit 1968
07 Regalmeter/Schrankmeter: 4
08 auf DIN A 4-Blätter geklebt
10 Schlagwort- und Stichwortkatalog

**Benutzung**
32 für Fachinteressenten allgemein möglich
34 keine Benutzungsgebühren
35 Öffnungszeiten: Mo—Do 8.30—15.30 Uhr, Fr bis 14.30 Uhr
36 Lesesaal/Benutzerraum vorhanden, Kopieren möglich

186
01 *Stadtbücherei/Stadtarchiv Gelsenkirchen,* Ebertstr. 19, 4650 *Gelsenkirchen,* Tel.: 0209/169 2825
02 Stadt Gelsenkirchen, Postfach 2105, 4650 Gelsenkirchen, Telex: 0824788
03 Hugo Ernst Käufer (L), Josef Konrad Sprey
04 4

**Pressearchiv**
05 Dokumentation lokalbezogener Daten, Fakten, Ereignisse etc.

**Presseausschnittarchiv**
06 seit den 30er Jahren
07 Dossiers: 258, Regalmeter/Schrankmeter: 18
08 auf DIN A 4-Blätter geklebt
09 deutschsprachige Zeitungen, Zeitschriften, andere Quellen (Lokalzeitungen)
10 eigene Systematik
12 Daten, Fakten, Ereignisse betr. Gelsenkirchen

**Zeitungsbestand**
13 Pflichtexemplar oder Zuweisung
15 bis in die Zeit vor 1900

**Darstellungen über das Archiv**
31 Lasch, Bernd: Geschichte und Gliederung des Stadtarchivs, in: Beiträge zur Stadtgeschichte, Band 1, Recklinghausen 1965, S. 75 u. 76

*Bibliotheken*

**Benutzung**
32 der Öffentlichkeit zugänglich
34 keine Benutzungsgebühren
35 Öffnungszeiten: Mo—Do 8.30-15.30, Fr bis 14.30 Uhr
36 Lesesaal/Benutzerraum vorhanden, Mikroform-Lesegeräte vorhanden, Kopieren möglich

## Hamburg

187
01 **Hochschule der Bundeswehr Hamburg,** Bibliothek, Holstenhofweg 85, Postfach 70 08 22, 2000 *Hamburg* 70, Tel.: 040/6541 2864
03 Dr. Martin Skibbe (L), Dr. Hartmut Walravens (St)

**Presseausschnittarchiv**
06 seit 1980 (Ankauf antiquarisch)
07 Zeitungsausschnitte: 83 Bände
08 nicht in DIN-A 4, sondern in anderer Größe formatiert
09 deutschsprachige und fremdsprachige Zeitungen, Zeitschriften, andere Quellen
10 Ausschnitte sind thematisch zusammengefaßt; nicht weiter erschlossen
11 Politik, Wirtschaft, Kultur; 1. Weltkrieg, Zeit zwischen 1. + 2. Weltkrieg, spez. Balkan.

## Karlsruhe

188
01 **Stadtbibliothek Karlsruhe,** Sammlungen, Zähringerstr. 96—98, 7500 *Karlsruhe* 1, Tel.: 0721/1332014
02 Stadt Karlsruhe
03 Dr. Heinz Schmitt (L)
04 2

**Pressearchiv**
05 Stadtgeschichtliche Sammlung als Ergänzung zum Archivbestand

**Presseausschnittarchiv**
06 seit 1945
07 Regalmeter/Schrankmeter: 13,2, davon Sacharchiv: 9,6 m, Personenarchiv: 3,6 m
08 auf DIN A 4-Blätter geklebt
09 deutschsprachige und fremdsprachige Zeitungen, Zeitschriften, andere Quellen
10 eigene Systematik
11 Politik, Wirtschaft, Kultur, Sport, Prozesse, Buchrezensionen, Theaterrezensionen, Filmrezensionen, Bildende Kunst; Stadtgeschichte.

**Zeitungsbestand**
13 Kauf
14 Titel: 19, lfd.: 1; Bände: ca. 1600, davon Jahreszugang: ca. 12
15 bis in die Zeit vor 1900

**Bildarchiv**
22 die Bilder stammen von fremden Fotografen, Agenturen und anderen Quellen
23 bis zu 50 Jahren und älter
24 Dias: ca. 1000, Papierkopien: ca. 7000
25 elektronische Verarbeitung von Bilddaten nicht beabsichtigt
26 Schlagwortkatalog nach inhaltlichen Gesichtspunkten, systematische Aufstellung
27 Schwerpunkte: Stadtgeschichte

**Aktive Information**
29 Erstellen von Chroniken
30 Band 1: Ernst Schneider, Die Stadtgemarkung Karlsruhe im Spiegel der Flurnamen, Karlsruhe 1965, 210 Seiten.
Band 2: Die Badische Revolution 1848—1849. Katalog zur Ausstellung in Karlsruhe-Durlach, Karlsruhe 1973, 48 Seiten.
Band 3: Das Pfinzgaumuseum in Karlsruhe-Durlach. Akzente seiner Neugestaltung, Karlsruhe 1976, 80 Seiten.
Band 4: Die Staufer am Oberrhein. Katalog zur Ausstellung im Pfinzgaumuseum. Karlsruhe 1977. 52 Seiten.
Band 5: Ernst Schneider, Durlacher Volksleben 1500—1800, Volkskundliches aus archivalischen Quellen.

**Benutzung**
32 der Öffentlichkeit zugänglich
34 keine Benutzungsgebühren
35 Öffnungszeiten: 7.30—16.00 Uhr
36 Lesesaal/Benutzerraum vorhanden, Kopieren möglich

# Koblenz
189
01 ***Stadtbibliothek-Stadtarchiv Koblenz,*** Kornpfortstr. 15, Postfach 2064, 5400 *Koblenz,* Tel.: 0261/37661, Telex: 862699
02 Stadt Koblenz, Rathaus, Postfach 2080, 5400 Koblenz, Tel.: 0261/1291

**Pressearchiv**
05 Auswertung der lokalen Presse für die Stadtgeschichtsforschung seit August 1974, keine Zeitungsausschnittsammlung — Auswertung in Karteiform

**Presseausschnittarchiv**
10 eigene Systematik
11 alle Themen interessieren, die im Zusammenhang mit der Stadtgeschichte stehen
12 Auswertung der lokalen Presse

**Zeitungsbestand**
13 Sammlung
15 bis in die Zeit vor 1900 (bis 1760)

**Bildarchiv**
(eigenes Bildarchiv für das Stadtarchiv)
27 Schwerpunkte: Stadtgeschichte Koblenz

**Benutzung**
35 Öffnungszeiten: Mo, Di, Do, Fr. 10.00—13.00 Uhr, 14.00—18.00 Uhr
36 Lesesaal/Benutzerraum vorhanden, Kopieren möglich

# Köln
190
01 ***Universitäts- und Stadtbibliothek Köln,*** Universitätsstr. 33, 5000 *Köln* 41, Tel.: 0221/470/2214

02 Universität zu Köln, Albertus-Magnus-Platz, 5000 Köln 41, Tel.: 0221/4701
03 Prof. Dr. Severin Corsten (L), Dr. Hans Limburg (St)

**Pressearchiv**
05 Bereitstellung von Artikeln zum Rheinland aus Kölner Zeitungen

**Presseausschnittarchiv**
06 seit 19. Jahrh.
07 Regalmeter/Schrankmeter: ca. 17
08 auf DIN A 4-Blätter geklebt (seit 1976 nur Verzettelung der Titel)
09 deutschsprachige und fremdsprachige Zeitungen, Zeitschriften, andere Quellen
10 Schlagwort- und/oder Stichwortkatalog

**Zeitungsbestand**
13 Kauf, Pflichtexemplar oder Zuweisung
15 bis in die Zeit vor 1900

**Zeitschriftenbestand**
16 Kauf, Geschenk

**Bildarchiv**
26 Erfassen formaler Merkmale
27 Schwerpunkte: Betriebswirtschaft, Rheinland

**Benutzung**
32 der Öffentlichkeit zugänglich
34 keine Benutzungsgebühren
35 Öffnungszeiten: Mo—Fr 9.00—21.00, Sa 9.00—12.00 Uhr
36 Lesesaal/Benutzerraum vorhanden, Mikroform-Lesegeräte vorhanden, Kopieren möglich, Rückvergrößerung von Mikroformen möglich

# Ludwigshafen
191
01 ***Stadtbibliothek Ludwigshafen,*** Ernst-Bloch-Archiv, Bismarckstr. 44—45, 6700 *Ludwigshafen,* Tel.: 0621/504-2592
03 Dr. Karlheinz Weigand (L)
04 1

*Bibliotheken*

**Pressearchiv**
05 Sammlung, Erschließung und Bereitstellung der publizierten und unpublizierten Arbeiten von und über Ernst Bloch sowie zu seiner Lebens- und Wirkungsgeschichte.

**Presseausschnittarchiv**
06 seit 1979
07 Einzelstücke: (mind. 200)
08 nicht aufgeklebt und in Mappen/Kastenablage u.a. aufbewahrt
09 deutschsprachige und fremdsprachige Zeitungen, Zeitschriften, andere Quellen
10 Alphabet. geordnete Bibliographie der Primärtexte, publiziert, in: Bloch-Almanach 2 (1982), S. 97—179. (dabei Zeitungsausschnitte)
11 Ernst Bloch

**Zeitschriftenbestand**
16 Kauf
17 Titel: rd. 100
18 vor 1933

**Bildarchiv**
22 die Bilder stammen von fremden Fotografen, Agenturen
23 bis zu 25 Jahren
24 Papierkopien: 112
27 Ernst Bloch (1885—1977)

**Aktive Information**
30 Bloch-Almanach 1 f. (1981 ff.). Erscheint jährlich.

**Darstellungen über das Archiv**
31 Bericht über das Ernst-Bloch-Archiv, in: Bilbiotheksdienst 1980, S. 291—293.

**Benutzung**
32 der Öffentlichkeit zugänglich
34 keine Benutzungsgebühren
35 Öffnungszeiten: Di—Fr 8.00—16.00 Uhr (möglichst nach vorheriger Anmeldung)

# Mainz

192
01 **Stadtbibliothek Mainz,**
Rheinallee 3 B, 6500 *Mainz*

**Presseausschnittarchiv**
11 Material btr. Stadt Mainz

# Speyer

193
01 **Pfälzische Landesbibliothek,**
Johannestr. 22a, Postfach 1709,
6720 *Speyer,*
Tel.: 06232/75540 oder 75211
03 Prof. Dr. W. Metz (L),
Dr. H. Harthausen (St)
04 56 (16)

**Pressearchiv**
05 Zu den Aufgaben der Pfälzischen Landesbibliothek gehört u.a., die in der Pfalz erscheinenden sowie die wichtigen überregionalen und ausländischen Zeitungen zu sammeln und auf Artikel mit Pfalzbezug durchzusehen. Die Artikel werden in der „Pfälzischen Bibliographie" nachgewiesen. Da die Zeitungen aufbewahrt werden, ist jederzeit ein Rückgriff auf den Aufsatz möglich. Eine Presseausschnittsammlung im eigentlichen Sinne existiert nicht.

**Zeitungsbestand**
13 Kauf, Tausch, Pflichtexemplar oder Zuweisung, Geschenk
14 Titel: 420, lfd.: 29; Bände: 11 172, davon Jahreszugang: 163
15 bis in die Zeit vor 1900

**Zeitschriftenbestand**
16 Kauf, Tausch, Geschenk, Pflichtexemplar oder Zuweisung
17 Titel: 15 000, davon lfd.: 3 263; Bände: ca. 250 000, davon jährlicher Zugang: 5 064
18 vor 1900

**Aktive Information**
29 Erarbeitung der „Pfälzischen Bibliographie"
30 die „Pfälzische Bibliographie", die von der Landesbibliothek vertrieben wird und neben Monographien und Zeitschriftenaufsätzen auch Zeitungsartikel über die Pfalz nachweist

**Darstellungen über das Archiv**
31 Die Pfälzische Landesbibliothek 1921–1971. Aus Geschichte und Gegenwart, Speyer 1971.

**Benutzung**
32 der Öffentlichkeit zugänglich
34 keine Benutzungsgebühren
36 Lesesaal/Benutzerraum vorhanden, Mikroform-Lesegeräte vorhanden, Kopieren möglich, Rückvergrößerung von Mikroformen möglich

# Stuttgart

**194**
01 *Bibliothek für Zeitgeschichte,* Konrad-Adenauer-Str 8, 7000 *Stuttgart,* Tel.: 0711/244117
03 Prof. Dr. Jürgen Rohwer (L), Werner Haupt (St)
04 13 (1)

**Pressearchiv**
05 Kein ausgesprochenes Pressearchiv, nur politische, militärische u.a. Zeitschriften, die ausgewertet und katalogmäßig erfaßt werden.

**Presseausschnittarchiv**
10 eigene Systematik, Schlagwortkatalog, Karteikatalog
11 Politik, Wirtschaft, Inland, Ausland.

**Zeitungsbestand**
13 Kauf, Tausch
14 Bände: 480; lfd. Titel: 10
15 bis in die Zeit vor 1900

**Zeitschriftenbestand**
16 Kauf, Tausch, Geschenk
17 Titel: 684; Bände: 29062
18 vor 1933

**Bildarchiv**
22 die Bilder stammen von fremden Fotografen, Agenturen und anderen Quellen
23 bis zu 50 Jahren und älter
24 Negative: 400; Dias: 1800, davon farbig 1500; Papierkopien: 400000

25 elektronische Verarbeitung von Bilddaten nicht beabsichtigt
26 systematische Aufstellung
27 Schwerpunkte: Kriegsgeschichte, Marine und Luftfahrt; Konflikt- und Friedensforschung, Wehrpolitik, Kriegsgeschichte seit 1870, Außenpolitik

**Aktive Information**
30 Jahresbibliographien der Bibliothek für Zeitgeschichte (unter wechselnden Titeln seit 1921)
Monographien in der Reihe: „Schriften der Bibliothek für Zeitgeschichte" — ferner Einzelveröffentlichungen
31 50 Jahre Bibliothek für Zeitgeschichte. Weltkriegsbücherei Stuttgart 19. November 1965
Stuttgart 1966 : Bibliothek für Zeitgeschichte

**Benutzung**
32 der Öffentlichkeit zugänglich
34 Benutzungsgebühren
35 Öffnungszeiten: tgl. 9.00–17.00 Uhr, Sa 9.00–13.00 Uhr
36 Lesesaal/Benutzerraum vorhanden, Mikroform-Lesegeräte vorhanden, Kopieren möglich, Rückvergrößerung von Mikroformen möglich

**195**
01 *Stadtbücherei Stuttgart,* Konrad-Adenauer-Str 2, 7000 *Stuttgart* 1, Tel.: 0711/23 34 34/24 55 49/24 69 37, Telex: 721855 stbst d

**Pressearchiv**
05 Information über Buch-Neuerscheinungen

**Presseausschnittarchiv**
06 seit 1965
07 Regalmeter/Schrankmeter: 18 m Karteikästen
08 nicht aufgeklebt und in Mappen/Kastenablage u.a. aufbewahrt
09 deutschsprachige und fremdsprachige Zeitungen, Zeitschriften, andere Quellen

*Bibliotheken*

10 alphabetisch nach Autoren geordnet, keine zusätzl. Erschließung

11 Buchrezensionen

**Benutzung**

32 für die Öffentlichkeit zugänglich

34 keine Benutzungsgebühren

35 Öffnungszeiten: Mo—Fr 10.00—19.00 Uhr, Sa 10.00—16.00 Uhr

36 Lesesaal/Benutzerraum vorhanden

**196**

01 *Württembergische Landesbibliothek Stuttgart,* Bildarchiv, Konrad-Adenauer-Str. 8, Postfach 769, 7000 *Stuttgart* 1, Tel.: 0711/2125424

**Bildarchiv**

22 die Bilder stammen von fremden Fotografen und anderen Quellen

23 bis zu 50 Jahren und älter

24 Papierkopien: ca. 7000
Original-Graphiken: ca. 15000

25 elektronische Verarbeitung von Bilddaten nicht beabsichtigt

26 systematische Aufstellung und alphabet. Katalog bzw. Index

27 Landeskunde/Landesgeschichte Baden-Württemberg (mit Schwerpunkt Württemberg)
Ortsansichten: Graphiken, Photographien, Ansichtspostkarten
Bildnisse: graphische Blätter, Photographien
Darstellungen geschichtl. Ereignisse: dito

**Benutzung**

32 für Fachinteressenten allgemein möglich, der Öffentlichkeit zugänglich

34 keine Benutzungsgebühren

35 Öffnungszeiten: Mo—Fr 10.00—13.00 und 14.00—17.00 Uhr

36 Lesesaal/Benutzerraum vorhanden, Mikroform-Lesegeräte vorhanden, Kopieren möglich, Rückvergrößerung von Mikroformen möglich

**197**

01 *Württembergische Landesbibliothek Stuttgart,* Hölderlin-Archiv, Konrad-Adenauer-Str 8, Postfach 769, 7000 *Stuttgart,* Tel.: 0711/2125382

03 Dr. Werner P. Sohnle (L), Maria Kohler (St)

04 2 (1)

**Pressearchiv**

05 Sammlung der Literatur über Friedrich Hölderlin

**Presseausschnittarchiv**

06 seit Gründung des Archivs 1941, Ergänzung durch Ankauf von: laufenden Bezug (Presseausschnittdienst), Übernahme von Nachlässen, Kopien

07 Dossiers: 72 Leitzordner, Regalmeter: 15

08 aufgeklebt und in Mappen aufbewahrt, auf DIN A 4-Blätter geklebt

09 deutschsprachige und fremdsprachige Zeitungen, Zeitschriften, andere Quellen

10 eigene Systematik, Schlagwort- und Stichwortkatalog

11 Friedrich Hölderlin

**Bildarchiv**

22 die Bilder stammen von eigenen fremden Fotografen

23 bis zu 50 Jahren

24 Negative: ca. 100, Papierkopien: ca. 300

27 Friedrich Hölderlin und Umkreis, Stätten seiner Biographie

**Aktive Information**

30 1. Neuerwerbungen des Hölderlin-Archivs (zweimonatlich)
2. „Veröffentlichungen des Hölderlin-Archivs" (H.l.: Hölderlin-Bibliographie 1938 — 50. — Stuttgart 1953;
H. 2: Orthographische Tabellen zu Handschriften Hölderlins. — Tübingen 1959;
H. 3: Katalog der Hölderlin-Handschriften. — Stuttgart 1961).
3. laufende Hölderlin-Bibliographie (1951 ff.) im Hölderlin-Jahrbuch 1955—56, 1958—60, 1961—62, 1965—66, 1973—74, 1975—77.

**Darstellungen über das Archiv**
31 lfde. Berichterstattung im Hölderlin-Jahrbuch seit Jg. 1, 1944

**Benutzung**
32 für Fachinteressenten allgemein möglich, der Öffentlichkeit zugänglich
34 keine Benutzungsgebühren
35 Öffnungszeiten: Mo—Fr 10.00—13.00 und 14.00—17.00 Uhr
36 Lesesaal/Benutzerraum vorhanden, Mikroform-Lesegeräte vorhanden, Kopieren möglich, Rückvergrößerung von Mikroformen möglich

**198**
01 *Württembergische Landesbibliothek Stuttgart,* Stefan-George-Archiv, Konrad-Adenauer-Str. 8, Postfach 769, 7000 *Stuttgart,* Tel.: 0711/2125398
02 Stefan-George-Stiftung, Württembergische Landesbibliothek, Konrad-Adenauer-Str. 8, Postfach 769, 7000 Stuttgart 1, Tel.: 0711/2125397
03 Prof. Wilhelm Hoffmann (L), Lore Frank (St)
04 3 (3)

**Pressearchiv**
05 Sammlung der Literatur über Stefan George und seinen Kreis

**Presseausschnittarchiv**
06 seit Gründung des Archivs 1959, Ergänzung durch Ankauf von laufenden Bezug und antiquarischen Ankauf
07 Dossiers: 29 Leitz-Ordner, Einzelstücke: ca. 2500, Regalmeter/Schrankmeter: 220 cm
08 auf DIN A 4-Blätter geklebt
09 deutschsprachige und fremdsprachige Zeitungen, Zeitschriften, andere Quellen
10 eigene Systematik
11 Stefan George und sein Kreis

**Bildarchiv**
22 die Bilder stammen von fremden Fotografen und anderen Quellen
23 bis zu 50 Jahren und älter
24 Papierkopien: ca. 600
26 Index/Thesaurus
27 Stefan George und Umkreis

**Darstellungen über das Archiv**
31 Wilhelm Hoffmann: Das Stefan-George-Archiv, in: Das Stefan-George-Seminar 1978 in Bingen am Rhein. Eine Dokumentation. (Hrsg. von) Peter Lutz Lehmann u. Robert Wolff
Bingen: Ges. z. Förderung der Stefan-George-Gedenkstätte im Stefan-George-Gymnasium Bingen e.V.; Heidelberg: Stiehm in Komm. 1979. S. 115—122.
zum Bildarchiv: Robert Boehringer: Mein Bild von Stefan George. 2. erg. Aufl. Textbd. Tafelbd. Düsseldorf & München: Küpper 1967.

**Benutzung**
32 für Fachinteressenten allgemein möglich
34 keine Benutzungsgebühren
35 Öffnungszeiten: Mo—Fr 14.00—17.00 Uhr und nach Vereinbarung
36 Lesesaal/Benutzerraum vorhanden, Kopieren möglich

# Wuppertal

**199**
01 *Stadtbibliothek Wuppertal,* Kolpingstraße 8, 5600 *Wuppertal* 1, Tel.: 0202/563-2139, Telex 8592509 bibw d
02 Stadt Wuppertal
03 Thorn, (Wuppertal), Dr. Klaus Weyand (Lasker-Schüler-Archiv, Armin-T.-Wegner-Archiv)
04 2

**Aufgaben des Pressearchivs**
05 1.) Sammlung von Zeitungsausschnitten zu kulturellen Aktivitäten in Wuppertal
2.) Sammlung von Zeitungsausschnitten über Else Lasker-Schüler im Else-Lasker-Schüler-Archiv
3.) Sammlung von Zeitungsausschnitten über Armin T. Wegner im Armin-T.-Wegner-Archiv (im Aufbau)

**Presseausschnittsammlungen**

08 auf DIN A 4-Blätter geklebt

09 deutsch- und fremdsprachige Zeitungen, Zeitschriften, und andere Quellen (für Lasker-Schüler-Archiv und Armin-T.-Wegner-Archiv)

10 eigene Systematik, Schlag- und Stichwortkatalog, Sachkatalog (für Lasker-Schüler- u. Armin-T.-Wegner-Archiv)

11/ Schwerpunkte: Wuppertal
12 (Kulturelles)
Im übrigen s. 05—2.) und 05—3.)

**Benutzung**

32 der Öffentlichkeit zugänglich

34 keine Benutzungsgebühren

35 Öffnungszeiten: Mo, Di, Do, Fr 11.00—19.00 Uhr, Sa 10.00—13.00 Uhr

36 Lesesaal/Benutzerraum vorhanden, Kopieren möglich, Mikroform-Lesegeräte vorhanden, Rückvergrößerung von Mikroformen möglich

# 6 Parlamente und Verwaltungen von Bund und Ländern

## Berlin

**200**

01 *Abgeordnetenhaus von Berlin,* Pressearchiv
02 Der Präsident des Abgeordnetenhauses von Berlin, John-F.-Kennedy-Platz, 1000 *Berlin* 62, Tel.: 030/783 36 78
03 Wolfgang Härth
04 2

**Aufgaben des Pressearchivs**

05 Das Pressearchiv hat die Aufgabe, für die Arbeit des Abgeordnetenhauses, seiner Ausschüsse und Fraktionen interessante Zeitungsmeldungen festzuhalten und auf Wunsch thematisch geordnet Nachrichten zusammenzustellen. Das Archiv ist auch in begrenztem Umfang der Öffentlichkeit zugänglich.

**Presseausschnittarchiv**

06 seit 1. Januar 1976
Ergänzung durch Übernahme eines Alt-Archivs
07 pro Jahr ca. 27 000
08 auf Mikrofilm 35 mm/16 mm aufgenommen
09 deutsch- und fremdsprachige Zeitungen, Zeitschriften, andere Quellen
10 eigene Systematik
11 Politik, Wirtschaft, Kultur, Sport, Vermischtes.
12 Schwerpunkte: Berlin

**Benutzung**

32 der Öffentlichkeit eingeschränkt zugänglich (Fachinteressenten)
34 keine Benutzungsgebühren
36 Mikroform-Lesegerät vorhanden, Rückvergrößerung von Mikroformen möglich

**201**

01 *Landesbildstelle Berlin,*
— Bibliothek —, Medienkundliches Pressearchiv, Wikingerufer 7, 1000 *Berlin* 21, Tel.: 030/390 92 223
02 Landesbildstelle Berlin, Zentrum für audiovisuelle Medien
03 Robert Fischer
04 2

**Pressearchiv**

05 Sammlung und Archivierung von Presseausschnitten zu den Themen: Film, Fotografie, Rundfunk, Ton- und Videotechnik, Audiovisuelle Medien im Bildungswesen, Kommunikation, technische Medien.

**Presseausschnittarchiv**

06 seit 1948
07 Zeitungsausschnitte: (446 000)
Regalmeter: 368
Sacharchiv: 312
Personenarchiv: 56
08 auf DIN A 4-Blätter geklebt
09 deutschsprachige Zeitungen, Zeitschriften, andere Quellen
10 eigene Systematik
11 Filmrezensionen, Rundfunk, Fotografie, AV-Medien.

**Benutzung**

32 der Öffentlichkeit zugänglich
34 keine Benutzungsgebühren
35 Öffnungszeiten:
Mo—Fr von 9.00—15.00 Uhr
36 Lesesaal/Benutzerraum vorhanden, Kopieren begrenzt möglich

*Parlamente und Verwaltungen*

# Bonn

**202**

01 ***Bundesministerium der Finanzen,*** Referat Presse und Information, Graurheindorfer Str. 108, Postfach 1308, 5300 *Bonn* 1, Tel.: 0228/682-1, Telex 886645
03 N.N.
04 5 (2)

### Pressearchiv
05 Auswertung von Tages- und Wochenzeitungen, Zeitschriften, Pressediensten

### Presseausschnittarchiv
08 auf DIN A 4-Blätter geklebt
10 eigene Systematik
11 Finanzen, Steuern, Zoll.

### Zeitungsbestand
13 Kauf
14 Titel: ca. 50

### Aktive Information
30 Für die allgemeine Öffentlichkeit: BMF-Finanznachrichten

### Benutzung
32 nur hauseigene Benutzung
34 keine Benutzungsgebühren

**203**

01 ***Bundesministerium für innerdeutsche Beziehungen,*** Pressedokumentation, Godesberger Allee 140, Postfach 120250, 5300 *Bonn* 2, Tel.: 0228/306233, Telex 885673
03 Gerhard Sträter
04 1

### Pressearchiv
05 Dokumentation von Presseberichten zur Deutschlandpolitik, Berlin-Politik, DDR

### Presseausschnittarchiv
06 seit 1966
07 Einzelstücke: ca. 80000—100000
Regalmeter: 5
Sacharchiv: 4
Personenarchiv: 1
08 auf DIN A 4-Blätter geklebt
09 deutschsprachige und fremdsprachige Zeitungen, Zeitschriften, andere Quellen
10 Schlag- und Stichwortkatalog, Karteien
11 Politik, Inland, Deutschlandpolitik

### Zeitschriftenbestand
18 seit 1949

### Aktive Information
29 Erstellen von Profildiensten und anderes

### Benutzung
32 der Öffentlichkeit zugänglich
34 keine Benutzungsgebühren
35 Öffnungszeiten:
Mo—Fr von 9.00—16.00 Uhr
36 Kopieren möglich

**204**

01 ***Bundesministerium der Verteidigung,*** Dokumentationszentrum der Bundeswehr (DOKZENTBw), Friedrich-Ebert-Allee 34, 5300 *Bonn* 1, Tel.: 0228/233091
03 Oberst Beyer

### Pressearchiv
05 Verteidigungsdokumentation

### Presseausschnittarchiv
08 auf Mikrorollfilm 35 mm/16 mm oder auf Mikroplanfilm Größe DIN A 6 aufgenommen
10 Inhaltserschließung durch bundeswehreigenen Thesaurus, Nachweise mit Hilfe EDV

### Bildarchiv
27 Schwerpunkte: Gesammelt, formal erfaßt und inhaltlich erschlossen werden bestimmte Erlasse, Amtsdrucksachen, Tonaufzeichnungen, Bildtonaufzeichnungen, Entwicklungsberichte, Erprobungsberichte, Forschungsberichte, Hochschulschriften, NATO-Berichte, Studienberichte, Regierungs-Vereinbarungen, Tagungsberichte, Zeitschriften, Urkunden etc.

### Aktive Information
30 „BwDok-Informationen" in 21 Reihen erscheinen regelmäßig als Informations-

dienste 4 bis 12 x jährlich. Zu den individuellen Dienstleistungen gehören Recherchen mit Computerausdruck der relevanten Dokumentations-Einheiten (DE) einschl. bibliographischer Angaben und Kurzreferate sowie Profildienste und die Lieferungen von Kopien aus dem Bestand

### Benutzung
32 nur für den Geschäftsbereich des Bundesministers der Verteidigung
36 Kopieren und Rückvergrößerung von Mikroformen möglich

## 205
01 **Bundesrat,** Pressestelle, Görresstr. 15, Bundeshaus, 5300 *Bonn* 1, Tel.: 0228/16 4164 od. 16 4152

### Bildarchiv
22 von fremden Fotografen, Agenturen und anderen Quellen (Bundesbildstelle [Bundespresseamt])
23 seit 1949
25 Elektronische Verarbeitung von Bilddaten nicht beabsichtigt
26 Erfassen formaler Merkmale
27 Schwerpunkte: Bundesrat, Plenarsitzungen, Ausschußsitzungen, Mitglieder des Bundesrates, Präsidenten, sonstige Veranstaltungen, Besuch ausländischer Delegationen etc.

### Benutzung
32 in Ausnahmefällen für Fachinteressenten
34 keine Benutzungsgebühren

## 206
01 **Presse- und Informationsamt der Bundesregierung,** Aktuelle Presseinformation, Pressearchiv und Bibliothek, Welckerstr. 11, 5300 *Bonn* 1, Tel. 0228/208 324
03 Dr. Walter J. Schütz, Georg Hellack, M.A. (St.)
04 22 (3)

### Pressearchiv
05 Aktuelle Presseinformation: tägliche Unterrichtung des Bundeskanzlers, der Leitung des Bundeskanzleramtes und des Presse- und Informationsamtes der Bundesregierung sowie anderer Spitzenpolitiker der Parteien über die wichtigsten Inhalte der deutschen Presse durch „Ganzstücke" (nur für den Bundeskanzler) und thematisch gegliederte Presseausschnittmappen „Das Wichtigste zum Tage" und „Kommentare zu tagesaktuellen Themen".
Pressearchiv: zentrale Sammlung aller Periodika (Amtsdrucksachen, Zeitungen, Zeitschriften, Presse- und Informationsdienste) im Presse- und Informationsamt der Bundesregierung (einschl. seiner eigenen periodischen Publikationen) sowie der Altbestände der Pressedokumentation.
Bibliothek: Behördenbibliothek mit Schwerpunkten auf den Gebieten Publizistik, Zeitgeschichte, Politik, Recht, Geschichte.
06 seit Sept. 1949
Übernahme des Pressearchivs der „Neuen Zeitung" (1945—1952)
Übernahme des Archivs des Deutschen Büros für Friedensfragen (1947—1950)
07 Altbestände der Pressedokumentation (1949—1979) rd. 12 Millionen (zu 2/3 verfilmt); Übernahme der BPA-Dok seit 1979
08 Ausschnitte auf DIN A 4-Blätter aufgeklebt und: 35 mm Rollfilm
09 eigene Produktion ausschnittweise, deutschsprachige und fremdsprachige Zeitungen, Zeitschriften, andere Quellen
10 eigene Systematik mit 12 300 Ordnungsgruppen
11 Politik, Wirtschaft, Kultur, Inland, Ausland, Regionales.

### Zeitungsbestand
13 Kauf
14 416 Titel (dt. 140; ausl. 276); laufend: 177 Titel (dt. 54; ausl. 123) 2136 Mikrofilmrollen
15 bis in die Zeit vor 1900 zurückreichend

*Parlamente und Verwaltungen*

**Zeitschriftenbestand**
16 Kauf, Geschenk, eigene Produktion
17 1405 Titel (dt. 692; ausl. 713); laufend: 1127 (dt. 521; ausl. 606) ferner: Presse- und Informationsdienste
18 bis in die Zeit vor 1900 zurückreichend

**Bibliothek**
19 eigene Produktion, Tausch, Geschenk, Kauf
20 48 000 Bde., ferner Belegsammlung Presse- und Informationsamt jährlich: 2000
21 Alphabetischer Katalog, Systematischer Katalog (zgl. Standortkatalog)

**Aktive Information**
30 Aktuelle Presseinformation: „Das Wichtigste zum Tage" (werktäglich); „Kommentare zu tagesaktuellen Themen" (werktäglich); „Aktuelles aus den Medien" (werktäglich); „Themen der Zeit" (wöchentlich).
Pressearchiv: Bestandsverzeichnisse.
Bibliothek: Neuerwerbungen (2 x monatlich) mit Kurzbesprechungen
31 Georg Hellack: Was ist informationspolitisch wichtig? Hinweise für die Auswertung von Periodika, in: Gerhard Mantwill (Hrsg.): Medien und Archive. Pullach: Verlag Dokumentation 1974, S. 169—177
Walter J. Schütz: Presse- und Informationsamt der Bundesregierung/Zeitungssammlungen, in: Gert Hagelweide (Hrsg.): Zeitung und Bibliothek. Pullach: Verlag Dokumentation 1974, S. 161—177

**Benutzung**
32 hauseigene Benutzung vorrangig für das Amt selbst und die obersten Bundesbehörden; eingeschränkte öffentliche Benutzung
34 keine Benutzungsgebühren
35 Öffnungszeiten: Montag—Donnerstag: 8.30—16.00 Uhr, Freitag: 8.30—14.30 Uhr
36 Benutzerraum vorhanden, Kopieren möglich, Mikroform-Lesegeräte vorhanden, Rückvergrößerungen von Mikroformen möglich

**207**
01 **Presse- und Informationsamt der Bundesregierung,** Bundesbildstelle, Welckerstr. 11, 5300 *Bonn* 1, Tel.: 0228/208 243
03 Karlheinz Menschel (L), Georg Josef Bauer (St)
04 22 (1)

**Pressearchiv**
05 Aufgabe der Bundesbildstelle ist es, das politische und gesellschaftliche Geschehen in der Bundesrepublik Deutschland fotografisch zu erfassen, durch Fotos und Dias die Tätigkeit der Bundesorgane anschaulich darzustellen und darüber hinaus den Menschen im Ausland ein wirklichkeitsgetreues Bild deutscher Lebensweise zu vermitteln. Von den Aufnahmen der fünf Fotoreporter der Bundesbildstelle werden Farb- und Schwarz/Weiß-Fotos in eigenen Labors hergestellt. Der überwiegende Teil der Bilder dient der Öffentlichkeitsarbeit der Bundesregierung im In- und Ausland. Das nach dem Sachgruppensystem aufgebaute Bildarchiv umfaßt rund 1 000 000 Negative.

**Bildarchiv**
22 von eigenen Fotografen
23 seit 1945
24 Negative: 1 000 000, s/w 950 000
Dias: 20 000, farbig: 20 000
Papierkopien: 50 000
25 Elektronische Verarbeitung von Bilddaten nicht beabsichtigt.
26 Erfassen formaler Merkmale, Schlagwortkatalog nach inhaltlichen Gesichtspunkten, Systematische Aufstellung
27 Schwerpunkte: Politik
Politisches Geschehen in der Bundesrepublik Deutschland und Berlin (West)

**208**
01 **Presse- und Informationsamt der Bundesregierung,** Zentrales Dokumentationssystem (BPA-DOK), Kaiserstr. 185—197, 5300 *Bonn* 1, Tel.: 0228/208 960

03 Dr. Bernd Habel (L),
Hans-Jürgen Wilke (St)
04 25 (4)

### Pressearchiv

05 Im zentralen Dokumentationssystem (BPA-DOK) werden politisch relevante Informationen erfaßt und gespeichert (z.B. Presseartikel, Agenturmeldungen, Reden, Interviews, Pressekonferenzen). Aus etwa 150 Tageszeitungen und Wochenblättern, Presse- und Informationsdiensten werden pro Tag 700 bis 800 Ausschnitte entnommen, inhaltlich ausgewertet und gespeichert. Hinzu kommen täglich etwa 100 ausgewählte Agenturmeldungen.
Wichtigste Aufgabe des zentralen Dokumentationssystems ist es, auf gezielte Anfragen hin Material zur Verfügung zu stellen. Benutzer sind vor allem die Mitarbeiter des BPA, der obersten Bundesbehörden, des Bundestages sowie Journalisten. BPA-DOK bedient sich hierbei der EDV-Anlage der Gruppe I B (Datenverarbeitung). Die Referate des BPA erhalten täglich Ausschnitte der für ihren Arbeitsbereich wichtigen Presseinformationen und Kommentare.

### Presseausschnittarchiv

06 Agenturmeldungen seit 1975
Presseausschnitte (Aufbewahrung jeweils etwa 2 Jahre, dann Abgabe an Pressearchiv)
biografisches Archiv (z.T. seit 1949)
Materialien aus dem ehemaligen Informations-Bereitstellungssystem (ab 1968)
07 Zeitungsausschnitte: ca. 450 000
Dossiers: ca. 360 000
Personenarchiv: Ausschnitte zu ca. 40 000 Personen der Zeitgeschichte
08 auf DIN A 4-Blätter geklebt auf Mikrorollfilm 16 mm, auf Mikroplanfilm Größe DIN A 6 aufgenommen.
Die elektronische Speicherung und/oder das elektronische Retrieval ist eingeführt.
09 deutschsprachige und fremdsprachige Zeitungen, Zeitschriften, andere Quellen

11 Politik, Wirtschaft, Kultur, Inland, Ausland, Buchrezensionen.

### Werksarchiv/Unternehmensarchiv

28 Berichterstattung über die eigene Institution im Rahmen der Aufgaben des Presse- und Informationsamtes der Bundesregierung

### Aktive Information

29 Erstellen von Profildiensten
30 Nur für den Hausbedarf Kabinettslisten (Verzeichnis der amtierenden Regierungen aller Staaten; unregelmäßige Erscheinungsweise)

### Darstellungen über das Archiv

31 Rudolf Hofsähs/Hans Pollmann: Das Presse- und Informationsamt der Bundesregierung. Düsseldorf 1979, S. 69 f.

Bernd Habel: IBS als Beispiel für den integrierten Einsatz verschiedener Informations- und Datenbanksysteme. In: Rainer Kuhlen (Hsg.): Datenbasen, Datenbanken, Netzwerke. Bd. 1 S. 195—219. München 1979.

### Benutzung

32 vorrangig für das Amt selbst und die obersten Bundesbehörden; eingeschränkte öffentliche Benutzung im Rahmen der Aufgaben des BPA
34 keine Benutzungsgebühren
35 Öffnungszeiten:
Mo—Do von 8.00—16.30 Uhr,
Fr von 8.00—15.00 Uhr
36 Benutzerraum vorhanden, Mikroform-Lesegeräte vorhanden, Kopieren und Rückvergrößerung von Mikroformen möglich

# Bremen

01 *Bremische Bürgerschaft,* Referat „Dokumentation/Bibliothek/Archiv", Am Markt/Haus der Bürgerschaft, Postfach 106909, 2800 *Bremen* 1, Tel.: 0421/361 2198
03 Hein

**Pressearchiv**
05 Aktuelle und retrospektive Information über Presseberichterstattung zu Fragen, die unmittelbar oder mittelbar die Bremische Bürgerschaft als Gesetzgebungsorgan betreffen (passive Information).

**Presseausschnittarchiv**
06 seit 1956
07 Regalmeter: 15 in Regis-Ordnern
08 auf DIN A 4-Blätter geklebt
09 deutschsprachige und fremdsprachige Zeitungen, Zeitschriften, andere Quellen
10 Schlag- und Stichwortkatalog
11 Politik, Wirtschaft, Kultur Mittel- u. unmittelbar das Landesparlament betr. Themenbereiche.
12 Schwerpunkte: Land Bremen

**Bildarchiv**
22 von fremden Fotografen und anderen Quellen
23 bis zu 50 Jahren
24 Papierkopien: ca. 900
25 Elektronische Verarbeitung von Bilddaten nicht beabsichtigt
26 Schlagwortkatalog nach inhaltlichen Gesichtspunkten
27 Schwerpunkte: Landesparlament: Besuche, Empfänge, Persönlichkeiten, Sitzungen

**Benutzung**
32 nur hauseigene Benutzung, in Ausnahmefällen für Fachinteressenten
34 keine Benutzungsgebühren
36 Lesesaal/Benutzerraum vorhanden

# Frankfurt/M.
**210**
01 **Deutsche Bundesbank,** Pressearchiv F 203, Wilhelm Epstein Str. 14, Postfach 2633, 6000 *Frankfurt/M.*, Tel.: 069/1581
03 N.N.
04 7

**Pressearchiv**
05 Überwiegend deutsche Presseartikel über Währungspolitik

**Presseausschnittarchiv**
06 seit 1948
07 Zeitungsausschnitte: 1,6 Mio. Sacharchiv: 3/4 Personenarchiv: 1/8 Firmen-/Institutionen-Archiv: 1/8
08 auf DIN A 4-Blätter geklebt
09 deutschsprachige und fremdsprachige Zeitungen, Zeitschriften, andere Quellen
10 eigene Systematik, Schlagwortkatalog
11 Politik, Wirtschaft, Inland, Ausland, Währungs- und Konjunkturpolitik.

**Zeitschriftenbestand**
18 seit 1949

**Aktive Information**
29 Erstellen von tägl. Pressehinweisen etc. durch Presseabteilung

**Benutzung**
32 für Fachinteressenten allgemein möglich
36 Mikroform-Lesegeräte vorhanden, Kopieren gegen Kostenerstattung möglich, Rückvergrößerung von Mikroformen möglich

# Hamburg
**211**
01 **Bürgerschaft der Freien und Hansestadt Hamburg,** Bürgerschaftskanzlei, Parlaments-Dokumentation, Poststr. 11, Postfach 100902, 2000 *Hamburg* 13, (Postanschrift: Rathaus, 2 HH 1), Tel.: 040/3681343, Telex 212121 (senat d)
02 Bürgerschaft der Freien und Hansestadt Hamburg, Rathaus, Postfach 100902, 2000 Hamburg 1
03 Karl-Heinz Stahnke (L), Presse- u. Literaturdokumentation: Klaus Gremnitz (L), Gert-Peter Badenhop (St)
04 8

### Pressearchiv
05 Beobachtung und Auswertung der regionalen Tages- und Wochenpresse für die Organe der Bürgerschaft

### Presseausschnittarchiv
06 seit 1971
07 Zeitungsausschnitte: 485 000
   Einzelstücke: 485 000
   Regalmeter: (150)
   Dossiers: 975 für Personen und 1050 für Sachgruppen (Ordnungsplan)
08 auf DIN A 4-Blätter geklebt, auf Mikroplanfilm Größe DIN A 6 mit Verkleinerungsfaktor 1 : 24 aufgenommen
09 deutschsprachige und fremdsprachige Zeitungen, Zeitschriften, andere Quellen
10 eigene Systematik, Schlag- und Stichwortkatalog, Ordnungsplan, Quellenkartei, Personenkartei
11 Politik, Wirtschaft, Kultur, Sport, Inland, Regionale Landespolitik und Parlamentswesen.

### Aktive Information
30 Informationen aus der Presse für die Abgeordneten

### Darstellungen über das Archiv
31 Verzeichnis Hamburger Archive, Mai 1978

### Benutzung
32 nur hauseigene Benutzung
34 keine Benutzungsgebühren
36 Lesesaal/Benutzerraum und Mikroform-Lesegeräte vorhanden

# Hannover
212
01 *Niedersächsischer Landtag,*
   Bibliothek,
   Hinrich-Wilhelm-Kopf-Platz 1,
   3000 *Hannover* 1, Postfach 4407,
   Tel.: 0511/1930-246
03 Birkenmeier
04 9 (1)

### Zeitungsbestand
13 Kauf
14 Titel 12 (12)
15 seit 1949

### Benutzung
32 der Öffentlichkeit zugänglich
35 Öffnungszeiten:
   Mo–Fr 9.00–15.30 Uhr
36 Lesesaal/Benutzerraum vorhanden, Kopieren möglich

# Kiel
213
01 *Schleswig-Holsteinischer Landtag,* Wissenschaftlicher Dienst und Justitariat, Informations- und Dokumentationsdienst, Düsternbrooker Weg 70, 2300 *Kiel* 1, Tel.: 0431/596-2128, Telex 292633
03 Peter Hübner
04 3 (1)

### Pressearchiv
05 Unterstützung der Abgeordneten, der wissenschaftlichen Mitarbeiter und des wissenschaftlichen Dienstes bei ihrer Arbeit

### Presseausschnittarchiv
06 seit 1973
07 Regalmeter: (1,5)
08 auf Mikrorollfilm 35 mm/16 mm aufgenommen
09 deutschsprachige und fremdsprachige Zeitungen, Zeitschriften, andere Quellen
10 eigene Systematik, Schlag- und Stichwortkatalog
11 Politik, Wirtschaft, Kultur, Inland.

### Zeitschriftenbestand
16 Kauf
17 Titel: 109 (88)
   Bände: 1340 (ca. 100)
18 seit 1949

### Benutzung
32 nur hauseigene Benutzung, in Ausnahmefällen für Fachinteressenten

34 keine Benutzungsgebühren

36 Mikroform-Lesegeräte vorhanden, Kopieren und Rückvergrößerung von Mikroformen möglich

## Koblenz

214

02 **Bundesarchiv Koblenz,** Presseausschnittsammlung, Am Wöllerhof 12, 5400 *Koblenz*, Tel.: 0261/3991, Telex 862619

03 Dr. Trumpp (L), Dr. Henke (St)

04 3

**Aufgaben des Pressearchivs**

06 Das Bundesarchiv verfügt über kein Pressearchiv, sondern lediglich über diverse Presseausschnittsammlungen (Näheres dazu in: Das Bundesarchiv und seine Bestände, 3. ergänzte und neu bearbeitete Auflage, Boppard/Rh., Boldt 1977, Schriften des Bundesarchivs, Band 10, S. 719—721).

**Benutzung**

32 für Fachinteressenten allgemein möglich

34 Benutzungsgebühren

35 Öffnungszeiten:
Mo—Fr 8.00—21.45 Uhr und nach telefonischer Voranmeldung

36 Lesesaal/Benutzerraum vorhanden, Kopieren möglich, Mikroform-Lesegeräte vorhanden, Rückvergrößerung möglich

## Mainz

215

01 **Landtag von Rheinland-Pfalz,** Parlamentsarchiv, Deutschhausplatz 12, Postfach 3040, 6500 *Mainz*, Tel.: 06131/108-203

03 Heiderud Mehl (L)

**Presseausschnittarchiv**

06 Die nach einer eigenen Systematik gegliederten Zeitungsausschnitte resultieren aus einem täglich erscheinenden Pressespiegel des Landtags. Dieser Pressespiegel dient der Information der Abgeordneten und der Verwaltung.

Pressespiegel wie auch Pressearchiv des Landtags sind als „hausintern' zu bezeichnen und stehen sonstigen Interessenten nicht zur Verfügung.

## München

216

01 **Deutsches Patentamt,** Bibliothek, Zweibrückenstr. 12, 8000 *München* 2, Tel.: 089/2195-3435, Telex 05-23534

03 N.N

**Pressearchiv**

05 Materialien zur Geschichte des gewerblichen Rechtsschutzes

**Presseausschnittarchiv**

06 seit 1979
Ankauf: Zeitungsausschnittbüro Metropol-Ges., Berlin

07 Zeitungsausschnitte: (3 000)

08 auf DIN A 4-Blätter geklebt

09 deutschsprachige und fremdsprachige Zeitungen, Zeitschriften, andere Quellen

10 chronologisch

11 Wirtschaft, Gewerblicher Rechtsschutz

**Benutzung**

32 für Fachinteressenten allgemein möglich

34 keine Benutzungsgebühren

36 Lesesaal/Benutzerraum vorhanden, Kopieren möglich

## Stuttgart

217

01 **Landtag von Baden-Württemberg,** Verwaltung, Referat II/4: Informationsdienst, Konrad-Adenauer-Str. 3, 7000 *Stuttgart* 1, Tel.: 0711/2063401

03 Dr Günther Bradler (L), Josef Weik (St), Ilse-Marie Kühne (St), Dieter Heske (St)

04 12 (2)

**Pressearchiv**

05 Dokumentation von bundes- und (für Baden-Württemberg) landespolitisch relevanten Vorgängen als Ergänzung zur speziellen Parlamentsdokumentation

**Presseausschnittarchiv**
06 seit 1946
08 auf DIN A 4-Blätter geklebt
10 eigene Systematik, Indes/Thesaurus, Schlag- und Stichwortkatalog
11 Politik, Wirtschaft, Kultur, Vermischtes, Inland.

**Bildarchiv**
22 eigene und fremde Fotografen, Agenturen und anderen Quellen
23 bis zu 50 Jahren
26 Systematische Aufstellung
27 Schwerpunkte: Landespolitische Ereignisse, Baden-Württemberg

**Aktive Information**
29 Sonstiges

**Darstellungen über das Archiv**
31 Anton Böhringer: Das Informationsangebot des Dokumentationsdienstes beim Landtag von Baden-Württemberg. In: Mitteilungen der Fachgruppe 6 (Parlamentsarchivare) Nr. 4 v. 2.10.1980, S. 3—12

**Benutzung**
32 der Öffentlichkeit zugänglich
34 keine Benutzungsgebühren
36 Lesesaal/Benutzerraum vorhanden und Mikroform-Lesegeräte vorhanden, Kopieren und Rückvergrößerung von Mikroformen möglich

# Wiesbaden

218
01 *Hessischer Kultusminister,* Pressearchiv, Luisenplatz 10, Postfach 3160, 6200 *Wiesbaden*, Tel.: 06121/368790
03 Dr. Cowitsch (L), Peter Ochs (St)
04 2 (1)

**Presseausschnittarchiv**
06 seit 1972
07 Regalmeter: 4
Sacharchiv: 4
08 auf DIN A 4-Blätter geklebt
09 deutschsprachige Zeitungen
10 eigene Systematik, Schlag- und Stichwortkatalog
11 Kultur (Schule, Hochschule, Kunst)

**Benutzung**
32 nur hauseigene Benutzung
34 keine Benutzungsgebühren

219
01 *Hessischer Landtag, Kanzlei,*
— Parlamentarischer Dienst —,
Schloßplatz 1, Postfach 3240,
6200 *Wiesbaden* 1, Tel.: 06121/3501
03 Dr. Schellbach (L), Schmidt (St)
04 2

**Pressearchiv**
05 Tägliche Herausgabe eines Pressespiegels für
— Präsident und Abgeordnete des Hessischen Landtags mit besonderen Funktionen,
— den Direktor beim Landtag und Mitarbeiter der Landtagskanzlei,
— Mitglieder der Landespressekonferenz.

**Presseausschnittarchiv**
06 seit 1981
07 Zeitungsausschnitte: ca. 20000 pro Jahr
08 auf DIN A 4-Blätter geklebt
Das elektronische Retrieval ist vorhanden
09 deutschsprachige und fremdsprachige Zeitungen, Zeitschriften, andere Quellen
10 Schlag- und Stichwortkatalog
11 Politik, Hessische Landespolitik und kommunale Ereignisse von besonderer Bedeutung

**Benutzung**
32 nur hauseigene Benutzung

# 7 Hochschulen und Fachinstitute unterschiedlicher Trägerschaft

## Berlin

**220**

01 ***Freie Universität Berlin,*** Fachbereich Politische Wissenschaft, Abteilung Archiv und Dokumentation, Ihnestr. 22, 1000 *Berlin* 33, Tel. 030/838 2982
03 Georg Wollny
04 14 (3)

### Pressearchiv

05 Dokumentation des (aktuellen) politischen Geschehens für den Lehr- und Forschungsbetrieb des Fachbereichs und der (vorwiegend universitären) Öffentlichkeit an Hand der wichtigsten deutschen und internationalen Presse-Erzeugnisse

### Presseausschnittarchiv

06 seit 1949
07 Zeitungsausschnitte: rd. 1 200 000, davon überwiegend Sacharchiv
08 nicht aufgeklebt und in Mappen/Kastenablage u.a. aufbewahrt, auf DIN A 4-Blätter geklebt, auf Mikroplanfilm Größe DIN A 6 aufgenommen
09 deutschsprachige und fremdsprachige Zeitungen, Zeitschriften, andere Quellen
10 Schlagwort- und Stichwortkatalog
11 Politik, Wirtschaft, Kultur, Inland, Ausland.

### Aktive Information

29 Sonderdokumentationen für Wissenschaftsbetrieb d. Fachbereichs
30 Literaturinformationsdienst „Politische Zeitschriften- und Zeitungsdokumentation" (PZD)

### Benutzung

32 in Ausnahmefällen für Fachinteressenten
34 keine Benutzungsgebühren
35 Öffnungszeiten: Semesterzeit: Mo—Fr 9.00—17.00 Uhr, Semesterferien: Mo, Di, Do, Fr 9.00—16.00 Uhr
36 Lesesaal/Benutzerraum vorhanden, Mikroform-Lesegeräte vorhanden, Kopieren möglich, Rückvergrößerung von Mikroformen möglich

**221**

01 ***Hochschule der Künste Berlin, Pressestelle,*** Ernst-Reuter-Platz 10, 1000 *Berlin* 12, Tel. 030/3 41 60 51
03 Reiner E. Klenke
04 1

### Pressearchiv

05 Informationen über die Hochschule, deren Mitglieder und Veranstaltungen
06 eigener Bestand seit 1980
07 3000 Ausschnitte
08 auf DIN A 4-Blätter aufgeklebt
09 deutschsprachige Zeitungen, Zeitschriften
10 Schlagwortkatalog
11 Kultur, Theater, Kunst.

### Bildarchiv

22 eigene Fotografen, fremde Fotografen
23 bis zu 5 Jahren
24 5000 Negative (4600 schwarzweiß), 400 Papierkopien
26 Erfassen formaler Merkmale

### Benutzung

32 hauseigene Benutzung, Benutzung für Fachinteressenten
36 Kopieren möglich

**222**

01 *Ibero-Amerikanisches Institut,* Presseausschnittarchiv, Preußischer Kulturbesitz, Potsdamer Str. 37, Postfach 1247, 1000 *Berlin* 30, Tel.: 030/266-5, Telex: 183160 staab d

03 Dr. Wilhelm Stegmann (L), Dr. Ulrich Menge (St)

04 72

### Pressearchiv

05 Das Zeitungsausschnittarchiv ist eine von mehreren Sondersammlungen des IAI, dessen Hauptaufgabe die bibliothekarische und dokumentarische Erfassung des Schrifttums Ibero-Amerikas darstellt. Für das Zeitungsausschnittarchiv sind gegenwärtig 4 Mitarbeiter vollamtlich (davon im ABM-Programm 2) und eine Reihe von Mitarbeitern nebenher tätig.

### Presseausschnittarchiv

06 seit 1930, Übernahme durch Fusion etc. von: diversen Gelehrtennachlässen sowie den Vorläufer-Einrichtungen des IAI

07 Anzahl der Einzelstücke: 250000, Regalmeter/Schrankmeter: 54

08 auf DIN A 4-Blätter geklebt

09 deutschsprachige und fremdsprachige Zeitungen, Zeitschriften, andere Quellen

10 eigene Systematik

11 Politik, Wirtschaft, Kultur, Sport, Vermischtes, Inland, Ausland, Prozesse, Buchrezensionen, Theaterrezensionen, Filmrezensionen, Bildende Kunst, sonstige Themen. Das Sammlungsprinzip ist ein streng geographisches.

### Zeitungsbestand

13 Kauf, Geschenk

14 lfd. Titel: 25, Bände: ca. 650 lfd. Meter, ungebunden, Mikrofilme: 1500

15 vor 1933

### Zeitschriftenbestand

16 Tausch, Kauf, Geschenk

17 Titel: ca. 15000, davon lf. 3000, Bände: ca. 100000, jährl. Zugang ca. 6000

18 vor 1900

### Bildarchiv

22 die Bilder stammen von fremden Fotografen

23 bis zu 25 Jahren

24 Dias: 19000, davon farbig: 60 %

25 Elektronische Verarbeitung von Bilddaten nicht beabsichtigt

26 systematische Aufstellung

27 Schwerpunkte: amerikanische Archäologie, Ethnologie, Bildende Kunst, Geographie; Ibero-Amerika, Spanien u. Portugal

### Aktive Information

30 Ibero-Amerikanisches Archiv, Indiana, Bibliotheca Ibero-Americana, Monumenta Americana, Quellenwerke zur alten Geschichte Amerikas, aufgezeichnet in den Sprachen der Eingeborenen, Miscellanea Ibero-Americana, Stimmen indianischer Völker.

### Benutzung

32 der Öffentlichkeit zugänglich, kein Ausleihen von Zeitungsausschnitten, Zeitungen und Zeitschriften entsprechend der Leihverkehrsordnung der Deutschen Bibliotheken

34 keine Benutzungsgebühren

35 Öffnungszeiten: Mo—Fr 9.00—19.00 Uhr, Sa. 9.00—13.00 Uhr (Zeitungsausschnittarchiv und Bildarchiv nach Vereinbarung)

36 Lesesaal/Benutzerraum vorhanden, Mikroform-Lesegeräte vorhanden, Kopieren möglich, Rückvergrößerung von Mikroformen möglich

# Biberach

**223**

01 *Walser-Archiv,* Marktplatz 17, Postfach 1757, 7950 *Biberach an der Riß,* Tel.: 07351/51307, Telex: 71877

02 Stadt Biberach, Rathaus, Postfach 1757, 7950 Biberach an der Riß, Telefon: 07351/511

03 Gisela Krauß

04 1 (1, 10 %)

*Hochschulen und Fachinstitute*

**Pressearchiv**
05 Sammlung von Zeitungsausschnitten und Zeitschriftenartikeln des Autors Martin Walser (geb. 1927), sowie Artikel über ihn und Rezensionen seiner Bücher (Sammlung von Bildnissen, Werke des Autors, teilweise Sekundärliteratur).

**Presseausschnittarchiv**
06 seit 1977, Ergänzung durch Geschenk
07 Zeitungsausschnitte: 40 Ablagekästen, Regalmeter/Schrankmeter: 1 m Zeitschriften
08 nicht aufgeklebt und in Mappen/Kastenablage u.a. aufbewahrt oder auf DIN A 4-Blätter geklebt
09 deutschsprachige und fremdsprachige Zeitungen, Zeitschriften, andere Quellen
10 eigene Systematik (sehr grob); Liste (in einer Bibliographie) bis ca. 1976 Erscheinungsjahr (lückenhaft), nicht fortgeführt
11 Martin Walser (geb. 1927)

**Benutzung**
32 in Ausnahmefällen für Fachinteressenten (nach Voranmeldung)
34 keine Benutzungsgebühren
36 Lesesaal/Benutzerraum vorhanden, Mikroform-Lesegeräte vorhanden, Kopieren möglich, Rückvergrößerung von Mikroformen möglich

# Bonn

**224**
01 *Deutsche Gesellschaft für Auswärtige Politik,* Pressearchiv in der Dokumentationsstelle
Adenauerallee 131, Postfach 1425, 5300 *Bonn* 1, Tel.: 0228/217021
03 Hans-Henning Derpa
04 2

**Pressearchiv**
05 Auswertung deutscher und internationaler Tages- und Wochenzeitungen unter besonderer Berücksichtigung der Probleme Außenpolitik, Verteidigung und Wirtschaft.

**Presseausschnittarchiv**
06 seit 1945
07 Zeitungsausschnitte: 1 400 000
08 auf DIN A 4-Blätter geklebt
09 deutschsprachige und fremdsprachige Zeitungen, Zeitschriften, andere Quellen
10 Dezimalklassifikation
11 Politik, Wirtschaft, Inland, Ausland; vor allem auswärtige Politik, daneben Rüstung, Verteidigung, Wirtschaft.

**Zeitungsbestand**
13 Kauf
14 Titel: 7, Bände: 234, davon Jahreszugang: 6, Mikrofilme: 405
15 seit 1949

**Benutzung**
32 der Öffentlichkeit zugänglich
34 keine Benutzungsgebühren
35 Öffnungszeiten: 10.30—16.30 Uhr
36 Lesesaal/Benutzerraum vorhanden, Mikroform-Lesegeräte vorhanden, Kopieren möglich, Rückvergrößerung von Mikroformen möglich

**225**
01 *Pressearchiv von Lossow,*
Winterstr. 63, 5300 *Bonn* 2
03 Wilfried v. Lossow

**Pressearchiv**
05 Sammlung und Bereitstellung von Unterlagen einschließlich Flugschriften, Anschlägen, Bilder und Korrespondenzen zur neuesten Geschichte, Zeitgeschichte und zur Gegenwart, vor allem auf den Gebieten der Sozialpolitik und der Kulturpolitik, für die Bedürfnisse der Forschung.
Bestände des 15.—20. Jahrhunderts

**Presseausschnittarchiv**
06 seit 1777 (kleinere Bestände ab 1418, zusammenhängend ab 1799)
07 Einzelstücke: 1 500 000
Sacharchiv: 1 500 000
Dossiers: 50 000

08 nicht aufgeklebt und in Mappen/Kastenablage u.a. aufbewahrt
09 deutschsprachige und fremdsprachige Zeitungen, Zeitschriften, andere Quellen
10 eigene Systematik
11 Politik, Kultur, Inland, Ausland, Prozesse, Buchrezensionen, Bildende Kunst, sonstige Themen.

**Zeitschriftenbestand**
16 Geschenk
17 Titel: 200
18 bis vor 1900

**Bibliothek**
19 Geschenk

**Bildarchiv**
22 von eigenen und fremden Fotografen und anderen Quellen
23 bis zu 50 Jahren und älter
26 Schlagwortkatalog nach inhaltlichen Gesichtspunkten
27 Schwerpunkte: Internationales Flüchtlingswesen

**Aktive Information**
29 Sonstiges

**Benutzung**
32 in Ausnahmefällen für Fachinteressenten
34 keine Benutzungsgebühren

# Dortmund

**226**
01 *Fritz Hüser-Institut* für deutsche und ausländische Arbeiterliteratur, Ostenhellweg 56—58, 4600 *Dortmund* 1, Tel.: 0231/54223227
02 Stadt Dortmund, Südwall, Postfach 907, 4600 Dortmund 1, Telex: 0822287
03 Dr. Rainer Noltenius
04 4 (und 2 Zeitkräfte)

**Pressearchiv**
05 Ergänzung des Monographien- und Zeitschriftenbestandes (bes. Rezensionen und Einzelveröffentlichungen von Arbeiterschriftstellern)

**Presseausschnittarchiv**
06 seit 1958
07 Einzelstücke: 8500, Dossiers: 535, Regalmeter/Schrankmeter: 22
08 nicht aufgeklebt und in Mappen aufbewahrt
09 deutschsprachige und fremdsprachige Zeitungen, Zeitschriften, andere Quellen
10 eigene Systematik, Schlagwort- und Stichwortkatalog (im Aufbau), Listen
11 Kultur, Sport, Vermischtes, Inland, Ausland, Buchrezensionen, Theaterrezensionen, Bildende Kunst, sonstige Themen; Arbeiterkultur.

**Zeitungsbestand**
13 Kauf, Geschenk
14 Titel: 1, lfd. 1
15 seit 1949

**Zeitschriftenbestand**
(im Aufbau)
16 Kauf, Geschenk
17 Titel: 1200, davon lfd.: 53; Bände: 3600, davon jährlicher Zugang: 60
18 vor 1900

**Bibliothek**
19 Kauf, Geschenk
20 Bände: 40000, davon jährlicher Zugang: 600
21 alphabetische Titelaufnahme, systematischer Katalog, Schlagwort- und Stichwortkatalog

**Bildarchiv**
22 die Bilder stammen von fremden Fotografen und anderen Quellen
23 bis zu 50 Jahren und älter
24 Negative: ca. 100, Papierkopien: ca. 400, davon schwarz-weiß: ca. 350, farbig: ca. 50
25 Elektronische Verarbeitung von Bilddaten nicht beabsichtigt
26 systematische Aufstellung

**Aktive Information**
29 Bearbeitung von Hintergrundmaterial, Beantwortung mdl. u. schriftl. Anfragen

## 227

01 **Institut für Zeitungsforschung**
der Stadt Dortmund, Wißstraße 4,
4600 *Dortmund* 1, Tel.:
0231/542 2 32 16-20

03 Dr. Hans Bohrmann (L),
Dr. Margot Lindemann (St)

04 11 (3)

### Pressearchiv

05 Wir betreiben kein Ausschnittarchiv, sondern Pressedokumentation für den Gesamtbereich Publizistik/Massenkommunikation. Die Auswertungsergebnisse werden in der vierteljährlichen Dokumentation Medienforschung (früher Dokumentation für Presse, Rundfunk und Film) seit 1959 veröffentlicht

### Zeitungsbestand

13 Kauf, Geschenk

14 lfd. Titel: ca. 60, Bände: ca. 24 000, davon Jahreszugang: 450, Mikrofilme: 22 000

15 bis in die Zeit vor 1900

### Zeitschriftenbestand

16 Kauf, Geschenk

17 Titel: ca. 200, Bände: ca. 25 000, davon jährlicher Zugang: 650

18 vor 1900

### Bibliothek

19 Kauf, Tausch, Geschenk

20 Bände: 32 000,
davon jährlicher Zugang: ca. 1 000

21 alphabetische Titelaufnahme, Standortkatalog, Schlagwort- und/oder Stichwortkatalog

### Bildarchiv

26 Erfassen formaler Merkmale, Schlagwortkatalog nach inhaltlichen Gesichtspunkten

### Aktive Information

30 Dokumentation Medienforschung, seit 1959

### Darstellungen über das Archiv

31 Hans Bohrmann: Das Institut für Zeitungsforschung der Stadt Dortmund, in: Publizistik. Jg 28, 1983, S. 426—28

### Benutzung

32 der Öffentlichkeit zugänglich

34 keine Benutzungsgebühren

35 Öffnungszeiten: Mo—Fr 10.00—18.30 Uhr durchgehend. Im Sommer einige Wochen geschlossen, wegen Revisionsarbeiten

36 Lesesaal/Benutzerraum vorhanden, Mikroform-Lesegeräte vorhanden, Kopieren möglich, Rückvergrößerung von Mikroformen möglich

# Düsseldorf

## 228

01 **Heinrich-Heine-Institut,**
Bilker Str. 14, Postfach 11 20,
4000 *Düsseldorf* 1, Tel.: 02 11/899-5575

02 Stadt Düsseldorf, Tel. 02 11/899-1

03 Dr. Joseph A. Kruse (L),
Dr. Ursula Roth (St)

04 15 (aber vgl. unter 05), (2)

### Pressearchiv

05 Die Sammlung von Presseausschnitten — Heine-Artikel bzw. — Erwähnungen bildet nur einen relativ kleinen Anteil der Arbeitsbereiche des Hauses (Museum, Bibliothek, Archiv, Öffentlichkeitsarbeit)

### Presseausschnittarchiv

06 seit 1850 (nur geringe Bestände vor ca. 1900; ferner vorhanden: z.T. lückenhafte Bestände an Zeitschriften der Heine-Zeit)

07 ca. 50 Kartons bzw. Ordner, Zeitungsausschnitte: ca. 10 000

08 nicht aufgeklebt und in Mappen/Kastenablage u.a. aufbewahrt oder auf DIN A 4-Blätter geklebt
(für 1972—1980)

09 deutschsprachige und fremdsprachige Zeitungen, Zeitschriften, andere Quellen

11 Heine, Heinrich

### Zeitschriftenbestand

16 Kauf, Geschenk

18 vor 1900

**Bildarchiv**
27 Schwerpunkte: Heine, ausschließlicher Themenbereich: Heine

**Aktive Information**
30 Heine-Jahrbuch, seit 1962, Heine-Studien, Veröffentlichungen des Heinrich-Heine-Instituts

**Benutzung**
32 für Fachinteressenten allgemein möglich
34 keine Benutzungsgebühren
36 Lesesaal/Benutzerraum vorhanden, Mikroform-Lesegeräte vorhanden, Kopieren möglich, Rückvergrößerung von Mikroformen möglich

## Frankfurt/M.

**229**
01 *Deutsches Institut für Filmkunde,* Breitlacher Str. 96, 6000 *Frankfurt/M.* 90, Tel.: 069/784062—63
03 Dr. Gerd Albrecht (Fachl./L), Ulrich Pöschke (Verw./L), Eberhard Spiess (St)
04 5 (2)

**Pressearchiv**
05 Sammlung aller Unterlagen (Bild und Text) zum nationalen und internationalen Film sowie Randgebiete

**Presseausschnittarchiv**
06 seit 1949
07 Umfang (11000 Ordner)
Einzelstücke: mehrere Millionen
Sacharchiv: 2/3
Personenarchiv: 1/3
08 auf DIN A 4-Blätter geklebt
Die Mikroverfilmung ist vorgesehen
09 deutschsprachige und fremdsprachige Zeitungen, Zeitschriften, andere Quellen
10 eigene Systematik, Dezimalklassifikation
11 Kultur, Filmrezensionen, Film, Fernsehen und Randgebiete.

**Zeitschriftenbestand**
16 Tausch, Kauf, Geschenk
17 Titel: ca. 300
18 bis vor 1900

**Bildarchiv**
22 von fremden Fotografen und anderen Quellen (z.B. Filmverleihfirmen)
23 bis zu 50 Jahren und älter
24 Papierkopien: knapp 1 Million
4/5 schwarzweiß, 1/5 farbig
25 Elektronische Verarbeitung von Bilddaten nicht beabsichtigt
26 nach Namen von Filmschaffenden und Filmtiteln, Film und Fernsehen

**Benutzung**
32 der Öffentlichkeit zugänglich
34 Benutzungsgebühren
35 Öffnungszeiten: nach Vereinbarung
36 Lesesaal/Benutzerraum und Mikroform-Lesegeräte vorhanden, Kopieren und Rückvergrößerung von Mikroformen möglich

**230**
01 *Informationsdienst,* Zentrum für alternative Medien, Hamburger Allee 45, Postfach 900343, 6000 *Frankfurt/M.* 90, Tel.: 069/704352
03 N.N.
04 4 und ehrenamtl. Mitarbeiter

**Pressearchiv**
05 Sammlung und Auswertung von Materialien der neuen sozialen Bewegungen. Bisheriger Schwerpunkt ist eine zehnjährige Sammlung von Alternativ- und Stadtzeitungen.

**Presseausschnittarchiv**
06 seit 1973
Übernahme: viele Schenkungen
07 Zeitungsausschnitte: (40000)
Dossiers: (1000)
Einzelstücke (30000)
Regalmeter: (20)
Sacharchiv: (20)
Personenarchiv: gering
08 nicht aufgeklebt und in Mappen/Kastenablage u.a. aufbewahrt
09 deutschsprachige und fremdsprachige Zeitungen, Zeitschriften, andere Quellen
30 Alternativzeitungen und „Die Tageszeitung" umfassend ausgewertet

10 eigene Systematik, Schlag- und Stichwortkatalog, Archivschlüssel
11 Politik, Wirtschaft, Kultur, Sport, Vermischtes, Inland, Ausland, Prozesse, Buchrezensionen, Theaterrezensionen, Filmrezensionen, Bildende Kunst, sonstige Themen.

### Zeitungsbestand
13 Tausch, Kauf, Schenkungen
14 Titel: 700 (150)
15 seit 1968

### Zeitschriftenbestand
16 s. 13—15
-18

### Aktive Information
29 Bearbeitung von Hintergrundmaterial
30 Für die allgemeine Öffentlichkeit medienkritische Beiträge zu Inhalten und Produktion alternativer Medien, bisheriger Schwerpunkt: Bestandsaufnahme der Alternativpresse.

### Benutzung
32 der Öffentlichkeit zugänglich
34 Benutzungsgebühren
35 Öffnungszeiten:
   Mo—Fr von 13.00—16.00 Uhr
36 Lesesaal/Benutzerraum vorhanden, Kopieren möglich

**231**
01 **Media Perspektiven,** Pressearchiv/Bibliothek, Am Steinernen Stock 1, 6000 *Frankfurt/Main* 1, Tel.: 069/1552858, Telex 04-11127 über Hessischer Rundfunk
02 Redaktion Media Perspektiven, Arbeitsgemeinschaft Rundfunkwerbung, Tel.: 069/1552664, 561092
03 Brigitte Mahncke (L), Bärbel Höhner (St)
04 3 (1)

### Pressearchiv
05 Medienarchiv (Buch, Presseartikel, Video- u. Tonkassetten) mit Spezialsammlungen zu folgenden Gebieten: Entwicklung der Massenkommunikation und des Medienmarktes in der
— Bundesrepublik Deutschland und im Ausland,
— Massenkommunikations- u. Werbeforschung,
— Organisationsstrukturen in Rundfunk, Werbung, Presse, AV-Medien, Buchmarkt und im Kulturbereich (Film, Theater, Museen).
Beschaffung, Aufbereitung, Recherche, Auskunftserteilung an die Redaktion und externe Benutzer aus Rundfunkanstalten, Forschung, Bezieher der Zeitschriften.

### Presseausschnittarchiv
06 seit 1963 (bzw. 1970, Gründungsdatum der Zeitschrift) Übernahme: Altbestände seit 1963 durch Zeitschriften-Vorläufer „Hinweisdienst" 1963—69
07 Zeitungsausschnitte: seit 1970 ca. 200 000 Artikel
   Regal-/Schrankmeter: ca. 22 (Altbestand ca. 20)

# Hamburg

**232**
01 *HWWA — Institut für Wirtschaftsforschung,* Hamburg, Pressedokumentation und Archive, Neuer Jungfernstieg 21, 2000 *Hamburg* 36, Tel. 040/3562—1, Telex: 211458 hwwa d
02 Freie und Hansestadt Hamburg, Behörde für Wissenschaft und Forschung, Hamburger Str. 31, 2000 Hamburg 76, Tel. 040/29 18 81
03 Wilfried Müller
04 30 (2)
05 Versorgung von Wirtschaftspraxis und Wirtschaftswissenschaft, Medien und staatlichen Einrichtungen sowie der Öffentlichkeit mit aktuellen und kommentierenden Informationen aus der deutschen und internationalen Presse über den Bereich Wirtschaft und angrenzende Gebiete

### Presseausschnittarchiv
06 Eigener Bestand seit 1908
07 14, 2 Millionen Ausschnitte (davon 7,8 Mill. Sacharchiv; 2,6 Mill. Waren/Produkten-Archiv, 0,7 Mill. Personenarchiv, 3,1 Mill. Firmen- und Institutionenarchiv)
08 Ausschnitte aufgeklebt auf DIN A 4-Blätter, Mikrorollfilm 35mm, Mikroplanfilm DIN A 6, elektronische Speicherung/Retrieval vorgesehen
09 deutschsprachige und fremdsprachige Zeitungen, Zeitschriften und andere Quellen
10 eigene Systematik, Schlagwortkatalog, Karteien und Schlagwortlisten
11 Politik, Wirtschaft, Kultur, Inland, Ausland.

### Zeitungs-Bestand
13 Kauf, Tausch, Geschenk
14 lfd. 82 Titel
15 bis in die Zeit vor 1900 zurückreichend

### Zeitschriftenbestand
16 eigene Produktion, Kauf, Tausch, Geschenk, Pflichtexemplar/Zuweisung
17 lfd. 15 888 Titel, 576 000 Bde. (jährlich 11 393)
18 bis in die Zeit vor 1900 zurückreichend

### Bibliothek
19 eigene Produktion, Kauf, Tausch, Geschenk
20 246 000 Bde. (6500 jährlich)
21 alphabetische Titelaufnahme, Systematischer Katalog, Standortkatalog, Schlagwortkatalog

### Aktive Information
29 Eichenhofer, Harald: Die Archive des Hamburgischen Welt-Wirtschafts-Archivs, in: Der Archivar, 13. Jg., 1960, Sp. 291—299
Muziol, Roman: Pressedokumentation; München-Pullach, Berlin; 3. Auflage 1973, S. 99—102
Mantwill, Gerhard: Neue Räume der Abt. Archive des HWWA-Institut für Wirtschaftsforschung-Hamburg, in: Der Archivar, 25. Jg. 1972, Sp. 91—93
Mantwill, Gerhard: Information und Dokumentation im HWWA-Institut für Wirtschaftsforschung-Hamburg, in: Der Archivar, 27. Jg. 1974, Sp. 55—57
Archive. Archive im deutschsprachigen Raum; Berlin, New York, 2. Auflage 1974. Reihe Minerva Handbücher, S. 399 f.
Mantwill, Gerhard: Die Abteilung Archive des HWWA-Instituts für Wirtschaftsforschung-Hamburg, in: Der Archivar, 31. Jg. 1978, Sp. 333f.
Verzeichnis Hamburger Archive, Hrsg. vom Verein Deutscher Archivare Ortsausschuß Hamburg, zusammengestellt und bearbeitet von Karl-Heinz Stahnke, (Hamburg 1978), S. 24f.

### Benutzung
32 öffentlich zugänglich
34 keine Benutzungsgebühren
35 Montag—Freitag: Lesesaal 9—19 Uhr, Materialausgabe 9—16 Uhr
36 Lesesaal vorh., Mikroformgeräte vorh., Kopieren möglich, Rückvergrößerung von Mikroformen möglich

# Kassel

233
01 *documenta archiv,* für die Kunst des 20. Jahrhunderts, Ständeplatz 16, 3500 *Kassel,* Tel.: 0561/7 87 40 22
02 Stadt Kassel
03 Konrad Scheurmann (L)
04 5 (1)

### Aufgaben des Pressearchivs
05 Dokumentation „Kunst des 20. Jahrhunderts" nach Künstlern und Sachgebieten

### Presseausschnittarchiv
seit 1961
07 Zeitungsausschnitte: 135 000
08 nicht aufgeklebt Mikroverfilmung ist vorgesehen
09 deutsch- und fremdsprachige Zeitungen, Zeitschriften, andere Quellen
10 eigene Systematik, Schlag- und Stichwortkatalog in Arbeit

11 Schwerpunkte: Bildende Kunst [sowohl Inland als auch Ausland]

**Zeitschriftenbestand**

16 Kauf, Tausch, Schenkung

17 56 (40)

18 seit 1961

**Bildarchiv**

22 von fremden Fotografen und aus anderen Quellen

23 bis zu 25 Jahren

24 Dias: 10000
Papierkopien: 10000

25 elektronische Verarbeitung von Bilddaten ist geplant

26 Erfassen formaler Merkmale

27 Schwerpunkte: Kunst des 20. Jahrhunderts, documenta-Ausstellungen

**Aktive Information**

30 Publikationen geplant

**Aktive Information**

30 Publikationen geplant

**Benutzung**

32 der Öffentlichkeit zugänglich

34 Leihgebühren

36 Lesesaal/Benutzerraum vorhanden, Kopieren möglich, Mikroform-Lesegerät vorhanden

# Kiel

234

01 *Institut für Weltwirtschaft,* Wirtschaftsarchiv, Düsternbrooker Weg 120, Postfach 4309, 2300 *Kiel* 1, Tel.: 0431—884305, Telex: 292479

03 Dr. Karl Heinz Frank (L),
Ilse Dunker (St)

04 27 (4)

**Pressearchiv**

05 Sammlung und Bereitstellung von Presseausschnitten über wirtschaftliche Fragen und angrenzende Bereiche für die wirtschaftswissenschaftliche Forschung und die Öffentlichkeit.

**Presseausschnittarchiv**

06 seit 1920

07 Zeitungsausschnitte: 9 Mill., davon Sacharchiv: 7,9; Personenarchiv: 100000; Firmen-/Institutionen-Archiv: 1 Mill. (Ende 1971 eingestellt)

08 auf DIN A 4-Blätter geklebt, in anderer Größe formatiert, auf Mikrorollfilm 35 mm mit Verkleinerungsfaktor aufgenommen

09 deutschsprachige und fremdsprachige Zeitungen, Zeitschriften, andere Quellen

10 eigene Systematik

11 Politik, Wirtschaft, Kultur u. Sport (wirtschaftl. Aspekte), Inland, Ausland; Wirtschaft.

**Aktive Information**

29 Verschiedenes

**Benutzung**

32 der Öffentlichkeit zugänglich

34 keine Benutzungsgebühren

35 Öffnungszeiten: Mo—Fr 8.00—18.00 Uhr, Materialausgabe bis 16.30 Uhr

36 Lesesaal/Benutzerraum vorhanden, Kopieren möglich, Mikroform-Lesegeräte vorhanden, Rückvergrößerung von Mikroformen möglich

# Köln

235

01 *Deutsche Sporthochschule Köln,* Archiv und Pressedokumentation der Bibliothek, Carl-Diem-Weg 2, Postfach 450327, 5000 *Köln* 41, Tel. 0221/4982379

02 Land Nordrhein-Westfalen

03 Eberhard Lenz (L), Michael Winter (St)

04 5 (2)

**Pressearchiv**

05 Pressedokumentation deutschsprachiger Zeitungen und Informationsdienste zum Thema Sport und Sportwissenschaften Sammlung von Informationen und Nachrichten über Sportler und Sportfunktionäre, Sammlung der Rekorde

und Termine von den einzelnen Sportarten, Sammlung von Bildmaterialien zu den Sportarten und zur Sportgeschichte.

**Presseausschnittarchiv**

06 seit 1950, Ergänzung durch Ankauf von verschiedenen Privatarchiven, Übernahme durch Fusion etc. von: Beständen der ehemaligen Reichsakademie für Leibesübungen Berlin

07 Zeitungsausschnitte: 720 000, davon Sacharchiv: 650 000, Personenarchiv: 70 000

08 auf DIN A 4-Blätter geklebt, in anderer Größe formatiert (auch DIN A 5)

09 deutschsprachige Zeitungen, Zeitschriften, andere Quellen

10 eigene Systematik

11 Sport; Sport in seinem gesamten Umfang und in seinen vielfältigen Beziehungen zu den o.a. Bereichen (und weiteren, wie z.B. Medizin, Gesundheitswesen)

**Bildarchiv**

22 die Bilder stammen von fremden Fotografen, Agenturen und anderen Quellen

23 bis zu 50 Jahren und älter

24 Dias: ca. 1 000, davon farbig: 1 000, Papierkopien: ca. 15 000, Presse-Karikaturen: 3 000, Sportplakate: 1 800

25 Elektronische Verarbeitung von Bilddaten nicht beabsichtigt

26 systematische Aufstellung

27 Schwerpunkte: Sportarten, Olympische Spiele

**Darstellungen über das Archiv**

31 Kurier, Informationen von der Deutschen Sporthochschule Köln, Nr. 2/März 1981, S. 2—3

**Benutzung**

32 für Fachinteressenten allgemein möglich

35 Öffnungszeiten: Mo—Fr 9.00—16.00 Uhr

36 Lesesaal/Benutzerraum vorhanden, Mikroform-Lesegerät vorhanden, Kopieren möglich

**236**

01 *Dreikönigs-Archiv,* Wallstr. 105, 5000 *Köln* 80, Tel.: 0221/628813

03 Dr. Klaus Weyand

**Pressearchiv**

05 Sammlung aller sich auf die Anbetung der Hl. Drei Könige beziehenden Bücher, Bilder, Aufsätze und Zeitungsausschnitte, Sammlung aller sich auf Dreikönigsbräuche (Sternsingen, Dreikönigsspiele etc.) beziehenden Bücher, Bilder, Aufsätze und Zeitungsausschnitte.

**Presseausschnittarchiv**

06 seit ca. 10 Jahren

07 Zeitungsausschnitte: ca. 2 000

08 werden auf DIN A 4-Blätter geklebt

09 deutschsprachige und fremdsprachige Zeitungen, Zeitschriften, andere Quellen

10 Verfasserkatalog für Bücher, Aufsätze, Bilder, Ausschnitte in nach Sachgruppen geordneten Klebebänden, Sachgruppenordnung der Bilder

11 Anbetung der Hl. Drei Könige, Dreikönigsbräuche

**Benutzung**

32 in Ausnahmefällen für Fachinteressenten

34 keine Benutzungsgebühren

35 Öffnungszeiten: nach telefonischer Absprache

**237**

01 *Institut der deutschen Wirtschaft* Bibliothek, Gustav-Heinemann-Ufer 84—88, Postfach 51 06 69, 5000 *Köln* 51, Tel.: 0221/3704259, Telex: 08/882768

03 Manfred Hanke (L), Eduard Schmitz (St)

04 24 (3)

**Pressearchiv**

05 Wahrnehmung der pressedokumentarischen Aufgaben innerhalb des Bibliotheks-Gesamtauftrags

**Presseausschnittarchiv**

06 seit 1952

07 Zeitungsausschnitte: 1,5 Mio., Dossiers: 6 000, davon Sacharchiv: 2 000, Perso-

*Hochschulen und Fachinstitute*

nenarchiv: 2 000, Firmen-/Institutionen-Archiv: 2 000
08 auf DIN A 4-Blätter geklebt
09 eigene Produktion, umfassend oder ausschnittweise,
sonstige deutschsprachige und fremdsprachige Zeitungen, Zeitschriften, andere Quellen
10 eigene Systematik, Schlagwort- und/oder Stichwortkatalog
11 Wirtschaft, Inland, Ausland.

**Zeitungsbestand**
13 Kauf
14 Titel: 25, lfd.: 12, Bände: 2 470, davon Jahreszugang: 120
15 seit 1949

**Zeitschriftenbestand**
16 Kauf, Tausch
17 Titel: 600, lfd.: 300
18 vor 1900

**Benutzung**
32 nur hauseigene Benutzung, für Fachinteressenten allgemein möglich
34 keine Benutzungsgebühren
36 Lesesaal/Benutzerraum vorhanden, Kopieren möglich

**238**
01 *International Stereoscopic Library,* and ISU Information Committee Archives, Josef-Haubrich-Hof 1, 5000 *Köln* 1, Tel.: 0221/2215215
02 Stadt Köln, Stadtbücherei, Josef-Haubrich-Hof 1, Postfach 108020, 5000 Köln 1, Tel.: 0221/2213894
03 Dr. Gerhard Kay Birkner (nebenamtlich)
04 1 (teilzeitbeschäftigt)

**Pressearchiv**
05 Sammlung des nationalen und internationalen Schrifttums, einschließlich von Presseausschnitten, über die Technik stereoskopischer Steh- und Laufbilder; in Zusammenarbeit mit International Stereoscopic Union/Information Committee (ISU).

**Presseausschnittarchiv**
06 seit 1981, Ergänzung durch Ankauf von Stereo-Sammlung-Stelle
07 Regalmeter/Schrankmeter: 3, Waren-/Produkten-Archiv: 0,5
08 auf DIN A 4-Blätter geklebt
09 deutschsprachige und fremdsprachige Zeitungen, Zeitschriften, andere Quellen
10 eigene Systematik

**Zeitschriftenbestand**
16 Kauf, Tausch, Geschenk
17 Titel: 34, lfd. 15; Bände: 50, jährl. Zugang: 15
18 vor 1945

**Aktive Information**
29 Erstellen von Chroniken/Wochenschauen
30 Information Mailing (für die Mitglieder der ISU/Information Committee)

**Benutzung**
32 für Fachinteressenten allgemein möglich
34 keine Benutzungsgebühren
35 Öffnungszeiten: Di, Do: 11.30—20.00 Uhr; Mi, Fr: 9.00—18.00 Uhr; Sa: 10.00—15.00 Uhr
36 Lesesaal/Benutzerraum vorhanden, Mikroform-Lesegeräte vorhanden, Kopieren möglich, Rückvergrößerung von Mikroformen möglich

# Krefeld

**239**
01 *Thyssen-Edelstahlwerke,* Archiv, Oberschlesienstr. 16, Postfach 730, 4150 *Krefeld* 1, Tel.: 02151/832853
04 1 (2)

**Presseausschnittarchiv**
06 seit 1970
07 Regalmeter: 75.04
zusätzliches Sacharchiv: 12 m
Firmen-/Institutionen-Archiv: 8 m
08 auf DIN A 4-Blätter geklebt
09 deutschsprachige und fremdsprachige Zeitungen, Zeitschriften, andere Quellen

10 Index/Thesaurus
11 Politik, Wirtschaft, Inland, Ausland, Wirtschafts- und Konjunkturpolitik.

**Bibliothek**
19 Kauf
20 500
21 Ordnung analog zum Zeitungsausschnitt-Archiv

**Aktive Information**
29 Bearbeitung von Hintergrundmaterial

**Benutzung**
32 nur hauseigene Benutzung, in Ausnahmefällen auch für Fachinteressenten
36 Kopieren möglich

## Mainz

240

01 **Deutsches Kabarett Archiv,** Rheinstr. 48, 6500 *Mainz*, Tel.: 06131/21112
02 Reinhard Hippen und „Förderkreis Deutsches Kabarett Archiv e.V."
03 Reinhard Hippen
04 3 (1)

**Presseausschnittarchiv**
06 seit 1957, regelmäßige Ausschnittdienste seit 1961
Übernahme: von zahlreichen privaten Nachlässen
07 Umfang: 1500 Leitz-Ordner Personenarchiv: 60 000 Namen
08 auf DIN A 4-Blätter geklebt und nach zeitlicher Chronologie abgeheftet
09 deutschsprachige und fremdsprachige Zeitungen, Zeitschriften, und beauftrage Zeitungsausschnitt-Dienste, andere Quellen
10 eigene Systematik, Namenskartei und Stichwortkartei
11 Kultur, Theaterrezensionen, Kabarett, Satire, Chanson, Liedermacher, Antitheater etc.

**Zeitungsbestand**
13 Tausch, Kauf
15 bis vor 1933

**Zeitschriftenbestand**
16 Tausch, Kauf
17 Titel: 9
18 bis vor 1933

**Bildarchiv**
22 von fremden Fotografen, Agenturen und anderen Quellen
23 bis zu 50 Jahren
24 Papierkopien: ca. 5000
26 Schlagwortkatalog nach inhaltlichen Gesichtspunkten
27 Schwerpunkte: Kabarett, Satire, Chanson, Liedermacher, Antitheater etc.

**Aktive Information**
29 Bearbeitung von Hintergrundmaterial

## Mannheim

241

01 **Wirtschaftsarchiv,** A 5 Seminargebäude, Postfach 24 28, 6800 *Mannheim* 1, Tel.: 0621/29 25 107 und 29 22 545
02 Universität Mannheim Schloß, Postfach 24 28, 6800 Mannheim 1
03 Dr. Elisabeth Lauschmann (L), Gudrun Melchior (St)
04 12 (8)

**Pressearchiv**
05 Sammlung und systematische Aufbereitung von das Bibliotheksangebot ergänzenden Materialien zu aktuellen Fragen des Export- und Importgeschäfts und allgemein über internationale Wirtschaftsbeziehungen, Wirtschaftspolitik, bildungs- und sozialpolitische Aktivitäten, Unternehmensführung, Finanzierung, Absatz- und Vertriebspolitik.

**Presseausschnittarchiv**
06 eigener Bestand seit Juni 1957
07 über 1 Mill. Zeitungsausschnitte
08 auf DIN A 4-Blätter aufgeklebt
09 deutschsprachige und fremdsprachige Zeitungen, Zeitschriften, andere Quellen
10 eigene Systematik
11 Politik, Wirtschaft, Kultur, Sport, Vermischtes, Inland, Ausland, Regionales, Lokales.

**Aktive Information**
31 Elisabeth Lauschmann: Zum 25-jährigen Bestehen des Wirtschaftsarchivs an der Universität Mannheim, in: Mitteilungen der Gesellschaft der Freunde der Universität Mannheim, Oktober 1981

**Benutzung**
32 Benutzung für Fachinteressenten allgemein möglich
34 keine Benutzungsgebühren
36 Lesesaal vorhanden, Kopieren möglich

# Marbach
242

01 *Deutsches Literaturarchiv,* Dokumentationsstelle, Schiller-Höhe 8-10, Postfach 57, 7142 *Marbach am Neckar*, Tel.: 07144/6061
02 Deutsche Schiller-Gesellschaft e.V. Schiller-Höhe 8-10, Postfach 57, (s. 01) Tel.: 07144/6061
03 Hartmut Rambaldo
03 3 (2)

**Pressearchiv**
05 Sammlung von Pressetexten zur Kultur deutschsprachiger Länder und Gebiete (Bundesrepublik, DDR, Österreich, Schweiz, Elsaß, Südtirol, Siebenbürgen usw.).
Schwerpunkte: Fiktive Literatur (Belletristik), Germanistik und Philosophie. Daneben: Kulturpolitik, Buch- und Handschriftenwesen, Theater, Film, Kunst und Musik (doch keine Rezensionen zu Aufführungen einzelner musikalischer Werke).

**Presseausschnittarchiv**
06 seit 1955 z.T. (regionale Literaturgeschichte) seit 1903 Ergänzung durch Ankauf von privaten Sammlungen, Übernahme durch Nachlässe von Autoren, Auswertung von 72 abonnierten Zeitungen und Magazinen
07 16704 Mappen; 956 Karten, 509 Ordner
08 die Ausschnitte werden nicht aufgeklebt und in Mappen/Kastenablage u.a. aufbewahrt
09 deutschsprachige und fremdsprachige Zeitungen, Zeitschriften, andere Quellen
10 eigene Systematik
11 Kultur, Buchrezensionen, Theaterrezensionen, Filmrezensionen, Bildende Kunst, sonstige Themen.

**Darstellungen über das Archiv**
31 Jochen Friedrich: Die Dokumentationsstelle im Deutschen Literaturarchiv. Großer Markt der „Grauen Literatur", in: Börsenblatt des deutschen Buchhandels, Nr. 88, 4. Nov. 1977, S. 9 f

**Benutzung**
32 der Öffentlichkeit zugänglich
34 keine Benutzungsgebühren
35 Öffnungszeiten: 8.30—17.30 Uhr
36 Lesesaal/Benutzerraum vorhanden, Kopieren möglich

# Marburg
243

01 *J.G. Herder-Institut,* Pressearchiv, Gisonenweg 5-7, 3550 *Marburg*, Tel.: 06421/25044-47
02 Johann-Gottfried-Herder-Institut (s. 01) Tel.: 06421-25044-47
03 Heinrich Mrowka
04 7

**Presseausschnittarchiv**
06 seit 1950
07 11 500 Mappen
08 auf DIN A 4-Blätter geklebt
09 deutschsprachige und fremdsprachige Zeitungen, Zeitschriften, andere Quellen
10 eigene Systematik, Schlagwort- und Stichwortkatalog
11 Politik, Wirtschaft, Kultur, Ausland.
12 Schwerpunkte: Inland, Ausland

**Zeitungsbestand**
13 Kauf
14 Titel: 263, lfd.: 186
15 seit 1949

**Aktive Information**
30 Dokumentation Ostmitteleuropa (Neue Folge) 6x jährlich

**Benutzung**
32 der Öffentlichkeit zugänglich
34 keine Benutzungsgebühren
35 Öffnungszeiten: Mo 8.00—16.45 Uhr, Fr 8.00—15.30 Uhr

## München

**244**
01 *Deutsches Bucharchiv München,* Institut für Buchwissenschaften, Erhardtstr. 8, 8000 *München* 5, Tel.: 089/267623, Telex 529813 debig d
03 Dr. Ludwig Delp (L), Burkard Hornung (St)
04 6 (3)

**Pressearchiv**
05 Information und Dokumentation des Buch- und Zeitschriftenwesens anhand des einschlägigen Dokumentenmaterials

**Presseausschnittarchiv**
06 seit 1948, vereinzelt aus früheren Jahren
07 Zeitungsausschnitte: einige Tausend
08 nicht aufgeklebt und in Mappen/Kastenablage u.a. aufbewahrt. Elektronische Speicherung und elektronisches Retrieval vorgesehen
09 deutschsprachige und fremdsprachige Zeitungen, Zeitschriften, andere Quellen
10 eigene Systematik
11 Buch- und Zeitschriftenwesen

**Aktive Information**
29 Verschiedenes
30 Buchwissenschaftliche Beiträge (Neue Folge in Vorbereitung). Buchinformation (z.Z. nicht im freien Abonnement erhältlich).

**Darstellungen über das Archiv**
31 Delp, Ludwig: 20 Jahre Deutsches Bucharchiv München 1947—1967

München-Pullach, Verlag Dokumentation 1967

ders.: „Das Buch als Wissenschaft". In: Börsenblatt, Frankfurt Ausg. 24/1980 vom 21.3.1980, S. 643—644

Hornung, Burkard: „Das Deutsche Bucharchiv München und sein Facettenklassifikationssystem". In: DK-Mitteilungen 25/1981, Nr 1, S. 1—4

ders.: „IuD-Dienste für das Medium Buch". (Im Druck)

**Benutzung**
32 der Öffentlichkeit zugänglich
34 keine Benutzungsgebühren
35 Öffnungszeiten: nach Vereinbarung
36 Lesesaal/Benutzerraum vorhanden, Kopieren möglich

**245**
01 *Deutsches Theatermuseum,* Galeriestr. 4a und 6, 8000 *München* 22, Tel.: 089/222449
02 Bayerisches Staatsministerium für Unterricht und Kultur, Salvatorstr. 2, 8000 München 2
03 Dr. Nölle (L), Dr. Huesman (St)
04 17 (4)

**Pressearchiv**
05 Sammlung und Bereitstellung von Veröffentlichungen in der Tagespresse zu allen Gebieten des Theaters, insbesondere von Theaterkritiken.

**Presseausschnittarchiv**
06 seit 1910, 1944 3,2 Millionen durch Bomben vernichtet
07 Zeitungsausschnitte: 1,2 Millionen seit 1953
08 nicht aufgeklebt und in Mappen/Kastenablage u.a. aufbewahrt. Mikroverfilmung ist vorgesehen. Die teilelektronische Speicherung und/oder das teilelektronische Retrieval ist vorgesehen.

09 deutschsprachige und fremdsprachige Zeitungen, Zeitschriften, andere Quellen
10 Theaterinformations-System Tandem
11 Theaterrezensionen

### Zeitschriftenbestand
16 Kauf
17 Titel: 30
18 bis vor 1900

### Bildarchiv
Bildarchiv und Pressearchiv sind gleichberechtigt angegliederte Einheiten an die übrigen Sammlungen des DTM

22 von fremden Fotografen und anderen Quellen
23 bis zu 50 Jahren und älter
24 Negative: 600 000 schwarz-weiß Papierkopien: 30 000
25 Elektronische Verarbeitung von Bilddaten vorgesehen
26 Tandem
27 Schwerpunkte: Alle Formen des Theaters

### Benutzung
32 der Öffentlichkeit zugänglich
34 keine Benutzungsgebühren
35 Öffnungszeiten: Di—Fr v. 9.00—12.00 Uhr und 13.00—16.30 Uhr
36 Lesesaal/Benutzerraum vorhanden, Kopieren möglich

**246**

01 *Institut für Zeitgeschichte,* — Archiv/Pressesammlung, Leonrodstr. 46 b, 8000 *München* 19, Tel.: 089/180026
02 Stiftung zur wissenschaftlichen Erforschung der Zeitgeschichte (s. 01)
03 Dr. Werner Röder (L), Erna Danzl (St)

### Pressearchiv
05 Sammlung, Archivierung und Nachweisung von Zeitungen und Presseausschnitten für zeitgeschichtliche Forschungszwecke.

### Presseausschnittarchiv
06 seit 1950
07 Zeitungsausschnitte: 290 000, davon Sacharchiv: 165 000, Personenarchiv: 125 000
08 nicht aufgeklebt und in Mappen/Kastenablage u.a. aufbewahrt, auf DIN A 4-Blätter geklebt (ob aufgeklebt wird oder nicht, hängt von Format und Erhaltungszustand ab)
10 eigene Systematik
11 Politik, Wirtschaft, Kultur, Inland, Ausland, Prozesse.

### Zeitungsbestand
13 Kauf, Tausch
14 Titel: 490, lfd.: 43, Bände: 4 800, Mikrofilme: 1 100 Mikrofilmrollen
15 vor 1933

### Darstellungen über das Archiv
31 Institut für Zeitgeschichte. Selbstverständnis, Aufgaben und Methoden der Zeitgeschichte. Chronik, Bibliothek. Archiv. Publikationen. Personalia
Hrsg.: Institut f. Zeitgeschichte. München, 3. Aufl. 1979

### Benutzung
32 für Fachinteressenten allgemein möglich
34 keine Benutzungsgebühren
35 Öffnungszeiten: Mo—Do: 8.30—16.30, Fr. 8.30—16.00 Uhr
36 Lesesaal/Benutzerraum vorhanden, Kopieren möglich, Mikroform-Lesegeräte vorhanden, Rückvergrößerung von Mikroformen möglich

# Münster

**247**

01 *Institut für Publizistik* der Universität Münster, Bispinghof 3/E, 4400 *Münster*, Tel.: 0251/83 42 64
02 Westfälische Wilhelm-Universität Münster, Schloßplatz 2, 4400 Münster, Tel.: 0251/83 1
03 N.N.
04 1 (teilzeitbeschäftigt)

### Pressearchiv
05 Das Ausschnittarchiv dient der Lehre und Forschung sowie der kommunikations- und medienkundlichen Dokumentation.

### Presseausschnittarchiv
06 seit 1950

07 Einzelstücke: 45000, Regalmeter/Schrankmeter: 5, davon Sacharchiv: 3,5, Personenarchiv: 0,7, Firmen-/Institutionen-Archiv: 0,8

08 nicht aufgeklebt und in Mappen/Kastenablage u.a. aufbewahrt

09 deutschsprachige und fremdsprachige Zeitungen, Zeitschriften, andere Quellen

10 eigene Systematik, Schlagwort- und/oder Stichwortkatalog

11 Kommunikation und Medien (Publizistik)

### Zeitungsbestand
13 Kauf, Tausch, Schenkungen

15 bis in die Zeit vor 1900

### Zeitschriftenbestand
16 Kauf, Tausch, Geschenk

18 vor 1900

### Benutzung
32 der Öffentlichkeit zugänglich

34 keine Benutzungsgebühren

36 Lesesaal/Benutzerraum vorhanden, Kopieren möglich

**248**

01 *Universitätsarchiv Münster,* Steinfurter Straße 107, 4400 *Münster,* Tel.: 0251/83-2099

02 Universität Münster, Schloßplatz 2, 4400 Münster, Tel.: 0251/83-1

03 Prof. Dr. W. Kohl (L), Rohtraut Müller-König (St)

04 5 (3)

### Pressearchiv
05 Die Zeitungsausschnittsammlung des Universitätsarchivs hat ebenso wie die Fotosammlung ergänzenden Charakter. — Das Universitätsarchiv ist von der Pressestelle der Universität räumlich getrennt und kann deren Material erst in einem erheblichen zeitlichen Abstand übernehmen. Im Universitätsarchiv wird daher eine Tageszeitung, die Westfälischen Nachrichten, bezüglich der Berichterstattung über die Universität Münster, auch andere Universitäten, einschl. Randgebieten, sowie Archivwesen und Verwandtes ausgewertet.

### Presseausschnittarchiv
06 seit 1979 (1955)

07 Dossiers: 11 Ordner, davon Sacharchiv: 9 Ordner, Personenarchiv: 2 Ordner (seit ca. 1955)

08 auf DIN A 4-Blätter geklebt

09 deutschsprachige Zeitungen, Zeitschriften, andere Quellen

10 eigene Systematik, Schlagwort- und/oder Stichwortkatalog, Findbuch vorgesehen

11 Kultur; Universität Münster/Lokalpresse (Westf. Nachrichten)

### Bildarchiv
22 die Bilder stammen von fremden Fotografen (z.T. im Auftr. d. Univ.) und anderen Quellen

23 bis zu 50 Jahren und älter

24 ca. 1000 Papierkopien

25 Elektronische Verarbeitung von Bilddaten nicht beabsichtigt

26 Schlagwortkatalog nach inhaltlichen Gesichtspunkten; Namensalphabet (Personen)

27 Universität Münster

### Benutzung
32 der Öffentlichkeit zugänglich

34 keine Benutzungsgebühren

35 Öffnungszeiten: Mo—Fr 8.30—12.30 Uhr

36 Lesesaal/Benutzerraum vorhanden, Kopieren möglich, Mikroform-Lesegeräte vorhanden

## Nürnberg

**249**

01 **Germanisches Nationalmuseum,**
Archiv für Bildende Kunst,
Kartäusergasse 1, Postfach 9580,
8500 *Nürnberg* 1, Tel.: 0911/203971

03 Dr. Ludwig Veit (L),
Dr. Claus Pese (St)

04 7 (4)

### Pressearchiv

05 Unter-Abteilung des Archivs für Bildende Kunst, das sich die Sammlung von schriftlichen Nachlässen aus dem Bereich der Bildenden Kunst angelegen sein läßt. Darüber hinaus wird seit Jahren ein Pressearchiv aufgebaut, in dem die wichtigen deutschen Tages- und Wochenzeitungen hinsichtlich der Bildenden Kunst ausgewertet sind. In einzelnen bei uns verwahrten Künstlernachlässen (derzeit ca. 400) sind z.T. umfangreiche Zeitungsausschnitt-Sammlungen enthalten.

### Presseausschnittarchiv

06 seit Anfang 20. Jahrhundert, Ergänzung durch Ankauf vom Zeitungsausschnitt-Büro, privaten Nachlässen

07 Regalmeter/Schrankmeter: ca. 20 Regalmeter, davon Sacharchiv: 1/3, Personenarchiv: 2/3

08 nicht aufgeklebt und in Mappen/Kastenablage u.a. aufbewahrt, in anderer Größe formatiert (z.T.)

09 deutschsprachige Zeitungen, Zeitschriften, andere Quellen

10 eigene Systematik

11 Bildende Kunst

### Darstellungen über das Archiv

31 Ludwig Veit: Archiv für Bildende Kunst am Germanischen Nationalmuseum in Nürnberg. In: Anzeiger des Germanischen Nationalmuseums 1966, S. 173—179
Ders.: Das Archiv für Bildende Kunst. In: Das Germanische Nationalmuseum 1852—1972. Beiträge zu seiner Geschichte ... München und Berlin 1978, S. 541—545
Horst Pohl: Ordnungsprinzipien am Archiv für Bildende Kunst. In: Der Archivar. Mitteilungsblatt für Deutsches Archivwesen 22 (1969), Sp. 385—396

### Benutzung

32 Benutzung für Fachinteressenten allgemein möglich

34 keine Benutzungsgebühren

35 Öffnungszeiten:
Di—Fr 9.00—16.00 Uhr

36 Lesesaal/Benutzerraum vorhanden, Kopieren möglich

## Schellerten

**250**

01 **Kulleraugen—Filmarchiv,**
Laaseweg 4, 3209 *Schellerten* 1,
Tel.: 05123-4330

02 Verlag Brigitte Tast

### Presseausschnittarchiv

08 auf DIN A 4-Blätter aufgeklebt

09 eigene Verlagsproduktion; deutschsprachige Zeitungen und Zeitschriften

11 Kultur, Filmrezensionen

12 Inland

### Zeitungsbestand

13 Kauf, Tausch

14 Titel: 10 (lfd. 5)

15 hauptsächlich seit 1949

### Zeitschriftenbestand

16 eigene Verlagsproduktion, Kauf, Tausch

17 Titel: 50 (30 Bde. jährlich)

18 hauptsächlich seit 1949

### Bibliothek

19 eigene Verlagsproduktion, Tausch, Kauf, Rezensionsexemplare

20 2500 Bde. (150 jährlich)

21 Systematischer Katalog

### Bildarchiv

22 eigene und fremde Fotografen

23 bis zu 25 Jahren
24 15 000 Negative
(davon 10 000 schwarzweiß)
1000 Dias (farbig)
10 000 Papierkopien
25 elektronische Verarbeitung der Bilddaten vorgesehen
26 Schlagwortkatalog
27 Film, Kino, Jugendliche

**Aktive Information**
30 Bearbeitung von Hintergrundmaterial Zeitschrift: Kulleraugen und Kulleraugen-Materialsammlung

**Benutzung**
32 für Fachinteressenten in Ausnahmefällen
34 Benutzungsgebühren
35 Besuch nach Absprache
36 Lesesaal, Kopiermöglichkeit erst vorgesehen

# Stuttgart

**251**
01 *Institut für Auslandsbeziehungen*
— Bibliothek und Dokumentation, Charlottenplatz 17, 7000 *Stuttgart* 1, Tel.: 0711/22 17 60 (nach Dienstschluß 22 17 60), Telex: 07 23 772
03 Gertrud Kuhn (L), Udo Rossbach (St), Erika Richter (St), für Bildarchiv: Marga Morlok (St)
04 16 (in Bibl. u. Dok.)

**Pressearchiv**
05 Sammlung und Bereitstellung von deutschsprachigen Presseausschnitten, Archiv-Materialien etc. im Bereich: Auswärtige Kulturpolitik, zur Auslandkunde. Erstellung von Verzeichnissen zur Deutschlandkunde (Fotothek), Literaturdokumentation zu relevanten Themen. Herausgabe von Verzeichnissen.

**Presseausschnittarchiv**
06 seit 1957
07 Firmen-/Institutionen-Archiv: 254 m, davon Sacharchiv: 16 m, Personenarchiv: 9 m
08 auf DIN A 4-Blätter geklebt
09 deutschsprachige und fremdsprachige Zeitungen, Zeitschriften, andere Quellen
10 eigene Systematik, Schlagwort- und Stichwortkatalog
11 Politik, Kultur, Ausland, Buchrezensionen (eigene Produktion), Bildende Kunst.

**Zeitungsbestand**
13 Kauf, Tausch
14 Titel: ca. 30 000, lfd.: 258 Zeitungen, Mikrofilme: 3 640
15 vor 1945

**Zeitschriftenbestand**
16 eigene Verlagsproduktion, Kauf, Tausch, Geschenk
17 lfd. Titel: 4801 Zeitschriften, Bände: 3589
18 vor 1933

**Bibliothek**
19 Kauf, Tausch, Geschenk, Rezensionsexemplare
20 Bände: ca. 280 000
21 alphabetische Titelaufnahme, systematischer Katalog, Standortkatalog (Reg.), Schlagwortkatalog

**Bildarchiv**
22 die Bilder stammen von eigenen und fremden Fotografen
23 bis zu 50 Jahren und älter
24 Dias: 71 000,
davon schwarzweiß: 108 000
25 elektronische Verarbeitung von Bilddaten nicht beabsichtigt
26 systematische Aufstellung
27 Schwerpunkte: Presseberichte zur Auswärtigen Kulturpolitik, zur Arbeit des IfA, zur Arbeit der Mittlerorganisationen der Bundesrep. Deutschland, zur Arbeit wissenschaftl. und kultureller Institutionen u. Vereine d. In- und Auslands;
Auslandkunde, Auswärtige Kulturpolitik, Kulturbeziehungen mit dem Ausland, Kultur- und Völkerpsychologie, Probleme der Entwicklungs- und der Bildungshilfe, Geschichte der Auswande-

rung und des Auslanddeutschtums, Wanderungsfragen und Minderheitenprobleme, die deutsche Sprache im Ausland, die deutschsprachige Presse im Ausland.

**Aktive Information**

29 Erstellen von Profildiensten

31 Gertrud Kuhn und Elvira Pflüger: Auswärtige Kulturbeziehungen und die Dokumentations- und Informationstätigkeit im Institut f. Auslandsbeziehungen, in: Zeitschrift für Kulturaustausch, Jg. 28, 1978 Nr. 2

**Benutzung**

32 Öffentlich zugänglich

34 keine Benutzungsgebühren

35 Öffnungszeiten: Mo, Di, Do 10—16 Uhr, Mi, Fr 10—21 Uhr, Sa 10—12 Uhr

36 Lesesaal, Kopieren möglich, Mikroform-Lesegeräte vorhanden, Rückvergrößerungsgeräte vorhanden

# Witzenhausen

252

01 *Archiv der deutschen Jugendbewegung,* Burg Ludwigstein, 3430 *Witzenhausen* 1, Tel.: 05542/1862

02 Stiftung Jugendburg Ludwigstein und Archiv der deutschen Jugendbewegung

03 Dr. Winfried Mogge

04 6 (1)

**Pressearchiv**

05 Das Archiv dient der Sammlung der gedruckten, schriftlichen und bildlichen Dokumente der deutschen Jugendbewegung ab etwa 1890 bis heute. Die Bestände werden der wissenschaftlichen Forschung und der interessierten Öffentlichkeit zugänglich gemacht.

**Presseausschnittarchiv**

06 seit 1946 (Bestand ab ca. 1910) Fusion: div. Nachlässe, bes. Gustav Wyneken

08 auf DIN A 4-Blätter geklebt

09 deutschsprachige und fremdsprachige Zeitungen, Zeitschriften, andere Quellen

10 eigene Systematik, Karteien in Vorbereitung

11 Jugendbewegung, Jugendgeschichte, Reformpädagogik.

**Bildarchiv**

22 von fremden Fotografen und anderen Quellen, insb. Bildarchiv Julius Groß (geb. 1892)

23 bis zu 50 Jahren und älter

24 Negative: ca. 40 000 schwarz-weiß Papierkopien: ca. 20 000

25 elektronische Verarbeitung von Bilddaten nicht beabsichtigt

26 Erschließung in Vorbereitung nach Themen, Organisationen, Personen

27 Schwerpunkte: Jugendbewegung, Jugendorganisationen

**Aktive Information**

29 Verschiedenes

30 Jahrbuch des Archivs der deutschen Jugendbewegung, 1968 ff. Schriftenreihe des Archivs der deutschen Jugendbewegung, 1975 ff.

**Darstellungen über das Archiv**

31 Archivführer in Vorbereitung, evtl.: Winfried Mogge: „Dämme wider die Vergeßlichkeit" — Neue Aufgaben des Archivs der deutschen Jugendbewegung, in: Ludwigsteiner Blätter Nr 116, 1977, S. 3-7

**Benutzung**

32 der Öffentlichkeit zugänglich

34 keine Benutzungsgebühren

35 Öffnungszeiten: Mo—Sa von 8.00—17.00 Uhr

36 Lesesaal/Benutzerraum vorhanden, Kopieren möglich

# Würzburg

253

01 *Institut für Hochschulkunde* der Deutschen Gesellschaft für Hochschulkunde, Am Hubland, Universitätsbibliothek, III. Stock, 8700 *Würzburg,* Tel.: 0931/888 5966

03 Dr. W. M. Brod (L), Ulrich Becker (St)
04 5 (5)

**Pressearchiv**
05 Förderung wissenschaftlicher Forschungen zur Geschichte der Hochschulen und der Studentenschaft

**Presseausschnittarchiv**
06 seit 1937, Übernahme durch Fusion etc. von: mehrere Archive und Sammlungen
07 Regalmeter: ca. 25, davon Sacharchiv: ca. 20, Personenarchiv: ca. 5
08 zum Teil nicht aufgeklebt und in Mappen/Kastenablage u.a. aufbewahrt, zum Teil auf DIN A 4-Blätter geklebt
09 deutschsprachige Zeitungen, Zeitschriften, andere Quellen
10 eigene Systematik
11 Universitätsgeschichte, Studentengeschichte, Kulturpolitik

**Zeitungsbestand**
13 Kauf, Tausch, Pflichtexemplar oder Zuweisung
14 Titel: ca. 1350, lfd.: ca. 100, Bände: ca. 300 Regalmeter
15 bis in die Zeit vor 1900

**Zeitschriftenbestand**
(Zeitungen u. Zeitschriften zusammengefaßt)
16 Kauf, Tausch, Pflichtexemplar oder Zuweisung, Geschenk
17 Titel: ca. 1350, lfd.: ca. 100, Bände: ca. 300 Regalmeter
18 vor 1900

**Bildarchiv**
22 die Bilder stammen von fremden Fotografen, Agenturen und anderen Quellen
23 bis zu 50 Jahren und älter
24 Negative: ca. 1 000, davon schwarzweiß: ca. 900, Dias: ca. 500
25 elektronische Verarbeitung von Bilddaten nicht beabsichtigt
27 Universitäts- und Studentengeschichte

**Aktive Information**
30 1. Bestandskatalog der Bibliothek des Instituts für Hochschulkunde in 2 Bänden, in einzelnen Lieferungen, noch nicht abgeschlossen.
2. Die Deutsche Gesellschaft für Hochschulkunde und das Institut für Hochschulkunde. Ein Leitfaden zur Information, z.Zt. im Druck.

**Benutzung**
32 für die Öffentlichkeit zugänglich
34 keine Benutzungsgebühren
35 Öffnungszeiten:
Mo—Fr 9.00—12.00 Uhr
36 Lesesaal/Benutzerraum vorhanden, Kopieren möglich

# 8 Parteien, Gewerkschaften, Kirchen

## Bonn

**254**

01 ***Archiv der sozialen Demokratie,***
(AdsD), Pressearchiv, Friedrich-Ebert-Stiftung, Godesberger Allee 149, 5300 *Bonn* 2, Tel.: 0228/883-216, Telex 885479

03 Dr. Kuno Bludau (L), Werner Krause (St)

04 15

### Aufgaben des Pressearchivs

05 Archivierung und Bereitstellung von nach Sachgebieten geordneten Zeitungsausschnitten als Teilbereich der Tätigkeit des Archivs der sozialen Demokratie als wirtschaftliche Institution; keine aktive Sammeltätigkeit von Zeitungsausschnitte

### Presseausschnittarchiv

06 Kontinuierliche Übernahme der Zeitungsausschnittsammlung des Parteivorstandes der SPD; Übernahme des Telegraf-Zeitungsausschnittarchvis

07 Regalmeter/Schrankmeter: 560, davon Sacharchiv: 460, Personenarchiv: 100

08 auf DIN A 4-Blätter geklebt

09 deutschsprachige und fremdsprachige Zeitungen, Zeitschriften, andere Quellen

10 eigene Systematik, Index/Thesaurus, Findbuch und Kardex

11 Politik, Wirtschaft, Inland, Ausland.

12 Schwerpunkte: Inland

### Zeitungsbestand

eigener integraler Bestandteil der Bibliothek des Archivs der sozialen Demokratie

13 Kauf, Tausch, Nachlässe und Schenkungen

14 Titel: 900 (280)
Bände: 1000 lfd. m (75 lfd. m)
Mikrofilme: 330

15 bis vor 1900

### Zeitschriftenbestand

eigener integraler Bestandteil der Bibliothek des Archivs der sozialen Demokratie

16 Kauf, Tausch, Schenkung

17 Titel: 6500 (1500)
Bände: 1700 lfd. m (165 lfd. m)

18 bis vor 1900

### Bibliothek

eigenständiger Bibliotheksbereich des Archivs der sozialen Demokratie

### Bildarchiv

integraler Bestandteil des Archivs der sozialen Demokratie

22 von Fotografen, Agenturen und aus anderen Quellen

23 bis zu 50 Jahren und älter, jedoch Schwerpunkt 1950—1970

24 Negative: 500000 s/w
Papierkopien: 450000

26 Schlagwortkatalog nach inhaltlichen Gesichtspunkten, Index/Thesaurus, systematische Aufstellung

27 Schwerpunkte: Geschichte der Arbeiter- und sozialen Bewegung, Personenfotos (überwiegend Personen ab 1840)

### Darstellungen über das Archiv

31 Titel: a) Übersicht über die Archivbestände des Archivs der sozialen Demokratie, Bonn 1973
b) Archiv der sozialen Demokratie (Kurzübersicht), Bonn 1978

### Benutzung

32 der Öffentlichkeit zugänglich

34 keine Benutzungsgebühren

35 Öffnungszeiten: Mo—Do 9.00—17.00 Uhr, Fr 9.00—16.00 Uhr

36 Lesesaal/Benutzerraum vorhanden, Kopieren möglich, Mikroform-Lesegerät vorhanden, Rückvergrößerung von Mikroformen möglich

**255**

01 *Friedrich-Naumann-Stiftung,* Politisches Archiv

02 Friedrich-Naumann-Stiftung, Baunscheidtstraße 15, 5300 *Bonn* 1, Tel.: 0228/547202

03 Dr. Monika Faßbender-Ilge

04 4 (1)

### Aufgaben des Pressearchivs

05 Sammlung von Akten, Veröffentlichungen, Nachlässen liberaler Organisationen, Institutionen, Personen. Presseausschnitte sind lediglich ein kleiner Teil dieses Archivs. Die Bestände dieses Parteiarchivs enthalten in erster Linie die Akten der verschiedenen Organe und der Geschäftsführung der Bundespartei sowie Sammlungen der sämtlichen Veröffentlichungen und politischen Aussagen der Bundespartei und — mit Lücken — der elf Landesverbände der Partei seit 1948/49. Ferner enthält das Archiv auch Teil- und Restbestände aus der Tätigkeit der verschiedenen Landes- und Zonenverbände vor Gründung der Bundespartei 1948 sowie der FDP-Fraktion im Parlamentarischen Rat. Außerdem verwaltet das Archiv Aktenbestände der Friedrich-Naumann-Stiftung sowie der Partei eng verbundenen weiteren Organisationen und Institutionen des politischen Liberalismus in der Bundesrepublik, insbesondere der „Deutschen Gruppe der Liberalen Weltunion", des „Liberalen Studentenbundes Deutschland" und der „Deutschen Jungdemokraten". Mit dem Archiv ist seit 1968 organisatorisch und räumlich das „Thomas-Dehler-Archiv" verbunden, das den gesamten politischen Nachlaß des früheren Bundestagsvizepräsidenten Dr. Thomas Dehler enthält.

### Presseausschnittarchiv

06 seit 1968
Übernahme vom Archiv der Bundesparteileitung der FDP

07 Regalmeter/Schrankmeter: ca. 500

08 auf DIN A 4-Blätter geklebt

09 deutschsprachige und fremdsprachige Zeitungen, Zeitschriften, andere Quellen

10 Findbücher

11 Politik, Wirtschaft, Kultur, Inland.

12 Schwerpunkte: Inland

### Zeitungsbestand

13 Zuweisung

14 Titel: 22
Bände: 45 (45)
Mikrofilme: 45

15 seit 1949

### Zeitschriftenbestand

16 Zuweisung

17 Titel: 6 (4)

18 bis vor 1933

### Darstellungen über das Archiv

31 Friedrich Henning: Das Archiv der Bundesparteileitung der Freien Demokratischen Partei in Bonn, in: Der Archivar, Jahrgang 19 (1966), Sp. 263—268

Das politische Archiv der Friedrich-Naumann-Stiftung, in: Wolfgang Benz, Quellen zur Zeitgeschichte (Deutsche Geschichte seit dem 1. Weltkrieg, Band 3), Stuttgart 1973, S. 74

Reiner Beeg: Das politische Archiv der Friedrich-Naumann-Stiftung, Spezialarchiv für Liberale, in: Die Neue Bonner Depesche, 12/1978, S. 20

Friedrich Henning: Das politische Archiv der Friedrich-Naumann-Stiftung, in: Der Archivar, Jahrgang 32 (1979), Sp. 175

### Benutzung

32 der Öffentlichkeit zugänglich

34 keine Benutzungsgebühren

*Parteien, Gewerkschaften, Kirchen*

**256**
01 ***Sozialdemokratische Partei Deutschlands,*** Parteivorstand, Archiv/Dokumentation, Ollenhauerstraße 1, Postfach 2280, 5300 *Bonn* 1, Tel.: 0288/532208-09, Telex 0886306
03 Peter Munkelt
04 15 (3)

**Pressearchiv**
05 Aktuelle politische und zeitgeschichtliche Dokumentation

**Presseausschnittarchiv**
06 seit 1973, teilweise ab 1950
07 Zeitungsausschnitte: (750 000)
08 auf DIN A 4-Blätter geklebt
Mikroverfilmung
Elektronische Speicherung und elektronisches Retrieval vorgesehen
09 eigene Verlagsproduktion, deutschsprachige und fremdsprachige Zeitungen, Zeitschriften, andere Quellen
10 eigene Systematik, Schlag- und Stichwortkatalog
11 Politik, Wirtschaft, Kultur, Inland, Ausland, Prozesse, Buchrezensionen.

**Zeitungsbestand**
13 eigene Verlagsproduktion, Kauf
15 seit 1949

**Zeitschriftenbestand**
16 Kauf
18 seit 1949

**Bibliothek**
19 eigene Verlagsproduktion, Kauf, Geschenk
21 Ordnung analog zum Zeitungsausschnitt-Archiv

**Bildarchiv**
26 Schlagwortkatalog nach inhaltlichen Gesichtspunkten

**Aktive Information**
29 Erstellen von Profildiensten, Erstellen von Chroniken/Wochenschauen, Bearbeitung von Hintergrundmaterial, Sonstiges

**Benutzung**
32 in Ausnahmefällen für Fachinteressenten
34 keine Benutzungsgebühren
35 Öffnungszeiten: Mo—Fr von 9.00—17.00 Uhr
36 Kopieren möglich

# Braunschweig

**257**
01 ***Landeskirchliches Archiv,*** Braunschweig, Alter Zeughof 1, 3300 *Braunschweig,* Tel.: 0531/49391
03 Kuhr
04 6 (2)

**Pressearchiv**
05 Dokumentation der Landeskirche, ihrer Einrichtungen und Kirchengemeinden, der kirchlichen Arbeit und historischer und heimatkundlicher Belange. Sammlung von kirchlichen Gemeindebriefen u. Bilder-Sammlung unabhängig von der Zeitungsausschnittsammlung.

**Presseausschnittarchiv**
06 den 1930er Jahren (sehr lückenhaft)
07 Regalmeter: 28 einschl. der noch nicht ausgewerteten Zeitungen
08 auf DIN A 4-Blätter geklebt
09 deutschsprachige Zeitungen, regional begrenzt
10 eigene Systematik
11 Kirchliche Arbeit, Territorial- und Ortsgeschichte.

**Zeitschriftenbestand**
13 Sammlung kirchlicher Gemeindebriefe im Aufbau

**Bildarchiv**
26 Bildersammlung im Aufbau, angewachsen durch Gelegenheitserwerbe

**Darstellungen über das Archiv**
31 In: Handbuch des kirchlichen Archivwesens: I. Die zentralen Archive in der ev. Kirche, bearbeitet von K.H. Dumrath, W. Eger, H. Steinberg, 2. Aufl.

1977. Verlag Degener, Neustadt/Aisch
Bd. 3 der Veröffentlichung der Arbeitsgemeinschaft für das Archiv- und Bibliothekswesen in der ev. Kirche, S. 50

**Benutzung**
32 der Öffentlichkeit zugänglich
34 in einigen Fällen Benutzungsgebühren
35 Öffnungszeiten:
Mo—Fr von 8.00—16.00 Uhr
36 Lesesaal/Benutzerraum vorhanden, Kopieren möglich

# Düsseldorf

**258**

01 *Deutscher Gewerkschaftsbund,*
Bundesvorstand, Archiv,
Hans-Böckler-Str. 39, Postfach 2601,
4000 *Düsseldorf* 30,
Tel.: 0211/4301/452-457,
Telex 8584822 a dgb u. 8584819 dgb d
03 Dr. Dieter Schuster
04 7 (3)

**Pressearchiv**
05 Das Presse-Archiv ist Teil der Bibliothek und des Archivs des DGB-Bundesvorstand. Es dient der Information der Mitarbeiter des Bundesvorstandes. Das Presse-Archiv steht aber auch anderen Benutzern zur Verfügung.

**Presseausschnittarchiv**
06 seit 1950
07 Regalmeter: ca. 80
Sacharchiv: ca. 30
Personenarchiv: ca. 10
Länder-Archiv: ca. 40
Dossiers: ca. 800
08 nicht aufgeklebt und in Mappen/Kastenablage u.a. aufbewahrt
09 deutschsprachige und fremdsprachige Zeitungen, Zeitschriften, andere Quellen
10 eigene Systematik
11 Politik, Wirtschaft, Ausland, Gewerkschaften, Sozialpolitik, Arbeit.

**Zeitungsbestand**
13 eigene Verlagsproduktion, Tausch, Kauf
14 Titel: 2050 (300)
Bände: ca. 15 000—20 000
Mikrofilme: mehrere hundert MF
15 bis vor 1900

**Zeitschriftenbestand**
16- s. 13 und 14
17
18 bis vor 1900

**Bibliothek**
19 eigene Verlagsproduktion, Kauf, Tausch, Geschenk
20 ca. 60 000 (ca. 2 000—3 000)
21 alphabetische Titelaufnahme, Dezimalklassifikation

**Bildarchiv**
22 von eigenen und fremden Fotografen
23 bis zu 50 Jahren
24 Dias: mehrere hundert Dias
schwarz-weiß
Fotos: mehrere tausend Fotos
schwarz-weiß
25 elektronische Verarbeitung von Bilddaten nicht beabsichtigt
26 Schlagwortkatalog nach inhaltlichen Gesichtspunkten
27 Schwerpunkte: Gewerkschaften

**Benutzung**
32 der Öffentlichkeit zugänglich
34 keine Benutzungsgebühren
35 Öffnungszeiten:
Mo—Fr von 8.00—16.00 Uhr
36 Lesesaal/Benutzerraum und Mikroform-Lesegeräte vorhanden, Kopieren möglich

**259**

01 *Hans-Böckler-Stiftung,* Bibliothek,
Uerdinger Str. 5, 4000 *Düsseldorf,*
Tel.: 0211/4301-431
03 Gabriele Reckhard
04 2

**Presseausschnittarchiv**
06 seit 1982
08 auf DIN A 4-Blätter geklebt
09 deutschsprachige und fremdsprachige Zeitungen, Zeitschriften, andere Quellen
10 eigene Systematik
11 Mitbestimmung, Hans-Böckler-Stiftung

**Benutzung**
32 für Fachinteressenten allgemein möglich
34 keine Benutzungsgebühren
35 Öffnungszeiten:
Mo—Fr von 8.00—15.30 Uhr
36 Lesesaal/Benutzerraum und Mikroform-Lesegeräte vorhanden, Kopieren und Rückvergrößerung von Mikroformen möglich

# Frankfurt/M.
260
01 *Gemeinschaftswerk der Evangelischen Publizistik,* Archiv,
Friedrichstr. 2-6, Postfach 174192,
6000 *Frankfurt/M.* 17,
Tel.: 069/7157266, Telex 0412796
03 Helga Papsdorf
04 6 (4)

**Pressearchiv**
05 Auswertungen der Publikationen des Gemeinschaftswerks der Evangelischen Publizistik, vornehmlich des Evangelischen Pressedienstes (epd). Ergänzende Auswertung von Zeitungen und Fachzeitschriften.

**Presseausschnittarchiv**
06 seit 1968
07 Zeitungsausschnitte: (500000)
Sacharchiv: (350000)
Personenarchiv: (150000)
08 auf DIN A 4-Blätter geklebt
Mikroverfilmung ist vorgesehen
elektronische Speicherung und/oder das elektronische Retrieval ist vorgesehen
09 eigene Verlagsproduktion, deutschsprachige und/oder fremdsprachige Zeitungen, Zeitschriften, andere Quellen

10 eigene Systematik, Schlag- und Stichwortkatalog
11 Politik, Kultur, Inland, Ausland, Filmrezensionen.

**Zeitschriftenbestand**
16 eigene Verlagsproduktion, Kauf
17 Titel: 25
Bände: 800 (38)
18 seit 1949

**Bibliothek**
19 eigene Verlagsproduktion, Kauf, Rezensionsexemplare
20 3000 (200)
21 alphabetische Titelaufnahme, Systematischer Katalog

**Benutzung**
32 in Ausnahmefällen für Fachinteressenten
34 keine Benutzungsgebühren
35 Öffnungszeiten: 9.00—17.00 Uhr nach Anmeldung
36 Mikroform-Lesegeräte vorhanden, Kopieren und Rückvergrößerung von Mikroformen möglich

# Hannover
261
01 *Landeskirchliches Archiv,* Hannover, Am Steinbruch 14, Postfach 3727,
3000 *Hannover* 91, Tel.: 0511/1241-755
02 Landeskirchenamt Hannover,
Rote Reihe 6, Postfach 3727,
3000 Hannover 1, Tel.: 0511/1241-1
03 Hans Otte (L), Manfred Leenders (St)
04 7

**Pressearchiv**
05 Sammlung von Presseausschnitten zur Geschichte von Kirchengemeinden, von kirchlichen Einrichtungen und kirchlichen Mitarbeitern. Bereitstellung von Material, das das publizistische Echo kirchlicher Arbeit dokumentiert.

**Presseausschnittarchiv**
06 seit 1950
Übernahme: Archiv der Wochenzeitung ‚Hannoversches Sonntagsblatt (Die Botschaft)'
07 Regalmeter: 50
Sacharchiv: 30
Personenarchiv: 20
08 nicht aufgeklebt und in Mappen/Kastenablage u.a. aufbewahrt
09 deutschsprachige Zeitungen, Zeitschriften, andere Quellen
10 Schlag- und Stichwortkatalog, Listen
11 Religion, Evangelische Kirche

**Bildarchiv**
22 von fremden Fotografen und anderen Quellen
23 bis zu 50 Jahren
24 Negative 5000 schwarz-weiß
25 elektronische Verarbeitung von Bilddaten nicht beabsichtigt
26 Schlagwortkatalog nach inhaltlichen Gesichtspunkten
27 Schwerpunkte: Porträts kirchlicher Mitarbeiter; kirchliche Gebäude; Ereignisse im Bereich der Hannoverschen Landeskirche

**Darstellungen über das Archiv**
31 K. Dumrath, W. Eger, H. Steinberg (Bearb.): Handbuch des kirchlichen Archivwesens, I, 2. Aufl. Neustadt/A: Degener 1977

**Benutzung**
32 der Öffentlichkeit zugänglich
34 Benutzungsgebühren
35 Öffnungszeiten:
Mo—Sa von 8.00—16.00 Uhr
36 Lesesaal/Benutzerraum und Mikroform-Lesegeräte vorhanden, Kopieren und Rückvergrößerung von Mikroformen möglich

# München

**262**

01 *Hanns-Seidel-Stiftung,* Archiv, Bibliothek, Dokumentation, Lazarettstr. 19, 8000 *München* 19, Tel.: 089/1258-270/271
03 Willibald Fink
04 8 (3)

**Pressearchiv**
05 Alles politisch und zeitgeschichtlich bedeutsame Schriftgut, Zeitungs-, Zeitschriften-, Bild- und Filmmaterial einschließlich elektronisch gespeicherter Aufnahmen ist zu sammeln, zu sichten, zu werten, zu registrieren und zu katalogisieren.

**Presseausschnittarchiv**
06 teils seit 1945
Ankauf: von verschiedenen Organisationen
08 auf DIN A 4-Blätter geklebt
09 deutschsprachige und fremdsprachige Zeitungen, Zeitschriften, andere Quellen
10 eigene Systematik, Index/Thesaurus in Vorbereitung, Schlag- und Stichwortkatalog
11 Politik, Wirtschaft, Kultur, Inland, Ausland, Buchrezensionen, sonstige Themen.

**Zeitungsbestand**
13 Tausch, Kauf
15 seit 1949

**Zeitschriftenbestand**
16 eigene Verlagsproduktion, Tausch, Kauf, Geschenk
18 im wesentlichen seit 1949

**Bildarchiv**
22 von eigenen Fotografen und anderen Quellen
24 zahlenmäßig noch nicht erfaßt
25 elektronische Verarbeitung von Bilddaten vorgesehen
26 Systematische Aufstellung
27 Schwerpunkte: Politikerporträts

**Aktive Information**
29 Verschiedenes

**Benutzung**
32 hauptsächlich hauseigene, in Ausnahmefällen auch für Fachinteressenten
34 keine Benutzungsgebühren
36 Kopieren möglich

# Nürnberg

263
01 *Landeskirchliches Archiv,*
Presse-, Bild- und Tonarchiv München (Filialarchiv des Landeskirchlichen Archivs in Nürnberg),
Birkerstraße 22, 8000 *München* 19,
Tel.: 089/18 27 48
02 Evang.-Luth. Kirche in Bayern, Meiserstraße 13, 8000 München 2
03 Hermann Foertsch
04 3 (1)

**Aufgaben des Pressearchivs**
05 Auswerten einschlägiger Publikationen; Archivieren von Presseausschnitten zu Themen aus Theologie, Kirche und Welt; Bereitstellen von Material für den Landeskirchenrat der Evang.-Luth. Kirche in Bayern und den Evang. Presseverband für Bayern; Zusammenstellung von Pressespiegeln.

**Presseausschnittarchiv**
06 Personenarchiv und Sacharchiv seit 1964
08 auf DIN A 4-Blätter geklebt
09 eigene Verlagsproduktion deutschsprachige Zeitungen, Zeitschriften, andere Quellen
10 Schlag- und Stichwortkatalog
11 Theologie, Kirche und Welt.
12 Schwerpunkte: kirchliche Fragestellungen im Inland und regional

**Zeitschriftenbestand**
16 eigene Produktion, Kauf
18 seit 1964

**Darstellungen über das Archiv**
31 Helmut Baier: Das Presse-, Bild und Tonarchiv der Evang.-Luth. Kirche in Bayern, in: Der Archivar, 34 Jg., S. 371 ff., Düsseldorf 1981

**Benutzung**
32 nur hauseigene, in Ausnahmefällen für Fachinteressenten

# Speyer

265
01 *Protestantisches Landeskirchenarchiv der Pfalz,*
Große Himmelsgasse 6, Postfach 1720, 6720 *Speyer/Rhein*, Tel.: 06232/1091
01 Evangelische Kirche der Pfalz (Prot. Landeskirche) Landeskirchenrat, Domplatz 5, Postf. 1720, s. 01
03 Dr. Wolfgang Eger
04 1

**Zeitschriftenbestand**
16 Kauf, Pflichtexemplar oder Zuweisung
17 Titel: 45
18 teilweise vor 1900

# St. Augustin

266
01 *Konrad-Adenauer-Stiftung,*
Archiv für Christlich-Demokratische Politik, Abt. Pressedokumentation, Rathausallee 12, 5205 *St. Augustin*, Tel.: 02241/196-1, Telex 889727 kas d
03 Archiv für Christlich-Demokratische Politik; Dr. Klaus Gotto (L)
Institutsleiter: Dr. Günter Buchstab
04 12

**Pressearchiv**
05 Aktuelle politische Dokumentation

**Presseausschnittarchiv**
06 seit 1982
Übernahme von: CDU-Bundesgeschäftsstelle
07 Einzelstücke: 6 Millionen
Sacharchiv: 2/3
Dossiers: rd. 10 000 Aktenordner
Personenarchiv: 1/3
08 auf DIN A 4-Blätter geklebt, sowie auf Mikroplanfilm Größe DIN A 6 aufgenommen

09 deutschsprachige und fremdsprachige Zeitungen, Zeitschriften, andere Quellen
10 eigene Systematik, Dezimalklassifikation
11 Politik, Wirtschaft, Kultur, Inland, Ausland.

### Zeitungsbestand
13 Kauf
15 seit 1949

### Zeitschriftenbestand
Abt. Bilbiothek des Archivs für Christlich-Demokratische Politik

### Bilderarchiv
22 von eigenen und fremden Fotografen, Agenturen
23 bis zu 25 Jahren
25 Papierkopien: ca. 10000
25 elektronische Verarbeitung von Bilddaten vorhanden
26 erfassen formaler Merkmale

# Register

Zahlen in den Registern beziehen sich auf die laufende Nummer der Pressearchive im Textteil.

# Sachregister

Akademie der Naturforscher
   Leopoldina, Halle 150
Alexis, Willibald 177
Alternativpresse 230
Anschläge 225
Ansichtspostkarten 162
Arbeiterbewegung 254
Arbeiterliteratur 226
Arbeiterschaft 254
Arbeitsmarkt 234
Arbeitnehmer 254
Architektur in Braunschweig 73
Armin-T.-Wegner-Archiv 199
Arno-Holz-Archiv 177
Asien 225
Audiovisuelle Medien 201
Auslandsdeutschtum 251
Auslandskunde 225
Auslandspresse, deutschspr. 251
Außenpolitik 194,224,251
Außenwirtschaft 234
Autorendokumentation 178

Baden 91
Baden-Württemberg 120,121,157
Badische Prosopographie 91
Ballett 245
Bankwesen 234
Bayern, Landes- und
   Kirchengeschichte 264
Belletristik 242
Bergbau an Lahn und Dill,
   Westerwald, Vogelsberg
   und Oberhessen 165
Bergbau in und um Weilburg
   mit Bildarchiv 165
Bergbauverwaltungen 165
Bergischer Geschichtsverein 163
Bergisches Land 144
Berlin 176,200,201
Beuren 108
Bevölkerung 232,234
Bibliothekswesen 178
Bielefeld (Kreis) 80
Bildarchiv
   15,28,39,45,81,100,196,229,248
Bilddokumentation 20,45
Bildende Kunst 233,249
Bistumspresse 182
Böblingen (Kreis) 152
Braunschweigische Kriegsbriefe 170
Braunschweigische
   Landesgeschichte 170
Buch 244
Buchhandel 244
Buchrezensionen 195
Buch- und Handschriftenwesen 242

Buch- und Verlagswesen 178
Büren (Kreis) 80
Bundesrat 205
Burghausen 77

Celle 78
Christlich-Demokratische Union 266
Christlich-Soziale Union 262
Courths-Mahler, Hedwig 177

Darmstädter Stadtgeschichte 79
Datenbank 20
Detmold (Kreis) 80
Deutsche Demokratische Republik 203
Deutsche Innen- und Außenpolitik 220
Deutschlandpolitik 203
Deutschsprachige
   Emigration (1933-1945) 183
Documenta-Ausstellungen 233
Dokumentation 20,72,225
Dortmund 81
Dreikönigsspiele 236
Düren (Stadt und Kreis) 82
Düsseldorf 83
Duisburg 84

Elsaß 147
Elsaß-lothringische Frage 147
Emmerich 85
Energie 232
Entwicklungsländer 234
Entwicklungspolitik 225
Erlangen 86
Ernst-Bloch 191
Essen 87
Esslingen (Kreis) 88
Euregio 70
Evangelischer Pressedienst 260

Familienforschung (Zweibrücken) 175
Fernsehen 49,50,57,201,227,
   229,231,247
Film 201,229,242,247,250
Finanzverwaltung des Bundes 202
Firmen 232
Firmenchronik (Märkischer Kreis) 63
Flensburg 89
Flüchtlingswesen 225
Fotografie 201,250
Frankfurt 90
Frankreich 147
Freie Demokratische Partei 255
Friedrich-Naumann-Stiftung 255
Fulda 92,184

Gebrauchsmuster 216
Germanistik 242

Gesellschaftpolitik 232
Gewerblicher Rechtsschutz 216
Gewerkschaften 258,259
Göppingen 93
Goslar 94
Deutsch-dänische Grenzregion 89
Großholzleute 108

Hagen 95
Halle (Kreis) 100
Hamburg 96
Hameln 97
Hanau 98
Handel 234
Heilbronn 101
Hl. drei Könige 236
Heine, Heinrich 228
Herford (Kreis) 80
Hessen 219
Hessen (Bundesland) 169
Hilden 102
Hildesheim 103
Hölderlin, Friedrich 197
Hörfunk 49,50,57,58,201,247
Höxter (Kreis) 80
Hof 104
Holz, Arno 177
Hürth 105
Hutten, Ulrich von 184

Idar-Oberstein 106
Ingolstadt 107
Innerdeutsche Beziehungen 203
International Stereoscopic Union/
   Information Committee 238
Internationale Behörden 234
Internationale Beziehungen
   220,224,225
Isny 108

Journalistik 247
Jubiläumsausgaben (Zeitung) 98
Jugendbewegung 252
Jugendgeschichte 252
Jugendzeitschriften (kath.) 182

Kabarett 240,242
Kaiserslautern 109
Kamen 110
Kassel 111
Katholische Nachrichtenagentur 182
Katholische Presse 182
Kempten 112
Kino 247,250
Kirchen 12,257,260,261,264,265
Kirchenzeitung 182
Kirchheim unter Teck 113

*Sachregister*

Kleist, Heinrich von 177
Kleve 114
Kommunikationswissenschaft 201,227, 247
Konflikt- und Friedensforschung 194
Konjunkturpolitik 239
Konstanz 115
Krefeld 116
Kriegsgeschichte (seit 1870) 194
Kulmbach 117
Kulturpolitik 225,230,232,242,251
Kunst 242
Kunst des 20. Jahrhunderts 233
Kunstgeschichte 233
Kunsthochschulen 221

Landau in der Pfalz 118
Landavia 118
Landesgeschichte (Bayern) 264
Landesgeschichte (deutsche) 169
Landesgeschichte (Nassau) 169
Landeskunde (Baden, bes. Südbadens) 91
Landespolitik (Hamburg) 211
Landshut 119
Landwirtschaft 234
Lasker-Schüler, Else 199
Lateinamerika 222
Lebensreformbewegung 252
Lehrerausbildung 221
Leibesübungen 235
Leopoldina (Halle) 150
Lemgo (Kreis) 80
Letztausgaben (Zeitungen) 62
Liberale Politik 255
Liedermacher 249
Literatur 185,229,242
Literaturkritik(er) 242
Literaturwissenschaft 178,242
Lothringen 147
Lübbecke (Kreis) 80
Lüdenscheid 123
Lüneburg 124
Ludwigsburg 120,121
Ludwigshafen 122
Luftfahrt 194

Mainz 192
Mann, Thomas 180
Mannheim 125
Margret Boveri-Archiv 56
Marie-Luise-Fleißer 107
Marienwerder 78
Marine 194
Medien 227,230,231,247,250
Medienpolitik 49
Memmingen 126
Minden (Kreis) 80
Mission 182
Mitbestimmung 259
Mönchengladbach 127
Mülheim a.d. Ruhr 129
München 128
Musical 245
Musik 184,225,242
Musikhochschulen 221

Neue Medien 231,247
Neue soziale Bewegung 230
Neuss 130
Neustadt/Haardt 131
Neutrauchburg 108
Neuwied 132
Niederlande 70
Nördlingen 133
Nordbayern 34

Oberhausen 134
Oberschwaben 161
Oberursel 135
Öffentliche Finanzen 234
Offenbach 134
Offenburg 137
Oldenburg 138
Oper 245
Operette 245
Ordenszeitschriften 182
Ortenau 137
Osteuropa 225,243
Osthessen 184

Paderborn 139,140
Paderborn (Kreis) 80
Pantomime 245
Parlamentsarchiv 217
Parlamentsbibliothek 217
Parlamentsdokumentation 217,219
Parlamentswesen 211
Parteien 254,255,256,262,266
Patent 216
Pfalz 118,193
Pforzheim 141
Philosophie 242
Politik 206,207,208,220,232,234
Politik (deutsche) 254
Politische Theorie(n) 220
Portugal 222
Presse 49,51,53,54,70,178,227,247
Pressearchiv 20,50,51,53,55,263
Presse- und Informationsamt der Bundesregierung 207,208
Pressedatenbank 20
Publizistik 227,244
Publizistik- und Kommunikationswissenschaft 247

Recklinghausen 142
Reformpädagogik 252
Regensburg 143
Regisseure 242
Religion 12
Rems-Murr-Kreis 164
Remscheid 144
Remstal 164
Rheinhausen 84
Rheinisch-Bergischer Kreis 67
Rheinland-Pfalz 57
Rohrdorf 108
Rosenheim 145
Rottweil 146
Rückert, Friedrich 150
Ulrich von Rhön 184

Ruhrgebiet 71
Rundfunk 227,231,247

Saargebiet 147
Salzgitter 148
Schallarchiv 53,54
Schauspieler 242
Schleswig-Holsteinische Presse 53,54
Schneider-Becker-Archiv 147
Schriftsteller 242
Schrifttum 244
Schwäbisch Hall 149
Schweinfurt 150
Sigmaringen 151
Sindelfingen 152
Solingen 153
Sozialdemokratische Partei Deutschlands 254,256
Soziale Bewegung (In- und Ausland) 254
Soziale Sicherung 234
Sozialpolitik 225,232,234,237
Spanien 222
Speyer 154,155
Sport 235
Sportwissenschaften 235
Stade 156
Stereoskopie 238
Sternsingen 236
Steuern 202
Stuttgart 158
Stuttgart (Regierungsbezirk) 120
Südbaden 91

Theater 71,178,242,245
Theologie 182,242,263
Dehler, Thomas 255
Tontechnik 201
Tuttlingen 159

Uelzen (Landkreis) 160
Ulm 161
Universität Köln 190
Unna 162
Unternehmensgeschichte 237
Unterrichtstechnologie 201

Velbert 163
Vereinschroniken (Märkischer Kreis) 63
Verfassung 234
Verkehr 234
Verlagswesen 242,244
Versicherung 234
Vest Recklinghausen 134
Videotechnik 201

Waiblingen (Stadt und Landkreis) 164
Walser, Martin 223
Walsum 84
Warburg (Kreis) 80
Waren 232,234
Wehrpolitik 194
Weilburg 165

188

*Sachregister*

Weinheim 166
Welfenhaus 170
Werl 168
Westmünsterland 70
Wiedenbrück (Kreis) 80
Wirtschaft 11,46,234,235,241
Wirtschaftsgeschichte 237
Wirtschaftspolitik 232,237,239
Wirtschaftszeitung 11
Wolfenbüttel 170
Wolfsburg 171

Worms 172
Württemberg 158
Würzburg 173
Wuppertal 199

Zeitgeschehen 206,207,208
Zeitgeschichte 90,101, 246,254
Zeitschrift 227,242,244,247
Zeitschriftenarchiv 60
Zeitungsausschnittsammlung des Stadtarchivs Heidelberg 100

Zeitungsausschnittsammlung Stadt und Kreis Ludwigsburg sowie Regierungsbezirk Stuttgart 120
Zeitungsausschnittsammlung des Parlamentsarchivs von Rheinland-Pfalz 215
Zeitungsdokumentation des Stadtarchivs Isny 108
Zeitungsmuseum Aachen 62
Zoll 202
Zweibrücken, Stadtgeschichte 175

# Ortsregister

Aachen, Stadtarchiv 61
Aachen, Zeitungsmuseum 62
Aachen, Zeitungsverlag
  Aachen GmbH 1
Altena, Archiv und Landeskundliche
  Bibliothek 63
Ansbach, Fränkische Landeszeitung 2
Aschaffenburg, Main-Echo Redaktions-
  archiv 3
Aschaffenburg, Stadt- und Stifts-
  archiv 64
Augsburg, Augsburger Allgemeine,
  Textarchiv 4
Ausburg, Stadtarchiv 65

Baden-Baden, Dokumentation Rund-
  funk/Presse 49
Baden-Baden, Südwestfunk-Dokumen-
  tation Rundfunk/Presse 49
Bamberg, Stadtarchiv 66
Bergisch-Gladbach, Kreisarchiv 67
Berlin, Amerika-Gedenkbibliothek/
  Berliner Zentralbibliothek 176,177
Berlin, Bibliothek des Sender Freies
  Berlin 52
Berlin, Freie Universität Berlin 220
Berlin, Hochschule der Künste 221
Berlin, Ibero-Amerikanisches
  Institut 222
Berlin, Informations- und Dokumen-
  tationsstelle des Senders Freies
  Berlin 52
Berlin, Landesbildstelle Berlin 201
Berlin, Pressearchiv des Abgeordneten-
  hauses 200
Berlin, RIAS-Zeitungsarchiv 51
Berlin, Sender Freies Berlin 52
Berlin, Ullstein Bilderdienst 45
Berlin, Zeitungsarchiv RIAS 51
Berlin, Zeitungsarchiv des Sender Freies
  Berlin 52
Biberach, Kreiskultur- und
  Archivamt 68
Biberach, Walser-Archiv 223
Bielefeld, Stadtarchiv und
  Landesgeschichtliche Bibliothek 69
Bielefeld, Westfalen-Blatt 5
Bocholt, Stadtarchiv 70
Bochum, Stadtarchiv 71
Bonn, Aktuelle Presseinformation,
  Pressearchiv und Bibliothek,
  Presse- und Informationsamt
  der Bundesregierung 206
Bonn, Archiv der sozialen Demokratie
  (AdsD) 254
Bonn, Bundesbildstelle 207

Bonn, Bundesministerium für
  innerdeutsche Beziehungen 203
Bonn, Bundesministerium der
  Finanzen 202
Bonn, Bundesministerium der
  Verteidigung 204
Bonn, Bundesrat - Pressestelle 205
Bonn, Deutsche Gesellschaft für
  Auswärtige Politik 224
Bonn, Dokumentation-Archiv
  Die Welt 7
Bonn, Dokumentationszentrum der
  Bundeswehr 204
Bonn, General-Anzeiger 6
Bonn, Nachrichtenagentur Reuter 46
Bonn, Politisches Archiv der
  Friedrich-Naumann-Stiftung 255
Bonn, Pressedokumentation im Presse-
  referat, Bundesministerium für
  innerdeutsche Beziehungen 203
Bonn, Presse- und Informationsamt
  der Bundesregierung 207,208
Bonn, Pressearchiv von Lossow 225
Bonn, Sozialdemokratische Partei
  Deutschlands 256
Bonn, Zeitungsausschnittsammlung
  des Stadtarchivs 72
Bonn, Zentrales Dokumentations-
  system, Presse- und Informationsamt
  der Bundesregierung 208
Braunschweig, Evangelisch-Lutherische
  Landeskirche in Braunschweig,
  Archiv 257
Braunschweig, Stadtarchiv 73
Bremen, „Dokumentation/Bibliothek/
  Archiv" der Bremischen Bürger-
  schaft 209
Bremen, Staatsarchiv 74
Bremerhaven, Nordsee-Zeitung 8
Bremerhaven, Stadtarchiv 75
Bremervörde, Kreisarchiv 76
Burghausen, Stadtarchiv 77

Celle, Stadtarchiv 78

Darmstadt, Darmstädter Echo 9
Darmstadt, Stadtarchiv 79
Detmold, Nordrhein-Westfälisches
  Staatsarchiv 80
Dortmund, Fritz Hüser-Institut 226
Dortmund, Institut für Zeitungsfor-
  schung der Stadt Dortmund 227
Dortmund, Redaktionsarchiv Ruhr-
  Nachrichten 10
Dortmund, Stadtarchiv 81
Dortmund, Stadtbücherei 178

Düren, Stadt- und Kreisarchiv 82
Düsseldorf, Archiv des DGB-
  Bundesvorstandes 258
Düsseldorf, Bibliothek der
  Hans-Böckler-Stiftung 259
Düsseldorf, Deutscher Gewerk-
  schaftsbund 258
Düsseldorf, Handelsblatt 11
Düsseldorf, Heinrich-Heine-
  Institut 228
Düsseldorf, Redaktionsarchiv
  Handelsblatt 11
Düsseldorf, Stadtarchiv 83
Düsseldorf, Stadtbüchereien 179
Düsseldorf, Thomas Mann-Sammlung
  Dr. Hans-Otto Mayer 180
Düsseldorf, Universitätsbibliothek 180
Duisburg, Stadtarchiv 84
Duisburg, Stadtbibliothek 181

Eichstätt, Universitätsbibliothek 182
Emmerich, Stadtarchiv 85
Erlangen, Stadtarchiv 86
Essen, Ruhrwort-Archiv 12
Essen, Stadtarchiv 87
Essen, Verlag Essener Kirchen-
  zeitung 12
Essen, Zentralarchiv Westdeutsche
  Allgemeine Zeitung 13
Esslingen, Kreisarchiv 88

Flensburg, Flensburger Tageblatt 14
Flensburg, Stadtarchiv 89
Flensburg, Institut für regionale
  Forschung und Dokumentation 89
Frankfurt, Archiv des Gemein-
  schaftswerks der Evangelischen
  Publizistik 260
Frankfurt, The Associated Press 47
Frankfurt, Bildarchiv
  Frankfurter Allgemeine Zeitung 15
Frankfurt, Deutsche Bibliothek 183
Frankfurt, Deutsches Institut für
  Filmkunde 229
Frankfurt, Frankfurter Rundschau 16
Frankfurt, Informationsdienst,
  Zentrum für alternative
  Medien 233
Frankfurt, Media Perspektiven 231
Frankfurt, Pressearchiv der Deutschen
  Bundesbank 210
Frankfurt, Stadtarchiv 90
Frankfurt, Werksarchiv der
  Frankfurter Allgemeinen Zeitung 15
Frankfurt, Zentralarchiv der
  Frankfurter Allgemeinen Zeitung 15

*Ortsregister*

Frankfurt, Zentralarchiv des Verlagshauses Frankfurt Societäts-Druckerei 17
Frankfurt, Zentrum für alternative Medien 230
Freiburg, Redaktionsarchiv Badische Zeitung 18
Freiburg, Staatsarchiv 91
Fulda, Hessische Landesbibliothek Fulda 184
Fulda, Stadtarchiv 92

Gelsenkirchen, Archiv Gelsenkirchener Literatur 185
Gelsenkirchen, Stadtbücherei/ Stadtarchiv Gelsenkirchen 186
Gießen-Wieseck, Redaktionsarchiv Gießener Anzeiger 19
Göppingen, Kreisarchiv 93
Goslar, Stadtarchiv 94

Hagen, Stadtarchiv 95
Hamburg, Bürgerschaftskanzlei 211
Hamburg, dpa-Deutsche Presse-Agentur GmbH 48
Hamburg, Druck und Verlagshaus Gruner + Jahr AG & Co 20
Hamburg, Hochschule der Bundeswehr 187
Hamburg, HWWA - Institut für Weltwirtschaft 232
Hamburg, Spiegel-Dokumentation 22
Hamburg, Spiegel-Verlag 22
Hamburg, Staatsarchiv 96
Hamburg, Verlag Axel Springer A.G. 7,23
Hamburg, Zentraldokumentation - Heinrich Bauer Verlag 21
Hamburg, Zentraltextarchiv des Verlags Axel Springer A.G. 23
Hameln, Deister- und Weserzeitung 24
Hameln, Stadtarchiv 97
Hanau, Stadtarchiv 98
Hannover, Bibliothek des Niedersächsischen Landtags 212
Hannover, Landeskirchliches Archiv 261
Hannover, Pressearchiv des Norddeutschen Rundfunks 53
Hannover, Redaktionsarchiv der Hannoverschen Allgemeinen Zeitung 25
Hannover, Stadtarchiv 99
Heidelberg, Stadtarchiv 100
Heilbronn, Stadtarchiv 101
Hilden, Stadtarchiv 102
Hildesheim, Stadtarchiv und Stadtbibliothek 103
Hof, Stadtarchiv 104
Hürth, Stadtarchiv 105

Idar-Oberstein, Stadtarchiv 106
Ingolstadt, Stadtarchiv 107
Isny, Stadtarchiv 108

Kaiserslautern, Stadtarchiv 109
Kamen, Amt für Öffentlichkeitsarbeit (Pressearchiv) 110
Karlsruhe, Redaktionsarchiv Badische Neueste Nachrichten 26
Karlsruhe, Stadtbibliothek, Archiv 188
Kassel, Documenta Archiv für die Kunst des 20. Jahrhunderts 233
Kassel, Redaktionsarchiv der Hessischen Niedersächsischen Allgemeinen 27
Kassel, Stadtarchiv 111
Kempten, Stadtarchiv 112
Kiel, Archiv und Bibliothek des NDR 54
Kiel, Institut für Weltwirtschaft 234
Kiel, Schleswig-Holsteinischer Landtag, Wissenschaftlicher Dienst 213
Kiel, Wirtschaftsarchiv des Instituts für Weltwirtschaft 234
Kirchheim unter Teck, Stadtarchiv 113
Kleve, Stadtarchiv 114
Koblenz, Bundesarchiv 214
Koblenz, Rhein-Zeitung 28
Koblenz, Stadtbibliothek-Stadtarchiv 189
Köln, Bibliothek der Deutschen Sporthochschule 235
Köln, Bibliothek des Instituts der deutschen Wirtschaft 237
Köln, Deutschlandfunk 55
Köln, Dreikönigs-Archiv 236
Köln, International Stereoscopie Library and ISU Information Committee archives 238
Köln, Pressearchiv des Deutschlandfunks 55
Köln, Stadtbücherei 238
Köln, Universitäts- und Stadtbibliothek Köln 190
Köln, Westdeutscher Rundfunk, Bibliothek und Archive -Pressearchiv 56
Konstanz, Stadtarchiv 115
Krefeld, Stadtarchiv 116
Krefeld, Thyssen-Edelstahlwerke, Archiv 239
Kulmbach, Stadtarchiv 117

Landau in der Pfalz, Stadtarchiv 118
Landshut, Stadtarchiv 119
Ludwigsburg, Staatsarchiv 120
Ludwigsburg, Stadtarchiv 121
Ludwigshafen, Ernst-Bloch-Archiv der Stadtbibliothek Ludwigshafen 191
Ludwigshafen, Stadtarchiv 122
Lüdenscheid, Stadtarchiv 123
Lüneburg, Stadtarchiv 124

Märkischer Kreis - Archiv und Landeskundliche Bibliothek 63
Mainz, Deutsches Kabarett Archiv 240
Mainz, Landesstudio Mainz, Südwestfunk 57

Mainz, Parlamentsarchiv des Landtags 215
Mainz, Stadtbibliothek 192
Mannheim, Lokal-Archiv des Mannheimer Morgen 29
Mannheim, Zentralarchiv, Mannheimer Morgen 30
Mannheim, Stadtarchiv 125
Mannheim, Universität, Wirtschaftsarchiv 241
Mannheim, Wirtschaftsarchiv 241
Marbach am Neckar, Dokumentationsstelle des Deutschen Literaturarchivs 242
Marburg, Pressearchiv des J.G.Herder-Instituts 243
Marl, Zeitungshaus Bauer 31
Memmingen, Stadtarchiv 126
Mönchengladbach, Stadtarchiv 127
Mülheim a.d. Ruhr, Stadtarchiv 129
München, Bayerisches Staatsministerium für Unterricht und Kultur 245
München, Bibliothek des Deutschen Patentamts 216
München, Deutsches Bucharchiv 244
München, Deutsches Patentamt 216
München, Deutsches Theatermuseum 245
München, Hanns-Seidel-Stiftung 262
München, Institut für Buchwissenschaften 244
München, Institut für Zeitgeschichte 246
München, Presse-, Bild- und Tonarchiv (Filialbetrieb des Landeskirchlichen Archivs Nürnberg) 263
München, Redaktionsarchiv Süddeutsche Zeitung 33
München, Staatsarchiv 128
München, Stiftung zur wissenschaftlichen Erforschung der Zeitgeschichte 246
München, Süddeutsche Zeitung 33
München, Zentraldokumentation Quick-Verlag 32
Münster, Institut für Publizistik der Universität Münster 247
Münster, Universitätsarchiv 248

Neuss, Stadtarchiv 130
Neustadt Haardt, Dokumentationszentrum des Stadtarchivs 131
Neuwied, Stadtverwaltung, Referat für Öffentlichkeitsarbeit 132
Nördlingen, Stadtarchiv 133
Nürnberg, Archiv für Bildende Kunst 249
Nürnberg, Landeskirchliches Archiv 263, 264
Nürnberg, Germanisches Nationalmuseum 249
Nürnberg, Redaktionsarchiv der Nürnberger Nachrichten 34

*Ortsregister*

Oberhausen, Stadtarchiv 134
Oberndorf, Schwarzwälder Bote 35
Oberursel, Stadtarchiv 135
Offenbach, Offenbach - Post 36
Offenbach am Main, Stadtarchiv 136
Offenburg, Redaktionsarchiv Burda 37
Offenburg, Stadtarchiv 137
Oldenburg, Redaktionsarchiv der Nordwest-Zeitung 38
Oldenburg, Stadtarchiv 138

Paderborn, Kreisarchiv 140
Paderborn, Stadtarchiv 139
Passau, Neue Presse 39
Pforzheim, Stadtarchiv 141

Recklinghausen, Stadt- und Vestisches Archiv 142
Regensburg, Stadtarchiv 143
Remscheid, Stadtarchiv 144
Rheinisch-Bergischer Kreis, Kreisarchiv 67
Rosenheim, Stadtarchiv 145
Rottweil, Stadtarchiv 146

Saarbrücken, Hörfunk-Archiv des Saarländischen Rundfunks 58
Saarbrücken, Landesarchiv 147
Saarbrücken, Redaktionsarchiv Saarbrücker Zeitung 40
Saarbrücken, Saarländischer Rundfunk 58
Salzgitter, Stadtarchiv 148
Schellerten, Kulleraugen-Filmarchiv 250
Schwäbisch Hall, Stadtarchiv 149
Schweinfurt, Stadtarchiv und Stadtbibliothek 150

Sigmaringen, Staatsarchiv 151
Sindelfingen, Stadtarchiv 152
Solingen, Solinger Tageblatt 41
Solingen, Stadtarchiv 153
Speyer, Landesarchiv 155
Speyer, Pfälzische Landesbibliothek 193
Speyer, Protestantisches Landeskirchenarchiv der Pfalz 265
Speyer, Stadtarchiv 154
St. Augustin, Konrad-Adenauer-Stiftung 266
Stade, Stadtarchiv 156
Stuttgart, Bibliothek für Zeitgeschichte 194
Stuttgart, Hauptstaatsarchiv 157
Stuttgart, Institut für Auslandsbeziehungen 251
Stuttgart, Landtag von Baden-Württemberg 217
Stuttgart, Stadtarchiv 158
Stuttgart, Stadtbücherei 195
Stuttgart, Stefan-George-Stiftung 198
Stuttgart, Stuttgarter Nachrichten 42
Stuttgart, Süddeutscher Rundfunk 59
Stuttgart, Württembergische Landesbibliothek 196,197,198

Tübingen, Südwestpresse - Schwäbisches Tagblatt 43
Tuttlingen, Kreisarchiv 159

Uelzen, Kreisarchiv 160
Ulm, Stadtarchiv, Abt. Dokumentation 161
Unna, Stadtarchiv 162

Velbert, Stadtarchiv 163

Waiblingen, Stadtarchiv 164
Weilburg, Stadtarchiv 165
Weinheim, Stadtarchiv 166
Weissenburg, Archiv 167
Werl, Stadtarchiv 168
Wiesbaden, Hessischer Landtag 219
Wiesbaden, Hessisches Hauptstaatsarchiv 169
Wiesbaden, Pressearchiv des Hessischen Kulturministers 218
Wiesbaden, Redaktionsarchiv des Wiesbadener Kurier 44
Wiesbaden, Wiesbadener Kurier 44
Wiesbaden, Zeitungs- und Zeitschriftenarchiv des Zweiten Deutschen Fernsehens 60
Wiesbaden, Zentralarchiv des Zweiten Deutschen Fernsehens 60
Witzenhausen, Archiv der deutschen Jugendbewegung 252
Wolfenbüttel, Niedersächsisches Staatsarchiv 170
Wolfsburg, Stadtarchiv 171
Worms, Stadtarchiv 172
Würzburg, Insitut für Hochschulkunde 253
Würzburg, Stadtarchiv 173
Wuppertal, Stadtarchiv 174
Wuppertal, Stadtbibliothek 199

Zweibrücken, Stadtarchiv 175

# Institutionsregister

Abendpost/Nachtausgabe 17
Amerika-Gedenkbibliothek 176,177
Archiv der sozialen Demokratie 254
Archiv Gelsenkirchener Literatur 185
Archiv der deutschen Jugendbewegung 252
Archiv und Landeskundliche Bibliothek des Märkischen Kreises 63
Archiv der Stadt Weissenburg 167
Augsburger Allgemeine 4

Badische Neueste Nachrichten 26
Badische Zeitung 18
Bauer, Zeitungsverlag Marl 31
Berliner Zentralbibliothek 176,177
Bibliothek für Zeitgeschichte 194
Bremische Bürgerschaft 209
Bürgerschaft der Freien und Hansestadt Hamburg 211
Bundesarchiv 214
Bundesbildstelle 207
Bundesministerium der Finanzen 202
Burda 37

Darmstädter Echo 9
Deister- und Weserzeitung 24
Deutsche Bibliothek 183
Deutsche Bundesbank 210
Deutsche Gesellschaft für Auswärtige Politik 224
Deutsche Sporthochschule 235
Deutscher Gewerkschaftsbund 258
Deutsches Bucharchiv 244
Deutsches Institut für Filmkunde 229
Deutsches Kabarett Archiv 240
Deutsches Literaturarchiv 242
Deutsches Patentamt 216
Deutsches Theatermuseum 245
Deutschlandfunk 55
Documenta Archiv für die Kunst des 20. Jahrhunderts 233
Dokumentationszentrum der Bundeswehr 204
Dokumentationszentrum Stadtarchiv Neustadt/Haardt 131
Dreikönigs-Archiv 236

Erlanger Nachrichten 34
Ernst-Bloch-Archiv 191

Flensburger Tageblatt 14
Fränkische Landeszeitung 2
Frankfurter Allgemeine Zeitung 15
Frankfurter Neue Presse 17
Frankfurter Rundschau 16
Freie Universität Berlin 220
Friedrich-Ebert-Stiftung 254

Fritz Hülser-Institut 226
Fürther Nachrichten 34
Funkhaus Hannover - Norddeutscher Rundfunk 53
Funkhaus Kiel - Norddeutscher Rundfunk 54

Gemeinschaftswerk der Evangelischen Publizistik 260
General-Anzeiger 6
Germanisches Nationalmuseum 249
Gießener Anzeiger 19

Handelsblatt 11
Hannoversche Allgemeine Zeitung 25
Hanns-Seidel-Stiftung 262
Hans-Böckler-Stiftung 259
Hauptstaatsarchiv Stuttgart 157
Heinrich-Heine-Institut 228
Hellweger Anzeiger 162
Hessisch Niedersächsische Allgemeine 27
Hessische Landesbibliothek 184
Hessischer Landtag 219
Hessisches Hauptstaatsarchiv 169
Hochschule der Bundeswehr, Hamburg 187
Hochschule der Künste 221
HWWA - Institut für Wirtschaftsforschung 232

Ibero-Amerikanisches Institut 222
Informationsdienst - Zentrum für alternative Medien 230
Institut für Auslandsbeziehungen 251
Institut für Hochschulkunde 253
Institut für Publizistik, Münster 247
Institut für Weltwirtschaft 234
Institut der deutschen Wirtschaft 237
Institut für Zeitgeschichte 246
Institut für Zeitungsforschung 227
International Stereoscopic Library and ISU Information Committee Archives 238
Internationales Zeitungsmuseum 62

Johann-Gottfried-Herder-Institut 243

Kanzlei des Hessischen Landtags 219
Konrad-Adenauer-Stiftung 266
Kreisarchiv Biberach 68
Kreisarchiv Bremervörde 76
Kreisarchiv Esslingen 88
Kreisarchiv Göppingen 93
Kreisarchiv Paderborn 140
Kreisarchiv des Rheinisch-Bergischen Kreises 67

Kreisarchiv beim Landratsamt Tuttlingen 159
Kreisarchiv Uelzen 160
Kreiskultur- und Archivamt Biberach 68
Kulleraugen-Filmarchiv 250

Landesarchiv Saarbrücken 147
Landesarchiv Speyer 155
Landesbildstelle Berlin 201
Landeskirchliches Archiv Braunschweig 257
Landeskirchliches Archiv Hannover 260
Landeskirchliches Archiv Nürnberg 264
Landeskirchliches Archiv Nürnberg (Presse-, Bild- und Tonarchiv München) 263
Landtag von Baden-Württemberg 207

Main-Echo Redaktionsarchiv 3
Mannheimer Morgen 29,30
Media Perspektiven 231
Monats-Illustrierte „scala" 17

Niedersächsischer Landtag, Bibliothek 212
Niedersächsisches Staatsarchiv Oldenburg-Stadtarchiv Oldenburg 138
Niedersächsisches Staatsarchiv Oldenburg-Stadtarchiv Stade 156
Niedersächsisches Staatsarchiv, Wolfenbüttel 170
Nordbayerische Nachrichten 34
Norddeutscher Rundfunk - Funkhaus Hannover 53
Norddeutscher Rundfunk - Funkhaus Kiel 54
Nordrhein-Westfälisches Staatsarchiv Detmold 80
Nordsee-Zeitung 8
Nordwest-Zeitung 38
Nürnberger Nachrichten 34

Oberlandesgericht München, Presseausschnittsammlung 128
Offenbach - Post 36

Parlamentsarchiv des Landtags von Rheinland-Pfalz 215
Passauer Neue Presse 39
Pfälzische Landesbibliothek 193
Politisches Archiv der Friedrich-Naumann-Stiftung 255

## Institutionsregister

Polizeipräsidium München, Presseausschnittsammlung 128
Presse- und Informationsamt der Bundesregierung 206, 208
Pressearchiv des Abgeordnetenhauses von Berlin 200
Pressearchiv des Hessischen Kultusministers 218
Pressearchiv im Referat für Öffentlichkeitsarbeit der Stadt Kamen 110
Pressearchiv von Lossow 125
Pressearchiv der Stadtverwaltung von Neuwied 132
Pressedokumentation im Pressereferat, Bundesministerium für innerdeutsche Beziehungen 203
Pressestelle des Bundesrates 205
Protestantisches Landeskirchenarchiv der Pfalz 265

Quick 32

Referat Dokumentation/Bibliothek/Archiv, Bremische Bürgerschaft 209
Rhein-Zeitung 28
RIAS 51
Ruhr-Nachrichten 10
Ruhrwort 12

Saarbrücker Zeitung 40
Saarländischer Rundfunk 58
Schleswig-Holsteinischer Landtag 213
Schwäbisches Tagblatt 43
Schwarzwälder Bote 35
Sender Freies Berlin 52
Solinger Tageblatt 41
Sozialdemokratische Partei Deutschlands 256
Spiegel 22
Spiegel-Archiv v. 1949 6
Staatsarchiv Bremen 74
Staatsarchiv Freiburg 91
Staatsarchiv Hamburg 96
Staatsarchiv Ludwigsburg 120
Staatsarchiv München 128
Staatsarchiv Sigmaringen 151
Stadtarchiv Aachen 61
Stadtarchiv Augsburg 65
Stadtarchiv Bamberg 66
Stadtarchiv Bocholt 70
Stadtarchiv Braunschweig 73
Stadtarchiv Bremerhaven 75
Stadtarchiv Burghausen 77
Stadtarchiv Celle 78
Stadtarchiv Dortmund 81
Stadtarchiv Düsseldorf 83
Stadtarchiv Duisburg 84
Stadtarchiv Emmerich 85
Stadtarchiv Erlangen 86
Stadtarchiv Essen 87
Stadtarchiv Flensburg 89

Stadtarchiv Frankfurt 90
Stadtarchiv Fulda 92
Stadtarchiv Goslar 94
Stadtarchiv Hagen 95
Stadtarchiv Hameln 97
Stadtarchiv Hanau 98
Stadtarchiv Hannover 99
Stadtarchiv Heidelberg 100
Stadtarchiv Heilbronn 101
Stadtarchiv Hilden 102
Stadtarchiv Hof 104
Stadtarchiv Hürth 105
Stadtarchiv Idar Oberstein 106
Stadtarchiv Ingolstadt 107
Stadtarchiv Isny 108
Stadtarchiv Kaiserslautern 109
Stadtarchiv Kassel 111
Stadtarchiv Kempten 112
Stadtarchiv Kirchheim unter Teck 113
Stadtarchiv Kleve 114
Stadtarchiv Koblenz 189
Stadtarchiv Konstanz 115
Stadtarchiv Krefeld 116
Stadtarchiv Kulmbach 117
Stadtarchiv Landau 118
Stadtarchiv Landshut 119
Stadtarchiv Ludwigsburg 121
Stadtarchiv Ludwigshafen 122
Stadtarchiv Lüdenscheid 123
Stadtarchiv Lüneburg 124
Stadtarchiv Mannheim 125
Stadtarchiv Memmingen 126
Stadtarchiv Mönchengladbach 127
Stadtarchiv Mülheim a.d Ruhr 129
Stadtarchiv Neuss 130
Stadtarchiv Neustadt/Haardt 131
Stadtarchiv Nördlingen 133
Stadtarchiv Oberhausen 134
Stadtarchiv Oberursel 135
Stadtarchiv Offenbach 136
Stadtarchiv Offenburg 137
Stadtarchiv Oldenburg 138
Stadtarchiv Paderborn 139
Stadtarchiv Pforzheim 141
Stadtarchiv Regensburg 143
Stadtarchiv Remscheid 144
Stadtarchiv Rosenheim 145
Stadtarchiv Rottweil 146
Stadtarchiv Salzgitter 148
Stadtarchiv Schwäbisch Hall 149
Stadtarchiv Sindelfingen 152
Stadtarchiv Solingen 153
Stadtarchiv Speyer 154
Stadtarchiv Stade 156
Stadtarchiv Stuttgart 158
Stadtarchiv Ulm 161
Stadtarchiv Unna 162
Stadtarchiv Velbert 163
Stadtarchiv Waiblingen 164
Stadtarchiv Weilburg 165
Stadtarchiv Weinheim 166

Stadtarchiv Werl 168
Stadtarchiv Wolfsburg 171
Stadtarchiv Worms 172
Stadtarchiv Würzburg 173
Stadtarchiv Wuppertal 174
Stadtarchiv Zweibrücken 175
Stadt- und Kreisarchiv Düren 82
Stadtarchiv und Landesgeschichtliche Bibliothek, Bielefeld 69
Stadtarchiv und Stadtbibliothek Hildesheim 103
Stadtarchiv und Stadtbibliothek Schweinfurt 150
Stadt- und Stiftsarchiv Aschaffenburg 64
Stadt- und Vestisches Archiv Recklinghausen 142
Stadtarchiv und Wissenschaftliche Stadtbibliothek der Stadt Bonn 72
Stadtbibliothek Duisburg 181
Stadtbibliothek Karlsruhe 188
Stadtbibliothek Koblenz 189
Stadtbibliothek Ludwigshafen 191
Stadtbibliothek Mainz 192
Stadtbibliothek Wuppertal 199
Stadtbücherei Dortmund 178
Stadtbücherei Düsseldorf 179
Stadtbücherei/Stadtarchiv Gelsenkirchen 186
Stadtbücherei Stuttgart 195
Stefan-George-Archiv 198
Stiftsarchiv Aschaffenburg 64
Stuttgarter Nachrichten 42
Süddeutsche Zeitung 33
Süddeutscher Rundfunk 59
Südwestfunk 57
Südwestpresse 43

Thyssen-Edelstahlwerke 239

Universitätsarchiv Münster 248
Universitätsbibliothek Düsseldorf 180
Universitätsbibliothek Eichstätt 182
Universitäts- und Stadtbibliothek Köln 190

Walser-Archiv 223
Die Welt 7
Westdeutsche Allgemeine Zeitung 13
Westdeutscher Rundfunk 56
Westfalen-Blatt 5
Wiesbadener Kurier 44
Wirtschaftsarchiv Mannheim 241
Württembergische Landesbibliothek 196, 197, 198

Zentralarchiv im Zeitungsverlag Aachen 1
Zentrales Dokumentationssystem des Presse- und Informationsamtes der Bundesregierung 208
Zweiten Deutsches Fernsehen 60

# Namensregister

Adler, 161
Adler, Gerlinde 150
Albrecht, Gerd 229
Alef, Irmtraud 72
Anderhub, Andreas 176,177
Andrian, Klaus Freiherr v. 128
Angel, Johannes 73
Arnegger, Niklas 18

Bachmann, Elfriede 76
Badenhop, Gert-Peter 211
Baier, Helmut 264
Bartelt, Frauke 180
Bauer, Georg Josef 207
Baumann, Werner 91
Becker, Richard 147
Becker, Ulrich 253
Berchtold, Karl 100
Berger, Reinhard 7
Beutter, Herta 149
Beyer, 204
Birkenmeier, 212
Birkner, Gerhard Kay 238
Bludau, Kuno 254
Börsch, Manfred 97
Bogumil, Karlotto 87
Bohrer, Walter 175
Bohrmann, Hans 227
Borck, Heinz-Günther 103
Bott, Andrea 135
Bradler, Günther 217
Brall, Artur 184
Braun, U. 126
Bregulla, Waldemar 123
Brehm, W. 166
Breitkopf, Konrad 56
Breunig, Willi 122
Brill, Willi 40
Brinkmann, Gerold 28
Brod, W.M. 253
Buchstab, Günter 266
Bürger, Rudolf 36
Burghardt, Werner 142
Bull-Reichenmiller, Margareta 157
Burr, Wolfgang 152

Chehab, Claudia 130
Corsten, Severin 190
Cowitsch, 218
Cramm, Jürgen 17

Danzl, Erna 246
Dehler, Thomas 255
Deisting, Heinrich Josef 168
Delp, Ludwig 244
Demele, 134
Derpa, Hans-Henning 224

Dickow, Gabriele 124
Diemer, Kurt 68
Dittmer, Chr. 107
Domarus, Wolfgang 64
Dominick, Leonie 21
Domsta, Hans J. 82
Drollinger, Kuno 158
Drüppel, Christoph J., Esslingen 88
Drüppel, Christoph Josef, Kirchheim unter Teck 113
Dunker, Ilse 234

Ebersoll-Hoyer, Gerhild 53
Eckardt, Uwe 174
Eckert, Brita 183
Eckhardt, Albrecht 138
Eger, Wolfgang 265
Emmerich, Raimund 105
Engel, Konrad 52
Englert, Marianne 15
Erbert, Gunter R. 37
Eschbach, Fred 13
Essig, Dieter 141
Ewald, Martin 96

Faßbender-Ilge, Monika 255
Fauck, Siegfried 122
Faust, Manfred 105
Fietz, W. 160
Figge, Bernd 27
Fink, Hubert 161
Fink, Willibald 262
Finke, Michael 7
Fischer, Hans 18
Fischer, Robert 201
Flink, Klaus 114
Foertsch, Hermann 263
Frank, Karl Heinz 234
Frank, Lore 198
Friedel, Heinz 109
Friedmann, Michael 137

Gabler, Siegfried 26
Gallenstein, Hedwig 155
Garzmann, Manfred 73
Gattermann, G. 180
Gebetner, Erich 54
Gensicke, Hellmuth 169
Gessner, Dieter 11
Gilles, Lorenz 5
Glässner, Wilhelm 164
Görres, Margret 181
Gotto, Klaus 266
Graupeter, Michael 166
Gremnitz, Klaus 211
Grewel, Siegfried 174
Großmann, Heinz 142

Guenter, Michael 78
Gundel, Ada 167

Haack, Georg 9
Habel, Bernd 208
Haberl, Wolfgang 112
Hable, Guido 143
Händel, Fred 104
Härth, Wolfgang 200
Hanebuth, Jürgen 23
Hanke, Manfred 237
Harthausen, H. 193
Hartmann, Karsten 20
Hasper, Dietrich H. 49
Haupt, Werner 194
Hecht, Christa 3
Hecht, Winfried 146
Heckmann, Barbara 25
Hein, 209
Hellack, Georg 206
Henke, Josef 214
Henkies, 152
Hermsdorff, Wolfgang 27
Herrmann, Andrea 89
Herrmann, Hans Walter 147
Heske, Dieter 217
Heß, Hans 218
Heß, Herbert 33
Hillebrand, Werner 94
Hingmann, Walter 134
Hingst, H. 12
Hippen, Reinhard 240
Högl, Günter 81
Höhner, Bärbel 231
Höpfner, Richard 56
Hofmann, Siegfried 107
Hoffmann, Hermann 173
Hoffmann, Wilhelm 198
Holler, Uwe 181
Holtschke, 102
Holzbauer, Hermann 182
Hopstock, Katrin 154
Hornung, Burkard 244
Huck, Frank Rainer 58
Huck, Jürgen 130
Hübner, Peter 213
Huesmann, 245

Jacobsen, Edda 54
Jaensch, Heinz-Joachim 79
Jurcic, Hrvoje 182

Kämmer, Dieter 109
Käufer, Hugo Ernst 185,186
Kellner-Stoll, Rita 75
Kermann, Joachim 155
Kirchner, Gabriele 176

*Namensregister*

Klaube, Frank-Roland 111
Kleinfeld, Hermann 83
Kleipaß, Herbert 85
Klenke, Rainer E. 221
Klötzer, Wolfgang 90
Knapp, Roland R. 132
König, Rainer 26
Kohl, Rolf Dieter 63
Kohl, W. 248
Kohler, Maria 197
Kramer, Wolfgang 159
Krapp, Rolf 13
Kraus, Thomas 61
Krause, Werner 254
Krauß, Gisela 223
Krebs, H. 82
Kropat, Wolf-Arno 169
Kruse, Joseph A. 228
Kühl, 103
Kühne, Ilse-Marie 217
Kuhn, Gertrud 251
Kuhn-Rehfus, Maren 151
Kuhr, 257
Kunde, Dieter 16

Lacase, Eva-Maria 11
Läpple, W. 121
Landwehr, Arnold 23
Lang, Reiner 106
Laufer, Wolfgang 147
Lauschmann, Elisabeth 241
Leenders, Manfred 261
Leipner, Kurt 158
Lenker, Richard 117
Lent, Dieter 170
Lenz, Eberhard 235
Lepper, Herbert 61,62
Liebenow, Peter K. 176,177
Lienau, Hans-Joachim 20
Limburg, Hans 190
Lindemann, Margot 227
Loehr, Bernhard 92
Lonke, Peter 15
Loose, Hans-Dieter 96
Lorenz, Walter 144
Lossow, Wilfried v. 225
Lubach, Ulrike 30
Ludwig, Hartl 39
Lücking, Dorothea 69

Mahncke, Brigitte 231
Mancal, Josef 65
Martin, Michael 125
Massenberg, Christian 34
Maurer, Helmut 115
Mehl, Heiderud 215
Mehner, Hans-Ulrich 177
Melchior, Gudrun 241
Menge, Ulrich 222
Menrath, Dorothee 154
Menschel, Karlheinz 207
Metz, W. 193
Metzger, Paul 72
Meyer, Fritz 165
Meyer, Hans Dietrich 2

Meyer, Ilse 165
Michel, Edmund 175
Miehe, Sabine 78
Mlynek, Klaus 99
Mödl, G. 167
Mogge, Winfried 252
Morlok, Marga 251
Mrowka, Heinrich 243
Müller, Gerd 102
Müller, Hartmut 74
Müller, Paul 35
Müller, Rolf-Dietrich 139
Müller, Wilfried 232
Müller-König, Rohtraut 248
Munkelt, Peter 256

Neumeyer, Siegfried 52
Nieren, Paul 19
Nölle, 245
Noltenius, Rainer 226
Nürnberger, Albrecht 48

Ochs, Peter 218
Oertzen, Jutta von 178
Oppel, Hans D. 70
Ortmanns, Kurt 129
Otte, Hans 261
Ottnad, Bernd 91

Paehlke-Böhm, Gerda 30
Pagenhardt, Utha John-von 50
Panomarow, Peter 34
Papsdorf, Helga 260
Patemann, Reinhard 74
Pese, Claus 249
Plathner, Heinz-Jürgen 22
Poensgen, Aline 153
Pöschke, Ulrich 229
Preller, Monika 25

Quer, Volker 111
Quix, Helmut 48

Rambaldo, Hartmut 242
Rauch, Günter 98
Reckhard, Gabriele 259
Reinecke, Udo 95
Reinhardt, Uta 124
Reiserath, H. 64
Reuter, Elisabeth 20
Reuter, Fritz 172
Ribbeck, Hans 11
Richter, Erika 251
Richter, Helmut 86
Riemer, Peter 163
Röder, Werner 246
Rohwer, Jürgen 194
Rossbach, Udo 251
Roth, Ursula 228
Rotthoff, Guido 116
Rotthues, Annemarie 70
Ruppel, Hans G. 136

Saal, Dieter 123
Saffert, Erich 150

Schadt, Jörg 125
Schaper, Karl-H. 22
Scheel, Günter 170
Scheele, Birgit 16
Scheper, Burchard 75
Scheurmann, Konrad 233
Schmierer, Wolfgang 120
Schmidt, 219
Schmitt, Heinz 188
Schmitz, Eduard 237
Schmitz, Gerhard 140
Schmitz, Horst 67
Schmolz, Helmut 101
Schneider, Heinrich 147
Schnellbach, 219
Schöffel, Wolf 86
Schöntag, Wilfried 151
Schreiber, Franz 65
Schreuer, Siegfried 148
Schütt, H.F. 89
Schütz, Walter J. 206
Schulze, Heinz-Joachim 156
Schumann, Klaus 33
Schuster, Dieter 258
Seiler, Alois 120
Siebenkäs, Dieter 55
Siegfried, Klaus-Jörg 171
Skibbe, Martin 187
Sohnle, Werner P. 197
Sotscheck, Ralf-Dieter 52
Specker, Hans Eugen 161
Spelsberg, Helmut 184
Spies, Ingeborg 32
Spiess, Eberhard 229
Spitzelberger, Georg 119
Sprey, Josef Konrad 186
Stahnke, Karl-Heinz 211
Stange, Wolf 10
Stegmann, Wilhelm 222
Steinmetz, Udo 81
Sterl, Raimund 143
Stiersch, 161
Sträter, Gerhard 203
Strahl, Wolfgang 8
Strauß, Werner 171
Streubel, Wolfgang 45
Stützle, Margarete 108
Suchanek, Ingeborg 1

Tast, Brigitte 250
Thorn, 199
Timm, Willy 162
Trumpp, Thomas 214

Ulshöfer, Kuno 149

Veit, Ludwig 249
Vogelsang, Reinhard 69
Voges, Dietmar-Henning 133

Wagner, Johannes Volker 71
Wagner, Ulrich 100
Walravens, Hartmut 187
Weber, Herbert 41
Weckbach, Hubert 101

*Namensregister*

Weckesser, Hans 29
Wehner, Rita 92
Weidenhaupt, Hugo 83
Weigand, Karlheinz 191
Weigel, Siegfried 51
Weigl, Eugen 145
Weik, Josef 217
Westrich, Claus Peter 131

Weyand, Klaus,
   Wuppertal 199
Weyand, Klaus, Köln 236
Wieseotte, Marianne 28
Wilbertz, Gisela 71
Wilke, Hans-Jürgen 208
Will, Renate 178
Willig, Georg 51

Winter, Michael 235
Witthus, Guda 38
Witzel, Erwin 92
Wolloch, Erwin 60
Wollny, Georg 220

Ziegler, Walter 93
Zink, Robert 66

# Anhang

Wilbert Ubbens

**Presse-, Rundfunk-, Fernseh-, Filmarchive**

Internationale Auswahlbibliographie 1971 — 1982
mit Schwerpunkt "Pressearchive"

Vorbemerkung

Die nachfolgende Bibliographie schließt inhaltlich und zeitlich an die Bibliographie von Roland Seeberg-Elverfeldt (Titel-Nr. 002) an und verzeichnet in Auswahl und mit Schwerpunkt auf dem Teilbereich "Pressearchive" die seit 1971 international veröffentlichte selbständige und unselbständige Literatur zum Archiv- und Dokumentationswesen der Massenmedien. Gliederung und Schwerpunktsetzung folgen der Absicht des Handbuchs, i.w. über Pressearchive zu informieren, ihre Bestände und Arbeitsweisen zu erläutern. In besonderem Maße sind daher die von den Mitgliedern der Fachgruppe "Presse-, Rundfunk- und Filmarchivare" mitgeteilten Informationen bei der Auswahl berücksichtigt worden. Die von Frau Marianne Englert zugänglich gemachten Übersichten über alle Vorträge auf den Tagungen der Fachgruppe sind auf fachliche Beiträge hin ausgewertet worden, wobei auch auf ein unveröffentlichtes Verzeichnis der Tagungsvorträge durch Roland Seeberg-Elverfeldt von 1973 zurückgegriffen werden konnte. Soweit die Vorträge nicht anderweitig veröffentlicht wurden, liegen sie bis 1978 in hektographierter Form vor und sind z.T. nur in den Akten der Fachgruppe verfügbar. Ebenso wie die Tagungsbeiträge der Fachgruppe sind auch die Vorträge zweier von der IFRA organisierter Tagungen über rechnergesteuerte Archive (Titel-Nrn. 117 u. 123) sowie eine forschungsorientierte Tagung der Gesellschaft für Technologiefolgenforschung über "Internationale Pressedatenbanken" (Titel-Nr. 170) im einzelnen ausgewertet worden, obwohl auch sie nur einer eingeschränkten Öffentlichkeit zugänglich waren. Bis auf einige Ausnahmen konnten alle Titel in Autopsie geprüft werden. Falls wichtige fachliche Veröffentlichungen oder eingeschränkt zugängliche Papiere in der Bibliographie nicht verzeichnet sind, so bitte ich, mich darauf im einzelnen hinzuweisen, damit ich sie bei Gelegenheit und an geeigneter Stelle nachtragen kann. Redaktionsschluß der Bibliographie: 31.3.1983.

Besonderen Dank für ihre Hilfe schulde ich - wie bereits erwähnt - Frau Marianne Englert und Herrn Roland Seeberg-Elverfeldt, des weiteren den Herren Arnold Landwehr (Axel Springer Verlag), Karsten Hartmann (Gruner + Jahr), Willi Höfig (Staatsbibliothek Preußischer Kulturbesitz) und Jens A. Hertwig (Freie Universität Berlin) sowie Hans Bohrmann (Institut für Zeitungsforschung der Stadt Dortmund), dem ich die Anregung für die Bibliographie verdanke.

Bremen, im April 1983                           Wilbert Ubbens

Inhalt

| | | |
|---|---|---|
| 1. | Allgemeines | 205 |
| 1.1. | Allgemeines: Nachschlagewerke | 205 |
| 1.2. | Allgemeines: Übersichten, Einführungen | 207 |
| 2. | Rechtsfragen | 208 |
| 3. | Wirtschaftsfragen | 210 |
| 4. | Beziehungen zur journalistischen Arbeit | 210 |
| 5. | Berufsfragen: Presse-, Rundfunk-, Fernseh-, Filmarchivare | 212 |
| 6. | Textarchive | 215 |
| 6.1. | Textarchive - Methodik | 217 |
| 6.1.1. | Textarchive - Methodik - Ausschnitte | 219 |
| 6.1.2. | Textarchive - Methodik - EDV | 220 |
| 6.1.3. | Textarchive - Methodik - Mikroformen | 223 |
| 6.2. | Textarchive - Verlage/Agenturen | 226 |
| 6.2.1. | Einzelne Pressearchive | 228 |
| 6.3. | Textarchive - Rundfunk | 233 |
| 6.3.1. | Einzelne Rundfunkarchive | 234 |
| 6.4. | Textarchive - Bibliotheken, Archive, Museen, Hochschulen | 235 |
| 6.4.1. | Einzelne Bibliotheken | 237 |
| 6.5. | Textarchive - Behörden | 240 |
| 6.5.1. | Einzelne Behördenarchive | 240 |
| 6.6. | Textarchive - Verbände/Private/Industrie | 241 |
| 6.6.1. | Einzelne Archive | 241 |
| 6.7. | Textarchive - Kommerzielle/ frei zugängliche Informationsdatenbanken | 242 |
| 6.7.1. | Einzelne Datenbanken | 242 |
| 6.8. | Textarchive - Ausschnittsdienste | 245 |
| 6.8.1. | Einzelne Ausschnittsdienste | 245 |
| 7. | Bildarchive | 245 |
| 7.1. | Einzelne Bildarchive | 247 |
| 8. | Tonarchive (Wort) | 248 |
| 8.1. | Einzelne Tonarchive | 250 |
| 9. | Tonarchive (Musik) | 251 |
| 9.1. | Einzelne Tonarchive | 252 |

| | | |
|---|---|---|
| 10. | Fernseh-/AV-Archive | 253 |
| 10.1. | Einzelne Fernseharchive | 254 |
| 11. | Filmarchive | 256 |
| 11.1. | Einzelne Filmarchive | 258 |
| 12. | Plakatarchive | 260 |
| 13. | Ausgewählte Bestandsverzeichnisse, Allgemeine Nachweise, Unabhängige Nachweise | 260 |

Personenregister 263

# 1. Allgemeines

## 1.1. Allgemeines: Nachschlagewerke

001
Anderson, Peter Joseph: Research guide in journalism.
Morristown: General Learning Pr. 1974. IX, 229 S.

002
Archiv- und Dokumentationswesen in der Publizistik. Eine Auswahlbibliographie. Bearb.: Roland Seeberg-Elverfeldt.
In: Roman Muziol: Pressedokumentation. 3. erweiterte u. ergänzte Aufl.
München: Verl. Dokumentation 1971. (Titel-Nr. 027)
S. 143-192.

003
Cataloging motion picture films. A descriptive bibliography. Ed. Harriet W. Aveney.
In: The American Archivist 39 (1976) 167-175.

004
Cinematographic institutions. A report by the International Film and Television Council - IFTC -.
Paris: UNESCO 1973. 97 S.
(Reports and papers on mass communication. 68.)

005
Directory of member archives. Compiled by Grace Koch. 2. ed.
Milton Keynes: International Ass. of Sound Archives IASA 1982. VI, 174 S.

006
Directory of newspaper libraries in the U.S. and Canada. Ed. Grace D. Parch.
New York: Special Libraries Ass. 1976. XII, 319 S.
= 2. ed. 1980 s. Titel-Nr. 017

007
Impressum zwei. Schweizerisches Handbuch für Text- und Photoarchive.
Manuel suisse des archives photographiques et de textes. Manuale svizzero per archivi di testi e fotografici.
Mettmettenstetten: Impressum Medienpublikationen
1. 1981/1982. T. 1. 2. 203, 61 S.

008
Informateur sur les centres de recherches en matière de la science sur les moyens de communication de masse des pays socialistes européens. Elaboré: Teresa Lisicka. 2. éd. par Danuta Wagiel.
Kraków: Ośrodek Badan Prasoznawczych RSW "Prasa-Ksiazka-Ruch" 1974. 90 S.

009
Information retrieval systems for newspapers. A comparison. Compiled by Patrick V. Drotos.
Darmstadt: IFRA INCA-FIEJ Research Ass. o. J.

010
Die Inhaltserschließung von Zeitungen. Eine internationale Übersicht über Zeitungsindices und Zeitungsinhaltsbibliographien. Bearb.: Johannes Buder.
Berlin: Deutscher Bibliotheksverband, Arbeitsstelle für das Bibliothekswesen 1978. 119 S.
(Bibliotheksdienst. Beih. 133.)

011
International directory of film and tv documentation sources. Ed. Brenda Davies. Revised and enlarged ed.
Bruxelles: Fédération Internationale des Archives du Film 1980. IV, 86 S.
= Orig.: FIAF directory of film and documentation. 1976.

012
De Krant in bibliotheek en documentatie. Een bibliografie. Ed. H. J. Hoes.
Uithoorn: Discom 1976. 18 S.
(Bibliografische bijdragen. 3/1976.)

013
Lexikon der Farbfoto-Archive. Nachweis der Bestände von Farbbildarchiven in aller Welt unter besonderer Berücksichtigung des gesamten deutschsprachigen Raumes. Mitarbeit: Adelheid Gerbster u. a.
Baden-Baden: Presse Informations Agentur 1973. 1039 S.

014
Lexikon der Fotoarchive. Sammelband '79.
Baden-Baden: Presse Informations Agentur 1980. 301 S.

015
Motion pictures, television and radio. A union catalogue of ms. and special collections in the western United States. Compiled and ed. by Linda Harris Mehr. Sponsored by the Film and Television Study Center.
Boston: Hall 1977. XXVII, 201 S.

016
Newspaper indexes. A location and subject guide for researchers. Ed. Anita Cheek Milner.
Metuchen: Scarecrow Pr.
1. 1977. VII, 198 S.
2. 1979. IX, 193 S.

017
Newspaper libraries in the U.S. and Canada. An SLA directory. Ed. Elizabeth L. Anderson. 2. ed.
New York: Special Library Ass. 1980. IX, 321 S.
= Orig.: Directory of newspaper libraries ... 1976. s. Titel-Nr. 006

018
Register til avisartikler.
Bergen: Univ. i Bergen, Senter for Mediaforskning 1982.
(Avisinform-rapport. 1982, 1.)

019
Researcher's guide to British film and television collections. Ed. Elizabeth Oliver.
London: British Univ. Film Council BUFC 1981. 176 S.

020
World film and television study resources. A reference guide to major training centers and archives. Ed. Ernest D. Rose in cooperation with The Univ. Film Ass. and The International Liaison Center of Film and Television Schools.
Bonn: Friedrich-Ebert-Stiftung 1974. 421 S.
(FES mass media manual.)

021
Zeitungen in Bibliotheken. Aufsätze, Monographien und Rezensionen der Jahre ... Zusammengestellt von Wilbert Ubbens u. Willi Höfig.
In: Bibliothek. Forschung und Praxis
   1980/1981. In 6 (1982) 3, 259-263.


## 1.2. Allgemeines: Übersichten, Einführungen

022
Archive: Endlager oder Aufbereitung? (11 Beiträge.)
In: Medium 12 (1982) 3, 1-36.
= Themenheft

023
Freudenfeld, Burghard: Der informierte Bürger. Über den Umgang mit Quellen.
In: Medienarchive in Gegenwart und Zukunft.
   München: Saur 1983. (Titel-Nr. 025)
   S. 19-44.

024
Medien und Archive. Beiträge zur Rolle moderner Archive in Information und Dokumentation. Hrsg. Gerhard Mantwill.
Pullach: Verl. Dokumentation 1974. 348 S.

025
Medienarchive in Gegenwart und Zukunft. Heilbronn, Okt. 1981, Köln, Mai 1982. Zusammenstellung: Marianne Englert, Gerhard Mantwill.
München: Saur 1983. 279 S.
(Presse-, Rundfunk- und Filmarchive, Mediendokumentation. 4.)
(Protokoll der Tagung der Fachgruppe Presse-, Rundfunk- und Filmarchivare im Verein deutscher Archivare. 39/40.)

026
Mills, T. F.: Preserving yesterday's news for today's historian. A brief history of newspaper preservation, bibliography and indexing.
In: Journal of Library History 16 (1981) 3, 463-487.

027
Muziol, Roman: Pressedokumentation. Wegweiser für die Arbeit in Pressearchiven. Mit einer Auswahlbibliographie (Archiv- und Dokumentationswesen in der Publizistik) von Roland Seeberg-Elverfeldt. 3. erweiterte u. ergänzte Aufl.
München: Verl. Dokumentation 1971. 196 S.

028
Presse-, Rundfunk- und Filmarchive, Mediendokumentation. Protokoll der ... Tagung der Fachgruppe Presse-, Rundfunk- und Filmarchivare im Verein deutscher Archivare ... Zusammenstellung: Marianne Englert.
München: Saur
(1.) 35. Tagung, Baden-Baden/Offenburg 8.-11. Mai 1979. 1979. 162 S.
2. Nürnberg, 5.-8. Mai 1980. 1980. 216 S.


2. Rechtsfragen


029
Englert, Marianne: Datenschutz in Medienarchiven.
In: Der Archivar 34 (1981) 1, 197-204.

030
Englert, Marianne: Grenzen der Auswertung personenbezogener Daten durch die Datenschutzgesetzgebung.
In: Fachgruppentagung der Presse-, Rundfunk- und Filmarchivare.
   29. Mainz, 18.9.1975.
   Ms 29,3
dto in: Der Archivar 29 (1976) 2, 169-174.

031
Englert, Marianne: Vervielfältigung und Unrheberrecht.
In: Fachgruppentagung der Presse-, Rundfunk- und Filmarchivare.
   23. Dortmund, 21.9.1971.
   Ms 23,1.

032
Goose, Dieter: Urheberrechtliche Probleme der Pressedatenbank.
In: Gewerblicher Rechtsschutz und Urheberrecht 75 (1973) 1, 4-15.
= Gutachten für dpa

033
Hörle, Ulrich: Auswirkungen der Datenschutzgesetzgebung auf die Pressedokumentation.
In: Fachgruppentagung der Presse-, Rundfunk- und Filmarchivare.
   33. Marburg, 24.-27.4.1978.
   Ms 33,3

034
Hubmann, Heinrich: Urheberrechtliche Probleme bei der kooperativen Verfilmung von Zeitungen. Rechtsgutachten erstellt im Auftrag des Deutschen Bibliotheksinstituts.
Berlin: Deutsches Bibliotheksinstitut 1980. 32 Bl.
(DBI-Materialien. 1.)

035
Rahlenbeck, Eckhard: Szenarien zu Entwicklung und Umfeld von Mediendatenbanken und ihre Beziehung zum Datenschutz.
In: Internationale Pressedatenbanken.
   Berlin: Ges. für Technologiefolgenforschung GTF 1981. (Titel-Nr.170)
   S.79-85.

036
Schmitz-Esser, Winfried: Aspekte des Datenschutzes in Pressedatenbanken, dargestellt am Beispiel Gruner + Jahr.
In: Internationale Pressedatenbanken.
   Berlin: Ges. für Technologiefolgenforschung GTF 1981. (Titel-Nr. 170)
   S. 95-105.

s.a. Titel-Nrn.: 037, 038, 041, 170

## 3. Wirtschaftsfragen

037
Archivbewertung bei Zeitschriftenverlagen. Urteil des Finanzgerichts
Baden-Württemberg vom 28.3.1973 - II 143/71, EFG 9/73 -.
In: Börsenblatt für den Deutschen Buchhandel Frankfurt 30 (1974) 4, 56+58,

038
Früchtnicht, H.: Verlagsarchive bei der Einheitsbewertung.
In: Archiv für Presserecht 23 (1975) 1, 772-773.
= Über Urteil des Bundesfinanzhofs vom 8.11.1974 - III 90/93 -

039
Marble, Theodore F.: Die Weiterverwendung der Zeitungsinformation.
In: Die Neuen Medien. Symposium 5Y77. Wien, 1.-2.12.1977.
   Darmstadt: INCA-FIEJ Research Ass. 1977.
   o. Pag., 7 Bl., Kap. 12

040
Reed, Jutta R.: Cost comparison of periodicals in hard copy and on microform.
In: Microform Review 5 (1976) 3, 185-192.

041
Verlagsarchive nicht bewertbar. Urteil des Bundesfinanzhofs vom 6.11.1974
- III R 90/73 -.
In: Börsenblatt für den Deutschen Buchhandel Frankfurt 31 (1975) 72,
   1192-1194.


s.a. Titel-Nrn.: 049, 163, 325


## 4. Beziehungen zur journalistischen Arbeit

042
Dawo, Conrad: Wechselbezüge zwischen Archiven und aktuellen Hörfunk-
und Fernsehprogrammen.
In: Fachgruppentagung der Presse-, Rundfunk- und Filmarchivare.
   24. Saarbrücken, 24.-27.4.1972.
   Ms 24,3

043
Hertwig, Jens A.: Computer-Kompetenz. Elektronische Pressearchive und die Folgen für den Journalismus.
In: Medium 12 (1982) 3, 9-13.

044
Katz, Klaus: Die audiovisuellen Heinzelmännchen von Köln. Archivnutzung aus der Sicht der Programmacher.
In: Medienarchive in Gegenwart und Zukunft.
   München: Saur 1983. (Titel-Nr. 025)
   S.197-210.

045
Kissinger, R.: Nutzung eines IVS-Modells durch Fernsehredakteure.
Wien: Basis Research 1981.

046
Kissinger, R.: Nutzung eines IVS-Modells durch Hörfunkredakteure.
Wien: Basis Research 1982.

047
Krings, Alfred: Ein Computer voll Musik. Die Arbeit mit der Musikdatenbank aus der Sicht des Programmgestalters.
In: Medienarchive in Gegenwart und Zukunft.
   München:Saur 1983. (Titel-Nr. 025)
   S.211-220.

048
Rahlenbeck, Eckhard:
Recherche hat Ruh'. Chancen der Informations- und Dokumentationssysteme für die journalistische Verwertung.
In: Journalismus und Journalismus. Plädoyers für Recherche und Zivilcourage.
   München: Ölschläger 1980.
   (Reihe Praktischer Journalismus. Bd.3.)
   S.87-96.
Kurzfassung als: Recherche hat Ruh'.
In: Journalist (1980) 1, 27-30.

049
Rocholl, Peter: Programmliche und wirtschaftliche Perspektiven der Verwertung von Archiv- und Fundusbeständen.
In: Fachgruppentagung der Presse-, Rundfunk- und Filmarchivare.
   24. Saarbrücken, 24.-27.4.1972.
   Ms 24,2

050
Spohn, Kurt: Informationsbeschaffung und Verifikation, dargestellt am Beispiel einer politischen Magazinsendung.
In: Fachgruppentagung der Presse-, Rundfunk- und Filmarchivare.
   27. Hamburg, 6.-9.5.1974.
   Ms 27,2

051
Syvertsen, Trine: Journalistenes bruk av informasjonskilder. Förelöpig report.
Bergen: Bergens Univ., Senter for Mediaforskning 1982. 78 S.
(Avisinform. Rapport. Nr. 1982, 1.)


s.a. Titel-Nrn.: 167, 284, 285, 296, 311, 336, 370



## 5. Berufsfragen: Presse-, Rundfunk-, Fernseh-, Filmarchivare


052
Englert, Marianne: Anforderungen an den Redaktionsarchivar.
In: Medien und Archive.
   Pullach: Verl. Dokumentation 1974. (Titel-Nr. 024)
   S. 44-49.

053
Englert, Marianne: Arbeitstagung der Presse-, Rundfunk- und Filmarchivare in Koblenz.
In: Der Archivar 29 (1976) 3, 306-310.

054
Englert, Marianne: Arbeitstagung der Presse-, Rundfunk- und Filmarchivare in Essen.
In: Der Archivar 30 (1977) 3, 310-314.

055
Englert, Marianne: Arbeitstagung der Fachgruppe Presse-, Rundfunk- und Filmarchivare in Marburg.
In: Der Archivar 31 (1978) 3, 399-403.

056
Englert, Marianne: Arbeitstagung der Fachgruppe Presse-, Rundfunk- und Filmarchivare in Baden-Baden.
In: Der Archivar 32 (1979) 3, 358-362.

057
Englert, Marianne: Fachgruppe 7: Presse-, Rundfunk- und Filmarchivare.
In: Der Archivar 31 (1978) 1, 58-62.

058
Englert, Marianne: Fachgruppe 7: Archivare and Presse-, Rundfunk- und Filmarchiven.
In: Der Archivar 32 (1979) 1, 78-80.

059
Englert, Marianne: Fachgruppe 7: Presse-, Rundfunk- und Filmarchivare.
In: Der Archivar 33 (1980) 1, 52-53.

060
Englert, Marianne: Fachgruppe 7: Presse-, Rundfunk- und Filmarchivare.
In: Der Archivar 35 (1982) 1, 45-47.

061
Entwurf eines Fortbildungsprogramms für Medienarchivare/-dokumentare.
Diskussionspapier. Mitglieder der Arbeitsgemeinschaft: Anni Anders u. a.
Frankfurt: Fachgruppe Presse-, Rundfunk- und Filmarchivare des VdA
um 1981. 49 Bl.
dto in: Elektronische Datenverarbeitung in Medienarchiven und Fachinfor-
   mationssystemen.
   München: Saur 1981. (Titel-Nr. 125)
   S. 145-190.

062
Heckmann, Harald: Was erwarten die Rundfunkarchivare von der weiteren
Arbeit der Fachgruppe?
In: Fachgruppentagung der Presse-, Rundfunk- und Filmarchivare.
   30. Koblenz, 10.-13.5.1976.
   Ms 30,2

063
Ketnath, Hans: Die Aufgaben des Fernseh-Archivars.
In: Medien und Archive.
   Pullach: Verl. Dokumentation 1974. (Titel-Nr. 024)
   S. 50-55.

064
Koszyk, Kurt: Was erwarten die Pressearchivare von der weiteren Arbeit
der Fachgruppe?
In: Fachgruppentagung der Presse-, Rundfunk- und Filmarchivare.
   30. Koblenz, 10.-13.5.1976.
   Ms 30,1

065
Mantwill, Gerhard: Das Berufsbild des Pressearchivars.
In: Medien und Archive.
   Pullach: Verl. Dokumentation 1974. (Titel-Nr. 024)
   S. 36-43.

066
Mantwill, Gerhard: Fortbildungsprogramm für Medienarchivare/-dokumentare.
In: Der Archivar 34 (1981) 3, 373-378.

067
Mantwill, Gerhard: Frühjahrstagung der Presse-, Rundfunk- und Filmarchivare in Nürnberg.
In: Der Archivar 33 (1980) 1, 338-342.

068
Mantwill, Gerhard: Frühjahrstagung der Presse-, Rundfunk und Filmarchivare in Kassel.
In: Der Archivar 34 (1981) 3, 416-419.

069
Mantwill, Gerhard: Frühjahrstagung der Presse-, Rundfunk- und Filmarchivare in Köln.
In: Der Archivar 35 (1982) 4, 482-485.

070
Der Medienarchivar/Mediendokumentar. Eingangsvoraussetzungen und Tätigkeiten. Ein Beitrag zu einem einheitlichen Berufsbild.
In: Der Archivar 32 (1979) 2, 271-275.
dto in: Nachrichten für Dokumentation 30 (1979) 4/5,

071
Neu in der SVD: Fachgruppe Mediendokumentation.
In: Vereinigung Schweizerischer Bibliothekare/Schweizerische Vereinigung für Dokumentation. Nachrichten, Nouvelles, Notizie 57 (1981) 6, 375-376.

072
Seeberg-Elverfeldt, Roland: Arbeitstagung der Presse-, Rundfunk- und Filmarchivare in Saarbrücken, 24.-26.4.1972.
In: Der Archivar 25 (1972) 3, 306-309.

073
Seeberg-Elverfeldt, Roland: 25.Arbeitstagung der Presse-, Rundfunk- und Filmarchivare in München.
In: Der Archivar 26 (1973) 3, 576-578.

074
Seeberg-Elverfeldt, Roland: 27.Arbeitstagung der Presse-, Rundfunk- und Filmarchivare in Hamburg.
In: Der Archivar 27 (1974) 4, 486-487.

075
Seeberg-Elverfeldt, Roland: Der Archivar und die Massenmedien.
In: Der Archivar 26 (1973) 3, 527-530.

076
Seeberg-Elverfeldt, Roland: Archivare an Presse-, Rundfunk- und Filmarchiven.
In: Der Archivar 24 (1971) 1, 46.

077
Seeberg-Elverfeldt, Roland: Archivare an Presse-, Rundfunk- und Filmarchiven.
In: Der Archivar 27 (1974) 1, 55-58.

078
Seeberg-Elverfeldt, Roland: Archivare and Presse-, Rundfunk- und Filmarchiven.
In: Der Archivar 29 (1976) 1, 63-64.

079
Seeberg-Elverfeldt, Roland: Aus- und Fortbildungskurse für Archivare von Presse und Rundfunk.
In: Fachgruppentagung der Presse-, Rundfunk- und Filmarchivare.
   24. Saarbrücken, 24.-27.4.1972.
   Ms 24,6

080
Seeberg-Elverfeldt, Roland: Europäische Studientagung der Presse-, Rundfunk- und Filmarchivare in Luxembourg, 10.-13. Mai 1971.
In: Der Archivar 24 (1971) 421-423.

081
Seeberg-Elverfeldt, Roland: Die Fachgruppe der Presse-, Rundfunk- und Filmarchivare.
In: Fachgruppentagung der Presse-, Rundfunk- und Filmarchivare.
   22. Luxemburg, 10.-13.5.1971.
   Ms 22,7

082
Seeberg-Elverfeldt, Roland: Leistung und Ziele der Fachgruppe Presse-, Rundfunk- und Filmarchivare.
In: Fachgruppentagung der Presse-, Rundfunk- und Filmarchivare.
   29. Mainz, 18.9.1975.
   Ms 29,1

083
Seeberg-Elverfeldt, Roland: Der Medienarchivar.
In: Fachgruppentagung der Presse-, Rundfunk- und Filmarchivare.
   27. Hamburg, 6.-9.5.1974.
   Ms 27,3

084
Somogyi, Ladislaus: Der Funkarchivar. Eine Differentialdiagnose.
In: Fachgruppentagung der Presse-, Rundfunk- und Filmarchivare.
   22. Luxemburg, 10.13.5.1971.
   Ms 22,7

s.a. Titel-Nr.: 178

## 6. Textarchive

085
Grégoire, Pierre: Das Archiv als Kulturgut.
In: Fachgruppentagung der Presse-, Rundfunk- und Filmarchivare.
   22. Luxemburg, 10.-13.5.1971.
   Ms 22,2

086
Koszyk, Kurt: Bestandserschließung zwischen Pressearchiven durch Informationsaustausch.
In: Fachgruppentagung der Presse-, Rundfunk- und Filmarchivare.
   34. Hamburg, 3.10.1978.
   Ms 34,1

087
Plan tot instelling van een centrale dienst voor persdocumentatie. Rapport van de ANP werkgroep Centrale Persdocumentatie.
Den Haag: ANP 1977. 26 S.

088
Schmitz-Esser, Winfried: Elektronische Datenbanken für Presse- und Funk. Eine internationale Umschau.
In: Fachgruppentagung der Presse-, Rundfunk- und Filmarchivare.
   33. Marburg, 24.-27.4.1978.
   Ms 33,4

089
Schmitz-Esser, Winfried: A review of the world's press information banks.
In: International On-line Information Meeting, 2: London, 5-7.Dec.1978.
   Papers.
   Oxford: Learned Information 1978.
   243-250.

090
Schmitz-Esser, Winfried: (Übersicht über Pressedatenbanken.)
In: Electronic archives and information banks.
   Darmstadt: IFRA 1980. (Titel-Nr.123)
   o.Pag., 10 S., Kap.3

091
Seeberg-Elverfeldt, Roland: Pressedokumentation in Deutschland.
In: Archiv und Wirtschaft 4 (1971) 4, 85-86.

092
Stafford, Robert: Australian newspaper index feasibility study. Report.
Canberra: National Library of Australia 1980. 46 S.
(Development of resource sharing networks. Network study. No.13.)

093
Vitek, Clement G.: A philosophy of newspaper indexing.
Reston: American Newspaper Publishers Ass. 1973.

## 6.1. Textarchive - Methodik

094
Armstrong, Thomas F. u. Janice C. Fennell: Historical and genealogical gold mine. An index project for a small-town newspaper.
In: RQ 22 (1982/83) 2, 140-145.
= Über indexing project for the Milledgeville, Georgia, "Southern Reporter"

095
Brüderlin, Paul: Wer, was, wen, wie, wo und wann? Dokumentation in der Praxis. Eine Anleitung zur Ordnung von Dokumentensammlungen jeder Art. Zürich: Schulthess 1977. V, 106 S.

096
Dürr, Bodo: Thesaurus Politik fertiggestellt. Ein Beitrag zur Rationalisierung der Informationsarbeit.
In: Neue Deutsche Presse (1975) 15, 20-21.
= Über IDSM Informations- und Dokumentationssystem der Massenmedien

097
Grützke, Horst: u. Roswitha Reichelt: Brauchen wir den Presseausschnitt? Rationalisierung in der Informationstätigkeit.
In: Neue Deutsche Presse 35 (1981) 9, 22.

098
Grützke, Horst: Information/Dokumentation im Bereich der Massenmedien.
In: Theorie und Praxis des sozialistischen Journalismus (1978) 3, 64-76.
= Über IDSM

099
Grützke, Horst: Das Informations- und Dokumentationssystem der Massenmedien.
In: Informatik 23 (1976) 2, 49-50.

100
Hellack, Georg: Was ist informationspolitisch wichtig? Hinweise für die Auswertung von Periodika.
In: Medien und Archive.
  Pullach: Verl. Dokumentation 1974. (Titel-Nr. 024)
  S. 169-177.

101
Leitfaden der Pressedokumentation. Erarbeitet von einer Arbeitsgruppe der Arbeitsgemeinschaft der Pressereferenten der Obersten Bundesbehörden mit Unterstützung durch Ulrich Neveling und Gernot Wersig.
Bonn: Bundesmin. des Innern 1980. 140 S.

102
Mantwill, Gerhard: Informationserfassung, Informationserschließung und Informationsvermittlung in einem Pressearchiv.
In: Medien und Archive.
    Pullach: Verl. Dokumentation 1974. (Titel-Nr. 024)
    S. 178-185.

103
Mantwill, Gerhard: Inhaltliche Erschließung von Zeitungsinformationen: Schlagwörter, Klassifikationen, Thesauri.
In: Fachgruppentagung der Presse-, Rundfunk- und Filmarchivare.
    33. Marburg, 24.-27.4.1978.
    Ms 33,5

104
Montague, P. McC.: Technological changes that may affect newspaper libraries in the future.
In: Aslib Proceedings 25 (1973) 6, 216-219.

105
Otto, Frieda: Die Erschließung des Zeitungsinhalts.
In: Zeitung und Bibliothek.
    Pullach: Verl. Dokumentation 1974. (Titel-Nr. 247)
    S. 77-82.

106
Perica, Esther: Newspaper indexing for historical sciences, colleges and high schools.
Monroe: Library Research Ass. 1975. 55 S.

107
Schmit, Felix: Probleme der Auswertung und Archivierung der zwei- und mehrsprachigen Presse am Beispiel Luxembourgs.
In: Medien und Archive.
    Pullach: Verl. Dokumentation 1974. (Titel-Nr. 024)
    S. 186-192.

108
Schneider, Klaus: Informationsverarbeitung für das Archiv.
In: Fachgruppentagung der Presse-, Rundfunk- und Filmarchivare.
    22. Luxemburg, 10.-13.5.1971.
    Ms 22,2

109
Walker, Dorothy: Cataloguing Indian English language newspapers. A bibliographical and historical study.
In: International Library Review 13 (1981) 201-209.

110
Whatmore, Geoffrey: Classification for news libraries.
In: Aslib Proceedings 25 (1973) 6, 207-215.

111
Whatmore, Geoffrey: The modern news library. Documentation of current affairs in newspapers and broadcasting libraries.
London: Library Ass. 1978. 202 S.

112
Whiffin, Jean: Guidelines for union catalogues of serials. First draft prepared for the IFLA Section on Serial Publication.
Victoria: Univ. of Victoria Library 1981. II, 67 Bl.
= Betrifft auch Zeitungen

113
Woods, Elaine W.: Newspaper cataloging manual.
Washington: Library of Congress um 1981. getr. Pag.


s.a. Titel-Nrn.: 027, 093, 166



6.1.1. Textarchive - Methodik - Ausschnitte


114
Hanke, Manfred: Vom Nutzen der guten alten Dampfdokumentation. Eine Ermutigung für alle, die nicht auf Elektronik setzen.
In: Fachgruppentagung der Presse-, Rundfunk- und Filmarchivare.
   31. Essen, 9.-12.5.1977.
   Ms 31, 6

115
Howcroft, Bernard u. Irene Wagner: Press cuttings.
London: International Co-operative Alliance 1980. 28 S.
(Co-operative library guide.)

116
Whatmore, Geoffrey: Vanishing press cuttings.
In: The British Library, Newspaper Library. Newsletter (1981) 3, 2.


s.a. Titel-Nrn.: 097, 151, 159

## 6.1.2. Textarchive - Methodik - EDV


117
Computer-assisted newspaper archives. La documentation automatisée dans la presse. Rechnergesteuerte Zeitungsarchive. IFRA-Symposium über Rechnergesteuerte Zeitungsarchive, Paris, 30.11.-1.12.1978.
Symposium 5Y78.
Darmstadt: INCA-FIEJ Research Ass. IFRA 1978. o. Pag.

118
Computer unterstützen Zeitungsarchive. Ein IFRA-Symposium mit Ausblicken in künftige Formen des Informationsgeschehens.
In: Der Druckspiegel (1979) 1, 36-46.

119
Danilenko, Leo: Digitalisierung elektronischer Speichermedien. Optische Datenträger für die Archive der Zukunft.
In: Medienarchive in Gegenwart und Zukunft.
   München: Saur 1983. (Titel-Nr. 025)
   S. 179-195.

120
Dégez-Vataire, Danièle: L'Automatisation de la documentation en France.
In: Computer-assisted newspaper archives.
   Darmstadt: IFRA 1978. (Titel-Nr. 117)
   o. Pag., Kap. 2

121
Drotos, Patrick V.: (Characteristics of information retrieval systems.)
In: Electronic archives and information banks.
   Darmstadt: IFRA 1980. (Titel-Nr. 123)
   o. Pag., 4 S., Kap. 4

122
Drotos, Patrick V.: Elektronische Zeitungsarchive. Theorie und Praxis.
In: Elektronische Datenverarbeitung in Medienarchiven und Fachinformationssystemen.
   München: Saur 1981. (Titel-Nr. 125)
   S. 27-38.

123
Electronic archives and information banks. Elektronische Archive und Informationsbanken. Archives électroniques et banques d'information. Papers, Manuskripte, manuscrits. 2.-3.12.1980, Paris.
Darmstadt: INCA-FIEJ Research Ass. IFRA 1980. getr. Pag.
(IFRA events.)

124
Elektronik greift in die Zeitungsarchive über. Bericht über das IFRA-
Symposium "Rechnergesteuerte Zeitungsarchive" am 30.11.u.1.12.1978
in Paris. 1 - 3.
In: Der Polygraph (1979) 7, 551-556 u. 8, 673-679 u. 9, 804-813.

125
Elektronische Datenverarbeitung in Medienarchiven und Fachinformations-
systemen. Kassel, 4.-7. Mai 1981. Zusammenstellung: Marianne Englert
u. Gerhard Mantwill.
München: Saur 1981. 192 S.
(Presse-, Rundfunk- und Filmarchive, Mediendokumentation. 3.)
(Protokoll der Tagung der Fachgruppe Presse-, Rundfunk- und Filmarchive
im Verein deutscher Archivare. 38.)

126
Elektronische Zeitungsarchive und Pressedatenbanken.
In: Zeitungstechnik (1981) 3, 4-23.

127
Endlund, Nils E.S.: Computers and the newspaper library. Introduction
and posing of the problem.
In: Computer assisted newspaper archives.
   Darmstadt: IFRA 1978. (Titel-Nr. 117.)
   o. Pag., Kap. 1

128
Giering, Richard H.: (The full-text technology.)
In: Electronic archives and information banks.
   Darmstadt: IFRA 1980.
   o. Pag., 5 S., Kap. 14

129
Habel, Bernd: IBS als Beispiel für den integrierten Einsatz verschiedener
Informations- und Datenbanksysteme.
In: Datenbasen, Datenbanken, Netzwerke. Praxis des Information Retrieval.
   Hrsg. von Rainer Kuhlen. Bd. 1: Aufbau von Datenbasen.
   München: Saur 1979.
   S. 195-219.

130
Heese, Claudia: Alternative Datenverarbeitungskonzepte zur Bereitstellung
von interner Information in Medienarchiven.
In: Medienarchive in Gegenwart und Zukunft.
   München: Saur 1983. (Titel-Nr. 025)
   S. 81-108.

131
Hempelmann, Gernot: EDV und Microfiche in der Pressedokumentation.
In: Der Polygraph 31 (1978) 15, 1178-1180.

132
Hock, Johannes J.: Elektronik im Zeitungsarchiv. 1.2.
In: ZV+ZV 76 (1979) 4, 159-162 u. 12/13, 502-505.

133
Ist das computergestützte Archiv ein "gedanklicher Spaziergang"? Archive, Datenbanken, Kommunikationssysteme, Informationsverarbeitung.
In: Deutscher Drucker (1979) 3, 18-26.

134
Knappskog, Karl: Automatisering av gjenfinningssystem for avismateriale. Förebels rapport. 1.
Bergen: Bergens Univ., Senter for Mediaforskning 1982. 175 S.
(Avisinform. Rapport. Nr. 1982, 3.)

135
Nürnberger, Albrecht: Maschinelle Dokumentation. Ein Ausweg zur Bewältigung von Archivproblemen.
In: Medien und Archive.
   Pullach: Verl. Dokumentation 1974. (Titel-Nr. 024)
   S. 316-326.

136
Pohlert, Thilo: Grundlagen der Informationsbank.
In: Electronic archives and information banks.
   Darmstadt: IFRA 1980. (Titel-Nr. 123)
   11 S., Kap. 1

137
Pohlert, Thilo: Datenbank für Presse und Rundfunk. Konzeption und Planung.
In: IBM-Nachrichten 22 (1972) 210, 109-113.

138
Die Renaissance des Zeitungsarchivs. 1.2.
In: Zeitungstechnik (1979) 1, 4-18 u. 2, 4-22.

139
Schmitz-Esser, Winfried: Der Konflikt zwischen Dokumentationssprache und natürlicher Sprache in Medien-Datenbanken. Eine Topografie und ein Katalog von Anforderungen an die Informationslinguistik.
In: Medienarchive in Gegenwart und Zukunft.
   München: Saur 1983. (Titel-Nr. 025)
   S. 137-146.

140
Sprick, Klaus: Stand und Entwicklungstendenzen der Datenübertragung im Einsatz für die Presse. Nützen uns die neuen Datennetze?
In: Electronic archives and information banks.
   Darmstadt: IFRA 1980. (Titel-Nr. 123)
   11 S., Kap. 15

141
Workshop "Text-Datenbank Presseausschnitte" vom 20.21.12.1982 in Köln. Ergebnisprotokoll. Teilnehmer: Brigitte Braun u.a., Projektleitung: Hans Gilles.
Köln: Westdeutscher Rundfunk 1983. 20 Bl.
= Manuskript


s.a. Titel-Nrn.: 009, 096, 098, 099, 104, 188
sowie generell die Titelgruppen 6.2.1.; 6.5.1.; 6.7.; 6.7.1.


6.1.3. Textarchive - Methodik - Mikroformen


142
Das Angebot von Zeitungen auf Mikroformen. Referate des Seminars vom 23. März 1976.
Dortmund: Mikrofilmarchiv der deutschsprachigen Presse 1976. 65 S.

143
Dagspress på mikrofilm. Tidningsfilmingens omfattning och organisation m.m. Rapport av Tidningsfilmingskommittén.
Stockholm: Allmänna Forl. 1975. 80 S.
(Utbildningsdepartementet. 1975,4.)

144
Höfig, Willi: Zeitungspapier und Mikrofilm. Ihre Lebensdauer im bibliothekarischen Betrieb. Literaturübersicht.
Berlin: Deutscher Bibliotheksverband 1979. V, 257 S.
(Arbeitsstelle für das Bibliothekswesen. Materialien. 24.)

145
Hofmaier, Dietrich: Die Mikrofilmlagerung in Archiven.
In: Der Archivar 31 (1978) 2, 225-234.

146
Mikroformen und Bibliothek. Hrsg. von Gert Hagelweide.
München: Verl. Dokumentation 1977. 471 S.

147
Majumdar, Gopal Kumar: Newspaper microfilming. A plea for newsprint documentation.
Calcutta: Mukhopadhyay 1974. XIV, 132 S.

148
Microfilming of newspapers on 35 mm unperforated microfilm for archival purposes. Micrographie des journaux sur film de 35 mm non perforé destiné à l'archivage.
Geneva: International Organization for Standardization 1979. 8 S.
(International Standard ISO. 4087.)

149
Misterek, Werner u. Eberhard Thiele: Mikrofilmtechnik für die Massenmedien.
In: Neue Deutsche Presse (1975) 23, 10-11.

150
Newspaper microfilming practices in the U.S.: An OAH survey.
In: Newspaper and Gazette Report 5 (1977) 2, 32-35.

151
Peters, Wilhelm: Presseausschnittarchive auf Mikroformen. Normung der Verfilmung von Presseausschnitten.
In: Fachgruppentagung der Presse-, Rundfunk- und Filmarchivare.
   32. Berlin, 21.9.1977.
   Ms 32,1

152
Peters, Wilhelm: Richtlinien für die Zeitungsverfilmung; DIN 19057 - Verfilmung von Zeitungen.
In: Das Angebot von Zeitungen auf Mikroformen.
   Dortmund: Mikrofilmarchiv der deutschsprachigen Presse 1976. (Titel-Nr. 142)
   S. 36-39.

153
Richtlinien für die Mikroverfilmung von Zeitungen.
In: Zeitung und Bibliothek.
   Pullach: Verl. Dokumentation 1974. (Titel-Nr. 247)
   S. 280-291.
dto in: Medien und Archive.
   Pullach: Verl. Dokumentation 1974. (Titel-Nr. 024)
   S. 151-158.

154
Seeberg-Elverfeldt, Roland: Probleme der Mikroverfilmung und Bestands-
übersichten von Pressearchivgut.
In: Fachgruppentagung der Presse-, Rundfunk- und Filmarchivare.
21. Ulm, 22.-23.9.1970.
Ms 21,2
dto als: Probleme der Filmpublikation von Presse-, Film- und Rundfunk-
archivgut.
In: Der Archivar 24 (1971) 2, 152-154.

155
Specifications for the microfilming of newspapers in the Library of Congress.
Prepared by the Photoduplication Service.
Washington: Library of Congress 1972. V, 17 S.

156
Verfilmung von Zeitungen. Aufnahme auf Film 35 mm. DIN 19057.
Berlin: Beuth 1976. 4 S.
(Deutsche Normen DIN. 19057.)

157
Verfilmung von Zeitungen. Aufnahme auf Film 35 mm. Entwurf DIN 19057,
Juni 1981.
Berlin: Beuth 1981. 7 S.

158
Werner, Andreas u. Margot Wiesner, Peter Heydt: Mikroformen. Ein
Leitfaden für Einkauf und Bearbeitung in Bibliotheken.
München: Saur 1980. 224 S.

159
Whatmore, Geoffrey u. John Daligan; Tony Archard: A microfilm system
for press cuttings.
In: Reprographic Quarterly 10 (1976/77) 2, 49-51.
= Über Mikrofilm-Verwendung in der BBC News Library

160
Die Zeitung auf Mikrofilm. Referate anläßlich des am 7. März 1972 in
Bonn durchgeführten Seminars. Veranstalter: Mikrofilmarchiv der
deutschsprachigen Presse.
Düsseldorf: Agfa-Gevaert, Fachabt. Mikrokopie 1972. 29 S.


s.a. Titel-Nrn.: 040, 119, 131, 174, 192, 226, 239, 251, 273, 363, 426

## 6.2. Textarchive - Verlage/Agenturen

161
Brüderlin, Paul: Aufbau und Aufgaben von Redaktionsarchiven politischer Tageszeitungen.
In: Medien und Archive.
    Pullach: Verl. Dokumentation 1974. (Titel-Nr. 024)
    S. 193-199.

162
Bruijn, Kees J. de: Electronic archives and information banks. Basis of tomorrow's newspapers.
In: Electronic archives and information banks.
    Darmstadt: IFRA 1980. (Titel-Nr. 123)
    7 S., Kap. 2

163
Burkhardt, Friedrich W.: Das elektronische Archiv als verlegerische Entscheidung. Stichworte zu einem Referat.
In: Elektronische Datenverarbeitung in Medienarchiven und Fachinformationssystemen.
    München: Saur 1981. (Titel-Nr. 125)
    S. 23-26.

164
Elliott, Larry: (The editorial information system in terms of group newspapers.)
In: Electronic archives and information banks.
    Darmstadt: IFRA 1980. (Titel-Nr. 123)
    6 S., Kap. 7

165
Englert, Marianne: Entscheidend ist der schnelle Zugriff. Das Zeitungsarchiv muß von allem etwas, aber nicht alles sammeln.
In: Die Zeitung 9 (1981) 5, 3+6.

166
Guidelines for newspaper libraries. Special Libraries Ass., Newspaper Division.
Reston: American Newspaper Publishers Ass. Foundation 1974.

167
Hermsdorff, Wolfgang: Die speziellen Arbeitsbedingungen von Redaktionsarchiven an Regionalzeitungen.
In: Fachgruppentagung der Presse-, Rundfunk- und Filmarchivare.
    33. Marburg, 23.-27.4.1978.
    Ms 33,15

168
Holbaek-Hanssen, Helge: Avisenes EDB- og arkivutrustning. Förelöpig rapport.
Bergen: Univ. i Bergen, Senter for Mediaforskning 1981. 43, 6 S.
(Avisinform-rapport.)

169
Holbaek-Hanssen, Helge: Avisinform. Prosjektbeskrivelse.
Bergen: Univ. i Bergen, Senter for Mediaforskning 1981. 21 Bl.

170
Internationale Pressedatenbanken. 1. Projektseminar zum Forschungsvorhaben "Datenschutz bei grenzüberschreitender Telekommunikation" (GRETEL) am 30. Apr. 1981 in Berlin.
Berlin: Ges. für Technologiefolgenforschung GTF 1981. 117 S.

171
Merker, Egon: Datenbanken für die Presse?
In: Fachgruppentagung der Presse-, Rundfunk- und Filmarchivare.
   25. München, 7.-10.5.1973.
   Ms 25, 8

172
Naeher, Gerhard: Bildschirmtext und seine Anwendungsmöglichkeiten in Zeitungsverlagen.
In: Presse-, Rundfunk- und Filmarchive, Mediendokumentation. (1.)
   München: Saur 1979. (Titel-Nr. 028)
   S. 105-118.

173
Rahmenkonzeption zur Errichtung einer Datenbank für Presse und Rundfunk. drp-ul.
Hamburg: Arbeitsgemeinschaft "Elektronisches Informations- und Dokumentationszentrum von Presse und Rundfunk (Datenbank)" 1974. getr. Pag.

174
Peters, Wilhelm: Einsatzmöglichkeiten des Mikrofilms in Zeitungsverlagen.
In: Die Zeitung auf Mikrofilm.
   Düsseldorf: Agfa-Gevaert 1972. (Titel-Nr. 160)
   S. 12-17.

175
Scholz, Edgar F.: Das lokale Zeitungsarchiv als öffentliche Informationsquelle.
In: Presse-, Rundfunk- und Filmarchive, Mediendokumentation. 2.
   München: Saur 1980. (Titel-Nr. 028)
   S. 113-119.


s.a. Titel-Nrn.: 006, 017, 052, 065, 117, 118, 123, 124, 125, 126,
      132, 134, 138

## 6.2.1. Textarchive - Verlage/Agenturen - Einzelne Pressearchive

176
Burns, J. Christopher: NEXIS: Lessons learned.
In: Electronic archives and information banks.
 Darmstadt: IFRA 1980. (Titel-Nr. 123)
 13 S., Kap. 10
= Über Washington Post u. Newsweek in NEXIS

177
Carlbom, Mats: (Om textarkiven på Dagens Nyheter/Expressen, Svenska Dagbladet och Aftonbladet.)
In: Journalisten (1980) 12, 18-19.

178
Chao, Jennifer: Documentalist. Dokumentar. Documentaliste.
In: Jobs in tomorrow's newspaper. Berufe in der Zeitung von morgen. Les hommes dans le journal de demain. Lausanne, Oct. 19-23.
 Darmstadt: INCA-FIEJ Research Ass. IFRA 1981.
 (IFRA Congress. 1981.)
 S. 115-122.
= Über Boston Globe newspaper library

179
Collins, George M.: The system in use at the Boston Globe library.
In: Computer assisted newspaper archives.
 Darmstadt: IFRA 1978. (Titel-Nr. 117)
 o. Pag., Kap. 7

180
Dégez-Vataire, Danièle: Les characteristiques de la documentation dans la presse. Le service de documentation du "Monde".
In: Presse-, Rundfunk- und Filmarchive, Mediendokumentation. (1.)
 München: Saur 1979. (Titel-Nr. 028)
 S. 153-160

181
Desban, Madelaine: (Le service de documentation du "Républicain Lorrain".)
In: Electronic archives and information banks.
 Darmstadt: IFRA 1980. (Titel-Nr. 123)
 5 S., Kap. 5

182
Durand, Françoise: Presse et documentation automatique. Bilan d'une expérience.
In: La Gazette des Archives 80 (1973) 27-41.
= Über La NouvelleRépublic du Centre-West, Tour

183
Das elektronische Archiv der Nachrichtenagentur ANSA.
In: Zeitungstechnik (1981) 3, 24-26.

184
Englert, Marianne: Archiv- und Dokumentationsangebot der "Frankfurter Allgemeinen Zeitung" via Btx.
In: ZV+ZV 79 (1982) 47, 1582-1583.

185
Englert, Marianne: Aufbau und Organisation eines Redaktionsarchivs am Beispiel des Zentralarchivs der Frankfurter Allgemeinen Zeitung.
In: Der Archivar 31 (1978) 2, 203-210.

186
Gottlieb, Max: Das Lokalarchiv einer Lokalzeitung.
In: ZV+ZV 68 (1971) 37/38, 1690-1691.
= Über "Der Teckbote"

187
Grabutznat, Friedhelm: Die Burda-Dokumentation.
In: Presse-, Rundfunk- und Filmarchive, Mediendokumentation. (1.)
   München: Saur 1979. (Titel-Nr. 028)
   S. 91-94.

188
Handbuch für die Textdokumentation. Handbuch Textdatenbasis. Handbuch Bilddatenbasis. Bearb.: Karsten Hartmann.
Hamburg: Gruner + Jahr 1982. Losebl.-Ausg.

189
Hanebuth, Jürgen: Die Zentralbibliothek des Axel-Springer-Verlages.
In: Elektronische Datenverarbeitung in Medienarchiven und Fachinformationssystemen.
   München: Saur 1981. (Titel-Nr. 125)
   S. 99-110.

190
Hayes, E. Kenneth: The Instellation of a library computer at the Los Angeles Times.
In: Computer assisted newspaper archives.
   Darmstadt: IFRA 1978. (Titel-Nr. 117)
   o. Pag., Kap. 9

191
Knaack, Jürgen: Eine Pressedatenbank für Text, Erschließung und Suche von heterogenen Inhalten mit differenziertem Vokabular.
In: Datenbasen, Datenbanken, Netzwerke. Hrsg. von Rainer Kuhlen.
   1. Aufbau von Datenbasen.
   München: Saur 1979.
   S. 171-194
= Über Gruner + Jahr Pressedatenbank

192
Kubink, Siegfried: Das Archiv des Verlages M. DuMont-Schauberg und seine Umstellung auf Mikrofilm.
In: Medienarchive in Gegenwart und Zukunft.
   München: Saur 1983. (Titel-Nr. 025)
   S. 245-249.

193
Lewis, Janice B.: The Stairs program in use at the Chicago Sun-Times.
In: Computer assisted newspaper archives.
   Darmstadt: IFRA 1978. (Titel-Nr. 117)
   o. Pag., Kap. 10

194
McCarty, Patricia: The United Press International communication system.
In: Internationale Pressedatenbanken.
   Berlin: GTF 1981. (Titel-Nr. 170)
   S. 30-36.

195
Massenberg, Christian: Die Einrichtungen und Arbeitsweise des Redaktionsarchivs der "Nürnberger Nachrichten".
In: Presse-, Rundfunk- und Filmarchive, Mediendokumentation. 2.
   München: Saur 1980. (Titel-Nr. 028)
   S. 121-126.

196
Mauch, Kurt: Die Datenbank für die deutsche Presse.
In: Fachgruppentagung der Presse-, Rundfunk- und Filmarchivare.
   24. Saarbrücken, 24.-27.4.1972.
   Ms 24,4

197
Mest, Elizabeth: A microfiche/computer system.
In: Computer assisted newspaper archives.
   Darmstadt: IFRA 1978. (Titel-Nr. 117)
   o. Pag., Kap. 5
= Über Call-Chronicle Newspapers, Allentown, PA

198
Miller, Edward D.: (The computerized library of Call-Chronicle Newspapers.)
In: Electronic archives and information banks.
   Darmstadt: IFRA 1980. (Titel-Nr. 123)
   6 S., Kap. 6

199
Nelsing, Jörn: REDAK, the information retrieval system at Politiken newspapers.
In: Computer assisted newspaper archives.
   Darmstadt: IFRA 1978. (Titel-Nr. 117)
   o. Pag., Kap. 3

200
Nürnberger, Albrecht u. Hans Schürfeld, Friedrich Weyer-Menkhoff:
Erfahrungen mit dem Pilotmodell einer Datenbank für Presse und
Rundfunk.
In: IBM-Nachrichten 22 (1972) 213, 396-403.
= Über dpa-Datenbank SUSY

201
Nürnberger, Albrecht u. Friedrich Weyer-Menkhoff: "Susy", die erste
Datenbank für die Presse.
In: Journalist 23 (1973) 2, 79-80.

202
Perll, Götz: Das Ringier Dokumentationszentrum. Die erste Presse-
datenbank der Schweiz.
In: Vereinigung Schweizerischer Bibliothekare, Schweizerische Vereinigung
    für Dokumentation. Nachrichten, nouvelles, notizie 57 (1981) 2, 51-57.

203
Pellissier, Edouard: (L'archive électronique d'AFP.)
In: Electronic archives and information banks.
    Darmstadt: IFRA 1980. (Titel-Nr. 123)
    6 S., Kap. 9

204
Persson, Kimmo: Why a computer in the archives.
In: Electronic archives and information banks.
    Darmstadt: IFRA 1980. (Titel-Nr. 123)
    6 S., Kap. 8
= Über Aftonbladet, Stockholm

205
Rhydwen, David A.: (The full text data base of the "Globe and Mail".)
In: Electronic archives and information banks.
    Darmstadt: IFRA 1980. (Titel-Nr. 123)
    8 S., Kap. 12

206
Rhydwen, David A.: The QL system as used at the Globe and Mail, Toronto.
In: Computer assisted newspaper archives.
    Darmstadt: IFRA 1978. (Titel-Nr. 117)
    o. Pag., Kap. 8

207
Schmid, Félix: Das Redaktionsarchiv des "Luxemburger Wort".
In: Fachgruppentagung der Presse-, Rundfunk- und Filmarchivare.
    22. Luxemburg, 10.-13.5.1971.
    Ms 22, 6

208
Schmitz-Esser, Winfried: Die Pressedatenbank für Text und Bild bei Gruner + Jahr.
In: Computer assisted newspaper archives.
   Darmstadt: IFRA 1978. (Titel-Nr. 117)
   o. Pag., Kap. 11

209
Schmitz-Esser, Winfried: Die Pressedatenbank für Text und Bild des Verlagshauses Gruner + Jahr.
In: Nachrichten für Dokumentation (1977) 3, 1-8.

210
Schmitz-Esser, Winfried: Die Pressedatenbank für Text und Bild des Verlagshauses Gruner + Jahr. Ein Online-Auskunftssystem mit allgemeiner Fragestellung für Redakteure.
In: Grundlagen der praktischen Information und Dokumentation. Hrsg. Klaus Laisiepen, Ernst Lutterbeck, Karl-Heinrich Meyer-Uhlenried. 2. völlig neubearb. Aufl.
   München: Saur 1980.
   (Deutsche Gesellschaft für Dokumentation. Schriftenreihe. Bd. 1.)
   S. 612-620.

211
Spiegel - Gruner + Jahr. Ein Vergleich zweier Pressedokumentationssysteme. Red.: Thomas Seeger.
Berlin: AG Pressedokumentation am Institut für Publizistik und Dokumentationswissenschaft der FU Berlin 1977. 26 Bl.
Masch. schr. Ms

212
Stack, John P.: Computer assisted microform retrieval at the Daily Mirror.
In: Reprographic Quarterly 15 (1982) 4, 146-148.

213
Stack, John P.: Selection and implementation of a computerized library system.
In: Computer assisted newspaper archives.
   Darmstadt: IFRA 1978. (Titel-Nr. 117)
   o. Pag., Kap. 4
= Über Mirror Group Newspapers, London

214
Vance, Julia M.: (The news library of Atlanta Newspapers.)
In: Electronic archives and information banks.
   Darmstadt: IFRA 1980. (Titel-Nr. 123.)
   6 S., Kap. 13


   s.a. Titel-Nrn.: 094, 164, 282, 283, 286, 288, 289, 290, 293, 297,
      298, 299

## 6.3. Textarchive - Rundfunk

215
Engelhardt, Helmut: Kooperation von Zeitungsarchiven in Rundfunkanstalten.
In: Presse-, Rundfunk- und Filmarchive, Mediendokumentation. (1.)
   München: Saur 1979. (Titel-Nr. 028)
   S. 53-59.

216
Grotzky, Johannes: Informationsverarbeitung zum Nutzen des Gesamtprogramms. Ein Plädoyer für Pressedokumentation in den Rundfunkanstalten.
In: Kirche und Rundfunk (1978) 59, 3-5.

217
Hempel, Wolfgang: u. Eckhard Lange: Kooperation zwischen Rundfunkarchiven und anderen Archiven.
In: Presse-, Rundfunk- und Filmarchive, Mediendokumentation. (1.)
   München: Saur 1979. (Titel-Nr. 028)
   S. 19-41.
dto in: Der Archivar 33 (1980) 3, 299-306.

218
Höpfner, Richard: Pressedokumentation an Rundfunkanstalten.
In: Fachgruppentagung der Presse-, Rundfunk und Filmarchivare.
   31. Essen, 9.-12.5.1977.
   Ms 31, 11

219
Kroll, Ludwig: Rundfunk, Archive und Gesellschaft. Die Rundfunkarchive und die rundfunkgeschichtliche Forschung.
In: Medien und Archive.
   Pullach: Verl. Dokumentation 1974. (Titel-Nr. 024)
   S. 230-235.

220
Lersch, Edgar: Bewertung von Archiv- und Dokumentationsgut der Rundfunkanstalten. Bericht über den Stand der Diskussion und über Bemühungen, sie voranzutreiben.
In: Medienarchive in Gegenwart und Zukunft.
   München: Saur 1983. (Titel-Nr. 025)
   S. 265-277.

221
Lersch, Edgar: Schriftquellen zur Programmgeschichte. Hinweise auf
Aktenbestände der Rundfunkanstalten.
In: Studienkreis Rundfunk und Geschichte. Mitteilungen 7 (1981) 4, 237-244.

222
Leudts, Peter: Rundfunkarchive sollen durchsichtiger werden.
In: Funk-Korrespondenz 26 (1978) 20, 5-6.

223
Trumpp, Thomas: Aufgaben und Probleme der Archivierung von zeitgeschichtlich relevantem Schrift- und Druckgut der Rundfunk- und Fernsehanstalten.
In: Der Archivar 25 (1972) 3, 251-264.


s.a. Titel-Nrn.: 141, 329



6.3.1. Textarchive - Rundfunk - Einzelne Rundfunkarchive


224
Hewlett, Richard: Broadcasters and libraries.
In: EBU Review. Programmes, Administration, Law 27 (1976) 2, 12-15.
= Über BBC

225
Hewlett, Richard: BBC DATA. Entwicklungslinien der BBC-Dokumentation.
In: Media Perspektiven (1981) 5, 367-372.

226
Kaufmann, Gottfried: Der Mikrofilm, Arbeitsmittel im Zeitungsarchiv
des Senders Freies Berlin.
In: Presse-, Rundfunk- und Filmarchive, Mediendokumentation. (1.)
   München: Saur 1979. (Titel-Nr. 028)
   S. 69-81.

227
Lersch, Edgar: Probleme der Programmarchivierung. Dargestellt an
Fragen, die sich beim Aufbau des Aktenarchivs beim Süddeutschen
Rundfunk ergeben.
In: Studienkreis Rundfunk und Geschichte. Mitteilungen 6 (1980) 4, 214-220.

228
Reibert, Ingo: Interne Kommunikation mit digitalem Netz in den Rundfunkanstalten Deutsche Welle und Deutschlandfunk.
In: Medienarchive in Gegenwart und Zukunft.
   München: Saur 1983. (Titel-Nr. 025)
   S. 235-244.

229
WDR Archivhaus. Bibliothek und Archive.
Köln: Westdeutscher Rundfunk Köln WDR 1982. 1 Faltbl.
= Prospekt

s.a. Titel-Nrn.: 159, 232

## 6.4. Textarchive - Bibliotheken, Archive, Museen, Hochschulen

230
Hagelweide, Gert: Geschichte und Entwicklung des Zeitungssammelns in Deutschland. Initiativen, Auswirkungen und Perspektiven.
In: Zeitung und Bibliothek.
   Pullach: Verl. Dokumentation 1974. (Titel-Nr. 247)
   S. 15-51.

231
Hagelweide, Gert: Zur Problematik der "grauen Presse" in Bibliotheken und Archiven am Beispiel der Presse der Heimatvertriebenen.
In: Medien und Archive.
   Pullach: Verl. Dokumentation 1974. (Titel-Nr. 024)
   S. 89-107.

232
Heyen, Franz-Josef: Kooperation zwischen Landesarchiven und Rundfunkarchiven.
In: Studienkreis Rundfunk und Geschichte. Mitteilungen 1 (1975) 4, 29-33.

233
Höfig, Willi: Die Behandlung von Tageszeitungen an wissenschaftlichen Bibliotheken. Eine bibliothekarische Leitstudie.
Pullach: Verl. Dokumentation 1975. 163 S.

234
Kirchner, Wilhelm: Zeitgeschichte in der Zeitung. Die Zeitung als Quelle und der Archivar als Zeithistoriker.
In: Fachgruppentagung der Presse-, Rundfunk- und Filmarchivare.
   31. Essen, 9.-12.5.1977.
   Ms 31,4

235
Kooperationsmöglichkeiten für Zeitungssammelstellen. Hrsg. von Willi Höfig u. Wilbert Ubbens.
Berlin: Deutscher Bibliotheksverband 1978. 201 S.
(Arbeitsstelle für das Bibliothekswesen. Materialien. 23.)

236
Koszyk, Kurt: Zwischen Datenverarbeitung und Schere. Kriterien zur Beurteilung des Archivwertes von Zeitungen.
In: Medien und Archive.
   Pullach: Verl. Dokumentation 1974. (Titel-Nr. 024)
   S. 160-168.

237
Kühn-Ludewig, Maria: Zeitungsinhaltserschließung und wissenschaftliche Bibliotheken. Hausarbeit zur Prüfung für den höheren Dienst an wissenschaftlichen Bibliotheken.
Köln: Bibliothekar-Lehrinstitut des Landes Nordrhein-Westfalen 1975. 92 Bl.

238
Leudts, Peter: Erfassung von Zeitungsbeständen in den Instituten für Publizistik-/Kommunikationswissenschaften.
Berlin: Deutsches Bibliotheksinstitut 1981. 61 Bl.
Kurzfassung als: Zeitungsbestände der Institute für Publizistik-/Kommunikationswissenschaft. Nachweise über die Zeitungssammlungen und Bewertung der Bestände.
In: Publizistik 27 (1982) 4, 590-594.

239
Mannerheim, Johan: Den nya svenska tidningsfilmen.
In: BBL Biblioteksbladet 65 (1980) 6, 105-107.

240
Merker, Egon: Zeitungen in Bibliotheken. Beiträge vom Standpunkt eines Journalisten.
Berlin: Merker 1980. 27 S.

241
Meyer, Monika: Zeitungen und Zeitschriften in Staatlichen Allgemeinbibliotheken eines Bezirkes.
Berlin: Zentralinstitut für Bibliothekswesen 1977. 31 S.
(Beiträge zu Theorie und Praxis der Bibliotheksarbeit. 28.)

242
Pfau, Lothar: Pressedokumentation zur aktuellen Information in öffentlichen Bibliotheken.
Göttingen: Evangelisches Bibliothekar-Lehrinstitut 1971. 46 Bl.
(Arbeiten aus dem Evangelischen Bibliothekar-Lehrinstitut Göttingen. 4.)

243
Pfau, Lothar: Pressedokumentation zur aktuellen Information in öffentlichen Bibliotheken.
In: Fachgruppentagung der Presse-, Rundfunk- und Filmarchivare.
   23. Dortmund, 21.9.1971.
   Ms 23,1

244
Seeberg-Elverfeldt, Roland: Zur Archivierung von Zeitungen.
In: Der Archivar 34 (1981) 3, 460-461.
= Referiert i.w. Titel-Nr. 245

245
Ubbens, Wilbert: Zeitungen in Bibliotheken. Zum Stand der Diskussion um ein wenig geliebtes Thema.
In: Zeitschrift für Bibliothekswesen und Bibliographie 27 (1980) 5, 365-379.

246
Urban, Rudolf: Pressearchive in wissenschaftlichen Institutionen.
In: Fachgruppentagung der Presse-, Rundfunk- und Filmarchivare.
25. München, 7.-10.5.1973.
Ms 25,5

247
Zeitung und Bibliothek. Ein Wegweiser zu Sammlungen und Literatur.
Hrsg. von Gert Hagelweide.
Pullach: Verl. Dokumentation 1974. 302 S.


s.a. Titel-Nrn.: 021, 143, 146, 158, 250, 254, 257, 259, 261



6.4.1. Textarchive - Bibliotheken, Archive, Museen, Hochschulen - Einzelne Bibliotheken


248
Bogumil, Karlotto: Presseüberlieferung an den amtlichen Stellen der Stadt Essen (Stadtarchiv, Stadtbibliothek).
In: Fachgruppentagung der Presse-, Rundfunk- und Filmarchivare.
31. Essen, 9.-12.5.1977.
Ms 31,13

249
Bohrmann, Hans: Zeitungen auf Mikrofilm in der Bundesrepublik Deutschland. 15 Jahre "Mikrofilmarchiv der deutschsprachigen Presse".
In: Publizistik 25 (1980) 2/3, 347-348.

250
The British Library, Newspaper Library. Newsletter. Ed. K. J. Westmancoat.
London: British Library, Newspaper Library
(1980) 1 ff.
= enthält i.w. kurze Beiträge und Meldungen über lokale Verfilmungsabsichten etc. in Großbritannien, bisher 3 Nrn.

251
Höfig, Willi: Über die Bedeutung des Mikrofilms für Sammlung und
Benutzung ausländischer Zeitungen. Das Sondersammelgebiet "Auslän-
dische Zeitungen" an der Staatsbibliothek Preußischer Kulturbesitz Berlin.
In: Mikrofilm-Archiv der deutschsprachigen Presse. Bestandsverzeichnis. 6.
   Dortmund: Mikrofilm-Archiv der deutschsprachigen Presse 1982.
   S. 37-46.

252
Hoof, Werner: Öffentliche Bücherei und Zeitung. Anschaffung, Bereit-
stellung und Erschließung von Zeitungen, dargestellt am Beispiel der
Sammlungen in den Stadtbüchereien Dortmund und Duisburg. Hausarbeit
zur Prüfung für den Dienst als Dipl-Bibl. an Öffentlichen Bibliotheken.
Köln: Bibliothekar-Lehrinstitut 1972. 41 Bl.

253
Koschorke, Maria: Öffentliche Bücherei und Zeitung. Anschaffung, Bereit-
stellung und Erschließung von Zeitungen, dargestellt am Beispiel der
Sammlungen in den Stadtbüchereien Dortmund und Duisburg. Hausarbeit
zur Prüfung für den Dienst als Dipl.-Bibl. an Öffentlichen Bibliotheken.
Köln: Bibliothekar-Lehrinstitut 1972. 37 Bl.

254
Lent, Dieter: Zeitungen in Archiven. Dargestellt aus der Sicht des Staats-
archivs Wolfenbüttel.
In: Wolfenbütteler Notizen zur Buchgeschichte 5 (1980) 1, 142-148.

255
Mantwill, Gerhard: Information und Dokumentation im HWWA-Institut für
Wirtschaftsforschung, Hamburg.
In: Fachgruppentagung der Presse-, Rundfunk- und Filmarchivare.
   26. Würzburg, 11.9.1973.
   Ms 26,1

256
Marley, Branson S.: Newspapers in the Library of Congress.
In: Quarterly Journal of the Library of Congress 32 (1975) 3, 207-237.

257
Newspaper (Vol. 1-3: Foreign newspaper) and Gazette Report.
Washington: Library of Congress
1 (1973) - 6 (1978).
Erscheinen eingestellt.

258
The Newspaper collections and the future.
London: British Library Board 1977. 12 Bl.
(British Library consultative papers.)

259
Newspapers of New York State. A statewide plan for bibliographic control and preservation. Final report of the Task Force on Newspaper Bibliography and Preservation.
Albany: University of the Stae of New York, State Education Dep., New York State Library, Cultural Education Center 1981. VI, 38, 13 S.

260
Ostendorf, Karl Edwin: Öffentliche Bücherei und Zeitung. Anschaffung, Bereitstellung und Erschließung von Zeitungen, dargestellt am Beispiel der Sammlungen in den Stadtbüchereien Dortmund und Duisburg. Hausarbeit zur Prüfung für den Dienst als Dipl.-Bibl. an Öffentlichen Bibliotheken.
Köln: Bibliothekar-Lehrinstitut 1972. 31 Bl.

261
I Periodici della Braidense. Un patrimonio da conservare.
Milano: Biblioteca Nazionale Braidense 1982. 59 S.
= Darin über Zeitungsaufbewahrung, Restaurierung etc.

262
Phillips, Andrew: British Library Newspaper Library. Study into future policy.
London: British Library 1976. o. Pag.

263
The Plan for the newspaper collections.
London: British Library 1979. 2 gez. Bl.

264
Rohwedder, Erica: Die Arbeit mit Zeitungen an der Universitätsbibliothek Bremen. Hausarbeit zur Dipl.-Prüfung für den Dienst an Öffentlichen/Wissenschaftlichen Bibliotheken.
Hamburg: Fachhochschule Hamburg 1980. 120 Bl., Anlagen.

265
Roloff, Eckart Klaus: Das neue Norwegische Pressemuseum bei Oslo. Ein Zeitungsarchiv mit bedeutenden Beständen.
In: Der Archivar 35 (1982) 4, 450-454.

266
Spohn, Kurt: Informationszentren. Möglichkeiten und Grenzen der Kooperation im Dokumentations-, Bibliotheks- und Archivwesen, dargestellt am Beispiel des HWWA-Institut für Wirtschaftsforschung-Hamburg.
In: Medien und Archive.
   Pullach: Verl. Dokumentation 1974. (Titel-Nr. 024)
   S. 282-298.

267
Stein, Norbert: Die Zeitungsnachweiskartei im Staatsarchiv Ludwigsburg.
In: Der Archivar 33 (1980) 3, 319-320.

268
Stiftelsen Norsk Pressemuseum.
Blommenholm: Norsk Pressemuseum um 1981. 11 S.
= Prospekt

269
Süle, Gisela: Gutachten zum Standortkatalog der deutschsprachigen Presse.
Untersuchung über die Möglichkeit seiner Überführung in die Datenbank
des Deutschen Bibliotheksinstituts.
Berlin: Deutsches Bibliotheksinstitut 1980. 24 Bl.
Kurzfassung als: Der Bremer "Standortkatalog der deutschsprachigen Presse".
Untersuchung über die Möglichkeit seiner Überführung in die Datenbank des
Deutschen Bibliotheksinstituts.
In: Publizistik 25 (1980) 2/3, 302-314.


s.a. Titel-Nrn.: 155, 426



6.5. Textarchive - Behörden


s.a. Titel-Nr.: 101



6.5.1. Textarchive - Behörden - Einzelne Behördenarchive


270
Habel, Peter: Das Zentrale Dokumentationssystem des Bundespresseamtes.
In: Internationale Pressedatenbanken.
   Berlin: GTF 1981. (Titel-Nr. 170)
   S. 11-22.

271
Kohnen, G.: Das Informations-Bereitstellungs-System (IBS) des Presse-
und Informationsamtes der Bundesregierung.
In: Deutscher Dokumentartag 1974. Bonn, 7.10.-11.10.1974. Bd.1: Staat-
   liche Informationssysteme, Informationspolitik und Informationsrecht,
   öffentliche Komiteesitzungen.
   München: Verl. Dokumentation 1975.
   S. 69-75.

272
Seeberg-Elverfeldt, Roland: Revidierte Ordnungspläne für Pressedokumentation und Pressearchiv des Presse- und Informationsamtes der Bundesregierung.
In: Der Archivar 27 (1974) 4, 475-476.

273
Seeberg-Elverfeldt, Roland: Verfilmung von Pressedokumentationen.
In: Die Zeitung auf Mikrofilm.
   Düsseldorf: Agfa-Gevaert 1972. (Titel-Nr. 160)
   S. 22-24.
= Über BPA Bonn

## 6.6. Textarchive - Verbände, Private, Industrie

### 6.6.1. Textarchive - Verbände, Private, Industrie - Einzelne Archive

274
Hanke, Manfred u. Wilhelm Weisser: Der tägliche Zwiegesang. Institutspublizistik und pressearchivarische Quellen.
In: Medienarchive in Gegenwart und Zukunft.
   München: Saur 1983. (Titel-Nr. 025)
   S. 45-62.
= Über das Institut der deutschen Wirtschaft, Köln

275
Lommatzsch, Rainer: Pressedokumentation bei Krupp.
In: Fachgruppentagung der Presse-, Rundfunk- und Filmarchivare.
   31. Essen, 9.-12.5.1977.
   Ms 31,12

276
Schlüter, Hildegard: Pressearchiv und Dokumentation einer politischen Partei (CDU).
In: Medien und Archive.
   Pullach: Verl. Dokumentation 1974. (Titel-Nr. 024)
   S. 213-217.

## 6.7. Textarchive - Kommerzielle, frei zugängliche Informationsdatenbanken

277
Aveney, Brian: Competition in news databases.
In: Online (1979) 4, 36-38.

278
Haefner, Klaus: Möglichkeiten dezentraler Informationsbanken.
In: Internationale Pressedatenbanken.
   Berlin: GTF 1981. (Titel-Nr. 170)
   S. 67-72.

279
Hahn, Udo: Leistungsfähigkeit und Grenzen externer publizistischer Datenbanken und deren Verbesserung durch informationslinguistische Software.
In: Medienarchive in Gegenwart und Zukunft.
   München: Saur 1983. (Titel-Nr. 025)
   S. 109-136.

280
Hirschelmann, Ferdinand: Bildschirmtext als Vermittler von lexikalischem Wissen und von Fachinformation.
In: Presse-, Rundfunk- und Filmarchive, Mediendokumentation. (1.)
   München: Saur 1979. (Titel-Nr. 028)
   S. 119-128.


s.a. Titel-Nrn.: 123, 125, 126, 133, 140, 162, 170, 171, 172



### 6.7.1. Textarchive - Kommerzielle, frei zugängliche Informationsdatenbanken - Einzelne Datenbanken

281
Answers to questions most often asked about "The NEXIS Library".
New York: Mead Data Central MDC 1980. 6 gez. Bl.

282
Dolan, Donna R.: Subject searching of the New York Times Information Bank.
In: Online (1978) 4, 26-30.

283
Duncan, E. E.: Microfim collections for the New York Times/Information Bank.
In: Microform Review 2 (1973) 4, 269-271.
= Nutzung der NYT/IB an der Univ. of Pittsburgh

284
Gergely, Stefan M. u. Otto A. Simmler: Online-Recherche für Fachjournalisten. Erste Ergebnisse eines Pilotprojekts zum Aufbau von benutzernahen und bedarfsgerechten Informationsvermittlungs- und -beratungsstellen für Journalisten.
In: Nachrichten für Dokumentation 32 (1981) 4/5, 173-176.
= Über IVS-Modell Österreich

285
Fallstudien zur Entwicklung bedarfsgerechter und benutzernaher Informationsbereitstellung für Journalisten, demonstriert am Fachinformationszentrum Energie, Physik, Mathematik - Jour-FIZ (1) - . Von Eckhard Rahlenbeck u. a., Arbeitsgemeinschaft für Kommunikationsforschung.
Bonn: Bundesmin. für Forschung und Technologie 1981. 172 S.
(Information und Dokumentation. Forschungsbericht. ID 81-001.)

286
Fintel Company Newsbase. FNTL. (Description and search option.)
In: DATA-STAR. System reference manual and database search guides.
    Orpington: DATA-STAR 1982.
    FINTEL 1-7
= Über Financial Times Newsbase

287
France-Actualité-21. (Description and search option.)
In: Frascati: ESA-Information Retrieval Service 1980.
    1 Bl.

288
Havas, Peter: The New York Times Information Bank.
In: Internationale Pressedatenbanken.
    Berlin: GTF 1981. (Titel-Nr. 170)
    S. 38-59.

289
The Information Bank. A view from the top. An information service of The New York Times Co.
New York: The Information Bank 1981. 6 gez. Bl.

290
Keil, Carl O.: Datenbanken, Theorie und Praxis.
In: Die Neuen Medien. Symposium 5Y77. Wien, 1.-2.12.1977.
    Darmstadt: INCA-FIEJ Research Ass. IFRA 1977.
    o. Pag., 6 Bl., Kap. 4
= Über NYT Information Bank

291
Magazine Index. Dialog information retrieval service. (Description and search option.)
In: Database Catalog. File No. 47.
   Palo Alto: DIALOG 1980.
   III, 47, 1-24.

292
National newspaper index. Dialog information retrieval service. (Description and search option.)
In: Database Catalog. File 111.
   Palo Alto: DIALOG 1980.
   III, 1-24.

293
National newspaper index to compete with The Information Bank.
In: Online Review 3 (1979) 1, 7-8.

294
Newsearch. The daily index. Who wants yesterday's news today?
Los Altos: Newsearch um 1980. 4 gez. Bl.
= Prospekt

295
NEXIS. Instant access to the full text of newspapers, magazines, wire services.
New York: Mead Data Central MDC um 1980. 12 S.

296
Rahlenbeck, Eckhard: Es darf gesucht werden. Datenbanken liefern Hintergrundinformation für die journalistische Recherche. Ziele und Inhalte des JOUR-FIZ Modellversuchs.
München: Arbeitsgemeinschaft für Kommunikationsforschung AfK 1982. 8 Bl.
= Presse-Information

297
Rothman, John: (The Information Bank.)
In: Electronic archives and information banks.
   Darmstadt: IFRA 1980. (Titel-Nr. 123)
   o. Pag., 6 S., Kap. 11

298
Rothman, John: The New York Times Information Bank.
In: Computer assisted newspaper archives.
   Darmstadt: IFRA 1978. (Titel-Nr. 117)
   o. Pag., Kap. 6

299
Rothman, John: Newspaper storage and retrieval. A fresh look at an old problem.
New York: The New York Times Co. 1977. 11 S.
= Über NYT Information Bank


s.a. Titel-Nrn.: 045, 046, 088, 089, 090, 129, 137, 176, 184, 196, 200, 201, 418, 422, 434, 435


6.8. Textarchive - Ausschnittsdienste

300
Smith, Demaris C.: Starting and operating a clipping service.
New York: Pilot Books 1980. 40 S.


s.a. Titel-Nrn.:


6.8.1. Textarchive - Ausschnittsdienste - Einzelne Ausschnittsdienste

301
Haldimann, Urs: Schnipsler-Image.
In: Bilanz (1982) 12,
= Über "Argus" Presseausschnittsdienst


7. Bildarchive

302
Bildagenturen ...
München: Bundesverband der Pressebild-Agenturen, Bilderdienste und Bildarchive
(1980) ff.
= Mitgliederverzeichnis/Anbieterkatalog

303
Hemmerle, Josef: Bild- und Tongut in Archiven.
In: Mitteilungen für die Archivpflege in Bayern 19 (1973) 35-40.

304
Huck, Jürgen: Das Bildarchiv einer Gemeinde.
In: Der Archivar 26 (1973) 283-295.

305
Info B. Brancheninformationsdienst des Bundesverbandes der Presse-
bild-Agenturen.
München: Bundesverband der Pressebild-Agenturen, Bilderdienste und
Bildarchive
(1978) - (1980).
Forts. s. Titel-Nr. 302

306
Klemig, Roland: Die Aufgabenstellung der Bildarchive.
In: Medien und Archive.
   Pullach: Verl. Dokumentation 1974. (Titel-Nr. 024)
   S. 261-264.

307
Klemig, Roland: Wie ordnet man 100.000 Bilder? Sachsystematik und
Ordnungsprinzipien im Bildarchiv.
In: Presse-, Rundfunk- und Filmarchive, Mediendokumentation. 2.
   München: Saur 1980.
   S. 127-156.

308
Martin, Ludwig A.C.: Moderne Methoden der Bilddokumentation. Probleme
der Bilddokumentation heute und morgen.
In: Fachgruppentagung der Presse-, Rundfunk- und Filmarchivare.
   33. Marburg, 24.-27.4.1978.
   Ms 33,14

309
Martin-Möller, Ludwig: Bilddokumentation.
In: Grundlagen der praktischen Information und Dokumentation. Hrsg. Klaus
   Laisiepen, Ernst Lutterbeck, Karl-Heinrich Meyer-Uhlenried. 2. völlig
   neubearb. Aufl.
   München: Saur 1980.
   (Deutsche Gesellschaft für Dokumentation. Schriftenreihe. Bd. 1.)
   S. 637-640.

310
Martin-Möller, Ludwig: Probleme der Bilddokumentation - heute und morgen.
In: ZV+ZV 75 (1978) 44/45, 1806-1807.

311
Rek, Herbert: Fotoarchiv - ein unentbehrlicher Fundus für den Fernsehpublizisten.
In: Neue Deutsche Presse 35 (1981) 5, 23-24.

312
Romeyk, Horst: Archivarische Erschließung und quellenkritische Bewertung von Bildbeständen.
In: Der Archivar 28 (1975) 1, 43-45.

313
Romeyk, Horst: Gefährdung von Bildarchiven.
In: Der Archivar 27 (1974) 4, 523-524.

314
Schmitz-Esser, Winfried: Bilddokumentation in Publikumszeitschriften.
In: Presse-, Rundfunk- und Filmarchive, Mediendokumentation. (1.)
   München: Saur 1979. (Titel-Nr. 028)
   S. 95-104.

315
Visuell. Information + right.
Baden-Baden: Presse Informations Agentur
1 (1974) ff.


s.a. Titel-Nrn.: 013, 014, 388


7.1. Bildarchive - Einzelne Bildarchive

316
Heine, Klaus: Suchen mit Aussicht aufs Finden. Zu einem Verbesserungsvorschlag für die Organisation eines Bildarchivs.
In: Neue Deutsche Presse 30 (1976) 5, 13.
= Über Volksstimme, Magdeburg

317
Hemmerle, Josef: Archivisches Bildgut als Quelle der historischen Forschung im Bayerischen Hauptstaatsarchiv.
In: Bibliothekswelt und Kulturgeschichte. Eine internationale Festgabe
   für Joachim Wieder... Hrsg. von Peter Schweigler.
   München: Verl. Dokumentation 1977.
   S. 111-122.

318
Heusinger, Lutz: Marburger Index. Neuere Verfahren der Bildarchivorganisation am Beispiel Foto-Marburg.
In: Fachgruppentagung der Presse-, Rundfunk- und Filmarchivare.
   33. Marburg, 24.-27.4.1978.
   Ms 33,13

319
Klemig, Roland: Das Bildarchiv (der Staatsbibliothek Preußischer Kulturbesitz Berlin).
In: Mitteilungen der Staatsbibliothek Preußischer Kulturbesitz 4 (1972) 1, 2-6.

320
Sydnor, Charles W.: The Bildarchiv of the Bundesarchiv.
In: Central European History 2 (1974) 2, 281-285.


s.a. Titel-Nrn.: 188, 208, 209, 210, 413



8. Tonarchive (Wort)

321
Betaenkning om bevarelsen m.v. af radio- og tv-udsendelser. Afgivet af det af statsministeriet nedsatte udvalg vedr. bevarelse m.v. af radio- og TV-udsendelser.
Köbenhavn: Statens Trykningskontor 1976. 71 S.
(Betaenkning. Nr. 785.)

322
Bevara ljud och bild. Förslag om arkivering av radio och tv-sändningar, grammofonskivor, spelfilmer m.m.
Stockholm: Allmänna Förl. 1974. 317 S.
(Statens offentliga utredningar. 1974, 94.)

323
Bibliographic control of nonprint media. Ed. by Pearce S. Grove and Evelyn G. Clement.
Chicago: American Library Ass. 1972. XIX, 415 S.

324
Brachmann, Botho: Die Tondokumentation.
In: Archivmitteilungen 23 (1973) 93-96.

325
Bubenik, Anton: Das verlorene Gedächtnis. Anmerkungen zur großen Verschwendung in den Rundfunkanstalten und Vorschläge zur Veränderung. 1.2.
In: Medium 7 (1977) 9, 34-36 u. 10, 37-38.
= Vorschläge zur Archivierung von Rundfunksendungen zur Weiterverwendung

326
Drews, Jörg: Wie die deutschen Rundfunkarchive der Literaturwissenschaft helfen könnten. Eine Realutopie.
In: Studienkreis Rundfunk und Geschichte. Mitteilungen 1 (1975) 5, 36-40.

327
Heckmann, Harald u. Friedrich P. Kahlenberg: Aufgaben und Probleme
der archivischen Sicherung von Tonträgern. Mit welchen Zielvorstellungen,
in welchem Umfang und für welche Benutzung werden Tonträger archivisch erfaßt
und erhalten?
In: Fachgruppentagung der Presse-, Rundfunk- und Filmarchivare.
   33. Marburg, 24.-27.4.1978.
   Ms 33,7

328
Hoffmann, Frank W.: The development of library collections of sound
recordings.
New York: Dekker 1979. VIII, 169 S.
(Books in library and information science. 28.)

329
Jarren, Otfried u. Peter Leudts: Rundfunkproduktionen und Weiterbildung.
In: Funk-Korrespondenz 27 (1979) 38, 1-23.
= Zugleich eine Situationsbeschreibung der Rundfunkarchive

330
Kahlenberg, Friedrich Peter: Aufgaben und Probleme der archivischen
Sicherung von Tonträgern. Mit welchen Zielvorstellungen, in welchem
Umfang und für welche Benutzer werden Tonträger in den Schallarchiven
der Rundfunkanstalten erfaßt und erhalten?
In: Studienkreis Rundfunk und Geschichte. Mitteilungen 4 (1978) 4, 199-206.

331
Kahlenberg, Friedrich P.: Voraussetzung der Programmgeschichte. Die
Erhaltung und die Verfügbarkeit der Quellen.
In: Studienkreis Rundfunk und Geschichte. Mitteilungen 8 (1982) 1, 18-27.

332
Mohrlüder, Gustav Adolf: Aspekte der programmierten Arbeit in integrierten
Rundfunkarchiven.
In: Fachgruppentagung der Presse-, Rundfunk- und Filmarchivare.
   34, Hamburg, 3.10.1978.
   Ms 34,2

333
Müller-Westernhagen, Florentin: Das Regelwerk Hörfunk ARD/ORF.
Seine Entwicklung und Anwendung.
In: Fachgruppentagung der Presse-, Rundfunk- und Filmarchivare.
   31. Essen, 9.-12.5.1977.
   Ms 31,8

331
Niggemeyer, Hanneliese: Tonträger als historische Quellen.
In: Der Archivar 28 (1975) 3, 291-301.

335
Sound archives in the Federal Republic of Germany. Session of IASA at the annual meeting in Mainz, 13.9.1977.
In: Phonographic Bulletin (1978) 20, 2-44.
= 5 Beiträge über Schallarchive

336
Wild, Ernst: Archiv, Repertoire, Dokumentation. Zur spezifischen Situation beim Radio resp. beim Rundfunk.
In: Medien und Archive.
   Pullach: Verl. Dokumentation 1974. (Titel-Nr. 024)
   S. 236-238.


s.a. Titel-Nrn.: 005, 084, 219, 220, 221, 222, 363, 428



## 8.1. Tonarchive (Wort) - Einzelne Tonarchive

337
Dreißig Jahre Deutsches Rundfunk-Archiv in Frankfurt. Wer noch einmal Kaiser Wilhelm hören will.
In: TV Courier 22 (1982) 19-D, 5.

338
Heckmann, Harald: Für Vergangenheit, Gegenwart und Zukunft. Das Deutsche Rundfunkarchiv.
In: ARD-Jahrbuch 8 (1976) 82-91.

339
Hempel, Wolfgang: Das historische Archiv des Südwestfunks.
In: Archiv und Wirtschaft 12 (1979) 4, 101-104.

340
Henning, Erika von: Aufbau und Aufgaben des Schallarchivs des SR.
In: Fachgruppentagung der Presse-, Rundfunk- und Filmarchivare.
   24. Saarbrücken, 24.-27.4.1972.
   Ms 24,3

341
Kahlenberg, Friedrich: Tondokumente zur Frühgeschichte der Bundesrepublik Deutschland. Zum Problem der Überlieferungsbildung in einem Schallarchiv.
In: Studienkreis Rundfunk und Geschichte. Mitteilungen 3 (1977) 4, 43-49.

342
Pfeiffer, Trude: Das Historische Archiv der ARD.
In: Volkshochschule im Westen 33 (1981) 3, 205-208.

343
Scharlau, Ulf: EDV in Rundfunkschallarchiven, Möglichkeiten und Grenzen, dargestellt am Modell SEKAMOS des Süddeutschen Rundfunks.
In: Elektronische Datenverarbeitung in Medienarchiven und Fachinformationssystemen.
   München: Saur 1981. (Titel-Nr. 125)
   S. 111-120.

344
Scharlau, Ulf: Kooperation als Auftrag. Gedanken zur Organisationsreform der Archive des SDR.
In: Fernseh-Informationen 33 (1982) 6, 145-146.

345
Südwestfunk Fachbereich Dokumentation und Archive. Stand 2. Mai 1979.
Baden-Baden: Südwestfunk 1979. 15 Bl.

346
Welkert, Karin: Wozu braucht der Südwestfunk eigentlich Archive?
In: Funk-Kontakt, Südwestfunk (1976) 44, 1-10.

347
Xylander, Hansjörg: Dokumentation von Wort-Tonträgern im Rundfunk. Aufgaben, Praxis, Probleme.
In: Presse-, Rundfunk- und Filmarchive, Mediendokumentation. 2.
   München: Saur 1980. (Titel-Nr. 028)
   S. 193-201.
= Über Schallarchiv, Dok. Wort, Bayerischer Rundfunk


s.a. Titel-Nrn.: 224, 225, 227, 228, 229, 371, 399, 424, 429, 432, 433


## 9. Tonarchive (Musik)

348
Heckmann, Harald: Schallaufzeichnungen als musikgeschichtliche Quellen.
In: Studienkreis Rundfunk und Geschichte. Mitteilungen 4 (1978) 3, 139-147.

349
Kaufmann, Gottfried: Das Regelwerk Musik der ARD. Seine Zielsetzung und Organisation.
In: Fachgruppentagung der Presse-, Rundfuk- und Filmarchivare.
   31. Essen, 9.-12.5.1977.
   Ms 31,9

350
Mahling, Christoph Hellmut: Musikwissenschaft und Rundfunkarchive.
Möglichkeiten und Probleme der Zusammenarbeit. Referat.
In: Studienkreis Rundfunk und Geschichte. Mitteilungen 4 (1978) 1, 45-48.

351
Musikvorschläge aus dem Speicher. Den Griff in sein Schallarchiv verkürzt der Süddeutsche Rundfunk mit IBM-Datensichtgeräten und dem IBM-Informationssystem INTERPERS.
In: IBM-Nachrichten 30 (1980) 251, 68-70.

352
Scharlau, Ulf: Kooperationsmöglichkeiten zwischen Rundfunkarchiven, wissenschaftlichen Bibliotheken und Öffentlichen Bibliotheken.
In: Forum Musikbibliothek (1981) 4, 251-258.

353
Stoessel, Klaus: Zentrale Schallplattenkatalogisierung (ZSK) in der ARD.
In: Presse-, Rundfunk- und Filmarchive, Mediendokumentation. (1.)
   München: Saur 1979. (Titel-Nr. 028)
   S. 43-52.


s.a. Titel-Nrn.: 047, 363, 427



9.1. Tonarchive (Musik) - Einzelne Musikarchive


354
Ihlenburg, Heinz: Das Geräuscharchiv des Rundfunks der DDR. Aufbau, Arbeitsweise und Nutzung.
In: Beiträge zur Geschichte des Rundfunks 10 (1976) 2/3, 21-45.

355
Siebenkäs, Dieter: Die Musikdatenbank des Deutschlandfunks. Eine Demonstration.
In: Medienarchive in Gegenwart und Zukunft.
   München: Saur 1983. (Titel-Nr. 025)
   S. 147-159.

356
Stoessel, Klaus: Computereinsatz in der Musikkatalogisierung im Deutschen Rundfunkarchiv.
In: Fontes Artis Musicae 27 (1980) 3/4, 178-183.


s.a. Titel-Nrn.: 351, 419

## 10. Fernseh-/AV-Archive

357
Audiovisuelle Medien in Hochschulbibliotheken. Seminar in der Universitätsbibliothek Bochum vom 6. bis 8. März 1972. Hrsg. von Eckhard Franzen u. Günther Pflug.
Pullach: Verl. Dokumentation 1972. 103 S.
(Bibliothekspraxis. Bd. 7.)

358
Goldstein, Seth: Video in libraries. A status report, 1977-78.
White Plains: Knowledge Industry Publ. 1977. 104 S.

359
Kahlenberg, Friedrich P. u. Heiner Schmitt: Zur archivischen Bewertung von Film- und Fernsehproduktionen. Ein Diskussionsbeitrag.
In: Der Archivar 34 (1981) 2, 233-242.

360
Kahlenberg, Friedrich P.: Zur Methodologie der Kritik und Auswertung audiovisuellen Archivgutes als Geschichtsquelle.
In: Der Archivar 28 (1975) 1, 50-52.

361
Ketnath, Hans: Die Farbe in Archiv und Dokumentation der Fernsehanstalten.
In: Der Archivar 24 (1971) 2, 183-188.

362
Kroll, Ludwig: Grenzen und Möglichkeiten der Automatisierung in Fernseharchiven. Einige unmaßgebliche Mutmaßungen.
In: Medien und Archive.
   Pullach: Verl. Dokumentation 1974. (Titel-Nr. 124)
   S. 239-246.

363
Mikroformen und Tonträger in wissenschaftlichen Bibliotheken. Hrsg. im Auftrag des Ministeriums für Wiss. u. Kunst Baden-Württemberg von Gerhard Römer.
Karlsruhe: Badische Landesbibliothek 1982.

364
Millonig, Harald: Die Verwaltung von Fernsehmitschnitten in einer Hochschulbibliothek. Folgerungen aus einem Gutachten.
In: Bibliotheksforum Bayern 10 (1982) 3, 283-294.

365
Olson, Nancy B.: Cataloging of audiovisual materials. A manual based on AACR2.
Mankato: Minnesota Scholarly Pr. 1981. 154 S.

366
Regelwerk zur formalen Erfassung und inhaltlichen Erschließung von audiovisuellen Medien. Erarbeitet von Peter Fischer u.a.
Berlin: Inst. für Film und Bild in Wissenschaft und Unterricht 1978. Getr. Pag.
(AV dokumentation.)

367
Sprenger, Otto: Erschließung und Erfassung von Fernseharchivdaten für die EDV.
In: Fachgruppentagung der Presse-, Rundfunk- und Filmarchivare.
    24. Saarbrücken, 24.-27.4.1972.
    Ms 24,3

368
Sprenger, Otto: Das Regelwerk Fernsehen. EDV-unterstützte Fernseharchivdokumentation.
In: Fachgruppentagung der Presse-, Rundfunk- und Filmarchivare.
    31, Essen, 9.-12.5.1977.
    Ms 31,7
dto in: Der Archivar 31 (1978) 2, 211-220.

369
Sprenger, Otto: Zukunftsorientierte Katalogisierung in Fernseharchiven.
In: Medien und Archive.
    Pullach: Verl. Dokumentation 1974. (Titel-Nr. 024)
    S. 247-256.


s.a. Titel-Nrn.: 019, 020, 063, 229, 321, 322, 323, 430


10.1. Fernseh-/AV-Archive - Einzelne Fernseharchive

370
Bolle, Hans-Jürgen: Filmdokumentar aus dem DDR-Fernsehen. Bericht über die Aufgaben eines Studio-Archivs in Berlin. ZDF)
In: Fachgruppentagung der Presse-, Rundfunk- und Filmarchivare.
    32. Berlin, 21.9.1977.
    Ms 32,3

371
Gilles, Hans: Aspekte des WDR-Filmarchivs bei der Dokumentation von Bild- und Tonträgern.
In: Fachgruppentagung der Presse-, Rundfunk- und Filmarchivare.
   25. München, 7.-10.5.1973.
   Ms 25,3

372
Gilles, Hans: RUDI, die Fernseharchiv-Datenbank des Westdeutschen Rundfunks. Methodik und Organisation der Dokumentation der Fernsehproduktion, Datenbankkonzeptionen, -design und -software.
In: Medienarchive in Gegenwart und Zukunft.
   München: Saur 1983. (Titel-Nr. 025.)
   S. 221-233

373
Hanford, Anne: BBC Television Archive.
In: Historical Journal of Film, Radio and Television 1 (1981) 2, 180-182.

374
Keeping television alive. The television work of the National Film Archive.
Ed. by Paul Madden.
London: British Film Inst. 1981. 35,76 S.
= Einführung u. Bestandkatalog

375
Kofer, Heinz: Information und Dokumentation im Archiv des Fernsehens der DDR.
In: Archivmitteilungen 22 (1972) 17-21.

376
Kroll, Ludwig: Das Zentralarchiv des Zweiten Deutschen Fernsehens.
In: Der Archivar 29 (1976) 4, 367-372.

377
Kroll, Ludwig u. G. A. Mohrlüder: Das Zentralarchiv des ZDF. Struktur und Aufgaben.
In: Fachgruppentagung der Presse-, Rundfunk- und Filmarchivare.
   29. Mainz, 18.9.1975.
   Ms 29,2

378
Niggemeyer, Hanneliese: Die Fernsehdatenbank des WDR. Elektronisch unterstützte Archivarbeit.
In: Der Archivar 35 (1982) 4, 477-479.

379
RUDI - die neue Fernseh-Datenbank des WDR.
Köln: Westdeutscher Rundfunk, Pressestelle 1982. 3 Bl.
= Pressematerial

s.a. Titel-Nrn.: 420, 423, 425, 431

## 11. Filmarchive

**380**
Allen, Nancy: Film study collections. A guide to their development and use.
New York: Ungar 1979. XII, 194 S.

**381**
Coultass, Clive: Film preservation. The archives.
In: The Historian and film. Ed. by Paul Smith.
  Cambridge: Cambridge Univ. Pr. 1976.
  S. 32-47.

**382**
Diederichs, Helmut H.: "Wir sind nicht in der Wüste ..." Filmarchive und Filmbibliotheken in der BRD und das Problem der zentralen Kinemathek.
In: Medium 7 (1977) 7, 5-10.

**383**
Filmgeschichte in der kommunalen Kinoarbeit. Beiträge zu einem Symposium im Kino Arsenal am 30. Juni 1978 in Berlin. Selbstdarstellung einiger Archive und Sammlungen. Filmangebote.
Berlin: Stiftung Deutsche Kinemathek 1978.

**384**
Glanzlichter der Photographie. 30 Jahre Photokina Bilderschauen. Das imaginäre Photo-Museum. Film als Kunst und Dokument. Hrsg. von der Messe- und Ausstellungs GmbH. Red. L. Fritz Gruber.
Köln: Bachem 1980. 327 S.
= S. 301-314 über Filmarchive, diverse Beiträge

**385**
A Handbook for film archives. Ed. Eileen Bowser u. John Kuiper.
Bruxelles: Fédération Internationale des Archives du Film 1980. XI, 151 S.

**386**
Harrison, Helen P.: Film library technique.
London: Focal Pr. 1973. 277 S.

**387**
Horak, Jan-Christopher: Filmarchive in den Vereinigten Staaten unter Berücksichtigung ihrer deutschen Überlieferung.
In: Der Archivar 32 (1979) 2, 187-192.

**388**
Jarck, Rüdiger: Sektion Film- und Fotoarchive. Zusammenfassung des von W. Kohte erstatteten Berichts und des Diskussionsverlaufs der Arbeitssitzung vom 24.8.1972. VII. Internationaler Archiv-Kongreß.
In: Der Archivar 26 (1973) 1, 41-44.

389
Kahlenberg, Friedrich P.: Die Erhaltung von Filmmaterialien als
Kulturgut. Eine Empfehlung der UNESCO.
In: Studienkreis Rundfunk und Geschichte. Mitteilungen 6 (1980) 3, 148-152.

390
Kahlenberg, Friedrich P.: Die Filmarchive im Zeitalter der elektronischen
Medien und das Medium Film.
In: Filmkunst (1979/80) 88

391
Kahlenberg, Friedrich P.: Mitteilungen zur Archivierung im Kinematheks-
verbund.
In: Presse-, Rundfunk-, und Filmarchive, Mediendokumentation. (1.)
   München: Saur 1979. (Titel-Nr. 028)
   S. 83-89.

392
McKee, Gerald: Film collecting.
South Brunswick: Barnes 1978. 224 S.

393
Pflaum, Hans-Günther u. Hans Helmut Prinzler: Film in der Bundesrepublik
Deutschland.
München: Hanser 1979. 332 S.
= S. 79-83 Sachlexikon zur Filmpolitik, Stichwort: Archive

394
Pflaum, Hans Günther: Selbst eine Kompromißlösung kommt nur halb
zustande. Die zentrale Kinemathek in der Bundesrepublik bleibt weiter ein
Wunschtraum.
In: Jahrbuch Film (1977/78) 140-147.

395
Regel, Helmut: Methoden einer kritischen Benutzung des Films als
historischer Quelle.
In: Der Archivar 28 (1975) 1, 45-47.

396
Terveen, Friedrich: Filmarchivierung für Forschung und Lehre. Erste
Überlegungen und Ansätze 1895 bis 1932.
In: Der Bär von Berlin (1977) 26, 99-118.

397
Thie, J. M.: Deutsche Filmarchive. 1-8.
In: Filmbeobachter (1981) 9 - 14.


s.a. Titel-Nrn.: 003, 004, 019, 020, 359, 407

## 11.1. Filmarchive - Einzelne Filmarchive

398
Butler, Ivan: To encourage the art of the film. The story of the British Film Institute.
London: Hale 1971. 208 S.

399
Datenerfassung, Inhaltserschließung und Katalogisierung im Film- und Tonarchiv der Landesbildstelle Berlin. 2. Aufl.
Berlin: Landesbildstelle Berlin 1975. 20 S.
(Veröffentlichungen aus den Archiven der Landesbildstelle Berlin. 1.)

400
Dykstra, Mary: Access to film information. An indexing and retrieval system for the National Film Board of Canada.
Halifax: Dalhousie Univ. Libraries 1977. 73 S.
(Occasional papers series. 15.)

401
Film cataloguing handbook. Ed. Roger B. N. Smither with David J. Penn.
London: Imperial War Museum 1976. 57 S.

402
The First ten years. 1967 - 1977. The American Film Institute. Compiled and ed. by Jane Firor Kearns.
Washington: The American Film Inst. 1977. 96 S.

403
Geens, Robert: Het koninklijk Belgisch Filmarchief.
Leuven: Centrum voor Communicatiewetenschappen 1980. 142 S.
(Werkdocumenten. Nr. 10.)

404
Gernstl, Franz Xaver: Das Münchner Filmmuseum.
In: Filmbeobachter (1977) 6, 2-3.

405
In Frankfurt entsteht ein deutsches Filmmuseum.
In: Film-Korrespondenz 25 (1979) 4, 1-2.

406
Kahlenberg, Friedrich-Peter: Bewertungsprobleme bei der Überlieferungsbildung im Bundesarchiv-Filmarchiv.
In: Fachgruppentagung der Presse-, Rundfunk- und Filmarchivare.
   30. Koblenz, 10.13.5.1976.
   Ms 30,4

407
Kahlenberg, Friedrich P.: Zur Aufgabenstellung von Filmarchiven.
In: Aus der Arbeit des Bundesarchivs. Beiträge zum Archivwesen, zur
 Quellenkunde und Zeitgeschichte. Hrsg. von Heinz Boberach u. Hans
 Booms.
 Boppard: Boldt 1978.
 (Schriften des Bundesarchivs. 25.)
 S. 142-165.

408
Klaue, Wolfgang: Filme, auf Eis gelegt. Zur Arbeit des Staatlichen Filmarchivs der DDR.
In: Film und Fernsehen 4 (1976) 6, 30-33.

409
Krohn, Sven: Fellesnevneren i norsk film. Norsk Filminstitutt i 25 år.
Oslo: Norsk Filminst. 1980. 25 S.

410
Livre d'or de la Cinémathèque Suisse.
Lausanne: Cinémathèque Suisse 1981. 287 S.

411
Maerker, Christa: Was lange währt ... Über die Stiftung Deutsche Kinemathek Berlin.
In: Film-Korrespondenz 20 (1974) 9, 14-17.

412
Österreichisches Filmarchiv 1955 - 1975. Mit Beiträgen von Jacques
Ledoux u.a.
In: Filmkunst (1975/76) 71, 1-18.

413
Prozenko, Ilja: Ein Geschichtsarchiv. Zentralarchiv für Film- und Fotodokumente der UdSSR.
In: Sowjet Film (1982) 1, 36-38.

414
The Slade Film History Register. Report of the Working Party to consider
the future development of the Slade Film History Register.
London: British Univ. Film Council 1977. 40 S.

415
Staatliches Filmarchiv der Deutschen Demokratischen Republik.
Berlin: Staatliches Filmarchiv der DDR 1975. 76 S.

416
Zwischen Idee und Premiere. Filmmuseum im Potsdamer Marstall.
In: Film und Fernsehen 9 (1981) 5, 8-13.


s.a. Titel-Nrn.: 383, 394, 421

## 12. Plakatarchive

417
Leonartz, Marianne u. Thomas Trumpp: Plakate in Archiven. Funktionswandel, Erschließung und Benutzung einer publizistischen Quelle. Entwicklungsstand in Theorie und Praxis.
In: Der Archivar 26 (1973) 4, 630-639.

## 13. Ausgewählte Bestandsverzeichnisse, Allgemeine Nachweise, Unabhängige Nachweise

418
Archiv für publizistische Arbeit. Munzinger Archiv. Hrsg.: Ludwig Munzinger. Informations- und Nachschlagewerk für politische, wirtschaftliche und kulturelle Fragen im Loseblattsystem. Gegr. 1913.
12. Aufl.
Ravensburg: Munzinger 1966 ff. Losebl. Ausg.

419
Auftragskompositionen im Rundfunk. 1946 - 1975. Zusammengestellt u. bearbeitet von Anneliese Betz.
Frankfurt: Deutsches Rundfunkarchiv 1977. XV, 210 S.
(Bild- und Tonträger-Verzeichnisse. Nr. 7.)

420
Fernsehspiele in der ARD 1952 - 1972. Zusammengestellt u. bearbeitet von Achim Klünder, Hans-Wilhelm Lavies.
Frankfurt: Deutsches Rundfunkarchiv 1978.
(Bild- und Tonträger-Verzeichnisse. Nr. 11.)
1. Titel A - Z. 332 S.
2. Register. 429 S.

421
Filmbestände. Verleihkopien von Dokumentar- und Kulturfilmen sowie Wochenschauen 1900 - 1945. Bearbeitet von Hans Barkhausen.
Koblenz: Bundesarchiv 1971. IV, 122 S.
(Findbücher zu Beständen des Bundesarchivs. Bd. 8.)

422
France-actualité. Index de la presse écrite française.
Québec: Microfor
1 (1978) ff.

423
Kulturmagazine der Dritten Fernsehprogramme 1964 - 1973. Zusammen-
gestellt u. bearbeitet von Achim Klünder.
Frankfurt: Deutsches Rundfunkarchiv 1975. 276 S.
(Bild- und Tonträger-Verzeichnisse. Nr.5.)

424
Literatur, Kunst, Wissenschaft. Tondokumente 1888 - 1945. Zusammen-
gestellt u. bearbeitet von Walter Roller.
Frankfurt: Deutsches Rundfunkarchiv 1982. 163 S.
(Bild- und Tonträgerverzeichnisse. Nr.14.)

425
Magazinbeiträge im deutschen Fernsehen. Zusammengestellt u. bearbeitet
von Ernst Loewy u. Achim Klünder.
Frankfurt: Deutsches Rundfunkarchiv
(Bild- und Tonträger-Verzeichnisse. Nr.2. 6. 13.)
1. 1960 - 1965. 1973. 204 S.
2. 1966 - 69. 1976. VII, 364 S.
3. 1970 - 73. 1981. VIII, 334 S.

426
Mikrofilm-Archiv der deutschsprachigen Presse. Microfilm Archives of
the German language press. Bestandsverzeichnis. Catalogue.
Dortmund: Mikrofilm-Archiv der deutschsprachigen Presse
6. 1982. 195 S.
= Enthält u.a. Aufsätze über das MFA, Zeitungsmikroverfilmung u.
Bestandsverzeichnis

427
Music in film and television. An international selective catalogue 1964 -
1974. Opera, concert, documentation. Compiled and ed. by the International
Music Centre IMZ, Vienna. Ed. Gerhard Rindauer u.a.
Paris: UNESCO; Wien: Verl. Jugend und Volk 1975. 197 S.

428
Radio soundtracks. A reference guide. By Michael R. Pitts.
Metuchen: Scarecrow Pr. 1976. VII, 161 S.

429
Sender Freies Berlin. Gesamtverzeichnis der Tonträger.
Berlin: Sender Freies Berlin
(Sender Freies Berlin. Archiv. Bd.1.)
1. Zeitgeschichte 1946 - 1954. 1980. XII, 268 S.

430
TV-Katalog. TV-Catalogue.
Frankfurt: ARD
1974/75,1 - 4. getr. Pag.
1976. Erg.Bd. getr. Pag.

431
TV titoli. Opere liriche, operette e commedie musicali, drammi e commedie, originali televisi, riduzioni di opere letterarie, films, telefilms trasmessi in televisione dal 1954 al 1975. A cura di Franco Airaghi u.a.
Torino: ERI 1977. 456 S.

432
Tonaufnahmen zur deutschen Rundfunkgeschichte 1924 - 1945. Zusammengestellt u. bearbeitet von Irmgard von Broich-Oppert, Walter Roller, H. Joachim Schauss.
Frankfurt: Deutsches Rundfunkarchiv 1972. 154 S.
(Bild- und Tonträger-Verzeichnisse. Nr.1.)

433
Tondokumente zur Zeitgeschichte. Zusammengestellt und bearbeitet von Walter Roller.
Frankfurt: Deutsches Rundfunkarchiv
(Bild- und Tonträger-Verzeichnisse. Nr.4. 8. 9. 10.)
1888 - 1932. 1977. XIV, 165 S.
1933 - 1938. 1980. XIX, 480 S.
1939 - 1945. 1975. IX, 294 S.
1946 - 1950. 1979. XXI, 446 S.

434
World press archives. A comprehensive selection of items on world politics from leading newspapers of the world. Published by the Swedish Inst. of International Affairs. Index.
Stockholm: Almqvist & Wiksell
(1978) ff.
1968 u.d.T.: Utrikesarkiv. Stockholm: Utrikespolitiska Inst.
1969 - 1977 u.d.T.: Archives 69. Stockholm: The Swedish Inst. of International Affairs.

435
Zeitungs-Index. Verzeichnis wichtiger Aufsätze aus deutschsprachigen Zeitungen. Hrsg. von Willi Gorzny.
Pullach: Verl. Dokumentation
1 (1974) ff.
dazu: Beiheft Buchrezensionen 1 (1974) ff.


s.a. Titel-Nrn.: 302, 305

Personenregister

Allen, Nancy, 380
Anders, Anni, 061
Anderson, Elizabeth L., 017
Archard, Tony, 159
Armstrong, Thomas, 094
Aveney, Brian, 277
Aveney, Harriet W., 003
Barkhausen, Hans, 421
Betz, Anneliese, 419
Bogumil, Karlotto, 248
Bohrmann, Hans, 249
Bolle, Hans-Jürgen, 370
Bowser, Eileen, 385
Brachmann, Botho, 324
Braun, Brigitte, 141
Broich-Oppert, Irmgard von, 432
Brüderlin, Paul, 095, 161
Bruijn, Kees J. de, 162
Bubenik, Anton, 325
Buder, Johannes, 010
Burkhardt, Friedrich W., 163
Burns, J. Christopher, 176
Butler, Ivan, 398
Carlbom, Mats, 177
Chao, Jennifer, 178
Clement, Evelyn G., 323
Collins, George M., 179
Coultass, Clive, 381
Daligan, John, 159
Danilenko, Leo, 119
Davies, Brenda, 011
Dawo, Conrad, 042
Dégez-Vataire, Danièle, 120, 180
Desban, Madeleine, 181
Diederichs, Helmut H., 382
Dolan, Donna R., 282
Drasgow, Laura, 380
Drews, Jörg, 326
Drotos, Patrick V., 009, 121, 122
Dürr, Bodo, 096
Duncan, E. E., 283
Durand, Françoise, 182
Dykstra, Mary, 400

Elliott, Larry, 164
Endlund, Nils E. S., 127
Engelhardt, Helmut, 215
Englert, Marianne, 025, 028-032, 052-060, 125, 165, 184, 185
Fennell, Janice C., 094
Fischer, Peter, 366
Franzen, Eckhard, 357
Freudenfeld, Burghard, 023
Früchtnicht, H., 038
Geens, Robert, 403
Gerbster, Adelheid, 013
Gergely, Stefan M., 284
Gernstl, Franz Xaver, 404
Giering, Richard H., 128
Gilles, Hans, 141, 371, 372
Goldstein, Seth, 358
Goose, Dieter, 032
Gorman, Michael, 380
Gorzny, Willi, 435
Gottlieb, Max, 186
Grabutznat, Friedhelm, 187
Grégoire, Pierre, 085
Grotzky, Johannes, 216
Grove, Pearce S., 323
Gruber, L. Fritz, 384
Grützke, Horst, 097, 098, 099
Habel, Bernd, 129
Habel, Peter, 270
Haefner, Klaus, 278
Hagelweide, Gert, 146, 230, 231, 247
Hahn, Udo, 279
Haldimann, Urs, 301
Hanebuth, Jürgen, 189
Hanford, Anne, 379
Hanke, Manfred, 114, 274
Harrison, Helen P., 386
Hartmann, Karsten, 188
Havas, Peter, 280
Hayes, E. Kenneth, 190
Heckmann, Harald, 062, 327, 338, 348
Heese, Claudia, 130
Heine, Klaus, 316

Hellack, Georg, 100
Hemmerle, Josef, 303, 317
Hempel, Wolfgang, 217, 339
Hempelmann, Gernot, 131
Henning, Erika von, 340
Hermsdorff, Wolfgang, 167
Hertwig, Jens A., 043
Heusinger, Lutz, 318
Hewlett, Richard, 224, 225
Heydt, Peter, 158
Heyen, Franz-Josef, 232
Hirschelmann, Ferdinand, 280
Hock, Johannes J., 132
Höfig, Willi, 021, 144, 233, 235, 251
Hoeg, H. J., 012
Höpfner, Richard, 218
Hörle, Ulrich, 033
Hoffmann, Frank W., 328
Hofmaier, Dietrich, 145
Holbaek-Hanssen, Helge, 168, 169
Hoof, Werner, 252
Horak, Jan-Christopher, 387
Howcroft, Bernard, 115
Hubmann, Heinrich, 034
Huck, Jürgen, 304
Ihlenburg, Heinz, 354
Jarck, Rüdiger, 388
Jarren, Otfried, 329
Kahlenberg, Friedrich P., 327, 330, 331, 341, 359, 360, 389-391, 406, 407
Katz, Klaus, 044
Kaufmann, Gottfried, 226, 349
Kearns, Jane Firor, 402
Keil, Carl O., 290
Ketnath, Hans, 063, 361
Kirchner, Wilhelm, 234
Kissinger, R., 045, 046
Klaue, Wolfgang, 408
Klemig, Roland, 306, 307, 319
Klünder, Achim, 420, 423, 425
Knaack, Jürgen, 191
Knappskog, Karl, 134
Koch, Grace, 005
Kofer, Heinz, 375
Kohnen, G., 271
Kohte, W., 388
Koschorke, Maria, 253
Koszyk, Kurt, 064, 086, 236

Krings, Alfred, 047
Krohn, Sven, 409
Kroll, Ludwig, 219, 362, 376, 377
Kubink, Siegfried, 192
Kühn-Ludewig, Maria, 237
Kuiper, John, 385
Ladoux, Jacques, 412
Laisiepen, Klaus, 210
Lange, Eckhard, 217
Lavies, Hans-Wilhelm, 420
Lent, Dieter, 254
Leonartz, Marianne, 417
Lersch, Edgar, 220, 221, 227
Leudts, Peter, 222, 238, 329
Lewis, Janice B., 193
Licicka, Teresa, 008
Loewy, Ernst, 425
Lommatzsch, Rainer, 275
Lutterbeck, Ernst, 210
McCarty, Patricia, 194
McKee, Gerald, 392
Madden, Paul, 374
Maerker, Christa, 411
Mahling, Christoph Hellmut, 350
Majundar, Gopal Kumar, 147
Mannerheim, Johan, 239
Mantwill, Gerhard, 024, 025, 065-069, 102, 103, 125, 255
Marble, Theodore F., 039
Marley, Branson S., 256
Martin, Ludwig A. C., 308
Martin-Möller, Ludwig, 309
Massenberg, Christian, 195
Mauch, Kurt, 196
Mehr, Linda Harris, 015
Merker, Egon, 171, 240
Mest, Elizabeth, 197
Meyer, Monika, 241
Meyer-Uhlenried, Karl-Heinrich, 210
Miller, Edward D., 198
Millonig, Harald, 364
Mills, T. F., 026
Milner, Anita Cheek, 016
Misterek, Werner, 149
Mohrlüder, Gustav Adolf, 332, 377
Möller, Martin, 310
Montague, P. McC., 104
Müller-Westernhagen, Florentin, 333
Munzinger, Ludwig, 418
Muziol, Roman, 002, 027

Naeher, Gerhard, 172
Nelsing, Jörn, 199
Neveling, Ulrich, 101
Niggemeyer, Hanneliese, 334, 378
Nürnberger, Albrecht, 135, 200, 201
Oliver, Elizabeth, 019
Olson, Nancy B., 365
Ostendorf, Karl Edwin, 260
Otto, Frieda, 105
Parch, Grace D., 006
Pellissier, Edouard, 203,
Penn, David J., 401
Perica, Esther, 106
Perll, Götz, 202
Persson, Kimmo, 204
Peters, Wilhelm, 151, 152, 174
Pfau, Lothar, 242, 243
Pfeiffer, Trude, 342
Pflaum, Hans Günther, 393, 394
Pflug, Günther, 357
Phillips, Andrew, 262
Pitts, Michael R., 428
Pohlert, Thilo, 136, 137
Prinzler, Hans, Helmut, 393
Prozenko, Ilja, 413
Rahlenbeck, Eckhard, 035, 048, 285, 296
Reed, Jutta R., 040
Regel, Helmut, 395
Reibert, Ingo, 228
Reichelt, Roswitha, 097
Rek, Herbert, 311
Rhydwen, David A., 205, 206
Rindauer, Gerhard, 427
Rocholl, Peter, 049
Rohwedder, Erica
Roller, Walter, 424, 432, 433
Roloff, Eckart Klaus, 265
Romeyk, Horst, 312, 313
Rose, Ernst D., 020
Rothman, John, 297, 298, 299
Scharlau, Ulf, 343, 344, 352
Schauss, H. Joachim, 432
Schlüter, Hildegard, 276
Schmit, Félix, 107, 207
Schmitt, Heiner, 359
Schmitz-Esser, Winfried, 036, 088-090, 139, 208-210, 314
Schneider, Klaus, 108

Scholz, Edgar F., 175
Schürfeld, Hans, 200
Seeberg-Elverfeldt, Roland, 002, 027, 072-083, 091, 154, 244, 272, 273
Seeger, Thomas, 211
Siebenkäs, Dieter, 355
Simmler, Otto A., 284
Smith, Demaris C., 300
Smith, Paul, 381
Smither, Roger B. N., 401
Somogyi, Ladislaus, 084
Spohn, Kurt, 050, 266
Sprenger, Otto, 367, 368, 369
Sprick, Klaus, 140
Stack, John P., 212, 213
Stafford, Robert, 092
Stein, Norbert, 267
Stoessel, Klaus, 353, 356
Süle, Gisela, 269
Sydnor, Charles W., 320
Syvertsen, Trine, 051
Terveen, Friedrich, 396
Thie, J. M., 397
Thiele, Eberhard, 149
Trumpp, Thomas, 223, 417
Ubbens, Wilbert, 021, 235, 245
Urban, Rudolf, 246
Vance, Julia M., 214
Vitek, Clement G., 093
Wagiel, Danuta, 008
Wagner, Irene, 115
Walker, Dorothy, 109
Weisser, Wilhelm, 274
Welkert, Karin, 346
Werner, Andreas, 158
Wersig, Gernot, 101
Westmancoat, K. J., 250
Weyer-Menkhoff, Friedrich, 200, 201
Whatmore, Geoffrey, 110, 111, 116, 159
Whiffin, Jean, 112
Wiesner, Margot, 158
Wild, Ernst, 336
Woods, Elaine W., 113
Xylander, Hansjörg, 347

# saur

**Archivum.**
International review on archives /
Revue internationale des Archives.
Published by the International Council
on Archives / Publiée par le Conseil
International des Archives.
Ed.-in-Chief / Rédact. en chef:
Michel Duchein.
ISSN 0066-6793

Vol XXII/XXIII (1972–1973):
**International Directory of Archives /
Annuaire international des archives**
1975. 480 pages. Pb DM 98,—
ISBN 3-7940-3772-3

Vol XXIV (1974):
**Proceedings of 7th International
Congress on Archives, Moscow 1972 /
Actes du 7e Congrès international des
Archives, Moscou 1972**
1976. 388 pages. Pb DM 68,—
ISBN 3-7940-3774-X

Vol XXV:
**Basic International Bibliography of
Archive Administration / Bibliographie
internationale fondamentale et
archivistique**
1978. 250 Seiten. Pb DM 48,—
ISBN 3-7940-3775-8

Vol XXVI:
**Proceedings of the 8th International
Congress on Archives, Washington
1967 / Actes du 8e Congrès international des Archives**
1979. 207 pages. Pb DM 48,—
ISBN 3-598-03776-7

Vol XXVII:
**Labour and Trade Union Archives /
Les Archives des Syndicats et
Mouvements ouvriers**
1980. 190 pages. Pb DM 58,—
ISBN 3-598-21227-5

Vol XXIX:
**Proceedings of the 9th International
Congress on Archives / Actes du 9e
Congrès international des Archives,
London 1980**
1982. 204 pages. Pb DM 68,—
ISBN 3-598-21229-1

Vol XXVIII:
**Archival legislation / Législation
archivistique.** 1970–1980.
1981. 447 pages. Pb DM 68,—
ISBN 3-598-21228-3

Vol XXX:
**Archives, Libraries, Museums and
Documentation Centres. General Index
of Archivum Vol. I–XXX / Archives,
Bibliothèques, Musées et Centres de
Documentation. Index général
d'Archivum Vol. I–XXX**
1984. Approx. 250 pages. Pb DM 68,—
ISBN 3-598-21230-5

## K·G·Saur München · New York · London · Paris

K·G·Saur Verlag KG · Postfach 71 10 09 · 8000 München 71 · Tel. (0 89) 79 89 01
K·G·Saur Publishing Inc. · 45 N. Broad St. · Ridgewood, N.J. 07450, USA · Tel. (609) 652-6360
Clive Bingley Ltd. & K·G·Saur Ltd. · 1-19 New Oxford Street · London WC1A 1NE · Tel. 01-404-4818
K·G·Saur Editeur S.A.R.L. · 38, rue de Bassano · 75008 Paris · Téléphone 723 55-18

# saur

**Dictionary of Archival Terminology**

**Dictionnaire de terminologie archivistique**

English and French. With Equivalents in Dutch, German, Italian, Russian and Spanish.

Edited by Peter Walne
Compiled by Frank B. Evans, François-J. Himly and Peter Walne

1984. 226 pages. Bd. DM 72,—
ISBN 3-598-20275-X

Der Beruf des Archivars hat sich im Laufe der letzten Jahre, auch bedingt durch den technischen Fortschritt, erheblich verändert. Der Archivar von heute bedient sich der üblichen modernen Informations- und Kommunikationstechniken, wie dies einer anerkannten Informationswissenschaft zusteht. Wie auch andere Wissenschaften sucht und pflegt die Archivwissenschaft internationale Kontakte.

Im **Dictionary of Archival Terminology** wird nun erstmals ein Verzeichnis von ca. 600 Definitionen von Fach- und Spezialausdrücken aus dem Archivwesen präsentiert.

Das Wörterbuch ist in Englisch geschrieben und alphabetisch geordnet. Den Begriffen folgen die Definitionen in Englisch sowie der entsprechende französische Begriff mit seiner französischen Definition. Daran anschließend steht jeder Begriff noch in Holländisch, Deutsch, Italienisch, Russisch und Spanisch.

Mit diesem Verzeichnis wird nicht nur das Verständnis der Archivare unterschiedlicher Nationalitäten für die gegenseitige Arbeit erleichtert, sondern auch die Kommunikation mit benachbarten Fachrichtungen, wie z.B. mit Dokumentaren, Informationswissenschaftlern etc.

Das **Dictionary of Archival Terminology** eröffnet den Zugang zu den Fachausdrücken in verschiedensten Sprachen und ist somit ein grundlegendes Werkzeug für die archivarische Arbeit, bei der der Umgang mit fremden Sprachen zum Alltag gehört.

## K·G·Saur München·New York·London·Paris

K·G·Saur Verlag KG · Postfach 71 10 09 · 8000 München 71 · Tel. (089) 79 89 01
K·G·Saur Publishing Inc.· 45 N. Broad St.· Ridgewood, N.J. 07450, USA· Tel. (609) 652-6360
Clive Bingley Ltd.& K·G·Saur Ltd.· 1-19 New Oxford Street· London WC1A 1NE · Tel. 01-404-4818
K·G·Saur Editeur S.A.R.L.· 38, rue de Bassano · 75008 Paris · Téléphone 723 55-18

## NS-Presseanweisungen der Vorkriegszeit

Edition und Dokumentation
Band 1: 1933

Herausgegeben von Hans Bohrmann, Institut für Zeitungsforschung der Stadt Dortmund
Bearb. von Gabriele Toepser-Ziegert

1984. ca. 500 Seiten. Lin. DM 148,—
ISBN 3-598-10552-5

Weitere Bände sind in Vorbereitung:
Band 2: 1934.
1985. ISBN 3-598-10553-3
Band 3: 1935.
1986. ISBN 3-598-10554-1

Am 13. März 1933 wurde Dr. Joseph Goebbels Reichsminister für „Volksaufklärung und Propaganda". Das Ziel dieses Ministeriums war aber wohl weniger die Aufklärung des Volkes, als vielmehr dessen Verklärung gegenüber Hitlers Herrschaft und deren Methoden. Propaganda sollte in Zukunft differenzierte Berichterstattung ersetzen.

Radio und Presse wurden als Sprachrohr der NS-Regierung mißbraucht.

In Berlin wurden täglich Pressekonferenzen abgehalten, die dem Charakter nach eher Befehlsempfängen glichen, nach denen die Journalisten die politische Tendenz ihrer Berichte auszurichten hatten. Selbstverständlich unterstanden diese **NS-Presseanweisungen** strengster Geheimhaltung, das Aufbewahren von Notizen war verboten.

Einige Journalisten hatten den Mut, trotz des strikten Verbots, Material über Gebote und Verbote der Berichterstattung zu sammeln. Sie ermöglichen es uns heute, die Lenkungsmechanismen der nationalsozialistischen Publizistik zu durchleuchten. Ihre Aufzeichnungen der **NS-Presseanweisungen** der Vorkriegszeit werden jetzt in drei Bänden veröffentlicht.

Die Mitschriften wurden chronologisch aufgelistet. Mitschriften gleichen Datums sind alphabetisch sortiert und untereinander abgeglichen. Das Material wird durch ein Register erschlossen.

Durch ihre differenzierte Strukturierung sind die **NS-Presseanweisungen** ein hervorragendes Arbeits-, Forschungs- und Recherchiermittel für Kommunikationswissenschaftler sowie Presse- und Medienhistoriker.

### K·G·Saur München · New York · London · Paris

K·G·Saur Verlag KG · Postfach 711009 · 8000 München 71 · Tel. (089) 798901
K·G·Saur Publishing Inc. · 45 N. Broad St. · Ridgewood, N.J. 07450, USA · Tel. (609) 652-6360
Clive Bingley Ltd. & K·G·Saur Ltd. · 1-19 New Oxford Street · London WC1A 1NE · Tel. 01-404-4818
K·G·Saur Editeur S.A.R.L. · 38, rue de Bassano · 75008 Paris · Téléphone 723 55-18

P 96 .A722 G33 1984